Bärbel Fleischer

**Einsatz von Erfolgshonoraren
in der Unternehmensberatung**

GABLER RESEARCH

Schriften zum europäischen Management

Herausgegeben von
Roland Berger Strategy Consultants – Academic Network

Herausgeberrat:

Prof. Dr. Thomas Bieger, Universität St. Gallen;
Prof. Dr. Rolf Caspers (†), European Business School, Oestrich-Winkel;
Prof. Dr. Guido Eilenberger, Universität Rostock;
Prof. Dr. Dr. Werner Gocht (†), RWTH Aachen;
Prof. Dr. Karl-Werner Hansmann, Universität Hamburg;
Prof. Dr. Alfred Kötzle, Europa-Universität Viadrina, Frankfurt/Oder;
Prof. Dr. Kurt Reding, Universität Kassel;
Prof. Dr. Dr. Karl-Ulrich Rudolph, Universität Witten-Herdecke;
Prof. Dr. Klaus Spremann, Universität St. Gallen;
Prof. Dr. Dodo zu Knyphausen-Aufseß, Technische Universität Berlin;

Prof. Dr. Burkhard Schwenker, Roland Berger Strategy Consultants

Die Reihe wendet sich an Studenten sowie Praktiker und leistet wissenschaftliche Beiträge zur ökonomischen Forschung im europäischen Kontext.

Bärbel Fleischer

Einsatz von Erfolgshonoraren in der Unternehmensberatung

Untersuchung der Erfolgsmessung

Mit einem Geleitwort von
Prof. Dr. Dodo zu Knyphausen-Aufseß

RESEARCH

Bibliografische Information der Deutschen Nationalbibliothek
Die Deutsche Nationalbibliothek verzeichnet diese Publikation in der
Deutschen Nationalbibliografie; detaillierte bibliografische Daten sind im Internet über
<http://dnb.d-nb.de> abrufbar.

Dissertation der Otto-Friedrich-Universität Bamberg, 2009

1. Auflage 2010

Alle Rechte vorbehalten
© Gabler Verlag | Springer Fachmedien Wiesbaden GmbH 2010

Lektorat: Ute Wrasmann | Hildegard Tischer

Gabler Verlag ist eine Marke von Springer Fachmedien.
Springer Fachmedien ist Teil der Fachverlagsgruppe Springer Science+Business Media.
www.gabler.de

Das Werk einschließlich aller seiner Teile ist urheberrechtlich geschützt. Jede Verwertung außerhalb der engen Grenzen des Urheberrechtsgesetzes ist ohne Zustimmung des Verlags unzulässig und strafbar. Das gilt insbesondere für Vervielfältigungen, Übersetzungen, Mikroverfilmungen und die Einspeicherung und Verarbeitung in elektronischen Systemen.

Die Wiedergabe von Gebrauchsnamen, Handelsnamen, Warenbezeichnungen usw. in diesem Werk berechtigt auch ohne besondere Kennzeichnung nicht zu der Annahme, dass solche Namen im Sinne der Warenzeichen- und Markenschutz-Gesetzgebung als frei zu betrachten wären und daher von jedermann benutzt werden dürften.

Umschlaggestaltung: KünkelLopka Medienentwicklung, Heidelberg
Gedruckt auf säurefreiem und chlorfrei gebleichtem Papier
Printed in Germany

ISBN 978-3-8349-2229-8

Meinen lieben Eltern

Geleitwort

Unternehmensberatungsgesellschaften sind seit geraumer Zeit Gegenstand der Diskussion. Viele haben das Gefühl, dass ihr Engagement zu viel kostet und die Leistungen in keinem angemessenen Verhältnis zu diesen Kosten stehen. Es liegt deshalb nahe zu überlegen, wie man die tatsächlich erbrachten Leistungen angemessen abbilden und ob man am Ende nicht sogar die Leistungen mit einer erfolgsorientierten Bezahlung verknüpfen könnte. Eine solche Bezahlung würde im Einklang stehen mit der in anderen Bereichen zunehmend – und von Unternehmensberatungsgesellschaften häufig propagierten – zur Anwendung gebrachten Performanceorientierung von Vergütungssystemen. Statistiken belegen, dass in der Tat immer mehr Beratungsprojekte nach einem solchen Modus abgerechnet werden.

In der akademischen Diskussion ist indes die Ergebnismessung ebenso wie die erfolgsorientierte Entlohnung von Beratungsprojekten umstritten. Insbesondere in den Arbeiten von Alfred Kieser und seinen Koautor/innen werden immer wieder die letztlich unüberwindlichen Probleme solcher Ansätze herausgearbeitet. Besonders die Rede von einer „objektiven" Ergebnismessung und einer darauf abgestellten Entlohnung muss demnach am Ende fast als Ideologie erscheinen. Die Autorin der vorliegenden Arbeit nimmt die angesprochenen Probleme ernst, will es aber dabei nicht bewenden lassen. Statt sich in abstrakter Weise auf Probleme zu konzentrieren, will sie lieber in die Unternehmenspraxis selber schauen und sehen, wie solche Probleme gehandhabt werden und was dabei dann herauskommt. Auch wenn es nicht explizit herausgearbeitet wird – diese Vorgehensweise liegt auf der Linie des „Strategy as Practice"-Ansatzes, der in jüngerer Zeit viel Aufmerksamkeit erfahren hat. Ich halte das solchermaßen angelegte Vorhaben der Autorin für sehr begrüßenswert

Die Arbeit ist klar gegliedert und formuliert. Die Argumentation ist immer nachvollziehbar und insgesamt sehr überzeugend. Die Forschungsfragen der Arbeit werden zu Beginn der Arbeit und dann auch zu Beginn von Kapitel 4 deutlich herausgearbeitet. Die Hinführung zu diesen Fragen erfolgt mit viel Geschick; die Relevanz des Themas und eben der Einzelfragenstellungen leuchtet sofort ein.

Die methodische Vorgehensweise wird explizit und überzeugend erläutert. Der Forschungsüberblick mit seiner Aufteilung in eher akademische und eher praktisch ausgerichtete Studien ist insgesamt sehr gelungen. Die Autorin bemüht sich um eine konzise Darstellung wesentlicher Inhalte und drückt sich dann auch um eine kritische Bewertung nicht herum. Die Arbeit würdigt aber auch die positiven Beiträge dieser Studien in angemessener Weise.

Als ebenso gelungen erscheint mir die Entwicklung des theoretischen Bezugsrahmens, der der empirischen Studie zugrunde gelegt wird. Die Autorin baut dabei sehr gut auf Ansätzen anderer Arbeiten – beispielsweise der Dissertation von Petra Fleischmann (1984) – auf, zeigt aber gleichzeitig auch Kreativität bei der Strukturierung des Gesamtkonzeptes. Vor diesem Hintergrund legt die Autorin dann eine empirische Studie vor, die ich insgesamt als sehr erkenntnisreich empfinde. Die Autorin konnte für die Untersuchung relevante Projekte identifizieren und passende Gesprächspartner zu einer Teilnahme an der Studie motivieren. Auf der Basis des Bezugsrahmens werden dann die Ergebnisse der Interviews und der Auswertung darüber hinaus gehender Daten sehr strukturiert dargestellt; durch die Einstreuung von Interviewzitaten wird dabei eine hohe Authentizität der Darstellung gewährleistet. Immer hat man den Eindruck, dass die Ausführungen durch die Datenlage solide abgestützt sind. Natürlich wäre es schön gewesen, wenn bei allen Fallstudien sowohl auf Berater- als auch auf der Kundenseite Interviews hätten geführt werden können; dass das nicht möglich war, ist der Brisanz des Forschungsthemas zuzuschreiben. Bei der fallstudienübergreifende Analyse in Kapitel 4.8 werden aber ergänzend auch Ergebnisse von Experteninterviews herangezogen.

In Kapitel 5 wird deutlich, dass die Erkenntnisse der empirischen Arbeit auch Folgen für die Entwicklung der Theorie besitzen. Die Autorin erweist sich als kompetente und souveräne Diskutantin und kann den Forschungsbeitrag ihrer Arbeit dadurch ein weiteres Mal eindrucksvoll vor Augen führen. Die Arbeit enthält aber auch viele Vorschläge für die praktische Gestaltung einer Ergebnismessung. Diese Vorschläge bzw. Hinweise sind ohne Zweifel sowohl für Unternehmensberatungen als auch für potenzielle Kundenunternehmen sehr hilfreich. Entsprechend wünsche ich der Arbeit eine breite Aufnahme nicht nur in der akademischen Diskussion, sondern auch in der Unternehmens(beratungs-)praxis.

Prof. Dr. Dodo zu Knyphausen-Aufseß

Vorwort

Bei der Erstellung dieser Doktorarbeit haben mich viele Personen unterstützt, bei denen ich mich an dieser Stelle ganz herzlich bedanke.

Zuallererst gilt mein Dank meinem Doktorvater Prof. Dr. Dodo zu Knyphausen-Aufseß, der mich trotz aller Hindernisse stets in der Bearbeitung dieses Themas bestärkt hat. Seine wertvollen fachlichen und wissenschaftlichen Anregungen sowie die konstruktive Kritik haben im erheblichen Maße zum Gelingen dieser Arbeit beigetragen. Darüber hinaus danke ich Prof. Dr. Johann Engelhard für die freundliche Übernahme des Zweitgutachtens sowie Prof. Dr. Frank Wimmer für die Mitwirkung in der Promotionskommission.

Die Interviews sowie die Erstellung der Fallstudien wären ohne die sehr hohe Kooperationsbereitschaft aller Beteiligten nicht möglich gewesen. Da ich auf Grund der vereinbarten Diskretion keine Namen und Firmen nennen darf, bedanke ich mich auf diesem Wege bei allen Interviewpartnern für Ihre Zeit, die interessanten und offenen Gespräche sowie ihre Mitarbeit.

Bei der Firma Roland Berger Strategy Consultants bedanke ich mich für die Möglichkeit, meine Dissertation im Rahmen des Promotionsprogramms anfertigen zu können. Mein besonderer Dank gilt dem Partnerkreis des Bereichs Corporate Performance, ohne deren Kontakte und Kooperation eine Bearbeitung dieses Themas nicht möglich gewesen wäre, insbesondere jedoch meinem Mentor, Nils von Kuhlwein, der mich immer gefördert und mein Promotionsvorhaben mit voller Kraft unterstützt hat. Allen Teilnehmern des Doktorandenzirkels danke ich für die hilfreichen Anregungen und Diskussionen. Namentlich möchte ich mich an dieser Stelle bei meiner Kollegin Julia Daecke bedanken, die stets ein offenes Ohr für meine Fragen hatte.

Darüber hinaus möchte ich mich bei meiner (Ex-)Kollegin und Freundin Christina Welsch für ihre ständige Diskussionsbereitschaft, die zahlreichen konstruktiven Anmerkungen sowie für Ihre Zuversicht, was das Gelingen dieses Promotionsvorhabens angeht, bedanken. Meinem Berliner Freundeskreis danke ich für die motivierenden Worte während meiner Promotionszeit.

Meinem Vater, Dr. Rolf Fleischer, und meiner Mutter, Iris Fleischer, danke ich für die zahlreichen Ratschläge in Bezug auf Verständlichkeit, Ausdruck und Stil sowie für das unermüdliche Korrektur lesen. Zudem möchte ich meinen Eltern für die uneingeschränkte Unterstützung, die Sie mir Zeit meines Lebens entgegen gebracht haben sowie für das Vertrauen, das Sie stets in mich gesetzt haben, herzlich danken.

Bärbel Fleischer

Inhaltsverzeichnis

Abbildungsverzeichnis XIII

Abkürzungsverzeichnis XV

1 **EINLEITUNG** 1
1.1 Einführende Erläuterungen zur Entwicklung des deutschen Beratermarktes 1
1.2 Problemstellung und Zielsetzung 4
1.3 Gang der Untersuchung 6

2 **PRÄZISIERUNG DES UNTERSUCHUNGSGEGENSTANDES UND BEGRIFFSBILDUNG** 9
2.1 Stand der Beratungsforschung 9
    2.1.1 Wissenschaftliche Ansätze zur Bewertung von Beratungsleistungen 10
    2.1.2 Praktische Ansätze zur Bewertung von Beratungsleistungen 20
    2.1.3 Implikationen der vorliegenden Ansätze für diese Untersuchung 26
2.2 Abgrenzung des Begriffs „Unternehmensberatung" 28
    2.2.1 Betrachtung wesentlicher Aspekte der Unternehmensberatung 28
    2.2.2 Begriffliche Abgrenzung „Unternehmensberatung" 41
2.3 Abgrenzung des Begriffs „Beratungserfolg" 42
    2.3.1 Konzepte zur Bewertung des Beratungserfolges 42
    2.3.2 Begriffliche Abgrenzung „Beratungserfolg" 47
2.4 Abgrenzung des Begriffs „Erfolgsmessung" 48
    2.4.1 Bewertung, Evaluation und Erfolgsmessung 48
    2.4.2 Begriffliche Abgrenzung „Erfolgsmessung" 49
2.5 Abgrenzung des Begriffs „Erfolgshonorar" 49
    2.5.1 Honorarformen 50
    2.5.2 Begriffliche Abgrenzung „Erfolgshonorar" 52
    2.5.3 Funktionen von Erfolgshonoraren 53
    2.5.4 Vertragliche Aspekte beim Einsatz von Erfolgshonoraren 55

3 **KONZEPTIONELLE GRUNDLAGEN** 57
3.1 Wissenschaftstheoretische Grundlagen 57
3.2 Herausforderungen der Erfolgsmessung 64
3.3 Phasen des Beratungsprozesses 66
    3.3.1 Akquisition und Festlegung der Aufgabenstellung 68

		3.3.2	Datenanalyse und Konzepterstellung	71
		3.3.3	Umsetzung des Konzeptes	74
		3.3.4	Evaluation und finale Erfolgsmessung	74
	3.4	**Elemente des theoretischen Bezugsrahmens**		**76**
		3.4.1	Interaktionshintergrund	77
		3.4.2	Beratungsproblem und Beratungsmethoden	78
		3.4.3	Kunden-Berater-Beziehung	80
	3.5	**Darstellung des theoretischen Bezugsrahmens**		**90**
4	**EMPIRISCHE UNTERSUCHUNG**			**93**
	4.1	**Methodische Grundlagen**		**94**
		4.1.1	Methodik der Fallstudienforschung	94
		4.1.2	Qualität des Forschungsdesigns	100
	4.2	**Fallstudie 1**		**102**
		4.2.1	Fallbeschreibung	103
		4.2.2	Fallanalyse	115
	4.3	**Fallstudie 2**		**117**
		4.3.1	Fallbeschreibung	118
		4.3.2	Fallanalyse	132
	4.4	**Fallstudie 3**		**134**
		4.4.1	Fallbeschreibung	136
		4.4.2	Fallanalyse	147
	4.5	**Fallstudie 4**		**151**
		4.5.1	Fallbeschreibung	152
		4.5.2	Fallanalyse	159
	4.6	**Fallstudie 5**		**161**
		4.6.1	Fallbeschreibung	162
		4.6.2	Fallanalyse	171
	4.7	**Fallstudie 6**		**174**
		4.7.1	Fallbeschreibung	175
		4.7.2	Fallanalyse	188
	4.8	**Fallstudienübergreifende Analyse und Zusammenfassung der Erkenntnisse**		**191**
5	**DISKUSSION DER ERKENNTNISSE UND ABLEITUNG VON SCHLUSSFOLGERUNGEN**			**209**
	5.1	**Weiterentwicklung des Bezugsrahmens**		**209**
	5.2	**Ableitung von Gestaltungsempfehlungen für die Erfolgsmessung**		**215**
	5.3	**Einordnung der Erkenntnisse in den Stand der Beratungsforschung**		**221**

| 6 | ZUSAMMENFASSUNG UND AUSBLICK | 225 |

Anhang 229

Literaturverzeichnis 239

Abbildungsverzeichnis

Abb. 1: Entwicklung des deutschen Beratermarktes von 1997-2007 in Milliarden Euro 2
Abb. 2: Aufbau der Arbeit 7
Abb. 3: Dimensionen des „Engagement Success" 15
Abb. 4: Modell der Einflussfaktoren auf die Evaluation von Beratungsleistungen 19
Abb. 5: Dimensionen der Consultant's Scorecard 23
Abb. 6: Das ROC-Modell 25
Abb. 7: Überblick der vorgestellten wissenschaftlichen Ansätze 26
Abb. 8: Persönliche Qualifikationsanforderungen an Berater 34
Abb. 9: Überblick über die Aspekte der Unternehmensberatung 41
Abb. 10: Dimensionen des Erfolges einer Unternehmung 42
Abb. 11: Typen von Beratungsprojekten 45
Abb. 12: Forschungsdesign 62
Abb. 13: Möglichkeiten der Operationalisierung der Erfolgsmessung 64
Abb. 14: Phasen und Inhalte des Beratungsprozesses 76
Abb. 15: Elemente einer Theorie der Beratung 77
Abb. 16: Überblick über inhaltliche Ausprägungen eines Beratungsprojektes 79
Abb. 17: Klientypologie 82
Abb. 18: Überblick möglicher Beraterrollen 84
Abb. 19: Logischer Zusammenhang zwischen Beraterrollen und Kliententyp 86
Abb. 20: Überblick Projektteilnehmer des Beratungs- und des Kundenunternehmens 87
Abb. 21: Theoretischer Bezugsrahmen 91
Abb. 22: Fallstudie 1: Überblick aller Beratungsprojekte 105
Abb. 23: Fallstudie 1: zeitlicher Verlauf der vertraglichen Regelung der Erfolgsmessung .. 107
Abb. 24: Fallstudie 1: Projektorganisation 110
Abb. 25: Fallstudie 1: Übersicht Struktur des Maßnahmen-Management-Tools 111
Abb. 26: Fallstudie 2: Übersicht Themenblöcke 125
Abb. 27: Fallstudie 3: Überblick Eckpfeiler des Ertragsteigerungsprogramms „Top 2015". 139
Abb. 28: Fallstudie 3: Übersicht Vorschläge von Seiten des Beraters zur Erfolgsmessung .. 141
Abb. 29: Fallstudie 3: Zeitplan des Projektes 144
Abb. 30: Fallstudie 3: Entwicklung Ergebnisverbesserungsbedarf 145
Abb. 31: Fallstudie 4: Beispiel Berechnung der Einsparung 155
Abb. 32: Fallstudie 6: Bespiel Berechnung der Rückvergütung 177
Abb. 33: Fallstudie 6: Projektorganisation 183
Abb. 34: Analyse der Ausgangssituation des Projektes 191
Abb. 35: Analyse der Operationalisierung der Erfolgsmessung 194
Abb. 36: Einflussfaktoren der Vertragsgestaltung 197
Abb. 37: Analyse der weiteren Evaluationshindernisse 203

Abb. 38: Analyse des Zusammenhangs zwischen Erfolgsmessung und Erfolgshonorar 205
Abb. 39: Überblick Entwicklung der persönlichen und inhaltlichen Dimension während des Projektverlaufs 207
Abb. 40: Weiterentwicklung des theoretischen Bezugsrahmens 213

Abkürzungsverzeichnis

Abb.	Abbildung
bzw.	beziehungsweise
COO	Chief Operating Officer
CEO	Chief Executive Officer
ca.	circa
d.h.	das heißt
DTI	Department of Trade and Industry
EAN	Europäische Artikel-Nummer
EI	Enterprise Initiative
et al.	et alii (und andere)
EUR	Euro
f.	folgende (Seite)
ff.	fortfolgende
ggf.	gegebenenfalls
ggü.	gegenüber
i.d.R.	in der Regel
i.H.v.	in Höhe von
Jg.	Jahrgang
M&A	Mergers & Acquisitions
Mio.	Millionen
Mrd.	Milliarden
No.	Number
Nr.	Nummer
p.a.	per annum
Pkw	Personenkraftwagen
ROC	Return on Consulting
ROI	Return on Investment
S.	Seite
u.a.	unter anderem
v.a.	vor allem
vgl.	vergleiche
Vol.	Volume (Jahrgang)
vs.	versus
WGG	Wohnungsgemeinnützigkeitsgesetz
WIFI	Wirtschaftsförderinstitut
WKZ	Werbekostenzuschuss
z.B.	zum Beispiel
z.T.	zum Teil

1 EINLEITUNG

Der Titel dieser Arbeit „Einsatz von Erfolgshonoraren in der Unternehmensberatung – Untersuchung der Erfolgsmessung" lässt ein breites Spektrum an möglichen Fragestellungen zu. Um den Fokus dieser Arbeit eindeutig festzulegen, wird in den folgenden Seiten zunächst auf die jüngsten Entwicklungen des deutschen Beratermarktes eingegangen, anhand derer die Aktualität und Relevanz des Themas deutlich werden sollen. Im Anschluss werden die Problemstellung und Zielsetzung der Arbeit herausgearbeitet und die forschungsleitende Frage formuliert. Abschließend wird der Gang der Untersuchung kurz vorgestellt.

1.1 Einführende Erläuterungen zur Entwicklung des deutschen Beratermarktes

Seit Mitte der 1980er Jahre erlebte die Unternehmensberatungsbranche in Deutschland einen Aufschwung. Ende der 1990er Jahren stieg die Nachfrage nach Unternehmensberatungsleistungen sogar jährlich mit zweistelligen Wachstumsraten. Dieses rapide Wachstum war zum einen auf allgemeine Entwicklungen, wie die positive Entwicklung der Weltwirtschaft und den Ausbau des Informationstechnologiesektors, zurückzuführen, zum anderen aber auch auf einmalige Ereignisse wie die deutsche Einheit, die Euro-Einführung und die Jahr-2000-Umstellung. Auf Grund der steigenden Komplexität und der sich ändernden Rahmenbedingungen waren Unternehmen in diesem Zeitraum vermehrt auf das Spezialwissen von Beratern angewiesen (vgl. Kipping 2002: 270, Redley 2006: 5 f.).

Das Ende der New Economy im Jahre 2002 und die damit einhergehende Rezession ging auch an der erfolgsverwöhnten deutschen Beratungsbranche nicht spurlos vorbei. Nach Jahren des Wachstums verzeichnete der deutsche Beratungsmarkt im Jahre 2002 erstmals seit Anfang der 1970er Jahre einen Rückgang um 4,7 Prozent. Die schwierige konjunkturelle Lage in den Jahren 2003 und 2004 führte zu einem gestiegenen Kostenbewusstsein in der deutschen Wirtschaft. Viele Unternehmen scheuten größere Ausgaben und waren sehr zurückhaltend mit der Auftragsvergabe von Beratungsprojekten. Insbesondere die Vergabe von IT- und strategischen Projekten war rückläufig, da diese Projekte im Regelfall nicht unmittelbar zu einer Ergebnisverbesserung führen, sondern im Gegenteil sogar noch weitere Investitionen nach sich ziehen. Im Gegenzug gewannen die Beratungsfelder mit direkter Ergebnisorientierung wie Kostenreduktion und Prozessoptimierung deutlich an Bedeutung. In Summe stagnierte der Markt in den Jahren 2003 und 2004 auf dem Niveau von 2002 (vgl. BDU 2002: 4). Die Entwicklung des deutschen Beratermarktes wird in Abbildung 1 dargestellt.

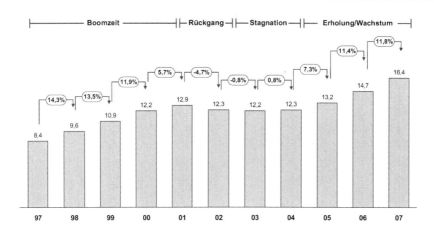

Abb. 1: Entwicklung des deutschen Beratermarktes von 1997-2007 in Milliarden Euro
Quelle: eigene Darstellung in Anlehnung an BDU 2007a: 4, BDU 2008: 3

Spektakuläre Insolvenzen von namhaften Unternehmen[1], die langjährige Beratungsleistungen in Anspruch nahmen, trugen gleichzeitig dazu bei, dass sich die öffentliche Wahrnehmung in Bezug auf die Unternehmensberatungen änderte (vgl. Byrne 2002: 56 f.). Der Nutzen von Beratungsleistungen wird heutzutage in den Medien kritisch hinterfragt. Darüber hinaus haben viele Unternehmen in den letzten Jahren Erfahrungen in der Zusammenarbeit mit Unternehmensberatungen gemacht und wissen, welche Leistungen sie fordern können und welche Schwierigkeiten möglicherweise entstehen (vgl. Schweizer et al. 2009: 4 f.). Die stagnierende Marktentwicklung, die Berichterstattung über Misserfolge, das gestiegene Kostenbewusstsein und die zunehmende Erfahrung der Unternehmen mit den Beratungen haben dazu geführt, dass Klienten[2] heute professioneller mit Unternehmensberatungen umgehen. Diese Entwicklung wird oft mit dem Begriff „Professionalisierung des Kunden" umschrieben.

Die Zeiten, in denen einzelne Bereichsleiter ohne formalen Auswahlprozess und ohne Rücksprache mit der Einkaufsabteilung direkt ihren Lieblingsberater beauftragen konnten, sind vorbei. Beratungsleistungen werden heutzutage im Regelfall im Rahmen eines standardisierten Beschaffungsprozesses eingekauft, der klaren Richtlinien hinsichtlich Ausschreibungsprozess und Kostenkontrolle unterliegt. Klienten üben maßgeblichen Einfluss auf die formale und inhaltliche Ausgestaltung der Zusammenarbeit mit den Beratern aus. Sie lassen sich die Bedingungen nicht mehr von den Beratern diktieren, sondern verfügen sehr wohl über eigene Erfahrungen und Vorstellungen, wie die Zusammenarbeit aus ihrer Sicht gestaltet werden sollte. Der Beitrag des Beraters zu den Projektergebnissen und die tatsächlichen Auswirkun-

---

[1] z.B. Swissair und Enron.
[2] Im Folgenden werden die Begriffe Klient und Kunde synonym verwendet.

gen der Leistungen des Beraters werden nach Abschluss des Projektes kritisch hinterfragt (vgl. Treichler & Wiemann 2004: 28 ff., Deelmann & Petmecky 2004: 186 ff.).

Die Stagnation des Beratungsmarktes von 2002-2004 und die daraus resultierenden Überkapazitäten haben dazu geführt, dass der Markt sich von einem Verkäufermarkt zu einem Käufermarkt gewandelt hat. Die Verhandlungsposition der Klienten hat sich deutlich verbessert. Die Tagessätze sowie das notwendige Beratungsvolumen sind verhandelbar geworden und ermöglichen es den Kunden, günstigere Preise zu erzielen (vgl. Richter 2004: 95, Schlaepfer 2004: 211).

Obwohl der deutsche Beratungsmarkt seit 2005 wieder deutlich wächst und in den Jahren 2006 und 2007 jeweils zweistellige Wachstumsraten erreicht werden konnten, hat die während der Stagnationsphase eingesetzte „Professionalisierung des Kunden" dazu beigetragen, dass die Klienten auch weiterhin eine klare Ergebnis- und Leistungsorientierung der Beratungen erwarten (vgl. BDU 2007a: 4 ff.). Kunden fordern heutzutage die Umsetzbarkeit der erarbeiteten Lösungen und sind nicht bereit, Geld für Konzepte zu bezahlen, die in den Schubladen verschwinden. Im Zuge der wachsenden Ergebnisorientierung wird auch der Wunsch nach messbaren Ergebnissen und einer erfolgsorientierten Bezahlung[3] von Seiten der Kunden vermehrt geäußert (vgl. Hirn & Student 2001: 60 f.). Die erfolgsorientierte Bezahlung wird in diesem Zusammenhang als Instrument zur Steuerung des Beraters gesehen. Es soll damit sichergestellt werden, dass der Berater ein hohes Eigeninteresse hat, die von dem Unternehmen gesetzten Ziele im Projekt zu erreichen, und bereit ist, sich an diesen Anforderungen messen zu lassen (vgl. Deelmann & Petmecky 2004: 199, Treichler & Wiemann 2004: 30, Lechner et al. 2005: 7). Der Einsatz von Erfolgshonoraren soll aus der Perspektive der Principal-Agent-Theorie dazu dienen, ein opportunistisches Handeln des Agenten (Beraters), das auf Grund der herrschenden Informationsasymmetrie möglich wäre, zu unterbinden. Opportunistisches Handeln kann durch geeignete Kontrollmechanismen verhindert werden. Dazu können beispielsweise vertragliche Regelungen, eine Überwachung des Agenten oder die Messung der Leistung eingesetzt werden. In diesem Sinne wird mit dem Einsatz eines Erfolgshonorars versucht, den Agenten zu kontrollieren (vgl. Sharma 1997: 789).

Die Forderung nach messbaren Beraterleistungen ist jedoch nichts Neues, bereits 1996 forderte Kubr :

> *„[...] consulting has to add value to the client organization and this value should be a tangible and measureable contribution to achieving the client's principal purposes."*
> *(Kubr 1996: 10)*

Neu ist jedoch, dass die Beratungsunternehmen vermehrt auf diese Forderung eingehen und zum Zeichen ihrer Leistungsbereitschaft Erfolgshonorare akzeptieren. Diese Entwicklung ist

---

[3] Im Folgenden werden die Begriffe Erfolgshonorar, erfolgsorientierte Bezahlung sowie Projekte mit erfolgsorientierter Komponente synonym verwendet.

insofern erstaunlich, als noch Anfang der 1990er Jahre der Einsatz von Erfolgshonoraren von Seiten des Bundesverbandes Deutscher Unternehmensberater e.v. (BDU) als unseriös angesehen wurde. Der Anteil von Projekten, bei denen Erfolgshonorare bzw. risiko- oder erfolgsorientierte Komponenten zum Einsatz kommen, ist von 10 Prozent im Jahr 1994 auf 19 Prozent im Jahr 2006 angestiegen. In jüngeren Studien wird sogar davon gesprochen, dass in 33 Prozent der betrachteten Projekte die finanzielle Bewertung der Ziele im Vertrag festgeschrieben wurde (vgl. Kass & Schade 1995: 1081, Cardea AG & Pepper GmbH 2007: 47 ff.). Diese Entwicklung zeigt deutlich, dass die Messbarkeit von Beratungsergebnissen nicht nur theoretisch an Bedeutung gewonnen hat, sondern dass diese Forderung der Kunden auch in der Realität umgesetzt wird.

1.2 Problemstellung und Zielsetzung

Obwohl der Einsatz von Erfolgshonoraren in der Praxis in den letzten Jahren deutlich zugenommen hat und man daraus schließen könnte, dass sowohl Berater als auch Kunden den Einsatz von Erfolgshonoraren begrüßen würden, sieht die Realität anders aus. Ihr Einsatz wird kontrovers diskutiert (vgl. Kass & Schade 1995: 1081, Lechner et al. 2005: 7).

Im Mittelpunkt der theoretischen und praktischen Diskussion steht die Frage nach der Messbarkeit von Beratungsleistungen. Oft werden in diesem Zusammenhang Voraussetzungen, wie die objektive Messbarkeit und die eindeutige Abgrenzbarkeit von Beratungsleistungen, genannt, die erfüllt sein müssen, damit Vereinbarungen mit erfolgsorientierten Komponenten abgeschlossen werden können (vgl. Larew & Deprosse 1997: 108, Cardea AG & Pepper GmbH 2007: 47 f.). Steyrer hat bereits 1991 die Evaluierung von Beratungsprozessen als „Gretchenfrage" bezeichnet, die im Rahmen der Erarbeitung einer gesamthaften Theorie der Beratung thematisiert und beantwortet werden muss (vgl. Steyrer 1991: 21). Trotz eines Anstiegs der Forschungsbemühungen blieb die Beantwortung dieser „Gretchenfrage" aus theoretischer Sicht bis heute weitestgehend offen. Es gibt zwar zahlreiche Beiträge, die sich mit der Thematik von Erfolgsfaktoren und der Erfolgsmessung von Beratungsleistungen beschäftigen, jedoch handelt es sich dabei meist um individuelle Forschungsleistungen, die sich auf eine spezifische Situation beziehen und nicht in einen größeren Gesamtzusammenhang gestellt werden (vgl. Mohe 2004: 696 ff.).

Im Jahr 2002 untersuchte Ernst die Frage, wie Urteile über die Leistungen von Unternehmensberatern zustande kommen, und kam zu folgendem Fazit:

„In der Diskussion wurde deutlich, dass eine Evaluation von Beraterleistungen im Hinblick auf die durch sie verursachten Effektivitätssteigerungen kaum möglich und darüber hinaus von den Beteiligten nicht erwünscht ist. Dies fordert einen Abschied vom Bild einer objektiven, technisch-rationalen und von den Beteiligten unabhängigen Evaluationskonzeption." (Ernst 2002: 207 f.)

In späteren Beiträgen von Ernst wird diese Aussage dahingehend ergänzt, dass es zwar Ansätze zur Evaluation von Beratungsleistungen gibt, diese Ansätze aber nicht in der Lage seien, die bestehenden Evaluationshindernisse in einer akzeptablen Weise zu überwinden (vgl. Ernst & Kieser 2005: 327).

Geht man jedoch davon aus, dass die Evaluation von Beratungsleistungen die Voraussetzung für den Einsatz von Erfolgshonoraren ist, wird deutlich, dass es Situationen geben muss, bei denen eine Bewertung grundsätzlich möglich ist und durchgeführt wird. Die Berechnung des Honorars kann nur erfolgen, wenn sich Kunde und Berater geeinigt haben, welche Kriterien zur Beurteilung des Projekterfolgs verwendet werden. Es scheint daher lohnenswert, die Problematik der Erfolgshonorare und der Evaluation von Beratungsleistungen gemeinsam zu betrachten (vgl. Schweizer & Rajes 2006: 320 ff.).

Es gibt zahlreiche theoretische Beiträge und praxisnahe Modelle (z.B. Consulting Scorecard, ROC-Modell etc.), die darstellen, wie der Erfolg gemessen werden kann. Diese Beiträge konzentrieren sich im Wesentlichen auf die Herleitung von Kennzahlen oder die Erstellung von quantitativen Zahlenmodellen (vgl. Phillips 2000: 91 ff., Cardea AG & Pepper GmbH 2007: 15 ff.). Greift man die Erkenntnisse von Ernst auf, stellt sich die Frage, ob in der Praxis nicht noch weitere qualitative Faktoren, die nicht so einfach in Zahlen ausgedrückt werden können, eine Rolle bei der Erfolgsmessung spielen. Um das Zusammenspiel verschiedenster Faktoren näher zu untersuchen, werden im Rahmen dieser Arbeit Projekte analysiert, bei denen Erfolgshonorare eingesetzt wurden. Die Konzentration auf Projekte mit erfolgsorientierter Komponente erfolgt vor dem Hintergrund, dass bei ihnen sichergestellt ist, dass der Kunde und der Berater sich auf eine Erfolgsmessung geeinigt haben und diese auch durchgeführt wurde, weil ansonsten eine erfolgsorientierte Vergütung nicht möglich gewesen wäre.

Die forschungsleitende Frage, die im Rahmen dieser Arbeit untersucht wird, lautet daher:

"Wie kann der Erfolg von Beratungsprojekten gemessen werden?"

Zur Beantwortung dieser Frage wird zunächst ein theoretischer Bezugsrahmen entwickelt, in dem alle Faktoren, die im Rahmen der Erfolgsmessung eine Rolle spielen können, berücksichtigt werden. Im Anschluss wird in einer empirischen Untersuchung anhand von Fallstudien untersucht, wie die Erfolgsmessung in der Praxis durchgeführt wird, welche Faktoren in der Praxis tatsächlich Einfluss auf die Erfolgsmessung haben und wie die Evaluationshindernisse überwunden werden. Aus der oben genannten leitenden Fragestellung ergeben sich folgende Teilfragen, die im Anschluss an die Entwicklung des theoretischen Bezugsrahmens in Kapitel 4 weiter detailliert werden:

- Wie wird der Erfolg von Beratungsprojekten, bei denen Erfolgshonorare zum Einsatz kommen, gemessen?

- Wie werden die Hindernisse, die bei der Bewertung von Beratungsleistungen auftreten können, bei dem Einsatz von Erfolgshonoraren überwunden?
- Welche Faktoren haben einen Einfluss auf die Erfolgsmessung?
- Welche Ausprägungen nehmen diese Faktoren im Projektverlauf an?
- Haben diese Faktoren Einfluss auf die ursprüngliche Vereinbarung der Erfolgsmessung?
- Welchen Einfluss hat die Erfolgsmessung auf die Projektarbeit?
- Welcher Zusammenhang besteht zwischen Erfolgshonorar und Erfolgsmessung?

Diese Arbeit dient nicht dazu, ein weiteres theoretisches Modell herzuleiten, wie Erfolgsmessung funktionieren könnte, sondern verfolgt durch die Untersuchung des Realphänomens Erfolgshonorar das Ziel, einen praxisrelevanten Beitrag zur Erfolgsmessung von Beratungsleistungen zu erarbeiten. Das Hauptanliegen der Arbeit ist es, aus der Betrachtung der Praxis Hypothesen zu bilden und Gestaltungsempfehlungen für die Erfolgsmessung von Beratungsleistungen abzuleiten, die als Basis für den Einsatz von Erfolgshonoraren dienen können. Die Erfolgsmessung wird im Rahmen der empirischen Untersuchung sowohl aus der Sichtweise der Berater als auch des Kunden betrachtet.

1.3 Gang der Untersuchung

Der Gang der Untersuchung ist in Abbildung 2 dargestellt. Nachdem in Kapitel 1 die Einführung, die Problemstellung und Zielsetzung sowie der Gang der Untersuchung vorgestellt wurden, erfolgt in Kapitel 2 eine Präzisierung des Untersuchungsgegenstandes „Unternehmensberatung" sowie die Abgrenzung der wesentlichen Begriffe.

Im Kapitel 3 werden die konzeptionellen Grundlagen sowie der theoretische Bezugsrahmen erarbeitet. Gemeinsam bilden sie die Basis für die empirische Untersuchung. Zunächst erfolgt eine Betrachtung der wissenschaftstheoretischen Grundlagen und die Vorstellung des Forschungsdesigns dieser Arbeit. Im Anschluss wird auf die Herausforderungen eingegangen, die bei der Durchführung einer Erfolgsmessung von Beratungsprojekten überwunden werden müssen. Im nächsten Schritt werden die Phasen des Beratungsprozesses sowie die theoretischen Elemente beschrieben, bevor die unterschiedlichen Perspektiven in einem Bezugsrahmen zusammengeführt werden.

Die empirische Untersuchung und ihre Erkenntnisse werden in Kapitel 4 dargestellt. Zunächst erfolgt die Beschreibung der methodischen Grundlagen der Fallstudienforschung. Im Anschluss werden die einzelnen Fälle beschrieben und analysiert. Am Ende des Kapitels werden eine fallstudienübergreifende Analyse durchgeführt und die Erkenntnisse der empirischen Untersuchung zusammengefasst.

In Kapitel 5 erfolgt eine kritische Diskussion der empirischen Ergebnisse anhand des theoretischen Bezugsrahmens. Die Forschungsfragen sowie die Teilfragen werden beantwortet und auf Basis der gewonnenen Erkenntnisse wird der theoretische Bezugsrahmen unter Verwendung von Hypothesen weiterentwickelt. Basierend auf den gebildeten Hypothesen erfolgt die Ableitung von Gestaltungsempfehlungen für die Erfolgsmessung von Beratungsprojekten. Im Anschluss erfolgt die Einordnung der gewonnenen Erkenntnisse in den aktuellen Stand der Beratungsforschung.

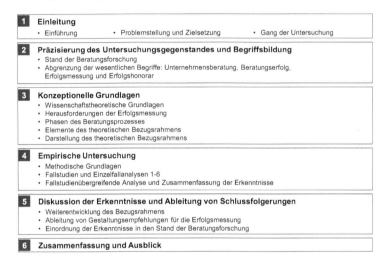

Abb. 2: Aufbau der Arbeit
Quelle: Eigene Abbildung

Abschließend werden in Kapitel 6 die wesentlichen Schlussfolgerungen zusammengefasst und auf Basis der gewonnenen Erkenntnisse ein Ausblick über die zukünftig interessant erscheinenden Fragestellungen in diesem Themengebiet gegeben.

2 Präzisierung des Untersuchungsgegenstandes und Begriffsbildung

Auf Grund des breiten Forschungsgegenstandes der Unternehmensberatung ist sowohl eine begriffliche als auch inhaltliche Präzisierung des Untersuchungsgegenstandes notwendig. Zunächst werden in einem kurzem Überblick der aktuelle Stand der Beratungsforschung dargestellt sowie die Fragestellung dieser Arbeit in den derzeitigen Forschungsstand eingeordnet. Im nächsten Schritt werden die wesentlichen Begriffe dieser Arbeit, nämlich „Unternehmensberatung", „Beratungserfolg", „Erfolgsmessung" und „Erfolgshonorar" abgegrenzt und für diese Arbeit definiert. Zur inhaltlichen Präzisierung des Untersuchungsgegenstandes wird im Anschluss noch auf die Funktionen von Erfolgshonoraren sowie die vertraglichen Aspekte bei ihrem Einsatz eingegangen.

2.1 Stand der Beratungsforschung

Das Forschungsinteresse an dem Erkenntnisobjekt „Unternehmensberatung" hat zwar in den letzten Jahren zugenommen, aber die Ergebnisse haben nicht dazu beigetragen, die Bildung einer konsistenten Theorie der Beratung voranzutreiben. Im Gegenteil, insbesondere die neueren empirischen Untersuchungen haben widersprüchliche Ergebnisse hervorgebracht (vgl. Mohe 2004: 700 f.). Bei Betrachtung des empirischen Stands der Beratungsforschung spricht Steyrer in seiner Arbeit „Unternehmensberatung – Stand der deutschsprachigen Theorienbildung und empirischen Forschung" sogar von „*Forschungswildwuchs*" (Steyrer 1991: 21). Die einzelnen Untersuchungen beruhen weitgehend auf individuellen Forschungsleistungen, die das Forschungsfeld jeweils von Grund auf neu zu bearbeiten scheinen (vgl. Mohe 2004: 702). Dies erklärt auch die hohe Anzahl unterschiedlicher Autoren. Steyrer hat in dem Betrachtungszeitraum von 1974 bis 1990 22 Studien identifiziert, die sich auf 30 Autoren verteilen (vgl. Steyrer 1991: 20 ff.). Ein ähnliches Bild ist auch für die jüngere empirische Forschung festzustellen. Mohe hat im Zeitraum von 1991 bis 2003 37 empirische Beiträge im deutschsprachigen Raum zur Beratungsforschung identifiziert, an denen 47 unterschiedliche Autoren beteiligt waren (vgl. Mohe 2004: 702, 711 ff.).

Darüber hinaus existieren zahlreiche Beiträge von Praktikern, die explizit als nicht wissenschaftlich deklariert werden. Diese Vorgehensweise hat den Vorteil, dass man den Beitrag einfach neben die bestehende Diskussion setzen kann, ohne sich weiter mit dem Stand der Forschung und den bereits existierenden Kritikpunkten auseinandersetzen zu müssen (vgl. Ernst & Kieser 2005: 338).

Diese Vielschichtigkeit der Beiträge zu dem Thema „Unternehmensberatung" steigert die Notwendigkeit und die Schwierigkeit, den Überblick über den aktuellen Stand der Forschung zu behalten. Im Folgenden wird der derzeitige Stand der Beratungsforschung kurz dargestellt. Im Fokus stehen Beiträge, die sich mit der Bewertung von einzelnen Beratungsleistungen beschäftigen. Arbeiten, die sich mit der Frage des Erfolges von Unternehmensberatungen im Allgemeinen beschäftigen, und Studien über den Beratermarkt werden nicht betrachtet.[4] Grundsätzlich wird zwischen wissenschaftlichen und praktischen Ansätzen unterschieden. Die wissenschaftlichen Ansätze kennzeichnen sich durch eine explizite und exakte Begriffsbildung sowie eine systematische Einordnung der einzelnen Aussagen in einen theoretischen Rahmen aus. Die praktischen Ansätze hingegen sind im Wesentlichen von Praktikern für Praktiker geschrieben und geben Hinweise für die Umsetzung der Erfolgsmessung, ohne eine theoretische Einordnung vorzunehmen (vgl. Steyrer 1991: 4). Abschließend werden die Implikationen der vorgestellten Ansätze für diese Arbeit dargestellt.

2.1.1 *Wissenschaftliche Ansätze zur Bewertung von Beratungsleistungen*

In diesem Kapitel werden die wesentlichen wissenschaftlichen Veröffentlichungen, die sich mit der Bewertung von Beratungsleistungen beschäftigen, kurz vorgestellt. Es erfolgt eine Darstellung der jeweiligen Fragestellung, eine Zusammenfassung der wesentlichen Erkenntnisse und eine abschließende Beurteilung des jeweiligen Ansatzes.

Der erste nennenswerte Beitrag stammt von **Swartz** und **Lippitt**, die sich bereits 1975 in ihrem Artikel „Evaluating the Consulting Process" mit der Fragestellung beschäftigten, wie ein Modell zur Evaluation von Beratungsleistungen aussehen kann. Das von ihnen vorgestellte Modell besteht aus vier sich gegenseitig beeinflussenden Elementen, die beachtet werden müssen, wenn Beratungsleistungen evaluiert werden sollen.[5] Die Autoren betonen, dass die Evaluation nicht separat nach Beendigung des Beratungsprojektes erfolgen kann, sondern als Teil des Beratungsprozesses zu verstehen ist und somit bereits im Rahmen der

---

[4] Es gibt Ansätze, die den Erfolg von Unternehmensberatungen anhand der Entwicklung des Aktienkurses der beratenen Unternehmen zu messen versuchen. Diese Ansätze werden hier explizit ausgeschlossen, weil sie die Fragestellung verfolgen, ob Beratungsleistungen im Allgemeinen Nutzen schaffen. Es erfolgt keine Betrachtung der Erfolgsmessung von spezifischen Projekten und daher beschäftigen sich diese Beiträge mit Fragestellungen, die außerhalb des Fokus dieser Arbeit liegen (vgl. Solomon 1997: 72). Marktstudien, die die Frage nach der Zufriedenheit der Kunden mit der Beraterleistung stellen, werden ebenfalls nicht betrachtet, weil die Definition der Erfolgsmessung und die Methodik der Befragung oft nicht explizit dargelegt werden und die Beiträge somit in wissenschaftlicher Hinsicht eine geringe Aussagekraft besitzen (vgl. Hirn & Student 2001, Fink & Knoblach 2007).

[5] Die vier Elemente, die genannt werden, sind: der Evaluationsbereich, die Evaluationskriterien, die Datenquelle sowie die Methodik der Datenerfassung. Auf die Beschreibung der einzelnen Elemente sowie deren Ausprägungen wird an dieser Stelle verzichtet. Die Beschreibung des Modells ist bei Interesse in der Originalquelle nachzulesen (siehe Swartz & Lippitt 1975: 309 ff.).

Vertragsverhandlungen thematisiert werden muss (vgl. Swartz & Lippitt 1975: 309). Besonders hervorzuheben ist an diesem Beitrag zum einen, dass mit ihm bereits vor mehr als 30 Jahren tatsächlich ein Modell zur Evaluation vorgestellt wurde, und zum anderen, dass die in späteren Jahren viel diskutierte Frage, ob die Bewertung von Beratungsleistungen stattfinden soll bzw. stattfinden kann, hier mit einem einfachen „Ja" beantwortet wird. Die Autoren fassen ihre Sichtweise wie folgt zusammen:

> „[...] our point is that in some cases evaluation may be difficult but that a subjective evaluation of consultation will always take place, and we suggest that some attention be given to make it an objective part of the process as frequently as possible."
> (Swartz & Lippitt 1975: 326)

Kritisch zu bemerken ist, dass die Herleitung der Elemente schwer nachvollziehbar ist. Das Modell wird zwar unter Zuhilfenahme einiger Beispiele begründet, jedoch erfolgt keine hinreichend fundierte Herleitung. Auf eine empirische Überprüfung des Modells wird vollständig verzichtet.

Im Rahmen einer empirischen Untersuchung, die für die Schriftenreihe „Empirische Theorie der Unternehmung" durchgeführt wurde, untersuchte **Klein** 1974 die Fragestellung, welche Auswirkungen das Heranziehen externer Berater auf unternehmensinterne Innovationsprozesse hat (vgl. Klein 1974: V). Die Erkenntnisse von Klein wurden allerdings erst 1978 nach der Veröffentlichung des Artikels „Zur Messung des Beratungserfolges" von einem breiteren Publikum beachtet. Die Studie von Klein ist an dieser Stelle zu nennen, weil sie die erste groß angelegte empirische Untersuchung zu dem Thema „Beratungserfolg" im deutschsprachigen Raum darstellt (vgl. Steyrer 1991: 20). Es wurden 190 Unternehmen untersucht, die sich zur Erstanschaffung einer elektronischen Datenverarbeitungsanlage entschlossen hatten. 35 von den 190 Unternehmen hatten zur Unterstützung des Erstanschaffungsprozesses Berater eingesetzt. Ziel der Untersuchung war es festzustellen, ob die Unternehmen, die Berater einsetzten, „erfolgreicher" waren als die Unternehmen, die keine Berater einsetzten. Klein kam zu dem Schluss, dass dies der Fall war, und lieferte den ersten empirischen Beleg dafür, dass Berater Mehrwert schaffen (vgl. Klein 1978: 109 f.).

Zur Operationalisierung der Erfolgsfrage sucht Klein nach Indikatoren, mit denen der Erfolg von Beratungsleistungen gemessen werden kann. Das Honorar des Beraters, die Zufriedenheit des Klienten, Wirtschaftlichkeits- und Rationalisierungseffekte sowie die Steigerung von Effektivität und Effizienz werden als mögliche Kriterien näher betrachtet. Das Honorar der Berater wird als ungeeignet eingestuft, weil es oft schon vor Beginn des Beratungsprojektes vereinbart werde und somit nicht wirklich die erbrachte Leistung messe. Die Kundenzufriedenheit verwirft Klein mit der Begründung, dass Zufriedenheitsäußerungen auf subjektiven Urteilen von Einzelnen beruhen und daher in starkem Maße personenabhängig seien. Wirtschaftlichkeits- und Rationalisierungseffekte seien mit der Schwierigkeit verbunden, dass die Zurechenbarkeit und die Auswirkungen von einzelnen Maßnahmen nicht hundertprozentig gewährleistet werden können. Letztlich kommt Klein zu dem Schluss, dass die Steigerung von Effektivität und Effizienz als geeignetes Kriterium herangezogen werden kann, um den Beratungserfolg zu messen (vgl. Klein 1978: 107). Mit der Einführung der Begriffe „Effektivität" und „Effizienz" als den *„Dimensionen des ‚Erfolges' einer Unternehmung"* (Klein 1978: 108) trug Klein maßgeblich dazu bei, dass sich der „Begriffswildwuchs" in nachfolgenden Untersuchungen in Grenzen hielt. Zahlreiche nachfolgende Beiträge zum Thema „Beratungserfolg" orientierten sich an dem von ihm eingeführten Konzept der Effektivität und Effizienz.[6]

Abschließend bleibt zu sagen, dass bis heute der Beitrag von Klein einer der umfassendsten empirischen Beiträge zu der Bewertung von Beratungsleistungen ist. Sowohl hinsichtlich der Anzahl der untersuchten Fälle als auch in Bezug auf die methodische Vorgehensweise ist die Arbeit von Klein bemerkenswert (vgl. Steyrer 1991: 19 ff.).[7] Negativ anzumerken ist jedoch, dass sich die Untersuchung auf einen sehr eingeschränkten Untersuchungsgegenstand, nämlich den Erstbeschaffungsprozess von Datenverarbeitungsanlagen, bezieht und somit die Übertragbarkeit der Erkenntnisse auf Beratungsprojekte im Allgemeinen kritisch hinterfragt werden muss.

Neben Ansätzen zur Messung des Beratungserfolges haben sich Wissenschaftler in den 1990er Jahren verstärkt mit der Erklärung und dem Einfluss einzelner Variablen auf den Beratungserfolg beschäftigt. Diese Ansätze setzen sich zum Ziel, erfolgsrelevante Faktoren zu identifizieren und anschließend Handlungsempfehlungen für die Gestaltung von Beratungsprozessen abzuleiten. Die typische Vorgehensweise solcher Ansätze ist, dass zunächst der Beratungsprozess untersucht wird und idealtypische Beratungsphasen identifiziert werden. Anschließend werden Hypothesen über die Wirkung einzelner Variablen in den jeweiligen Beratungsphasen gebildet. Die Überprüfung der Hypothesen erfolgt durch empirische Forschungsmethoden, die vorwiegend den quantitativen Ansätzen zuzuordnen sind. Abschließend erfolgt eine theoretische Diskussion der empirischen Ergebnisse und es werden diejenigen Variablen identifiziert, die den höchsten Erkenntnisbeitrag zum Beratungserfolg liefern. Die Erkenntnisse werden in Form von Gestaltungsempfehlungen für den Beratungsprozess zusammengefasst und somit sowohl dem wissenschaftlich interessierten Leser als auch dem Praktiker in geeigneter Form zur Verfügung gestellt. Die soeben beschriebene Vorgehensweise erfüllt den wissenschaftlichen Anspruch im Sinne eines theoretisch-empirischen Zirkels (vgl. Schanz 1988: 46 ff., Hoffmann 1991: 9 ff.). Beiträge dieser Art können unter dem Begriff „Erfolgsfaktorenmodelle" zusammengefasst werden (vgl. zu Knyphausen-Aufseß et al.

---

[6] Vgl. beispielsweise Hoffmann 1991: 148 ff., Hafner et al. 1988: 54 f.

[7] Die Kritik, die hinsichtlich der Begriffsdefinition an mancher Stelle an der Arbeit von Klein geübt wird (z.B. Ernst 2002: 56 f.), ist im Wesentlichen darauf zurückzuführen, dass lediglich die Veröffentlichung des Artikels von 1978, aber nicht die Veröffentlichung in Buchform von 1974 beachtet wurde.

2009: 15, Nicolai & Kieser 2002: 6 ff.). Im Folgenden werden die Erfolgsfaktorenmodelle von Hoffmann, Gable und Effenberger vorgestellt.

Hoffmann verfolgte 1991 in seiner Dissertation das Ziel, einen Beitrag *"[...] zur Bildung einer Theorie der Konsultation zu leisten."* (Hoffmann 1991: 5). Eines seiner Forschungsziele ist die Ableitung *"eines Modells zur Messung und Erklärung des Beratungserfolges (der Beratungseffizienz)"* (Hoffmann 1991: 5). Die Klientensphäre und das Verhalten des ratsuchenden Unternehmens wird interessanterweise in das Zentrum der Betrachtung gestellt, weil Hoffmann in seinen Ausführungen darlegt, dass bis zu diesem Zeitpunkt die Beratungsforschung die Bedeutung des Klientenverhaltens und -einflusses auf den Beratungserfolg weitestgehend vernachlässigt haben (vgl. Hoffmann 1991: 3 ff.).

Als Untersuchungsgegenstand wählt Hoffmann aus einer Basis von 942 Beratungsfällen im Bereich der EDV- und Organisationsberatung die 200 jüngsten Fälle aus. Zunächst wurden die Abschlussberichte der 200 Fälle einer Inhaltsanalyse unterzogen und anschließend wurde eine Beraterbefragung durchgeführt. Aus forschungsökonomischen Gründen wurden diejenigen Berater ausgewählt, die mehr als drei Fälle bearbeitet hatten. Somit wurden 16 Berater interviewt, die in Summe 62 Beratungsfälle auf sich vereinen. Die Anzahl der bis dato 62 betrachteten Beratungsfälle wurden dahingehend ergänzt, dass eine Extremgruppenbetrachtung, die zum Herausarbeiten von Einflussfaktoren besonders geeignet ist, durchgeführt werden konnte. Zu diesem Zweck wurden die interviewten Berater gebeten, weitere Beratungsprojekte, die sie als besonders erfolgreich bzw. nicht erfolgreich einstuften, beizusteuern. In Folge wurden 40 geeignete Extremfälle für die Klientenbefragung herausgesucht. Im Rahmen der Untersuchung wurde sichergestellt, dass die Einstufung von Beratungsfällen als erfolgreich bzw. nicht erfolgreich von Berater- und Klientenseite übereinstimmte (vgl. Hoffmann 1991: 21 ff.).

Diese Vorgehensweise erscheint zunächst äußerst kompliziert, dennoch ist ihr zugute zu halten, dass sie zum einen eine Extremgruppenbetrachtung ermöglicht, bei der sowohl Berater als auch Klienten zu demselben Beratungsfall Stellung beziehen, und zum anderen wird sie dem oft geäußerten Anspruch nach Triangulation gerecht (vgl. Riemann et al. 2000: 220, Kühl & Strodtholz 2002: 22).

Hoffmann identifiziert sechs Faktoren, die von zentraler Bedeutung für den Erfolg von Beratungsprojekten sind. Die Vorbereitung der Konsultation, die Intensität des Projektcontrollings sowie die Fähigkeit des Kunden zum Lernen und zum Wandel werden auf Seiten des Kunden betrachtet und somit sind diese drei Faktoren direkt dem Klientenverhalten zuzuordnen. Die Bereitstellung ausreichender finanzieller Ressourcen und die Bereitschaft des Klientensystems zur aktiven Mitarbeit im Beratungsprojekt kennzeichnen die Beratungsreife des Klienten. In Summe sind somit fünf der sechs zentralen Erfolgsfaktoren für Beratungsprojekte in der Klientensphäre angesiedelt. Lediglich der sechste Faktor, die Übereinstimmung von Beraterverhalten und Klientenerwartung, ist nicht eindeutig dem Klienten zuzuordnen, sondern entsteht durch die Interaktion der beiden Parteien (vgl. Hoffmann 1991: 283 ff.). Hoffmann kommt somit zu dem Schluss:

„Nicht der Berater übt den zentralen Einfluss auf die Beratungseffizienz aus, sondern der Klient!" (Hoffmann 1991: 285)

Positiv hervorzuheben sind der in der Studie gewählte Ansatz der Extremgruppenbetrachtung sowie die umfangreiche empirische Datenerhebung, die durchgeführt wurde. Diese Arbeit hat zweifellos dazu beigetragen, den Beratungsprozess in einem anderen Licht zu sehen und auch dem Klienten mehr Verantwortung für den Erfolg eines Projektes zu übertragen. Dennoch sind einige kritische Punkte anzumerken. Obwohl Hoffmann ein gesamtes Kapitel der Definition von Beratungserfolg bzw. Beratungseffizienz widmet, überlässt er die Einstufung in erfolgreiche bzw. nicht erfolgreiche Projekte, die für die Erkenntnisse der Arbeit eine wesentliche Rolle spielt, letztlich der subjektiven Beurteilung der Berater bzw. der Klienten (vgl. Hoffmann 1991: 22). Darüber hinaus ist der Untersuchungsgegenstand „Beratungsfall" hinsichtlich seiner Charakteristika kritisch zu betrachten, weil es sich bei den betrachteten Beratungsfällen um vom Wirtschaftsförderungsinstitut (WIFI) der österreichischen Bundeswirtschaftskammer geförderte Projekte handelt. Die Unterstützung durch das WIFI kann unter Umständen zu einer Verzerrung der Aussagen hinsichtlich des Beratungserfolges auf Klientenseite beitragen, weil die Unternehmen sich auf Grund der finanziellen Unterstützung möglicherweise dazu genötigt sehen bzw. verpflichtet fühlen, die Ergebnisse tendenziell positiv zu bewerten. Darüber hinaus ist festzuhalten, dass es sich um kurze und sehr kleine Beratungsprojekte handelt. Rund 50 Prozent der betrachteten 200 Beratungsfälle weisen eine Gesamtberatungsdauer von unter fünf Tagen aus und bei knapp 80 Prozent der betrachteten Unternehmen sind 50 oder weniger Mitarbeiter beschäftigt (vgl. Hoffmann 1991: 45 ff.). Letztlich kann die Arbeit die Frage nach der Messung und der Erklärung des Beratungserfolges nicht beantworten, insbesondere weil die Erfolgsbeurteilung vollständig den Befragten überlassen wird. Positiv hervorzuheben ist jedoch, dass die Arbeit von Hoffmann einen der ersten Ansätze darstellt, der sich mit der Erklärung des Beratungserfolges beschäftigt und somit beispielhaft als Versuch zur Aufstellung eines Erfolgsfaktorenmodells gesehen werden kann.

1996 untersuchte **Gable** in seinem Beitrag „A Multidimensional Model of Client Success When Engaging External Consultants" den Erfolg von 85 Beratungsprojekten, die sich mit der Einführung von Computersystemen beschäftigten. Ziel der Untersuchung war die Identifikation von Erfolgsfaktoren sowie die Ableitung eines Modells zur Erklärung des Beratungserfolges. Nach der theoretischen Ableitung des Modells erfolgte eine empirische Überprüfung mit Hilfe von standardisierten schriftlichen Fragebögen (vgl. Gable 1996: 1175 ff.). Im Rahmen der Untersuchung identifizierte Gable die Beraterempfehlung, das Kundenverständnis und die Beraterleistung als die drei wesentlichen Bereiche, die für den Beratungserfolg verantwortlich sind.

Besonders hervorzuheben ist, dass Gable explizit von einem „subjektivem" und einem „objektivierten" Maß ausgeht. In jedem der drei Bereiche erfolgt die subjektive Messung anhand einer Zufriedenheitsbefragung des Klienten. Die „objektivierte" Messung erfolgt durch eine Vorher-Nachher-Betrachtung, bei der die Veränderung der einzelnen Faktoren, die durch das Beratungsprojekt verursacht wurde, gemessen wird. Die Beurteilung der Beraterempfehlung erfolgt durch die Überprüfung, inwieweit die Empfehlungen akzeptiert und umgesetzt wurden. Die Leistung im Bereich Kundenverständnis wird über die Veränderung des Kundenwissens bestimmt. Die Beraterleistung wird anhand der tatsächlich eingesetzten Zeit und der Höhe des Beraterhonorars im Vergleich zu den Werten, die zu Beginn des Projektes genannt wurden, beurteilt (vgl. Gable 1996: 1179).

Die Ergebnisse der Studie werden in folgender Abbildung zusammengefasst, in der die drei wesentlichen Bereiche des Beratungserfolges sowie die damit verbundenen Messmöglichkeiten dargestellt sind.

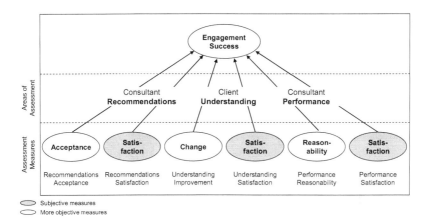

Abb. 3: Dimensionen des „Engagement Success"
Quelle: eigene Darstellung in Anlehnung an Gable 1996: 1180, 1190

Ein Schwachpunkt der Untersuchung ist, dass lediglich Beratungsprojekte, die sich der Einführung von Computersystemen widmen, betrachtet werden. Auf Grund des sehr engen Untersuchungsgebietes ist die Allgemeingültigkeit der Untersuchungsergebnisse kritisch zu hinterfragen. Ebenfalls negativ anzumerken ist, dass der Autor auf eine begriffliche Definition von Erfolg verzichtet, obwohl das Ziel des Beitrags die Entwicklung eines Modells zur Bestimmung der Beratungserfolges ist. Diese definitorische Schwäche führt dazu, dass es während des gesamten Beitrags unklar bleibt, was der Autor unter dem zentralen Begriff „engagement success" versteht. Diese fehlende Definition wirft zudem die Frage auf, was die Teilnehmer der Befragung unter Erfolg verstanden haben. Daher ist die Kritik, dass die „objektivierte" Messung von Beratungserfolg im Rahmen der Ausgestaltung und Durchführung ebenfalls ein hohes Maß an Subjektivität zulässt, durchaus angebracht. Zudem bleiben die Aussagen hinsichtlich der Ausgestaltung und Durchführung äußerst vage. Dem Autor ist jedoch zugute zu halten, dass nicht von einer objektiven Messung, sondern lediglich von einer „objektivierten" Messung gesprochen wird. Darüber hinaus trägt bereits der Versuch einer systematischen Messung dazu bei, die Kontrolle über Beratungsbudgets und Beratungsprojekte zu erlangen, und ist somit als geeignetes Steuerungsinstrument anzusehen (vgl. Ernst & Kieser 2005: 330). Abschließend bleibt zu sagen, dass der Beitrag von Gable seinem Ziel, ein Modell zur Messung des Beratungserfolges zu entwickeln, nicht gerecht wird, sondern lediglich Hinweise auf mögliche Erfolgsfaktoren anbietet. Dennoch werden im Rahmen des Beitrags interessante Zusammenhänge zwischen den Dimensionen „Beraterempfehlung", „Kundenverständnis" und „Beraterleistung" aufgezeigt. Zudem ist positiv zu bewerten, dass Gable den Versuch unternimmt, verschiedene Messmöglichkeiten in einem Modell zu integrieren. Er verabschiedet sich damit von der Schwarz-Weiß-Diskussion in Bezug auf subjektive oder objektive Messverfahren und bietet eine Möglichkeit an, beide Sichtweisen zu berücksichtigen.

1998 widmete sich **Effenberger** in seiner Dissertation den Erfolgsfaktoren der Strategieberatung.[8] Im Gegensatz zu den bisher vorgestellten Erfolgsfaktorenmodellen konzentriert sich Effenberger nicht auf die EDV-Beratung, sondern stuft diese Einschränkung der zuvor erläuterten Studien explizit als Defizit ein (vgl. Effenberger 1998: 3). Er beschäftigte sich mit der Frage, was erfolgreiche von nicht erfolgreichen Projekten in der Strategieberatung unterscheidet und welche Faktoren in den einzelnen Beratungsphasen eine Rolle spielen. Zur Beantwortung dieser Frage wurden fünf Beratungsphasen identifiziert und die jeweiligen Erfolgsfaktoren abgeleitet. Im Anschluss erfolgte die empirische Überprüfung mit Hilfe eines standardisierten Fragebogens. Es wurden Fragebögen an die 450 größten deutschen Unternehmen versendet und es konnte ein Rücklauf von 141 Fragebögen verzeichnet werden. Allerdings gaben lediglich 74 der antwortenden Unternehmen an, in den letzten vier Jahren Erfahrungen mit einer Strategieberatung gemacht zu haben, und waren somit zur Auswertung geeignet (Fritz & Effenberger 1998: 105 ff.). Effenberger wählt einen zufriedenheitsorientierten Messansatz und setzt Beratungserfolg mit der Zufriedenheit des Klienten gleich (vgl. Effenberger 1998: 47, 236). Es wird kein Versuch unternommen, den Erfolgsbegriff in irgendeiner Art und Weise für einen Dritten nachvollziehbar zu machen.

Infolgedessen muss sich die Arbeit ebenso wie der Ansatz von Hoffmann der Kritik stellen, dass die Einstufung von Projekten als erfolgreich bzw. nicht erfolgreich alleinig dem subjektiven Urteil des Kunden überlassen ist. Zudem kommen bei genauerer Betrachtung der Ant-

---

[8] Eine Zusammenfassung der wesentlichen Ergebnisse der Dissertation ist in dem Artikel „Strategische Unternehmensberatung – Verlauf und Erfolg von Projekten der Strategieberatung" von Fritz & Effenberger 1998 zu finden.

worten einige Zweifel an der Validität der Datenbasis auf. So wurden die Unternehmen z.B. danach gefragt, ob das Beratungsprojekt zur Veränderung von ökonomischen Kennziffern wie des Return on Investment (ROI) beigetragen hat. Es ist verwunderlich, dass 31 von 84 Befragten angeben, dass eine Veränderung des ROI stattgefunden habe, aber lediglich 19 von diesen 31 Befragten eine Angabe darüber machen, ob es sich um eine Verbesserung oder eine Verschlechterung des ROI gehandelt hat. Dieses Verhalten legt die Vermutung nahe, dass die befragten Unternehmen entweder nicht wussten, was für eine Veränderung stattgefunden hat, oder keine näheren Angaben darüber machen wollten. Ein ähnliches Antwortverhalten kann ebenso bei der Frage nach der Veränderung des Umsatzes sowie des Marktanteils festgestellt werden (vgl. Fritz & Effenberger 1998: 114). Es ist somit nicht überraschend, dass die Autoren selbst zu dem Schluss kommen:

„Obwohl die befragten Unternehmen die betrachteten Strategieberatungsprojekte subjektiv als überwiegend erfolgreich einstufen, läßt sich der ökonomische Erfolg dieser Projekte nur schwer konkret nachweisen." (Fritz & Effenberger 1998: 117)

Umso erstaunlicher ist es allerdings, dass die Datenbasis, die im Rahmen der Untersuchung verwendet wurde, nicht kritisch hinterfragt wird. Zusammenfassend kann festgestellt werden, dass Effenberger zwar Erfolgsfaktoren in den einzelnen Beratungsphasen identifiziert, aber keinen Erkenntnisfortschritt hinsichtlich der Frage nach der Messung des Beratungserfolges generiert, weil die Erfolgsfrage weitestgehend umgangen und deren Beantwortung dem Kunden überlassen wurde.

Die unter dem Begriff „Erfolgsfaktorenmodelle" vorgestellten Ansätze von Hoffmann, Gable und Effenberger müssen sich zudem der grundsätzlichen Kritik der Erfolgsfaktorenforschung stellen. Nicolai und Kieser treffen in diesem Zusammenhang folgende Aussage:

„Versuche von Managementforschern, Faktoren des Erfolgs von Unternehmen zu identifizieren, sind bislang erfolglos geblieben. Eine Auseinandersetzung mit den Ursachen dieser Erfolglosigkeit macht deutlich, dass diese Ursachen auch in Zukunft nicht zu beseitigen sein werden." (Nicolai & Kieser 2002: 579)

Diese Kritik bezieht sich darauf, dass der Einfluss der einzelnen Faktoren auf den Beratungserfolg im Rahmen des jeweiligen Beitrags zwar statistisch nachgewiesen wurde, es aber gleichzeitig durchaus vorstellbar ist, dass es zahlreiche weitere Faktoren gibt, die ebenfalls Einfluss auf den Beratungserfolg haben. Die Erfolgsfaktorenforschung unterliegt der Kritik, dass abhängig vom Forschungsdesign und der Ausgestaltung der jeweiligen Forschungsfrage es sogar zu widersprüchlichen Aussagen kommen kann. Es gibt derzeit kein einziges Ergebnis der Erfolgsfaktorenforschung, das als abgesichert gilt (vgl. Nicolai & Kieser 2002: 581 f.).

Ernst steuerte 2002 mit der Veröffentlichung ihrer Dissertation „Die Evaluation von Beratungsleistungen – Prozesse der Wahrnehmung und Bewertung" einen bemerkenswerten Beitrag zur Messung des Beratungserfolges bei. Ernst stellt sich die Frage, wie Urteile über die

Leistungen von Unternehmensberatern zustande kommen, und betrachtet die Thematik des Beratungserfolges aus einer bisher unbeachteten Perspektive (vgl. Ernst 2002: 4). Die Frage, ob die Beratungsleistungen erfolgreich oder nicht erfolgreich sind, wird nicht thematisiert, sondern die Wahrnehmung und das Zustandekommen von Urteilen bilden den Mittelpunkt der Betrachtung (vgl. Ernst 2002: 86).

In der Arbeit wurde ein qualitatives Forschungsdesign gewählt. Es wurden 23 leitfadengestützte Interviews durchgeführt, 11 davon mit Managern und 12 mit Beratern. Ziel der Interviews war jeweils die Betrachtung eines spezifischen Beratungsfalls. Um dies zu erreichen, wurden die Interviewpartner dazu angehalten, über die persönlichen Erfahrungen eines konkreten Beratungsprojektes zu berichten. In Summe wurden 17 Beratungsfälle mit unterschiedlichen Projektlaufzeiten und Inhalten untersucht (vgl. Ernst 2002: 37 ff).

Die Autorin vertritt die Ansicht, dass die Evaluation von Beratungsleistungen nicht als objektiver Tatbestand ermittelt werden könne, sondern durch Kommunikationsprozesse, an denen sowohl Berater als auch Kunden beteiligt seien, zustande komme (vgl. Ernst 2002: 51, 84). Infolge dieser Erkenntnis fordert Ernst, dass der wissenschaftliche Umgang mit der Problematik der Bewertung von Beratungsleistungen verändert werden soll. Anstatt sich weiter auf die Entwicklung und Verfeinerung von Bewertungsinstrumenten zu konzentrieren, sollten die Faktoren, die die Entstehung von Urteilen beeinflussen, in den Vordergrund gestellt werden (vgl. Ernst 2002: 84). Zur Untersuchung dieser Faktoren wird die Evaluation von Beratungsleistungen zunächst als Attributionsprozess definiert. Das heißt, die Evaluation von Beratungsleistungen wird als Prozess verstanden, bei dem Aussagen über die Gründe und Ursachen einer empfangenen Beraterleistung gemacht werden (vgl. Ernst 2002: 85). Anschließend erfolgt eine Untersuchung der motivationalen, kognitiven und informationalen Faktoren, die diesen Prozess beeinflussen. Abschließend werden die Ergebnisse in dem „Modell der Einflussfaktoren auf die Evaluation von Beratungsleistungen", das in Abbildung 4 dargestellt ist, zusammengefasst.

Das Zusammenspiel und den Einfluss der einzelnen Faktoren beschreibt Ernst wie folgt:

„Die Motivation der Beteiligten, ihre Erfahrungen und Erwartungen sowie die Definition und Bezeichnung der in Beratungsprojekten zu lösenden Probleme wirken dabei auf die Urteilsbildung ein." (Ernst 2002: 204)

Unter dem Stichwort „motivationale Einflussfaktoren" wird zum einen die Motivation der Selbstwerterhaltung und zum anderen die Kontrollmotivation behandelt. Hinsichtlich der Motivation der Selbstwerterhaltung kommt die Autorin zu dem Schluss, dass die Mitarbeiter des Klientenunternehmens Beratungsprojekte zur Verfolgung ihrer persönlichen Ziele nutzen. Berater sind sich dieser „politischen" Dimension ihrer Arbeit durchaus bewusst und lassen sich mit der Hoffnung auf positive Leistungsbewertungen für die Zwecke ihrer Auftraggeber instrumentalisieren (vgl. Ernst 2002: 137). Unter „Kontrollmotivation" wird das Wechselspiel zwischen Kontrollverlust, Kontrollerhöhung bzw. Kontrollverschiebung beschrieben. Die von Managern wahrgenommene Kontrolle kann sich durch den Einsatz von Beratern erhöhen und hat somit einen positiven Einfluss auf die Leistungsbeurteilung, weil die Erhöhung der wahrgenommenen Kontrolle von allen Befragten positiv bewertet wurde (vgl. Ernst 2002: 157).

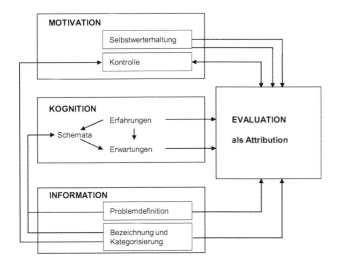

Abb. 4: Modell der Einflussfaktoren auf die Evaluation von Beratungsleistungen
Quelle: Ernst 2002: 205

In dem Kapitel „kognitive Einflussfaktoren" wird darauf eingegangen, welche Rolle Erfahrungen und Erwartungen bei der Bewertung von Beratungsleistungen spielen. Die Autorin kommt zu dem Ergebnis, dass Manager mit viel Beratungserfahrung die erbrachten Beratungsleistungen weitaus kritischer betrachten. Darüber hinaus haben die Erwartungen des Kunden großen Einfluss auf die Bewertung der Beratungsleistung. So führt beispielsweise eine Leistung, die die Erwartungshaltung des Kunden übertrifft, letztlich zu einer positiven Bewertung vollkommen unabhängig davon, wie gut oder schlecht die Leistung objektiv ist (vgl. Ernst 2002: 173 ff.). Unter informationalen Einflussfaktoren fasst die Autorin alle Faktoren zusammen, die insbesondere im Rahmen der Problemdefinition sowie durch die Verwendung bestimmter Schlagwörter[9] Einfluss auf die Bewertung nehmen (vgl. Ernst 2002: 185). Es geht dabei beispielsweise darum, dass Berater unter Umständen versuchen, die Problemdefinition dahin gehend zu beeinflussen, dass anschließend die von ihnen erbrachte Leistung positiver wahrgenommen wird (vgl. Ernst 2002: 183 f.). In diesem Zusammenhang stellt Ernst Folgendes fest:

---

[9] Die Bedeutung und der Einfluss von Schlagwörtern auf Manager ist bei Interesse nachzulesen in Abrahamson 1996: 274 ff.

"Die wirtschaftlichste und erfolgversprechendste Möglichkeit für Berater, die eigene Expertise gegenüber dem Klienten zu demonstrieren, liegt in der Herstellung einer möglichst hohen Übereinstimmung zwischen Problemdefinition und im Beratungsunternehmen vorhandenen Wissen, Erfahrungen und (standardisierten) Konzepten." (Ernst 2002: 184)

Sie kommt zu dem Fazit, dass zum einen die Evaluation von Beratungsleistungen kaum möglich sei und zum anderen von den Beteiligten nicht gewünscht werde. Darüber hinaus ist ihrer Meinung nach ein unabhängiges Evaluationskonzept im Sinne einer objektiven, technisch-rationalen Bewertung nicht möglich (vgl. Ernst 2002: 207 f.).

Positiv zu bewerten ist, dass Ernst die Bewertung von Beratungsleistungen von einer völlig neuen Perspektive beleuchtet und die Entstehung der Urteile in den Vordergrund rückt. Der Vorschlag der Autorin, den untersuchten Bereichen mehr Beachtung bei der Bewertung von Beratungsleistungen zu schenken, ist durchaus berechtigt. Dennoch ist die Forderung nach einer vollständigen Verabschiedung von objektiven bzw. technisch-rationalen Bewertungsmethoden vor dem Hintergrund der Erfolgshonorarthematik nicht nachvollziehbar. Die Zunahme von erfolgsabhängigen Honorarvereinbarungen[10] in den letzten Jahren kann schwerlich erklärt werden, wenn der systematischen Evaluation eine derart geringe Bedeutung beigemessen wird.

Nach einem Überblick über die wesentlichen wissenschaftlichen Ansätze, die einen Bezug zu der hier betrachteten Fragestellung haben, werden im Folgenden die meistbeachteten praktischen Ansätze vorgestellt.

2.1.2 Praktische Ansätze zur Bewertung von Beratungsleistungen

1990 veröffentlichte **Bennett** mit seinem Buch „Choosing and Using Managment Consultants" einen der ersten praktischen Beiträge, der sich ausführlich mit dem Einsatz und der Bewertung von Beratern beschäftigte. Dieses Werk entstand im Zusammenhang mit einem Projekt des Department of Trade and Industry (DTI) zur Unterstützung von Beratungsprojekten in Großbritannien. Im Rahmen der Enterprise Initiative (EI) wurde kleinen und mittleren Unternehmen die Möglichkeit gegeben, Beratungsleistungen für einen Zeitraum von 5 bis 15 Tagen zu einer subventionierten Rate in Anspruch zu nehmen (vgl. Bennett 1990: 9, 29 f.). Ziel des Beitrags ist es, ein praktisches Handbuch für den Einsatz von Beratern und die Durchführung von Beratungsprojekten in kleinen und mittleren Unternehmen zur Verfügung zu stellen. Auf Grund der speziellen Zielgruppe, die im Allgemeinen über keine große Beratungserfahrung verfügt, geht der Beitrag davon aus, dass absolut kein Wissen über Unternehmensberatungen, ihre Arbeitsweise oder den Einsatz von Methoden und Tools vorhanden ist (vgl. Bennett 1990: 6 f.). Auf Grund dieser Annahme ist der Beitrag in funktionsspezifische

---

[10] Anstieg von 10 Prozent im Jahr 1994 auf 19 Prozent im Jahr 2006; siehe Seite 3.

Kapitel wie beispielsweise Marketing Consultants, Transport Management Consultants etc. gegliedert, in denen unter anderem die Anforderungen an den Berater, die Aufgaben des Beraters sowie die eingesetzten Managementmethoden beschrieben werden. Darüber hinaus geht der Beitrag auf allgemeine Themen, wie die Vertragsgestaltung, mögliche Honorarformen und die Bewertung von Beratungsleistungen, ein (vgl. Bennett 1990: 38 ff.). Der Beitrag erfüllt zwar seinen Anspruch, ein praktisches Handbuch für den Leser zur Verfügung zu stellen, jedoch sind die praktischen Hinweise hinsichtlich der Bewertung von Beratungsleistungen auf Grund ihrer Allgemeingültigkeit und geringen Tiefe im Einzelnen wenig hilfreich. Allerdings ist positiv zu bewerten, dass der Beitrag zu dem Zeitpunkt seiner Veröffentlichung eines der ersten Werke darstellte, das einen umfassenden Erfahrungsbericht aus der Praxis für den Einsatz von Beratern enthielt.

1996 gab **Kubr** in seinem Buch „Management Consulting: A Guide to the Profession" umfangreiche praktische Hilfestellung für den Umgang mit und Einsatz von Unternehmensberatern. Kubr beschreibt die Zielsetzung seines Buches wie folgt:

„The main purpose of the book is to contribute to the upgrading of professional standards and practices in management consulting and to provide information and guidance to individuals and organizations wishing to start or improve consulting activities. The book is an introduction to professional consulting, its nature, methods, organizational principles, behavioural rules, and training and development practices. It also suggests guidelines to consultants for operating in various areas of management." (Kubr 1996: XIX)

Ebenso umfassend wie die Zielsetzung des Buchs ist der Umfang des Werkes, das in fünf Teile gegliedert ist und fast 850 Seiten umfasst. Im Verlauf des Buchs wird nahezu jede Fragestellung, die im Verlauf eines Beratungsprojektes auftreten kann, angesprochen. Vor dem Hintergrund der Fragestellung dieser Arbeit wird im Folgenden lediglich darauf eingegangen, was Kubr zu dem Thema „Bewertung von Beratungsleistungen" beiträgt.

Dem Thema „Costs and fees" sowie dem Thema „Quality management and assurance" sind jeweils eigene Abschnitte gewidmet. Im Kapitel „Costs and fees" wird zunächst eine Unterscheidung gemacht, welche erbrachten Leistungen direkt einem Kundenauftrag zuordenbar sind und welche Kosten indirekt auf die Kundenaufträge weiterbelastet werden. Unter den indirekten Kosten des Beratungsunternehmens versteht man beispielsweise Kosten, die durch interne Mitarbeiterschulungen oder die Entwicklung von Produkten entstehen (vgl. Kubr 1996: 557 ff.). Anschließend folgen eine Beschreibung von mögliche Honorarformen, die bei Beratungsprojekten eingesetzt werden können, eine Betrachtung dieser Honorarformen unter Marketinggesichtspunkten sowie einige Erläuterungen über die Bedeutung eines ehrlichen Umgangs miteinander bei der Festlegung und Berechnung von Honoraren (vgl. Kubr 1996: 559 ff.). Im Rahmen dieses Kapitels spricht sich der Autor mit folgendem Zitat aus theoretischer Sicht deutlich für Erfolgshonorare aus:

„In theory, this could be the ideal way of remunerating and motivating consultants [...]"
(Kubr 1996: 564)

Im Anschluss geht er auf die Schwierigkeiten der Erfolgsmessung ein, ohne jedoch Lösungsansätze anzubieten (vgl. Kubr 1996: 565). Im Kapitel „Quality management and assurance" beschäftigt sich Kubr mit der Frage, wie die Qualität von Beratungsleistungen sichergestellt werden kann. Es erfolgt zunächst eine Beschreibung von Qualitätsmanagement sowie die Beschreibung der Kernelemente eines Programms zur Qualitätssicherung. Anschließend wird noch auf die Möglichkeit des Erwerbs von Qualitätszertifikaten und die Bedeutung einer Aufrechterhaltung von Qualitätsbemühungen eingegangen (vgl. Kubr 1996: 597 ff.).

Obwohl sowohl ein Kapitel dem Thema „Costs and fees" als auch ein weiteres Kapitel dem Thema „Quality management and assurance" gewidmet ist, bleiben die Beschreibungen hinsichtlich der Bewertung von Beratungsleistungen im Rahmen des Beitrags von Kubr äußerst vage. Entgegen der Erwartungen, die man an einen Beitrag, der „aus der Praxis für die Praxis" geschrieben wurde, stellt, wird an keiner Stelle der Versuch gemacht, die Messung von Beratungsleistungen zu operationalisieren. Die praktischen Hinweise gehen nicht über einige allgemeine Fragenkataloge und Checklisten hinaus. Letztlich ist das Werk von Kubr zwar als umfassender Beitrag hinsichtlich der gesamthaften Beschreibung von Beratereinsätzen zu sehen, jedoch hinsichtlich seiner praktischen Relevanz als enttäuschend einzustufen.

Einen umfassenden und weitgehend systematischen Ansatz zur Messung und Bewertung von Beratungsleistungen stellte **Phillips** 2000 in seinem Buch „The Consultant´s Scorecard Tracking Results and Bottom-Line Impact of Consulting Projects" vor. Die Grundidee des Beitrags ist es, den Beratungserfolg mit Hilfe einer Balanced Scorecard[11] zu messen. Der Erfolg wird anhand der Kennzahl „Return on Investment" (ROI) bestimmt. Den Nutzen (Return) bilden in diesem Falle die Einsparung bzw. die Ergebnisse des Beratungsprojektes. Die Kosten des Projektes sind die Investitionen (Investment). Die Division von Projektnutzen und -kosten bildet den ROI (vgl. Phillips 2000: 202 ff.).

Die Scorecard besteht neben dem ROI aus fünf weiteren Dimensionen, bei denen sowohl quantitative als auch qualitative Faktoren berücksichtigt werden. Die einzelnen Dimensionen werden in Abbildung 5 kurz benannt und beschrieben (vgl. Phillips 2000: XII ff.).

Der Beitrag beschreibt detailliert, wie die Messung der einzelnen Dimensionen erfolgen kann, wobei die Dimensionen grob unterschiedlichen Prozessphasen zugeordnet werden. Der „consulting ROI process"[12] besteht aus folgenden vier Phasen: Evaluation Planning, Data Collection, Data Analysis und Reporting (vgl. Phillips 2000: 39, XII). Die Dimensionen 1 bis 4 werden im Rahmen der Datensammlung (Data Collection) erfasst. Die Berechnung des ROI

---

[11] Zur Erklärung der grundsätzlichen Funktionsweise der Balanced Scorecard siehe Kaplan & Norton 1996.

[12] Die Verwendung des Begriffs „consulting ROI process" wird von Phillips mit dem Einsatz der Consultant´s Scorecard gleichgesetzt.

erfolgt in der Analysephase (Data Analysis), in der, falls notwendig oder möglich, ebenfalls ein immaterieller Nutzen und somit die sechste Dimension berücksichtigt wird. Abschließend werden die Ergebnisse im Reporting dargestellt. Zahlreiche Fallstudien, Checklisten und Rechenbeispiele dienen dazu, dem Praktiker die Messung der einzelnen Dimensionen zu veranschaulichen. Der praktische Umgang mit Evaluationshindernissen wie z.b. die Bestimmung des Beitrags, den die Berater zum Projektergebnis geleistet haben, und die monetäre Bewertung der gemessen Ergebnissen werden im Einzelnen erläutert (vgl. Phillips 2000: 233 ff.). Die in monetäre Werte umgewandelten Projektergebnisse werden abschließend für die Berechnung des ROI verwendet. Phillips bietet somit einen Ansatz an, der die monetäre Bewertung von Beratungsleistungen erlaubt. Zudem ist er davon überzeugt, dass bereits der Einsatz der Scorecard zu einer stärkeren Ergebnisorientierung im Projekt führt, weil durch den „consulting ROI process" die Projektmitglieder für die Ergebnisse sensibilisiert würden (vgl. Phillips 2000: XIV).

MEASURES	DESCRIPTION
1. Satisfaction/ reaction	Reaction to and satisfaction with the consulting intervention from a variety of different stakeholders within different time frames
2. Learning	The extent of learning that has taken place as those involved in the consulting intervention learn new skills, processes, procedures, and tasks
3. Implementation/ application	The success of the actual application and implementation of the consulting intervention as the process is utilized in the work environment
4. Business impact	The actual business impact changes in the work unit where the consulting project has been initiated. These values include hard data as well as soft data
5. ROI	The actual return on investment reported as a ratio or in a percentage format. This measure shows the monetary return on the cost of the project
6. Intangible benefits	Intangible measures, which are usually soft data items that are not converted to monetary values for use in the ROI formula

Abb. 5: Dimensionen der Consultant's Scorecard
Quelle: eigene Darstellung in Anlehnung an Phillips 2000: XIV, 22

Trotz umfassender Beschreibungen und zahlreicher detaillierten Einzelausführungen sind aus praktischer und theoretischer Sicht einige Kritikpunkte zu nennen. Im Rahmen der Darstellungen von Phillips bleibt offen, wie der vollumfängliche Einsatz des „consulting ROI process" in einem konkreten Beratungsprojekt erfolgen soll. Die Ausgestaltung der einzelnen Dimensionen bleibt weitestgehend den Projektteilnehmern überlassen und bringt daher die Gefahr mit sich, dass die Mitwirkenden erheblichen Einfluss auf die Erfolgsmessung haben sowie dass die ermittelten Ergebnisse willkürlich entstehen. Aus praktischer Sicht ist dieses Vorgehen allerdings nachvollziehbar, weil dadurch ein hohes Maß an Flexibilität bei dem Einsatz der Scorecard ermöglicht wird. Negativ anzumerken ist, dass der Einsatz des „consulting ROI process" auf Grund des Einsatzes einer Vielzahl von Kennzahlen in der Praxis oftmals mit einem erhebliche Messaufwand verbunden ist. Phillips scheint sich dieser Problematik bewusst zu sein, da er den Einsatz nur bei bedeutenden und großen Projekten empfiehlt, die den entsprechenden Analyse- und Reportingaufwand rechtfertigen. Die zusätzlichen

Kosten werden mit drei bis fünf Prozent der Gesamtprojektkosten angegeben und sind somit nicht zu vernachlässigen (vgl. Phillips 2000: XXI, 45, 49).

Zusammenfassend lässt sich sagen, dass der Ansatz von Phillips durchaus wertvolle Anregungen, insbesondere für Praktiker, enthält, wie die Messung von Beratungsleistungen operationalisiert werden kann. Aus wissenschaftlichen und theoretischen Gesichtspunkten kann allerdings nicht von einem integrierten Evaluationsmodell gesprochen werden, weil der Ansatz ein hohes Maß an Einflussnahme der Projektteilnehmer und daher eine gewisse Willkür zulässt. Die Zielgruppe dieses Beitrags ist jedoch auch in den Praktikern zu sehen und wissenschaftliche Ansprüche wurden vom Autor in keiner Weise erhoben. Das Werk ist vielmehr als interessanter Erfahrungsbericht zu betrachten, der die langjährige Berufserfahrung des Autors widerspiegelt.

Einen weiteren interessanten Beitrag, der aus der Praxis stammt, veröffentlichte die Meta-Beratung **Cardea AG** in Zusammenarbeit mit der **Pepper GmbH** im Frühjahr 2007 unter der Überschrift „Return on Consulting" (ROC). Das Ziel der Studie ist es, einen Überblick über den gegenwärtigen Stand der Messung und Steuerung von Beratereinsätzen zu geben sowie einen Ansatz zum Nachweis des Wertschöpfungsbeitrags von Beratereinsätzen vorzustellen (vgl. Cardea AG & Pepper GmbH 2007: 15). Die Grundidee des Ansatzes, den Beratungserfolg am Ende in einer Kennzahl, der eine monetäre Bewertung der Beratungsleistung zugrunde liegt, auszudrücken, stimmt im Wesentlichen mit den Überlegungen von Phillips überein.

Im Rahmen dieser Studie wurden vier wesentliche Steuerungs- und Einflussgrößen des Beratungserfolges bzw. des ROC identifiziert. Im Folgenden werden diese kurz vorgestellt und beschrieben (vgl. Cardea AG & Pepper GmbH 2007: 12 ff.).

1. Consulting Governance: umfasst alle Instrumente, die zur Steuerung und Optimierung des Beratungseinsatzes auf unternehmensweiter Ebene eingesetzt werden (z.B. standardisierte Prozesse, unternehmensweite Regelung für Beraterbudgets etc.).

2. Project Governance: umfasst alle Instrumente, die zur Steuerung und Optimierung des Beratungseinsatzes auf projektspezifischer Ebene eingesetzt werden (z.B. Teambesetzung, Projektcontrolling und -management etc.).

3. Relationship Quality: umschreibt die Qualität der Beziehung zwischen Kundenmitarbeitern und Beratern hinsichtlich der Zusammenarbeit und Kommunikation im Rahmen des Beratungsprojektes.

4. Consulting Performance: bezieht sich auf die im Beratungsprojekt erbrachten Leistungen der Berater (z.B. Lösungskompetenz, Methodik, Branchenwissen etc.).

Die Project Performance, die als der wahrgenommene Projekterfolg definiert ist, wird durch das Zusammenspiel dieser vier Steuerungsgrößen bestimmt. Die Ermittlung des wahrgenommenen Projekterfolges erfolgt durch den Kunden, indem er den Grad der Zielerreichung einschätzt, und spiegelt somit die Zufriedenheit des Kunden mit dem Projektergebnis wider. Ob der Projekterfolg eher auf subjektivem oder objektivem Wege ermittelt wird, hängt zum einen von der Genauigkeit der Zieldefinition und zum anderen von der Art der Messung des Zielerreichungsgrades ab (vgl. Cardea AG & Pepper GmbH 2007: 16). Folgende Abbildung stellt die grundsätzlichen Wirkungszusammenhänge der einzelnen Faktoren dar:

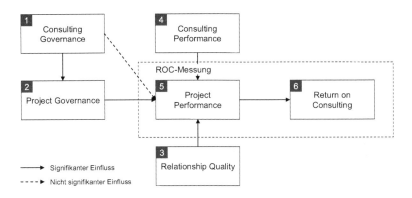

Abb. 6: Das ROC-Modell
Quelle: Cardea AG & Pepper GmbH 2007: 17

Nachdem die Project Performance bestimmt ist, erfolgt abschließend die Ermittlung des ROC, der den Projekterfolg in monetären Einheiten im Sinne eines Kosten-Nutzen-Verhältnisses ausdrückt. An dieser Stelle ist kritisch anzumerken, dass, obwohl der Beitrag eine systematische Vorgehensweise bei der Ermittlung der Project Performance und des ROC vorschlägt, es nur sehr vage Hinweise bezüglich der Berechnung des ROC gibt. Es wird darauf eingegangen, dass das Projektergebnis in Form eines materiellen oder eines immateriellen Nutzens vorliegen kann, jedoch werden zur monetären Bewertung des Projektnutzens keine weiteren praktischen Erläuterungen gegeben. Gleichzeitig wird die Problematik, die bei der Ermittlung der Gesamtprojektkosten, z.B. durch die monetäre Bewertung der eingesetzten Arbeitszeit der Kundenmitarbeiter, entstehen kann, nicht weiter diskutiert. Positiv zu bemerken bleibt, dass die Bewertung sowohl von materiellem als auch von immateriellem Nutzen explizit angesprochen wird, auch wenn die fehlenden praktischen Hinweise viele Fragen hinsichtlich des tatsächlichen Einsatzes des Modells offen lassen. Dennoch handelt es sich um einen der wenigen Ansätze, die den Beratungserfolg als eine Kombination von materiellem und immateriellem Nutzen sehen und subjektive und objektive Messverfahren ansprechen.

Im folgenden Abschnitt werden die Implikationen der vorgestellten Ansätze für diese Arbeit zusammengefasst. Die Erkenntnisse und Defizite, die für die hier behandelte Fragestellung von Bedeutung sind, werden hervorgehoben und deren Einfluss auf das im Rahmen dieser Arbeit verwendete Forschungsdesign kurz dargestellt.

2.1.3 Implikationen der vorliegenden Ansätze für diese Untersuchung

Die Betrachtung der wissenschaftlichen Ansätze, die sich mit dem Thema „Bewertung von Beratungsleistungen" beschäftigen, macht deutlich, dass bisher die Frage, wie die Bewertung von Beratungsleistungen erfolgen kann, nicht zufriedenstellend beantwortet wurde. Es wurden jedoch einige Erkenntnisse gewonnen, die im Rahmen dieser Untersuchung aufgegriffen werden und entscheidend zur Wahl des Forschungsdesigns beitragen.

Folgende Abbildung gibt einen Überblick über die betrachteten wissenschaftlichen Ansätze und stellt die wesentlichen Implikationen für diese Untersuchung dar:

Autor	Jahr	Titel	Implikationen für die vorliegende Untersuchung
Swartz & Lippitt	1975	Evaluating the Consulting Process	• Evaluation ist als Prozess zu verstehen • Evaluation muss bereits im Rahmen der Vertragsverhandlungen thematisiert werden
Klein	1974	Die Konsultation externer Berater	• Projekte, bei denen Berater eingesetzt werden, sind erfolgreicher als Projekte, bei denen keine Berater zum Einsatz kommen
	1978	Zur Messung des Beratungserfolges	• Der Beratungserfolg kann mit Hilfe des Konzeptes der Effektivität und Effizienz gemessen werden
Hoffmann	1991	Faktoren erfolgreicher Unternehmensberatung	• Klienten üben den zentralen Einfluss auf den Erfolg von Beratungsprojekten aus
Gable	1996	Multidimensional Model of Client Success When Engaging External Consultants	• Subjektive und "objektivierte" Messmöglichkeiten werden in einem Modell eingesetzt
Effenberger	1998	Erfolgsfaktoren der Strategieberatung	• In den einzelnen Beratungsphasen sind unterschiedliche Faktoren für den Erfolg des Beratungsprojektes verantwortlich • Ökonomischer Erfolg von Strategieprojekten ist schwer nachweisbar
Ernst	2002	Die Evaluation von Beratungsleistungen – Prozesse der Wahrnehmung und Bewertung	• Die Evaluation von Beratungsleistungen ist von den Beteiligten nicht gewünscht • Eine objektive, technisch-rationale Evaluation ist nicht möglich • Evaluation entsteht durch einen Kommunikationsprozess bzw. Verhandlungsprozess aller Beteiligten

▓ Erfolgsfaktorenmodelle

Abb. 7: Überblick der vorgestellten wissenschaftlichen Ansätze
Quelle: eigene Abbildung

Zusammenfassend lässt sich feststellen, dass die Evaluation bzw. die Bewertung von Beratungsleistungen im Rahmen eines Prozesses entsteht. Die Erfolgsfaktorenmodelle zeigen, dass sich im Verlauf eines Projektes die Bedeutung der einzelnen Faktoren, die Einfluss auf den Beratungserfolg haben, verändert. Die grundsätzliche Kritik an der Erfolgsfaktorenforschung bezieht sich darauf, dass zukünftige Forschungsbemühungen abhängig vom Forschungsdesign wahrscheinlich zu der Identifikation weiterer Faktoren führen, allerdings bleibt zu bezweifeln, ob allgemeingültige Ergebnisse erzielt werden können.[13] Betrachtet man die eingesetzten Konzepte der Erfolgsmessung, reichen diese von „objektivierten" Messungen der Effektivität bis hin zu subjektiven Einschätzungen der Kunden. Eine Kombination der beiden Messverfahren ist selten anzutreffen.

Zudem ist festzustellen, dass mit Ausnahme des Ansatzes von Ernst die vorgestellten Erkenntnisse auf quantitativen Erhebungsmethoden beruhen. Der Einsatz von quantitativen Erhebungsmethoden und insbesondere die Datenerhebung mittels standardisierter schriftlicher Fragebögen setzt jedoch voraus, dass die Befragten ein gemeinsames Verständnis des Untersuchungsgegenstandes haben. Die kontroverse Diskussion darüber, was Beratungserfolg ist und wie er gemessen werden kann, legt nahe, dass eben genau dieses gemeinsame Verständnis nicht gegeben ist. Infolgedessen ist zum weiteren Erkenntnisfortschritt insbesondere der Einsatz von qualitativen Methoden geeignet (vgl. Mohe 2004: 699).

Die praktischen Ansätze können die Frage nach der Bewertung der Beratungsleistung ebenfalls nicht in zufriedenstellender Weise beantworten. Die Ansätze von Bennett und Kubr sind als allgemeine Beiträge einzustufen, die sich nicht auf die Bewertung von Beratungsleistungen fokussieren, sondern diesem Thema lediglich einzelne Kapitel bzw. Abschnitte widmen. Die Consultant's Scorecard von Phillips ebenso wie das ROC-Modell widmen sich ausschließlich der Frage nach der Bewertung von Beratungsleistungen. Dennoch bleiben trotz aller Beispiele und praktischer Erläuterungen zahlreiche Fragen hinsichtlich der tatsächlichen Messung des Erfolges offen. Zum einen bleibt die Berechnung des Beratungserfolges in monetären Einheiten bzw. in Form einer Kennzahl letztlich bei beiden Ansätzen unklar und zum anderen entsteht der Eindruck einer gewissen Willkür bei der Anwendung des jeweiligen Instrumentes.

Die hier geschilderten Erkenntnisse der bisherigen Ansätze sowie die dargestellten Defizite führen zu einem Forschungsdesign, welches die folgenden Punkte beachtet:

− Die vorliegende Arbeit untersucht ausschließlich Beratungsprojekte, bei denen sichergestellt ist, dass eine Form der Erfolgsmessung stattgefunden hat. Zu diesem Zwecke werden Beratungsprojekte, bei denen Erfolgshonorare zum Einsatz kamen, untersucht.

− Mit der Fallstudienforschung wird eine qualitative Forschungsmethodik gewählt. Im Rahmen der Datenerhebung werden leitfadengestützte Interviews mit Berater und Kunden durchgeführt, vertragliche Unterlagen sowie die entsprechende Projektdokumentation hinzugezogen. Die im Einzelfall verwendete Datenbasis ist der jeweiligen Fallstudie zu entnehmen.

− In den Fallstudien wird analysiert, wie die Erfolgsmessung tatsächlich stattgefunden hat, und somit werden alle möglichen Messverfahren zugelassen.

---

[13] Nähere Ausführungen zur Kritik an der Erfolgsfaktorenforschung siehe Seite 17.

– Die Evaluation von Beratungsleistungen wird aus einer prozessualen Sichtweise entlang des Projektverlaufes untersucht.

Auf Grund des heterogenen Untersuchungsfeldes und der unklaren Begriffsverwendung ist für den Fortgang der Arbeit allerdings zunächst eine definitorische Abgrenzung der wesentlichen Begriffe dieser Untersuchung notwendig.

2.2 Abgrenzung des Begriffs „Unternehmensberatung"

Betrachtet man die Verwendung des Begriffs „Unternehmensberatung", wird deutlich, dass es sehr verschiedene Auffassungen darüber gibt, was darunter zu verstehen ist (vgl. Caroli 2005: 1, Nissen 2007: 3 ff.).[14] Lippitt & Lippitt stellen in diesem Zusammenhang fest: *„Beratung ist, wie Führung oder Liebe, eine allgemeine Bezeichnung für eine Vielfalt von Beziehungen"* (Lippitt & Lippitt 1977: 93).

Anstatt einen ausführlichen Vergleich über die verschiedenen in der Literatur vorkommenden Begriffsdefinitionen zu geben, wird im Folgenden auf die wesentlichen Aspekte der Unternehmensberatung eingegangen, um anschließend das dieser Arbeit zugrunde liegende Begriffsverständnis darzustellen. Die Begriffe „Unternehmensberatung" und „Beratung" werden im Folgenden synonym verwendet.

2.2.1 Betrachtung wesentlicher Aspekte der Unternehmensberatung

Die **Tätigkeitsfelder der Unternehmensberatungen** lassen sich üblicherweise in vier Kategorien einteilen: Strategieberatung, Organisations-/Prozessberatung, IT-Beratung und Human-Ressource-Beratung (vgl. BDU 2007a: 9). Die Strategieberatung und die Organisations-/ Prozessberatung werden auch unter dem Begriff „Managementberatung" zusammengefasst und befassen sich mit den zentralen Problemen eines Unternehmens (vgl. Redley 2006: 8 f., vgl. Fink & Knoblach 2003: 7).

Die Strategieberatung beschäftigt sich mit Themen, die die grundlegende Entwicklung der Unternehmensstrategie, -politik oder -philosophie betreffen. Darunter befinden sich beispielsweise Inhalte wie Lean Management, Balanced Scorecard und die Internationalisierung von Unternehmen. In der Organisations-/Prozessberatung werden organisatorische Fragestellungen sowie Prozessanalysen bearbeitet, die dazu dienen, die Strukturen zu verändern und Optimierungspotenzial in den Kundenunternehmen zu identifizieren. Die Einführung des Supply Chain Management, die Optimierung der Einkaufsorganisation oder des Customer

---

[14] In Abhängigkeit von der jeweiligen Perspektive wird der Begriff „Unternehmensberatung" beispielsweise im Zuge der Erstellung eines wissenschaftlichen Gutachtens ebenso verwendet wie in Zusammenhang mit dem Thema Personalentwicklung (vgl. Walger 1995: 1 ff.).

Relationship Management sind typische Aufgaben der Organisations-/Prozessberatung. Die IT-Beratung unterstützt Unternehmen bei der Planung, Entwicklung und Implementierung von IT-Systemen. Die Human-Ressource-Beratung beschäftigt sich insbesondere mit den Mitarbeitern der Kundenunternehmen und behandelt Themen wie Personalentwicklung, Vergütungssysteme sowie Schulung und Training (vgl. BDU 2007a: 9 ff., BDU 2004: 10 f., Redley 2006: 8 ff., Herp 2006: 1 f.). Im Rahmen dieser Arbeit erfolgt eine Einschränkung des Untersuchungsgegenstandes auf die Strategieberatung und die Organisations-/Prozessberatung, weil die IT-Beratung und die Human-Ressource-Beratung grundlegend andere Ziele verfolgen und infolgedessen andere Merkmale, Strukturen und Eigenschaften aufweisen.

Im Gegensatz zu anderen Berufsgruppen ist weder der Begriff „Unternehmensberatung" noch „Unternehmensberater" geschützt. Die Konsequenz daraus ist, dass sich letztlich jede Organisation bzw. jede Person mit diesen Begriffen schmücken kann (vgl. Stutz 1988: 85). Für den Nachfrager stellt sich bei der Beauftragung einer Unternehmensberatung somit die Schwierigkeit, das Leistungsvermögen und die Qualität des Anbieters richtig zu beurteilen. Diese Tatsache wurde in Deutschland früh erkannt und so wurde bereits 1954 der Bund Deutscher Unternehmensberater BDU e.V. gegründet mit dem Ziel, Qualitäts- und Leistungsstandards zu setzen (vgl. BDU 2007b: 1). Die Aufnahme in den BDU ist an strenge Vorgaben geknüpft und der Klient kann die Mitgliedschaft im BDU somit als ein Zeichen für Kompetenz und Seriosität betrachten. Darüber hinaus hat der BDU in Deutschland Berufsgrundsätze etabliert, die zur Sicherung der Qualität dienen (vgl. BDU 2007c: 2). Zudem haben viele Beratungsunternehmen sich selbstständig dem Thema „Corporate Governance" zugewendet und entsprechende ethische Grundsätze und Qualitätsstandards in ihre Unternehmensphilosophie aufgenommen.

Trotz der vom BDU gesetzten Standards bleibt die Frage offen, wie sich die Unternehmensberatung von nahen Branchen wie der Steuerberatung, der Wirtschaftsprüfung, dem Interims Management oder der Rechtsberatung abgrenzt. Zum Zweck der Abgrenzung wird im Folgenden zunächst das Produkt der Unternehmensberatung, die Beratungsleistung, charakterisiert und im Anschluss daran werden die Unterschiede zu den Aufgaben der anderen Branchen aufgezeigt.

Die Unternehmensberatung verkauft keine materiellen Produkte, sondern erbringt eine **Dienstleistung**. Diese Dienstleistung, im Folgenden auch „Beratungsleistung" genannt, dient dazu, die Führungskräfte von Unternehmen bei der Ausübung ihrer Managementfunktion zu unterstützen (vgl. Hafner et al. 1988: 66). Ein wesentliches Charakteristikum der Beratungsleistung ist, wie bei allen Dienstleistungen im Gegensatz zur Sachleistung, die immaterielle Natur des Gutes. Darüber hinaus besitzt die Beratungsleistung besondere Merkmale, durch die sie sich von der allgemeinen Dienstleistung abgrenzen lässt.

Erstens ist die Beratungsleistung durch einen hohen Informationsgehalt, auch „**Informationsintensität**" genannt, gekennzeichnet. Der Kunde erwartet, dass im Rahmen der Erstellung der Beratungsleistung ein Teil dieser Informationen in Form von Transferwissen an ihn übermittelt wird.

Zweitens zeichnet sich die Beratungsleistung durch ein hohes Maß an **Spezifität** aus. Die Beratungsleistung wird speziell für einen bestimmten Kunden erstellt und ist somit auf diesen Kunden und die entsprechende Problemstellung zugeschnitten. Es werden nicht wiederkehrende Aufgabenstellungen in einem zeitlich begrenzten Rahmen bearbeitet. Die Beratungsleistung wird meist in Form einer Projektorganisation erbracht (vgl. Frese 1980: 1960 ff., Hafner et al. 1988: 44).[15] Bei Projektbeginn ist es durchaus möglich, dass die Lösung des Problems und das Ergebnis des Beratungsprojektes noch unbekannt sind, daher wird in diesen Zusammenhang auch von einer „ergebnisoffenen Beratung" gesprochen.

Ein weiteres Merkmal der Beratungsleistung ist, dass ihr voller Wert nur durch **Ko-Produktion** entstehen kann. Das bedeutet, dass die Beratungsleistung im Rahmen eines interaktiven Prozesses, an dem Berater und Kunden zusammen arbeiten, entsteht. Weder der eine noch der andere ist in der Regel alleine für den Erfolg oder Misserfolg eines Projektes verantwortlich. Für das Ergebnis ist vielmehr entscheidend, wie gut die Zusammenarbeit zwischen Berater und Klient funktioniert (vgl. Richter 2004: 82 ff.). Diese gegenseitige Abhängigkeit von Berater und Klient führt dazu, dass menschliche Beziehungen sowie ein vertrauensvoller und fairer Umgang miteinander einen besonderen Stellenwert im Beratungsprozess einnehmen (vgl. Ernst 2002: 15 f.). Konsequenterweise bestehen die im Rahmen des Beratungsprojektes gebildeten Projektteams üblicherweise aus Mitarbeitern des Klienten- und des Beratungsunternehmens (vgl. Kieser 1998: 195).

Somit bleibt festzuhalten, dass die **Beratungsleistung** sich von der allgemeinen Dienstleistung durch eine hohe Informationsintensität, die Bearbeitung einer spezifischen, nicht wiederkehrenden Aufgabenstellung sowie einen interaktiven Prozess der Leistungserstellung, an dem sowohl Berater als auch Kunden beteiligt sind, abgrenzt.

Die Hauptaufgabe der **Steuerberatung** liegt in der Hilfestellung bei Steuerfragen (vgl. Steuerberatungsgesetz 1961: § 32, Abs. 1). Der Wirtschaftsprüfer ist ebenfalls dazu berechtigt, alle Aufgaben des Steuerberaters wahrzunehmen, wobei seine Haupttätigkeit in der Erstellung von betriebswirtschaftlichen Prüfungsberichten, insbesondere für Jahresabschlüsse, und der Erteilung von Bestätigungsvermerken über das Ergebnis der Prüfung liegt (vgl. Wirtschaftsprüferordnung 1961: § 2, Abs. 1). Die Aufgabenbereiche der **Wirtschaftsprüfung** und der Steuerberatung zeichnen sich durch langfristige Mandantenbeziehungen und jährlich wiederkehrende Fragestellungen aus. Die Unternehmensberatung lässt sich folglich anhand

---

[15] Ein Projekt kennzeichnet sich durch eine zeitliche Befristung, einen hohen Komplexitätsgrad und seine Einmaligkeit aus. Die Beratungsleistung erfüllt somit alle Charakteristika eines Projektes.

der zu bearbeitenden Aufgaben und der Spezifität der Beratungsleistung, im Sinne der Dauer der Mandantenbeziehung, eindeutig von der Steuerberatung und der Wirtschaftsprüfung abgrenzen.

Es ist an dieser Stelle darauf hinzuweisen, dass die Wirtschaftsprüfung natürlich dazu berechtigt ist, in wirtschaftlichen Angelegenheiten beratend tätig zu sein (vgl. Wirtschaftsprüferordnung 1961: § 2, Abs. 2). Diese prüfungsnahe Beratung kann allerdings zu Interessenkonflikten führen, wenn das Beratungs- und Prüfungsobjekt identisch ist und die zu prüfenden Inhalte auf eigenen Vorschlägen beruhen. Die langfristigen Mandantenbeziehungen können zudem dazu führen, dass wirtschaftliche Abhängigkeiten zwischen Kunden und den Wirtschaftsprüfern entstehen und somit die Unabhängigkeit der Wirtschaftsprüfer möglicherweise nicht mehr gewahrt ist (vgl. Elfgen & Klaile 1987: 17, Weickert 1979: 262). In jüngster Zeit haben spektakuläre Insolvenzfälle wie z.b. Enron und Parmalat dazu geführt, dass das Ausmaß der Beratungstätigkeit von Wirtschaftsprüfungsgesellschaften strengeren gesetzlichen Regelungen[16] unterliegt. Die EU hat mit der sogenannten „Abschlussprüferrichtlinie"[17] einen europaweiten rechtlichen Rahmen für den Tätigkeitsbereich der Wirtschaftsprüfer geschaffen. Infolgedessen hat sich in der Praxis in den letzten Jahren eine deutliche Trennung zwischen Unternehmensberatung und Wirtschaftsprüfung durchgesetzt.

Die Berufsgruppe der **Rechtsanwälte** spielt, im Gegensatz zu den USA, in Deutschland im Bereich der Unternehmensberatung traditionell keine große Rolle. Der Grund dafür ist, dass sich die juristische Ausbildung in Deutschland nur in geringem Maße wirtschaftlichen Fragestellungen widmet. Lediglich einige wenige Anwälte, die sich im Rahmen einer Spezialisierung zum Wirtschaftsjuristen oder durch eine zweite Ausbildung in betriebswirtschaftlichen Bereichen weitergebildet haben, beschäftigen sich daher mit wirtschaftlichen und unternehmerischen Fragestellungen. Insofern spielt die betriebswirtschaftliche Beratungsleistung keine große Rolle im Leistungsangebot von Rechtsanwaltskanzleien (vgl. Elfgen & Klaile 1987: 17 f.).

Vom **Interims-Management** lässt sich die Unternehmensberatung durch die Kriterien „Entscheidungskompetenz" und „Übernahme von Verantwortung" abgrenzen. Die Aufgabenstellung der Unternehmensberatung kann sehr vielfältig sein. Sie reicht von der Identifikation und

---

[16] Am 29.10.2004 hat die Bundesregierung das Bilanzrechtsreformgesetz (BilReG) verabschiedet, in dem unter anderem die gesetzlichen Bestimmungen hinsichtlich der Auswahl der Abschlussprüfer und die Ausschlussgründe (HGB § 319) neuformuliert sowie besondere Ausschlussgründe bei Unternehmen des öffentlichen Interesses neu eingeführt wurden (HGB § 319a).

[17] Mit der Veröffentlichung am 9.6.2006 trat die 8. EU-Richtlinie in Kraft. Ziel ist es, die länderspezifischen Regelungen hinsichtlich der Abschlussprüfung zu harmonisieren und die unabhängige Position der Wirtschaftsprüfer zu stärken. Die Richtlinie muss in den einzelnen Mitgliedstaaten bis zum 29.6.2008 umgesetzt sein. Die Bundesregierung hat die EU-Richtlinie antizipiert und bereits mit der Neueinführung des HGB § 319a umgesetzt.

Lösung von Problemen über die Erarbeitung von Handlungsempfehlungen bis hin zur Umsetzungsunterstützung der Lösung und ist im Einzelnen dem jeweiligen Beratungsauftrag zu entnehmen (vgl. Hoffmann 1991: 37). Trotz dieser Vielfältigkeit der Aufgabenstellung ist sich die Literatur einig darüber, dass die Verantwortung für die Entscheidung und die Umsetzung des Beratungskonzeptes immer beim Klienten bleibt (vgl. Wohlgemuth 1991: 204, Szyperski & Klaile 1982: 63 f.). Richter drückt diese Tatsache wie folgt aus:

„Entscheidend ist aber, dass die Unternehmensberater den Klienten ihre Managementaufgabe letztlich nicht abnehmen können." (Richter 2004: 78)

Im Gegensatz dazu sind Manager, die im Rahmen des Interims Management eingesetzt werden, mit deutlichen Durchsetzungs- und Entscheidungskompetenzen ausgestattet und tragen folglich auch die volle operative Verantwortung für die getroffenen Entscheidungen (vgl. Hoffmann 1991: 37).

Die Frage nach der **Organisationsform der Unternehmensberatung** wird in der Literatur oft unter dem Begriff „institutioneller Aspekt der Unternehmensberatung" oder „institutionelle Sicht" behandelt.[18] Man kann zum einen zwischen internen und externen Unternehmensberatungen und zum anderen zwischen Einzelpersonen und mehreren Beratern, die in Teams zusammenarbeiten, unterscheiden (vgl. Fleischmann 1984: 18, Raffel 2006: 50). Unter internen Beratungen, auch sogenannten „In-house-Beratungen", sind solche zu verstehen, die innerhalb einer Klientenorganisation gegründet wurden und Beratungsleistungen für diese Organisation erbringen. Organisatorisch werden interne Beratungen normalerweise als Stabsstellen geführt. Interne Berater haben gegenüber externen Beratern den Vorteil, dass sie Mitglieder der Klientenorganisation sind und somit über informelle Strukturen und Abläufe wesentlich besser informiert sind. Darüber hinaus verfügen sie über Vorteile bei der Informationsbeschaffung und sind zumindest bei langfristigen Projekten deutlich billiger als die externen Berater (vgl. Greiner & Metzger 1983: 25, Fleischmann 1984: 18 f.). Den genannten Vorteilen der internen Beratung stehen natürlich auch einige Nachteile gegenüber. Insbesondere das in der Literatur oft hervorgehobene Merkmal der Externalität kann von der internen Beratung nicht erfüllt werden (vgl. Klein 1974: 3, Krebs 1980: 56). Die Bedeutung der Externalität wird hervorgehoben, weil sie es dem Berater erlaubt, unabhängig zu agieren. Kubr fordert beispielsweise, dass der Berater zu jeder Zeit die Wahrheit aussprechen und im besten Interesse des Kundenunternehmens handeln muss, ohne dabei über mögliche Konsequenzen für sich selbst nachzudenken (vgl. Kubr 1996: 6 f.). Diesen Grundsätzen haben sich in Deutschland alle Mitglieder des BDU freiwillig verpflichtet.[19] Elfgen & Klaile detaillieren die angesprochene Unabhängigkeit weiter und sehen die räumliche, organisatorische und finan-

---

[18] Siehe beispielsweise Begriffsverwendung bei Steyrer 1991: 9; Dichtl 1998: 16 f.

[19] In den Grundsätzen des BDU sind die Aussagen, dass der Berater im Interesse des Kunden handeln und seine Empfehlungen neutral abgeben muss in den Abschnitten 2. Seriosität und Effektivität und 3. Objektivität, Neutralität und Eigenverantwortlichkeit niedergeschrieben.

zielle Unabhängigkeit des Beraters als Voraussetzung für eine objektive und neutrale Leistungserstellung (vgl. Elfgen 1985: 23). Am konsequentesten wird diese Forderung nach Unabhängigkeit ausgedrückt, indem die Unternehmensberatung als rechtlich eigenständige Institution, die auf Dauer angelegt ist, betrachtet wird (vgl. Lutz 1981: 56). Da die Unabhängigkeit der Berater als ein wesentliches Kriterium der Unternehmensberatung angesehen wird, erfolgt im Rahmen dieser Arbeit keine Betrachtung von internen Beratungen. Zudem werden Einzelpersonen, die als Berater tätig sind, nicht berücksichtigt, weil sie der Gefahr der wirtschaftlichen Abhängigkeit von einzelnen Kundenunternehmen ausgesetzt sind. Im Folgenden wird die Unternehmensberatung als ein rechtlich eigenständiges Unternehmen, bei dem mehrere Mitarbeiter als Berater tätig sind, verstanden.

Die Mitarbeiter der Unternehmensberatung, die beratend tätig sind, sollten über besondere Qualifikationen verfügen. Ihre Wissenspotenziale, Werte und Einstellungen haben maßgeblichen Einfluss auf die Qualität der Beratungsleistung (vgl. Elfgen 1991: 285). Die Anforderungen, die an Berater gestellt werden, lassen sich in **fachliche und persönliche Anforderungen** unterteilen. Fachliche Anforderungen beziehen sich auf das Wissen und die Kenntnisse, die es den Beratern erlauben, je nach Problemstellung die entsprechenden Methoden und Instrumente einzusetzen, um eine erfolgreiche Problemlösung zu erarbeiten. Inwieweit die fachlichen Anforderungen von dem einzelnen Berater erfüllt werden, lässt sich vorab am besten anhand der absolvierten Ausbildung und der bisherigen Berufspraxis beurteilen. Es existiert zwar kein formaler Ausbildungsweg zum Unternehmensberater, doch in der Praxis sind sich alle Unternehmensberatungen darüber einig, dass ein überdurchschnittlicher Hochschulabschluss vorzugsweise aus einer betriebswirtschaftlichen Richtung die beste Voraussetzung für eine erfolgreiche Beratertätigkeit ist (vgl. Stutz 1988: 130 ff.).

Die Beurteilung der persönlichen Anforderungen gestaltet sich weitaus schwieriger, da es nur einen geringen Zusammenhang zwischen der formalen Ausbildung und den persönlichen Eigenschaften und Fähigkeiten einer Person gibt. Auf Grund der spezifischen Aufgabenstellung von Beratungsprojekten wird von den Beratern ein hohes Maß an Problemlösungsfähigkeit gefordert. Dies setzt ein systematisches und analytisches Denkvermögen sowie Kreativität des Beraters voraus. Der interaktive Prozess der Leistungserstellung führt dazu, dass die kommunikativen Fähigkeiten des Beraters, die sich durch Kontaktfähigkeit und Verhandlungsgeschick ausdrücken, maßgeblichen Einfluss auf das Ergebnis des Beratungsprojektes nehmen. Zudem werden insbesondere im Bereich der Managementberatung gute Teamfähigkeit sowie Flexibilität des Beraters erwartet. Die hier vorgestellten persönlichen Anforderungen erheben keinen Anspruch auf Vollständigkeit, weil die in der Literatur vorkommenden Anforderungen abhängig von Projektinhalt und Fragestellung sehr unterschiedlich ausfallen können. Stutz gibt in seiner Arbeit einen Überblick über die in der Literatur am häufigsten genannten persönlichen Qualifikationsanforderungen und teilt diese in drei Kategorien ein: allgemeine intellektuelle Fähigkeiten, Charaktereigenschaften und Verhalten (vgl. Stutz 1988:

132 ff., zu Knyphausen-Aufseß et al. 2009: 23). Folgende Abbildung gibt diesen Überblick wieder:

Kategorien	Persönliche Anforderungen
1. Allgemeine intellektuelle Fähigkeiten	• Analytische Fähigkeit • Problemlösungsfähigkeit • Integrationsfähigkeit
2. Charaktereigenschaften	• Objektivität, Neutralität • Integrität • Diskretion • Lernbereitschaft • Belastbarkeit • Einsatzbereitschaft, Dynamik, Initiative • Selbstdisziplin • Flexibilität • Kreativität • Teamfähigkeit • Unabhängigkeit • Selbstständigkeit
3. Verhalten	• Kontaktfähigkeit • Kommunikationsfähigkeit • Rhetorik • Didaktik • Verhandlungsgeschick • Anpassungsfähigkeit

Abb. 8: Persönliche Qualifikationsanforderungen an Berater
Quelle: eigene Darstellung in Anlehnung an Stutz 1988: 134

Die Beurteilung, ob der einzelnen Berater die gewünschten persönlichen Anforderungen erfüllt, kann am besten anhand von psychologischen Eignungstests, von Arbeitszeugnissen und Interviews erfolgen (vgl. Stutz 1988: 137). Die fachliche Qualifikation kann als Voraussetzung angesehen werden, die jemand erfüllen muss, um überhaupt als Berater tätig sein zu können, die persönliche Qualifikation entscheidet aber letztlich über die Leistung und die Qualität eines Beraters und ihr ist infolgedessen eine besondere Bedeutung beizumessen (vgl. Maister 1993: 120).

In der Literatur werden die **Funktionen, die die Unternehmensberatung** im Rahmen von Beratungsprojekten erfüllen kann, unter dem Begriff „funktionale Sicht" oder „funktionelle Aspekte der Unternehmensberatung" dargestellt.[20] Die Funktionen der Unternehmensberatung beleuchten den Zweck von Beratungsprojekten und beschreiben die Aufgaben, die die Unternehmensberatung im Beratungsprozess erfüllen kann (vgl. Caroli 2005: 4). Ebenso facettenreich wie die Verwendung des Begriffs „Unternehmensberatung" ist die Vielfalt der in der Literatur beschriebenen Funktionen der Unternehmensberatung. Im Folgenden werden die wesentlichen Funktionen vorgestellt; anschließend wird abgegrenzt, welche dieser Funktionen im Rahmen dieser Arbeit betrachtet werden.

---

[20] Siehe beispielsweise Begriffsverwendung bei Elfgen & Klaile 1987: 26, Wohlgemuth 1991: 118.

Bereits 1967 entwickelte Dahl einen Ansatz zur Systematisierung der Funktionen der Unternehmensberatung. Er etabliert eine Dreiteilung in indirekte Funktionen, direkte Funktionen innerhalb der Unternehmung und direkte Funktionen zwischen den Unternehmen und ihrer Umwelt (vgl. Dahl 1967: 19 ff.). Eschenbach greift diese Einteilung auf und fasst die direkten Funktionen unter dem Begriff „Korrespondenz-Funktionen" zusammen. Die Korrespondenz-Funktionen verfolgen das Ziel, vorhandene Defizite im jeweiligen Unternehmen zu beheben. Unter indirekten Funktionen, die er mit dem Begriff „Supplementär-Funktionen" bezeichnet, versteht er Leistungsangebote, die dazu dienen, die unternehmerische Leistung qualitativ zu verbessern oder zu ergänzen. Im Gegensatz zu den Korrespondenz-Funktionen werden die Supplementär-Funktionen als verzichtbar und funktional nicht erforderlich angesehen (vgl. Eschbach 1984: 37 ff.). Die Einteilung der Funktionen nach Eschenbach führt zu der Schlussfolgerung, dass die Unternehmensberatung nur als notwendig erachtet wird, wenn sie zur Behebung von Defiziten beiträgt. Führt man den Gedanken von Eschbach konsequent weiter, kommt man zu dem Schluss, dass alle Projekte der strategischen Planung als nicht erforderlich eingestuft werden müssten. Vor dem Hintergrund der Bedeutung, die die strategischen Beratungsprojekte heutzutage erreicht haben, ist diese Einteilung nicht mehr zeitgemäß. Kieser hingegen unterscheidet zwischen latenten und offiziellen Funktionen. Die Unterscheidung beruht auf der Annahme, dass die Unternehmensberatung neben den offiziell verkündeten Funktionen noch andere Funktionen erfüllt. Diese nicht offiziell verkündeten Funktionen nennt Kieser „latent" und räumt ihnen eine bedeutende Rolle im Rahmen eines Beratungsprojektes ein (vgl. Kieser 1998: 198 ff.).[21] Ernst geht an dieser Stelle noch einen Schritt weiter und spricht den offiziellen Funktionen ihre Bedeutung für die Beauftragung einer Unternehmensberatung weitestgehend ab.

„In anderen Worten: Die offizielle Rationalität für den Einsatz von Unternehmensberatern entspricht nicht den tatsächlichen Gründen, aus denen sie beauftragt werden." (Ernst 2002: 18)

Ernst geht davon aus, dass die Beurteilung einer Beratungsleistung immer sowohl vor dem Hintergrund der offiziellen als auch der latenten Funktionen erfolgt, unabhängig davon, ob die Kriterien der latenten Funktion jemals explizit dargestellt wurden (vgl. Ernst 2002: 18). Eine eindeutige Kategorisierung von einzelnen Beratungsfunktionen in offizielle oder latente Funktionen ist nicht möglich, weil es durchaus sein kann, dass dieselbe Funktion in einem Projekt bekannt gegeben wird und somit offiziell ist und ebendiese Funktion in einem anderen Projekt nicht explizit kommuniziert wird. Bereits Kieser bemerkt in diesem Zusammenhang,

---

[21] Beispielsweise können Manager Unternehmensberater beauftragen, um ihren eigenen Projekten mehr Bedeutung beizumessen und somit eine höhere Durchsetzungskraft zu erlangen. Ebenso ist es denkbar, dass Berater lediglich dazu genutzt werden, eigene Vorstellungen des Managers durchzusetzen. In beiden Fällen ist nicht anzunehmen, dass die eben beschriebenen Ziele des Beratungsprojektes offiziell kommuniziert werden und daher wird in diesen Fällen von latenten Funktionen gesprochen (vgl. Kieser 1998: 199).

dass eine eindeutige Zuordnung der Funktionen zu der einen oder anderen Kategorie nicht ohne weiteres möglich ist und die Funktionen sich zudem nicht trennscharf voneinander abgrenzen lassen (Kieser 1998: 201). Die Unterteilung ist zudem kritisch zu betrachten, weil nicht klar dargestellt wird, was unter „offiziell mitgeteilt" zu verstehen ist. Es ist beispielsweise nicht anzunehmen, dass die Ziele eines Strategie- oder eines Restrukturierungsprojektes offiziell über die Presse oder in Form von internen Mitteilungen innerhalb eines Unternehmens kommuniziert werden. Dennoch ist davon auszugehen, dass die Projektmitarbeiter darüber informiert sind, was die Ziele und die Aufgabenstellung des Beratungsprojektes oder zumindest ihres Tätigkeitsbereichs sind. Bis heute hat sich keine der vorgestellten Einteilungen der Funktionen durchgesetzt. Aus diesem Grund wird bei der Vorstellung der wesentlichen Funktionen der Unternehmensberatung auf eine Systematisierung verzichtet.

− Wissenstransferfunktion

Die Wissenstransferfunktion wird als die zentrale Funktion der Beratung angesehen (vgl. Steyrer 1991: 9 f., Ernst 2002: 19). Es wird darunter die Übertragung von Wissen und Erfahrungen des Beraters an den Kunden verstanden. In diesem Zusammenhang wird teilweise auch von einer „Transferfunktion" gesprochen, um zu verdeutlichen, dass die Leistungen, die von dem Berater auf das Unternehmen übertragen werden, deutlich mehr beinhalten können als die reine Wissensvermittlung.

Eschbach nimmt eine weitere Differenzierung der Transferfunktion vor und unterscheidet zwischen dem Wissens-, dem Fachwissens-, dem Know-how- und dem Erfahrungstransfer. Unter **Wissenstransfer** wird die Übertragung von allgemeinem betriebswirtschaftlichem und technischem Wissen verstanden. Insbesondere für kleinere Unternehmen stellt die Vermittlung von Wissen eine interessante Möglichkeit dar, weil die Vorhaltung von unternehmenseigenen Mitarbeitern aus Kostengründen nicht für jede betriebswirtschaftliche Fragestellung möglich ist (vgl. Hammerschmidt 1965: 70). Der **Fachwissenstransfer** bezieht sich auf die Übertragung von speziellem anwendungsorientiertem Fachwissen, das in einzelnen Disziplinen bei speziellen Fragestellungen benötigt wird. Die IT-Abteilung ist beispielsweise bei der Neugestaltung von Netzwerken auf dieses Fachwissen angewiesen, um die Risiken, die mit größeren Investitionsentscheidungen verbunden sind, zu minimieren. Die Aufgabe des Beraters ist es in diesem Falle, dem Kunden zur Seite zu stehen und ihm das benötigte Wissen mitzuteilen. Die Funktion des Fachwissenstransfers ist ökonomisch sinnvoll, da das dauerhafte Vorhalten von speziellem Wissen beispielsweise auf Grund des schnell voranschreitenden Informationsveralterungsprozesses sehr kostspielig ist. Die Übertragung von methodischem und konzeptionellem Wissen wird mit dem Begriff **„Know-how-Transfer"** umschrieben. Der Berater vermittelt dem Kunden das Wissen, wie die entsprechende Methode allgemein eingesetzt werden kann und welche Aspekte situationsabhängig angepasst werden können bzw. müssen. Die Beraterleistung besteht in diesem Falle darin, dass der Berater den Kunden in die Lage versetzt, diese Methode in Zukunft selbstständig einzusetzen und, falls notwendig, entsprechend anzupassen. Berater erwerben auf Grund der wechselnden Aufgabenstellungen und der zeitlich beschränkten Beratungsprojekte im Rahmen ihrer Tätigkeit zahlreiche Erfahrungen in unterschiedlichen Unternehmen. Die Anwendung dieser Erfahrungen auf neue Fragestellungen sowie der flexible Umgang mit Schwierigkeiten, die im Verlauf von Wandlungsprozessen auftreten können, wird mit dem Begriff **„Erfahrungstransfer"** beschrieben. Die Übertragung von Erfahrungswissen darf nur unter Beachtung der Vertraulichkeit erfolgen und ist infolgedessen in bestimmten Fällen, z.B. im Falle von zwei Konkurrenzunternehmen in der gleichen Branche, ausgeschlossen (vgl. Eschbach 1984: 38: f.). Neben der reinen Übertragung von Wissen kann der Berater ebenso an der Entwicklungs- und Innovationsfunktion beteiligt sein und durch kreative Ideen und Vorschläge zur Generierung von Wissen beitragen. Die Entwicklungs- und Innovationsfunktion wird als Teilfunktion der Wissenstransferfunktion angesehen, weil sie letztlich ebenso zur Steigerung des Wissens in dem Kundenunternehmen beiträgt (vgl. Ernst 2002: 19).

− Wirtschaftlichkeitsfunktion

Die Wirtschaftlichkeitsfunktion hat zwei Aspekte. Erstens kann im Rahmen der Wirtschaftlichkeitsfunktion die Unternehmensberatung dazu verwendet werden, die Kapazitäten temporär zu erweitern. Die Aufgaben des Beraters könnten bei entsprechender personeller Ausstattung prinzipiell auch von eigenem Personal erledigt werden. Die dauerhafte Vorhaltung dieser personellen Ressourcen wäre jedoch ökonomisch nicht sinnvoll. In diesem Falle dient der Einsatz der Unternehmensberatung lediglich der kurzfristigen Ausweitung der vorhandenen Kapazitäten und ist auf Grund des variablen Einsatzes billiger als die Anstellung von weiteren Mitarbeitern. In diesem Zusammenhang wird auch von einer „Kapazitätserweiterungsfunktion" gesprochen. Der Einsatz von Beratern entspricht in diesem Fall einer aus wirtschaftlichen Gründen getroffenen Outsourcing-Entscheidung (vgl. Vogelsang 1992: 57 f., Ernst 2002: 20, Richter 2004: 80).

Zweitens wird auch von der Wirtschaftlichkeitsfunktion gesprochen, wenn es sich um die Bearbeitung von „Nicht-Routineaufgaben" handelt und der Einsatz von Beratern eine effizientere und effektivere Bearbeitung der Aufgaben garantiert, als der Einsatz von eigenem Personal es ermöglichen würde. Unternehmensberatungen beschäftigen sich ständig mit „Nicht-Routineaufgaben" wie der Reorganisation von Unternehmen oder der Strategieentwicklung, was letztlich dazu führt, dass diese Aufgaben für die Unternehmensberatung zu Routineaufgaben werden und sich dadurch gewisse Lerneffekte einstellen. Darüber hinaus können es sich Unternehmensberatungen leisten, Spezialisten vorzuhalten, weil ähnliche Fragestellungen bei verschiedenen Klientenunternehmen auftauchen und somit die Spezialisten durch den Einsatz bei verschiedenen Beratungsprojekten voll ausgelastet werden können. Dies führt dazu, dass die entsprechende Aufgabenstellungen von der Unternehmensberatung wirtschaftlicher bearbeitet werden kann als durch die eigenen Mitarbeiter (vgl. Althaus 1994: 35).

– Objektivierungsfunktion

Die externe und unabhängige Position erlaubt es dem Unternehmensberater, das Klientenunternehmen aus einer neutralen Sicht zu betrachten (vgl. Kubr 1996: 6). Im Gegensatz zu den Kundenmitarbeitern kann der Berater die Situation oder die Aufgabenstellung unvoreingenommen beurteilen. Sein Blick und die Analysetätigkeit werden nicht von vornherein durch die sogenannte „Betriebsblindheit" eingeschränkt. Der Berater hat zu Beginn eines Beratungsprojektes keinerlei Kenntnis über die informellen Strukturen und die Machtverhältnisse innerhalb eines Unternehmens und ist somit in der Lage, die Unternehmensabläufe unter einer rein logischen Perspektive zu begutachten (vgl. Eschbach 1984: 40 f.). Dieser Blickwinkel kann dazu führen, dass beispielsweise Prozesse und Abläufe, die unternehmensintern als gegeben hingenommen werden, in den Fokus der Betrachtung rücken. Eng verbunden mit der Objektivierungsfunktion sind die Kommunikationsfunktion und die Orientierungsfunktion. Im Rahmen der Kommunikationsfunktion finden Gespräche zwischen dem Berater und der Geschäftsleitung bzw. dem Management des Kunden statt, die der kritischen Reflexion der eigenen Position und Sichtweise dienen. Die Unabhängigkeit des Beraters trägt dazu bei, dass er die Dinge neutral beurteilt. Im Gegensatz zu den Mitgliedern der Klientenorganisation ist die Sichtweise des Beraters nicht durch die unterschiedlichen Interessenlagen sowie durch die informellen und formellen Beziehungsgeflechte des Unternehmens beeinflusst (vgl. Althaus 1994: 36). Unter der Orientierungsfunktion wird jegliche Art von Informationsbeschaffung, -verarbeitung, -aufbereitung und -verdichtung verstanden, die dazu dient, die Unsicherheit der Unternehmensleitung in Entscheidungssituationen zu reduzieren. Die neutrale Position des Beraters garantiert eine objektive Datenerhebung und sorgt dafür, dass Entscheidungen nicht auf Basis einer möglicherweise manipulierten Datenbasis getroffen werden. Die Schaffung von Transparenz der Datenlage ist insbesondere zu Beginn eines Beratungsprojektes enorm wichtig, weil nur dadurch sichergestellt werden kann, dass die Aufgabenstellung des Projektes wirklich die wesentlichen Punkte beinhaltet und die wahren Probleme des Kunden adressiert und somit die Zielsetzung des Projektes wirklich im Interesse des Klientenunternehmens liegt (vgl. Eschbach 1984: 46).

– Durchsetzungsfunktion

Berater unterstützen die Geschäftsleitung nicht nur bei der Erarbeitung von Problemlösungen, sondern tragen auch dazu bei, dass eine Entscheidung in Bezug auf die Lösung des Problems herbeigeführt wird. Die Ergebnispräsentation des Beratungsprojektes wird von der Geschäftsleitung oftmals als Termin angesehen, bei dem eine Entscheidung über das weitere Vorgehen getroffen wird. Nachdem eine Entscheidung getroffen ist, kann die Durchsetzung einer objektiv gerechtfertigten Entscheidung innerhalb eines Unternehmens auf erhebliche Widerstände stoßen. In einem Unternehmen sind zahlreiche Interessengruppen vorhanden, die im Rahmen von „politischen Spielchen" versuchen, ihre Interessen durchzusetzen und für sich Vorteile zu erzielen. Der Berater ist auf Grund seiner externen Position nicht in die informellen Machtstrukturen des Unternehmens eingebunden und wird daher von verschiedenen Interessengruppen leichter als Vermittler akzeptiert. Von dem Berater wird erwartet, die eventuell auftretenden Probleme zu lösen und die Unternehmensleitung bei der schnellen und effizienten Durchsetzung der Entscheidung zu unterstützen (vgl. Althaus 1994: 37). Manche Autoren separieren in diesem Zusammenhang die Katalysatorfunktion. Im Rahmen der Katalysatorfunktion ist der Berater nicht aktiv an der Lösungserstellung beteiligt, sondern stimuliert, moderiert und treibt den Prozess der Lösungserstellung voran. Der Berater ist in diesem Falle als Vermittler zwischen verschiedenen Mitarbeitergruppen tätig (vgl. Richter 2004: 81). Ebenso wie die Durchsetzungsfunktion setzt die Katalysatorfunktion die Unabhängigkeit und Externalität des Beraters sowie die persönliche Autorität und breite Akzeptanz voraus. Auf Grund der ähnlichen Merkmale und Aufgabenstellung wird die Katalysatorfunktion nicht als eigenständige Funktion angesehen, sondern als Sonderfall der Durchsetzungsfunktion (vgl. Eschbach 1984: 41).

Es gibt noch einen weiteren Aspekt, der dazu beiträgt, dass die Unternehmensberatung bei der Durchsetzung von Entscheidungen unterstützen kann. Dieser Aspekt ist mit dem Begriff „Motivationsfunktion" belegt. Große Unternehmen trauen sich Veränderungen aus eigener Kraft auf Grund des hohen Bürokratisierungsgrades, der starren Strukturen und der vorherrschenden Trägheit nicht mehr zu. Die Unternehmensleitung kann durch die Beauftragung eines Beraters die Bereitschaft und den Wunsch zum Wandel signalisieren. Die bloße Anwesenheit des Beraters kann bei den Kundenmitarbeitern somit zu einem Motivationsschub führen, weil die Mitarbeiter das Signal empfangen, dass es wieder lohnenswert ist, sich zu engagieren und sie an einer Veränderung mitwirken können. Dieser Motivationseffekt steigert die Bereitschaft der Mitarbeiter, sich an den Veränderungsprozessen zu beteiligen und die getroffenen Entscheidungen mitzutragen und durchzusetzen (vgl. Eschbach 1984: 47).

– Legitimationsfunktion

In komplexen Entscheidungssituationen ist die Geschäftsleitung daran interessiert zu dokumentieren, dass die Entscheidung sorgfältig vorbereitet und überlegt getroffen wurde. Der Einsatz einer Unternehmensberatung kann in diesem Falle demonstrieren, dass ein umfassender Entscheidungsfindungsprozess stattgefunden hat. Die Geschäftsleitung signalisiert durch den Beratereinsatz, dass sie zum einen um Qualität und Weiterentwicklung bemüht ist und zum anderen, dass die Entscheidung auf Basis des aktuellen Wissens- und Kenntnisstandes, indem man auf die entsprechenden Fachleute zurückgreift, getroffen wurde. Diese Signalwirkung ist insbesondere in den USA weit verbreitet und wird auch mit dem Begriff „Prestigefunktion" beschrieben. In Deutschland ist diese Funktion eher schwach ausgeprägt (vgl. Althaus 1994: 37 f.). Die Geschäftsleitung verspricht sich von dieser Vorgehensweise, dass im Falle von Fehlentscheidungen oder Misserfolgen ein Teil der Verantwortung von ihren Schultern genommen wird, da die Entscheidung unter Berufung auf eine Beraterempfehlung zustande kam (vgl. Vogelsang 1992: 59 f.). Die Entscheidung wird somit sozusagen durch den Beratereinsatz „legitimiert". Die Legitimationsfunktion ist in der Literatur ebenfalls unter dem Begriff „Konfirmationsfunktion" zu finden (vgl. Althaus 1994: 39). Solange das Klientenunternehmen nicht versucht, den Berater in eine bereits vorgefertigte Empfehlung oder Lösung zu drängen, ist an der Legitimierungsfunktion nichts auszusetzen. Stellt sich jedoch heraus, dass das Auftrag gebende Unternehmen ein Gefälligkeitsgutachten erwartet, ist der Auftrag von einem seriösen Beratungsunternehmen abzulehnen bzw. sofort abzubrechen. Das Erstellen eines Gefälligkeitsgutachtens stellt einen klaren Bruch mit den ethischen Regeln dar und widerspricht den Grundsätzen des BDU[22] (vgl. Eschbach 1984: 43). Kubr stellt in diesem Zusammenhang fest:

„A consultant who accepts such an assignment may be pulled into the hidden and intricate world of in-company politics." (Kubr 1996: 16)

Diese Äußerung macht deutlich, dass in diesem Falle die Neutralität und Unabhängigkeit des Beraters nicht mehr gewahrt sein kann. Ebenso wie mit der eben vorgestellten „beeinflussten" Ausprägung der Legitimationsfunktion verhält es sich mit der Politikfunktion, sie ist von einem seriösen Berater aus ethischen Gründen ebenfalls abzulehnen. Im Rahmen der Politikfunktion wird von den Beratern nicht Neutralität und Objektivität erwartet, sondern ganz im Gegenteil Parteinahme für den Auftraggeber. Der Berater wird dazu benutzt, die persönlichen Interessen einzelner Unternehmensmitglieder durchzusetzen (vgl. Ernst 2002: 22). Die „beeinflusste" Legitimationsfunktion und die Politikfunktion wurden zwar aus Gründen der Vollständigkeit vorgestellt, sie werden aber im Rahmen dieser Arbeit nicht weiter betrachtet, da die verfügbare Datenbasis keine Aussagen zu diesen Funktionen zulässt.

In einem Beratungsprojekt werden auf Grund der komplexen Aufgabenstellungen meist mehrere Ziele verfolgt. Infolgedessen beruht der Entschluss, eine Unternehmensberatung zu beauftragen, meist auf der Erwartung, dass eine Mischung von verschiedenen Funktionen erbracht wird. Leider hat sich in der Literatur bisher keine einheitliche Begriffsverwendung durchgesetzt, weder hinsichtlich des Inhaltes der Funktionen der Unternehmensberatung noch in Bezug auf die Bezeichnungen für die einzelnen Funktionen. Teilweise werden unter Funktionen nicht nur der Zweck von Beratungsprojekten verstanden, sondern auch die soziale Rolle, die der Berater im Verlauf des Beratungsprozesses einnimmt. Es kann zwar einen Zusammenhang zwischen dem Zweck eines Beratungsprojektes und der von dem Berater eingenommenen Rolle geben, dennoch wird die Rolle des Beraters und des Klienten im Rahmen dieser Arbeit als separates Thema angesehen und im Kapitel 3.4.3 näher betrachtet, weil die Kunden-Berater-Beziehung äußerst komplex sein und der Berater im Laufe des Projektes durchaus unterschiedliche soziale Rollen einnehmen kann (vgl. Ernst 2002: 17). Im Rahmen dieser Arbeit werden die Wissenstransfer-, die Wirtschaftlichkeits-, die Objektivierungs-, die Durchsetzungs- und die Legitimationsfunktion mit den oben beschriebenen Inhalten als die

---

[22] Bei Interesse sind die einzelnen Punkte in den Grundsätzen des BDU nachzulesen (vgl. BDU 2007c).

möglichen Funktionen, die eine Unternehmensberatung im Rahmen eines Projektes erfüllen kann, angesehen.

Nach der Vorstellung der wesentlichen Aspekte der Unternehmensberatung folgen im nächsten Abschnitt eine kurze Zusammenfassung und die Definition des Begriffs „Unternehmensberatung", wie er im Rahmen dieser Arbeit verstanden und verwendet wird.

2.2.2 Begriffliche Abgrenzung „Unternehmensberatung"

Folgende Abbildung gibt einen Überblick über die wesentlichen Aspekte der Unternehmensberatung und stellt dar, welche Ausprägungen der einzelnen Aspekte im Rahmen dieser Arbeit betrachtet werden und welche keine Berücksichtigung finden:

Aspekte der Unternehmensberatung	Fokus der Arbeit	Nicht Fokus
Tätigkeitsfelder	Managementberatung • Strategieberatung • Organisations-/Prozessberatung	• IT-Beratung • Human-Ressource-Beratung
Berufsgruppe	• Unternehmensberater	• Steuerberater • Wirtschaftsprüfer • Interims-Manager • Rechtsanwalt
Organisationsform	• Externe Beratung • Rechtlich unabhängige Institution • Beratergruppen	• Interne Beratung/In-house Consulting • Beratende Einzelpersonen
Funktionen	• Wissenstransferfunktion • Wirtschaftlichkeitsfunktion • Objektivierungsfunktion • Durchsetzungsfunktion • Legitimationsfunktion	• „Beeinflusste" Legitimationsfunktion • Politikfunktion • Sämtliche Funktionen, die gegen die ethischen Grundsätze verstoßen

Abb. 9: Überblick über die Aspekte der Unternehmensberatung
Quelle: eigene Abbildung

Die Zusammenfassung der Ausführungen dieses Kapitels führt zur folgender Definition des Begriffs „Unternehmensberatung" für die vorliegende Arbeit:

Unter der Unternehmensberatung wird eine rechtlich selbstständige und unabhängige Institution verstanden. Unternehmenszweck der Unternehmensberatung ist die Erstellung einer spezifischen Dienstleistung, im Folgenden auch „Beratungsleistung" genannt, die dazu dient, das Management der Klientenorganisation bei der Ausübung seiner Tätigkeit zu unterstützen. Die Beratungsleistung, die im Rahmen eines interaktiven Prozesses zwischen Berater und Klienten erstellt wird, zeichnet sich durch einen hohen Informationsgehalt und die Bearbeitung einer spezifischen, nicht wiederkehrenden Aufgabenstellung aus.

2.3 Abgrenzung des Begriffs „Beratungserfolg"

Im deutschsprachigen Raum gibt es kein allgemein gültiges Verständnis darüber, was unter dem Begriff „Beratungserfolg" zu verstehen ist. Das definitorische Defizit hat insbesondere damit zu kämpfen, dass sich keine einheitliche Verwendung der Begriffe „Effektivität" und „Effizienz" durchgesetzt hat (vgl. Hoffmann 1991: 147). Aus diesem Grund wird im folgenden Kapitel die Abgrenzung des Begriffs „Beratungserfolg", wie er im Rahmen dieser Arbeit verstanden wird, notwendig. Zunächst wird auf das Konzept von Klein und auf das Begriffsverständnis von McLachlin eingegangen. Im Anschluss erfolgt die Zusammenführung der unterschiedlichen Sichtweisen und die Abgrenzung des Begriffs „Beratungserfolg".

2.3.1 Konzepte zur Bewertung des Beratungserfolges

Das bekannteste und am weitesten verbreitete Konzept zum Verständnis von Beratungserfolg ist das von Klein (vgl. S. 12). Folgende Abbildung stellt die Dimensionen des Erfolges einer Unternehmung nach Klein dar:

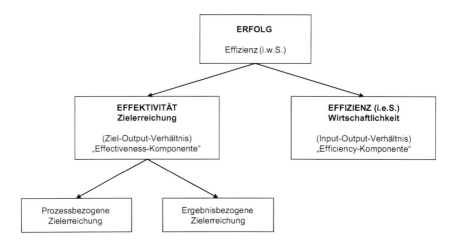

Abb. 10: Dimensionen des Erfolges einer Unternehmung
Quelle: eigene Darstellung in Anlehnung an Klein 1978: 108

Seine Überlegungen basieren auf den Ausführungen von Gzuk zur Feststellung des Erfolges geistiger Leistungsprozesse. Gzuk definiert den Erfolg geistiger Leistungsprozesse als Effizienz im weiteren Sinne und versteht darunter den Grad der Zweckerreichung einer Entscheidung unter der Erfüllung von zwei Nebenbedingungen. Zum einen soll die Zweckerreichung möglichst wirtschaftlich, d.h. mit einem möglichst geringen Ressourceneinsatz, erreicht und zum anderen soll sie längerfristig sichergestellt werden (vgl. Gzuk 1975: 15). Klein überträgt die Ausführungen von Gzuk auf den Beratungserfolg, weil er die Erbringung der Beratungsleistung als Form eines geistigen Leistungsprozesses ansieht (vgl. Klein 1978: 107). Die Erfolgsbeurteilung von geistigen Leistungsprozessen, und somit von Beratungsleistungen, kann daher an den Dimensionen „Wirtschaftlichkeit" und „Zweckerreichung", die im Folgenden „Zielerreichung" genannt wird, ansetzen.

Die Dimension „Zielerreichung" bezieht sich auf das Ausmaß der Erreichung von definierten Zielen, dass heißt, es erfolgt der Vergleich zwischen den vorab definierten Zielen und dem tatsächlich erreichten Ergebnis eines Projektes. In diesem Zusammenhang wird auch vom „Ziel-Output-Verhältnis" gesprochen (vgl. Gzuk 1975: 40 ff, 54 f.). In der angloamerikanischen Literatur wird dieses Verhältnis mit dem Terminus „effectiveness" belegt, der im Deutschen wiederum mit dem Begriff „Effektivität" übersetzt wird. Die Begriffe „Zielerreichung" und „Effektivität" werden daher im Folgenden synonym verwendet. Mit der Effektivität wird betrachtet, inwieweit ein definiertes Ziel im Rahmen der Leistungserstellung erreicht wird, allerdings wird nicht berücksichtigt, welcher Aufwand zur Erreichung des Ziels bzw. zur Erhöhung des Zielerreichungsgrades betrieben wird. Innerhalb dieser Dimension wird zwischen einer „prozessbezogenen" und einer „ergebnisbezogenen" Zielerreichung unterschieden (vgl. Klein 1978: 107 ff.).

Unter der prozessbezogenen Zielerreichung wird die Betrachtung des Beratungsprozesses und seine Beurteilung hinsichtlich seines effektiven Ablaufs verstanden. Zur Beurteilung der prozessualen Effektivität können beispielsweise Kriterien wie die Einhaltung von Terminen, Zeitplänen und Projektkosten sowie die regelmäßige und umfassende Information des Klienten über den Projektstatus herangezogen werden (vgl. Hafner et al. 1988: 54 ff., Grabatin 1981: 48 ff.).

Im Rahmen der ergebnisbezogenen Zielerreichung werden die Ergebnisse des Beratungsprojektes betrachtet. Je nach Projektinhalt können zur Beurteilung quantitative Kriterien (z.B. Umsatz, Gewinn, Marktanteil), qualitative Kriterien (z.B. Imagesteigerung, Know-how-Gewinn, Innovationsgrad) sowie der Umsetzungsgrad des Beratervorschlages herangezogen werden (vgl. Hafner et al. 1988: 54). Zwischen der prozess- und der ergebnisbezogenen Zielerreichung besteht ein enger Zusammenhang und es ist durchaus möglich, dass ein Zielkonflikt zwischen den beiden Teildimensionen entsteht. Beispielsweise führt eine Verlängerung des Beratungsprojektes zu einer Verschlechterung der prozessbezogenen Zielerreichung. Es ist aber denkbar, dass die Verlängerung zu einer Erhöhung des Innovationsgrades oder zu einer Umsatzsteigerung führt und somit zu einer Verbesserung der ergebnisbezogenen Zielerreichung beiträgt. In diesem Fall ist die Projektverlängerung unter Umständen positiv zu bewerten, weil das Projekt dadurch in der gesamthaften Betrachtung erfolgreicher werden kann (vgl. Klein 1978: 109).

In der Dimension „Wirtschaftlichkeit" erfolgt die Betrachtung des klassischen Input-Output-Verhältnisses, d.h., es wird betrachtet, welche Aufwendungen (Input) eingesetzt werden müssen, um ein definiertes Ziel (Output) zu erreichen. Die Aufgabe ist es, mit einem minimalen Ressourceneinsatz die entsprechenden Vorgaben zu erreichen. Die Gegenüberstellung von Aufwand und Ergebnis kann beispielsweise durch eine Kosten-Nutzen Analyse erfolgen. In der angloamerikanischen Literatur wird dieser Sachverhalt mit dem Begriff „efficiency" beschrieben, der in der deutschen Sprache mit „Effizienz" übersetzt werden kann (vgl. Klein 1978: 108).

Es bleibt somit festzuhalten, dass sich der Beratungserfolg nach Klein durch den Grad der Zielerreichung, der sich in prozess- und ergebnisbezogene Effektivität aufteilt, und durch die Wirtschaftlichkeit beurteilen lässt. Neben dem Verständnis von Klein gibt es zahlreiche Autoren, die Beratungserfolg nicht nur über Effektivität und Effizienz definieren, sondern die Zufriedenheit des Kunden als wichtiges Kriterium hinzuziehen (vgl. Kienbaum & Meissner 1979: 116, Elfgen & Klaile 1987: 282 ff.).

McLachlin geht sogar so weit und stellt die Zufriedenheit in den Vordergrund. Interessanterweise spricht er in seinem Beitrag nicht nur von der Kundenzufriedenheit, sondern auch von der Beraterzufriedenheit. Er geht davon aus, dass ein Projekt nur als erfolgreich bezeichnet werden kann, wenn die Erwartungen des Kunden und des Beraters erfüllt wurden. Infolgedessen werden die Erwartungshaltungen des Kunden und des Beraters separat betrachtet (vgl. McLachlin 2000: 240).

Die Bestimmung des Beratungserfolges über die Zufriedenheit des Kunden wird von vielen Autoren scharf kritisiert, weil dem Kunden als Individuum ein mögliches Eigeninteresse unterstellt wird, das nicht im Einklang mit den Interessen des Unternehmens liegen müsse (vgl. Klein 1978: 107, McMullan et al. 2001: 48 ff.). Ernst geht sogar so weit und trifft folgende Aussage:

> *„Mitglieder von Klientenunternehmen nutzen Beratungsprojekte, um persönliche Ziele zu verwirklichen." (Ernst 2002: 137)*

Infolgedessen wird eine Beurteilung, die auf subjektiven Zufriedenheitsäußerungen einzelner Kunden beruht, oftmals nicht als ausreichend angesehen, um den Erfolg eines Beratungsprojektes beurteilen zu können. McLachlin begegnet dieser Kritik mit der Aufnahme einer inhaltlichen Dimension in seine Überlegungen und beurteilt Beratungsprojekte somit nicht nur danach, ob die Erwartungen des Kunden erfüllt wurden, sondern auch danach, ob die inhaltlichen Kernprobleme des Unternehmens adressiert wurden (vgl. McLachlin 2000: 244). Die Abbildung 11 stellt die Einteilung der Beratungsprojekte in Abhängigkeit von den Dimensionen „Kundenerwartungen (Expectations)" und „Kernprobleme (Core Needs)" dar.

Der 1. Quadrant enthält Projekte, bei denen die Kundenerwartungen erfüllt und die Kernprobleme des Unternehmens angegangen wurden. In diesen Fällen ist eindeutig von erfolgreichen

Beratungsprojekten zu sprechen, die mit dem Begriff „Bedeutendes Engagement (Meaningful Engagement)" beschrieben werden.

Im 2. Quadranten sind Projekte enthalten, für die es keine Notwendigkeit gibt, Kernprobleme zu adressieren, weil es sich um einfache vertragliche Verpflichtungen wie beispielsweise das Halten von Seminaren oder Schulungen handelt. Bei den sogenannten „Einfacher Auftrag (Clean Contract)"-Projekten sind die Kundenerwartungen ebenfalls erfüllt, auch wenn keine Kernprobleme angesprochen wurden.[23]

		KERNPROBLEME	
		Addressiert	Nicht adressiert
KUNDENERWARTUNGEN	Erfüllt	1. Bedeutendes Engagement Beispiel: Berater erkennt Schwachstellen und führt Änderungen bei den fertigungstechnischen Kernprozessen ein	2. Einfacher Auftrag Beispiel: Berater organisiert und hält ein Seminar, wie vereinbart
	Nicht erfüllt	3. Instabile Beziehung Beispiel: Berater erstellt richtigerweise fest, dass das wirkliche Problem der Chef/Kunde ist	4. Vollständiger Misserfolg Beispiel: Berater verkauft was auch immer sich in seinem „Werkzeugkasten" befindet ohne auf die Bedürfnisse des Kunden einzugehen.

Abb. 11: Typen von Beratungsprojekten
Quelle: eigene Darstellung in Anlehnung an McLachlin 2000: 244

Der 3. Quadrant beinhaltet Projekte, bei denen zwar die Kernprobleme bearbeitet wurden, der Kunde aber nicht zufrieden ist. Diese Situation kann auf zweierlei Art entstehen. Zum einen kann es sein, dass der Berater zwar die richtigen Themen adressiert und sich auf die Kernprobleme des Unternehmens konzentriert, diese aber in einer unzureichenden Weise bearbeitet. In diesem Falle liefert der Berater schlechte Arbeit ab und der Kunde ist folglich mit der Beratungsleistung nicht zufrieden. Zum anderen kann es aber auch sein, dass der Berater inhaltlich eine gute Arbeit abliefert, die Kundenerwartungen aber nicht erfüllt werden, weil der Kunde diese nicht geäußert hat und sogenannte „Hidden Agendas"[24] verfolgt. In diesem Fall ist die Aussicht auf eine erfolgreiche Umsetzung des Beratungskonzeptes äußert gering, weil der Kunden nicht von der Lösung überzeugt ist, selbst wenn der Berater inhaltlich eine hervorragende Lösung erarbeitet hat. Unabhängig davon, wie die Unzufriedenheit des Kunden zustande kam, kann in jeden Fall nicht von einem erfolgreichen Projekt gesprochen werden. Diese Konstellation wird mit dem Begriff „Instabile Beziehung (Unstable Relationship)" bezeichnet.

---

[23] Im Rahmen dieser Arbeit werden diese Projekt nicht betrachtet, weil keine spezifische Aufgabenstellung bearbeitet wird (siehe Kapitel 2.2.1).

[24] Der Kunde verfolgt mit dem Beratungsprojekt Ziele, die nicht offiziell kommuniziert und dem Berater nicht mitgeteilt wurden. Infolgedessen kann der Berater die Erwartungshaltung des Kunden nicht erfüllen.

Im 4. Quadranten sind die vermeintlich am leichtesten erkennbaren Misserfolge dargestellt. Bei diesen Projekten werden weder die Kundenerwartungen erfüllt noch die Kernprobleme eines Unternehmens angegangen. Zu diesen „Vollständigen Misserfolgen (Outright Failures)" gehören aber auch die Projekte, bei denen der Berater versucht, den Eindruck zu vermitteln, dass die Kernprobleme angegangen und gelöst wurden, obwohl dies in der Realität nicht geschehen ist.[25] Bei dem Kunden kann zuerst der Eindruck entstehen, dass es sich um ein „Bedeutendes Engagement (Meaningful Engagement)"-Projekt handelt. Der Kunde ist unter Umständen zunächst zufrieden und stellt erst mit einer gewissen Zeitverzögerung fest, dass seine Probleme immer noch da sind und die Aufgabenstellung nicht gelöst wurde. Diese Art von „Vollständigen Misserfolgen (Outright Failures)" ist sehr schwer zu identifizieren.

Zusammenfassend lässt sich sagen, dass aus der Sicht des Kunden nur von erfolgreichen Projekten gesprochen werden kann, wenn seine Erwartungen erfüllt werden, wie dies im 1. und 2. Quadranten der Fall ist (vgl. McLachlin 2000: 244 f.). Die Bedeutung von individuell entwickelten Beratungslösungen, die auf die Bedürfnisse und die Erwartungen des Kunden zugeschnitten sind, wird auch an anderer Stelle immer wieder hervorgehoben. Die Erfüllung der Kundenerwartungen und damit einhergehend die Zufriedenheit des Kunden wird als eines der wesentlichen Erfolgskriterien von Beratungsprojekten angesehen (vgl. Becker & Schade 1995: 351, Treichler & Wiemann 2004: 31).

Nach der Darstellung des Beratungserfolges aus der Kundensicht erfolgt nun die Betrachtung der Beratersicht. Über die Erwartungen des Beraters äußert sich McLachlin wie folgt:

„But, most important, consultants expect to earn income." (McLachlin 2000: 245)

Wenn man diese zunächst trivial scheinende Aussage in Zusammenhang mit den Faktoren bringt, die bei der Auswahl einer Unternehmensberatung entscheidend sind, wird deutlich, dass die Sachlage doch etwas komplizierter ist. Reputation und Mund-zu-Mund-Propaganda spielen bei der Beauftragung und Auswahl von Unternehmensberatungen eine wichtige Rolle (vgl. Dawes et al. 1992: 191 ff, Kass & Schade 1995: 1073 ff.). Reputation entsteht dadurch, dass ein zufriedener Kunde seine positiven Erfahrungen mit der entsprechenden Unternehmensberatung an andere potentielle Kunden weitererzählt (vgl. Becker & Schade 1995: 336, Dowling 1986: 114 f.). Da der Berater Einnahmen erzielen möchte und sich der Bedeutung der Reputation im Rahmen der Auftragsvergabe bewusst ist, spielt für ihn die Zufriedenheit des Kunden aus zwei Gründen eine wesentliche Rolle. Erstens ist es einfacher, neue Projekte bei Kunden zu erhalten, mit denen schon eine Geschäftsbeziehung existiert, als Neukunden zu gewinnen, mit denen noch nie zusammengearbeitet wurde. Zweitens kann schon ein einzelnes Projekt, mit dem der Kunde nicht zufrieden ist, erhebliche negative Auswirkungen auf die Reputation eines Unternehmensberaters haben und folglich dazu führen, dass das Beratungs-

---

[25] In diesen Fällen entspricht das Verhalten der Berater nicht den ethischen Grundsätzen und daher werden sie im Rahmen dieser Arbeit nicht näher betrachtet (siehe Kapitel 2.2.1).

unternehmen bei Auftragsvergaben von anderen Projekten nicht berücksichtigt wird (vgl. Schwenker 2004: 230, Patterson et al. 1997: 14).

Beratungskritiker werfen den Beratern teilweise sogar vor, dass sie lediglich daran interessiert sind, einen guten Eindruck zu hinterlassen, und kein Interesse daran haben, wirklich auf die Probleme des Kunden einzugehen und diese zu lösen (vgl. Clark & Salaman 1998: 35). Aus einer langfristigen Perspektive heraus kann dieser Vorwurf allerdings schnell entkräftet werden. Beratungsunternehmen, die dieser Vorgehensweise folgen würden, wären langfristig als Marktteilnehmer nicht überlebensfähig und würden keine Aufträge mehr bekommen, weil es nach einer gewissen Zeit offenkundig werden würde, dass sie die Probleme nicht lösen, sondern nur verstecken. Daher kann kein Beratungsunternehmen Interesse an dieser Verhaltensweise haben und Empfehlungen aussprechen, die sich nicht an den Problemen und Bedürfnissen des Kunden orientieren, wenn man davon ausgeht, dass Unternehmen das Ziel verfolgen, über einen längeren Zeitraum wirtschaftlich erfolgreich zu handeln.

Aus Beratersicht sollte der Erfolg eines Projektes nach dem langfristigen Potenzial, Einkünfte zu generieren, beurteilt werden. Bei diesem langfristigen Potenzial handelt es sich um die Einkünfte, die aus künftigen Projekten entweder bei demselben Kunden oder bei neuen Kunden zu erwarten sind und bei denen die Auftragsvergabe in Zusammenhang mit der erbrachten Leistung in dem ersten Projekt steht. Auf Grund der langfristigen Auswirkungen und der Reputation liegt es im Interesse des Beraters, inhaltlich eine gute Arbeit zu erbringen, die gleichzeitig auch die Erwartungen des Kunden erfüllt (vgl. McLachlin 2000: 246). McLachlin führt die Kunden- und Beratersicht zusammen und definiert Beratungserfolg wie folgt:

> *"Regardless of the specific situation, a consulting engagement may be defined as successful if the client is satisfied that the consultant has met expectations (by improving one or more of client performance, client capabilities, or organizational culture, without making any category worse) – whether or not a core need has been addressed – and the consultant is satisfied that his or her reputation has been enhanced, with expectations of future revenue streams – whether or not any immediate income has received."* (McLachlin 2000: 246)

Im Folgenden werden die Sichtweisen von Klein und McLachlin zusammengeführt und als Basis für die Definition von Beratungserfolg für diese Arbeit verwendet.

2.3.2 Begriffliche Abgrenzung „Beratungserfolg"

Greift man die Sichtweise der Effizienz im weiteren Sinne von Klein auf und ergänzt sie um die Zufriedenheit des Beraters und des Kunden, dann lässt sich der Beratungserfolg wie folgt definieren:

Beratungserfolg stellt sich ein, wenn die im Rahmen eines Beratungsprojektes vereinbarten Ziele erreicht werden, d.h., wenn die Bewertung der prozessbezogenen sowie der ergebnisbezogenen Zielerreichung in Summe positiv ausfällt und beide Vertragspartei-

en, der Kunde und der Berater, mit den Ergebnissen des Projektes zufrieden sind. Darüber hinaus muss die Leistungserstellung im Sinne der Effizienz wirtschaftlich erfolgen. Diese Definition macht deutlich, dass der Beratungserfolg zum einen von einer „objektivierten" Komponente des Grads der Zielerreichung und zum anderen von einer subjektiven Komponenten der Zufriedenheit des Beraters abhängig ist. Zudem muss die Nebenbedingung, dass die Zielerreichung effizient erfolgt, berücksichtigt werden.

2.4 Abgrenzung des Begriffs „Erfolgsmessung"

Die Erfolgsmessung der Beratungsleistung bildet die Voraussetzung für die Berechnung von Erfolgshonoraren. Zunächst muss eine Messung des Erfolges stattfinden und erst im Anschluss kann dieser Erfolg in monetäre Werte umgewandelt und somit letztlich in Form eines Erfolgshonorars ausgewiesen werden. Es stellt sich somit die Frage, was genau unter dem Begriff „Erfolgsmessung" zu verstehen ist und wie diese Erfolgsmessung zustande kommt.

Die Begriffe „Bewertung", „Evaluation" und „Erfolgsmessung" werden im Bereich der Beratungsforschung sehr unterschiedlich und teilweise synonym verwendet. Infolgedessen wird im Rahmen dieser Arbeit auf der folgenden Seite eine begriffliche Abgrenzung vorgenommen.

2.4.1 Bewertung, Evaluation und Erfolgsmessung

Zunächst bilden sich die beteiligten Akteure ein Urteil darüber, wie gut oder schlecht die Beratungsleistung aus ihrer Sicht war, und bewerten die Beratungsleistung. Bewertungen können abhängig vom Grad der Formalisierung unterschiedliche Erscheinungsformen annehmen. Teilweise wird in der Literatur der Begriff „Bewertung" auf nicht formalisierte Werturteile, die in den Köpfen der Beteiligten entstehen, beschränkt (vgl. Ernst 2002: 46). Mit dem Begriff „Evaluation" hingegen werden Stellungnahmen bezeichnet, die auf einer systematischen Basis gewonnen werden und sich auf die Bewertung von spezifischen Maßnahmen hinsichtlich ihrer Zweck- und Zielorientierung konzentrieren (vgl. Will et al. 1987: 14). Vor dem Hintergrund der Fragestellung dieser Arbeit, der Erfolgsmessung von Beratungsprojekten, ist eine Einschränkung des Begriffs „Bewertung" für diese Arbeit nicht sinnvoll, da es zahlreiche Erscheinungsformen der Bewertung von Beratungsprojekten gibt und somit eine klare Abgrenzung hinsichtlich des Formalisierungsgrades und der systematischen Datengewinnung nicht möglich ist. Infolgedessen werden die Begriffe „Bewertung" und „Evaluation" im Rahmen dieser Arbeit synonym verwendet.

Die Evaluation von Beratungsleistung entsteht nicht erst bei Abschluss des Beratungsprojektes, sondern bildet sich entlang des Beratungsprozesses im Rahmen eines kontinuierlichen Prozesses der Datenverarbeitung und -interpretation. Die Wahrnehmung und die Werte der

Beteiligten haben erheblichen Einfluss darauf, wie die subjektive Bewertung im Einzelnen ausfällt. Die Evaluation ist somit aus einer prozessualen Sichtweise entlang des Beratungsprozesses zu betrachten und wird durch zahlreiche Informationen beeinflusst und mit gestaltet (vgl. Ernst 2002: 46 f.). Im Gegensatz dazu bezieht sich die Erfolgsmessung auf einen Zeitpunkt und stellt somit die Evaluation bzw. die Bewertung zu einem bestimmten Zeitpunkt dar. Die Evaluation eines Beratungsprojektes kann selbstverständlich abhängig vom Messungszeitpunkt während des Beratungsprozesses variieren.

Darüber hinaus ist das Ergebnis einer Evaluation abhängig von den Perspektiven und den Interessen der Beurteilenden. Die Bewertung kommt nicht völlig wertfrei und objektiv zustande, sondern die eingesetzten Instrumente, die Kriterien und die Bewertungsmodelle spielen dabei eine erhebliche Rolle (vgl. Roehl & Willke 2001: 29). Infolgedessen wird inzwischen vermehrt gefordert, dass man sich in Bezug auf die Frage der Evaluation und der Erfolgsmessung von Beratungsprojekten mit dem Gedanken der Komplexitätssteigerung anfreundet und unterschiedliche Perspektiven sowie Einflussfaktoren in die Überlegungen aufnimmt (vgl. Roehl & Willke 2001: 25 f., Ernst 2002: 204 ff.).

2.4.2 Begriffliche Abgrenzung „Erfolgsmessung"

Unter dem Begriff „Erfolgsmessung" wird in dieser Arbeit die zeitpunktbezogene Bewertung des Erfolges eines Beratungsprojektes verstanden. Die Erfolgsmessung erfolgt durch die Abfrage des Status der zwischen dem Kunden und dem Berater vereinbarten Kriterien zu einem bestimmten Zeitpunkt. Der Einfluss der handelnden Personen auf das Ergebnis der Erfolgsmessung kann erheblich sein und sollte bei der Beurteilung des Ergebnisses berücksichtigt werden.

Die Evaluation bzw. die Bewertung eines Beratungsprojektes bildet sich hingegen im Rahmen eines Beurteilungsprozesses, der parallel zum Beratungsprozess stattfindet, und zeichnet sich somit durch die prozessuale Perspektive aus.

2.5 Abgrenzung des Begriffs „Erfolgshonorar"

Zur Bezahlung von Unternehmensberatungen können unterschiedliche Honorarformen eingesetzt werden. Im folgenden Abschnitt wird daher zunächst auf die unterschiedlichen Honorarformen eingegangen, bevor im Anschluss das dieser Arbeit zugrunde liegende Begriffsverständnis von „Erfolgshonorar" vorgestellt wird. Im Gegensatz zu anderen Honorarformen werden dem Erfolgshonorar weitere Funktionen zugeschrieben, die in Abschnitt 2.5.3 näher erläutert werden. In Abschnitt 2.5.4 wird abschließend auf die vertraglichen Besonderheiten, die bei der Vereinbarung eines Erfolgshonorars beachtet werden müssen, eingegangen.

2.5.1 Honorarformen

Der Begriff „Vergütung" stellt den Oberbegriff für die Bezahlung einer erbrachten Leistung dar und vereint Begriffe wie beispielsweise „Lohn", „Gehalt" und „Honorar" usw. Der Ausdruck „Honorar" wird im Dienstvertragsrecht verwendet und beschreibt die Vergütung von freiberuflichen Leistungen. Das Honorar ist somit letztlich als eine Spezifikation des Begriffs „Vergütung" zu verstehen. Im Rahmen dieser Arbeit werden die Begriffe „Vergütung" und „Honorar" aus Gründen der sprachlichen Vielfalt synonym verwendet. Im Verlauf der Vertragsverhandlungen beschäftigten sich die beiden potenziellen Vertragsparteien mit der Frage, auf welcher Basis die Höhe des Honorars ermittelt und welche Honorarform in den Vertrag aufgenommen werden soll. Im Folgenden werden die vier üblichsten Grundtypen der Honorarformen, die zur Bezahlung von Beratungsunternehmen zum Einsatz kommen, vorgestellt und die jeweiligen Vor- und Nachteile dargestellt.

− Zeithonorar

Die Basis für die Berechnung des Zeithonorars ist die von den Beratern im Verlauf des Beratungsprojektes eingesetzte Zeit. Die einzelne Zeiteinheit, bei der es sich je nach Vereinbarung um Stunden, Tage oder Wochen handeln kann, kostet einen vorab vereinbarten Preis. Die Höhe des Preises pro Zeiteinheit hängt von der Qualifikation, der Erfahrung und dem Knowhow des Beraters ab. Das Honorar berechnet sich aus der Multiplikation der eingesetzten Zeiteinheiten des Beraters und des vorab definierten Preises pro Zeiteinheit. Die wesentlichen Vorteile dieser Honorarform liegen in der einfachen Berechnung und Feststellung der Richtigkeit der Höhe des Honorars sowie in der unabhängigen Position des Beraters, die sicherstellt, dass der Berater unvoreingenommen und neutral handelt. Allerdings bringt diese Honorarform für den Kunden einige Risiken mit sich. Vorab kann der Kunde nicht feststellen, wie viel Zeit der Berater letztlich für die Bearbeitung des Projektes benötigen wird, und folglich sind die Kosten für das Beratungsprojekt nicht absehbar. Dieses Risiko kann von Seiten des Kunden durch eine aktive Beteiligung an dem Projekt und durch eine entsprechende Fortschrittskontrolle reduziert werden. Ebenfalls nachteilig kann sich auswirken, dass dem Berater kein Anreiz gegeben wird, seine Arbeit in einer effizienten Form zu gestalten, da er für die gesamte eingesetzte Zeit bezahlt wird und nicht für die erbrachte Leistung. Der Einsatz von Zeithonoraren kann durchaus kritisch gesehen werden und trägt nicht zu einer stärkeren Ergebnisorientierung des Beraters bei (vgl. Heuermann & Herrmann 2003: 78, Kubr 1996: 563).

− Pauschalhonorar

Bei dem Einsatz eines Pauschalhonorars wird vereinbart, dass eine gewisse Summe für die Bearbeitung bestimmter Aufgaben bezahlt wird. Die zu bezahlende Summe wird vor Projektbeginn in den Vertragsverhandlungen zwischen Berater und Kunden festgelegt. Voraussetzung für den Einsatz eines Pauschalhonorars ist, dass die Aufgabenstellung des Projektes klar beschrieben werden kann, was wiederum eine sorgfältige Vorbereitung des Projektes voraussetzt. Letztendlich kalkuliert das Beratungsunternehmen die Höhe des Pauschalhonorars ebenfalls auf Basis des zu erwartenden Zeitaufwandes, der zur Bearbeitung der beschriebenen Aufgabenstellung eingesetzt werden muss. Die Vorteile dieser Honorarform für den Kunden liegen auf der Hand. Zum einen weiß der Kunde im Voraus, wie viel ihn das Beratungsprojekt kosten wird, und zum anderen übernimmt der Berater das unternehmerische Risiko, falls zusätzliche Ressourcen zur Bearbeitung der Aufgabenstellung aufgewendet werden müssen. Im Gegenzug kommt es allerdings dem Berater zugute, falls die Aufgabe mit einem geringeren Ressourceneinsatz, als ursprünglich angenommen wurde, erledigt werden kann. In diesem Zusammenhang wird auch von der „Risikoprämie" des Beraters gesprochen. Die Vereinbarung eines Pauschalhonorars führt somit dazu, dass der Berater stark daran interessiert ist, die Ergebnisse des Projektes möglichst schnell zu erreichen, um seinen Ressourceneinsatz zu optimieren und eine höhere Profitmarge zu erzielen (vgl. Schweizer & Rajes 2006: 322, Deelmann & Petmecky 2004: 198).

– Erfolgshonorar

Unter dem Erfolgshonorar wird ein Honorar verstanden, das nur bei Erreichung der vereinbarten Projektziele bezahlt wird. Der Grundgedanke ist, dass das Beratungsunternehmen abhängig vom Projekterfolg respektive von seiner Leistung in dem Projekt vergütet wird. Der Einsatz eines Erfolgshonorars setzt somit voraus, dass der Erfolg eines Beratungsprojektes bestimmt werden kann. Die Höhe des Erfolgshonorars ist normalerweise davon abhängig, inwieweit die Ziele des Projektes erreicht wurden. Es gibt zahlreiche Ausgestaltungsmöglichkeiten, wie die vertragliche Regelung eines Erfolgshonorars aussehen kann, sie sollten sich allerdings an der spezifischen Aufgabenstellung des Projektes orientieren. Der Vorteil für den Kunden ist, dass der Berater, falls die Projektziele nicht erreicht werden, keinen vertraglichen Anspruch auf ein Honorar hat. Das Erfolgshonorar wird somit als Anreizinstrument eingesetzt und soll dazu beitragen, dass der Berater eine gute Leistung im Projektverlauf erbringt. Der Berater trägt in diesem Fall das vollständige finanzielle Risiko. Aus theoretischer Sicht wäre der Einsatz von Erfolgshonoraren die ideale Lösung, da die Bezahlung des Beraters direkt von den erbrachten Leistungen und Ergebnissen abhängig ist. Allerdings zeigt sich in der Praxis, dass der Einsatz mit einigen Gefahren und Schwierigkeiten verbunden ist (vgl. Schweizer & Rajes 2006: 322, Kolbeck 2001: 15, Kapitel 3.2).

– Anteilshonorar

Das Anteilshonorar stellt letztlich eine spezielle Form des Erfolgshonorars dar und kann nur eingesetzt werden, wenn es sich bei der Aufgabe des Projektes um eine Transaktion handelt. Das Honorar wird als Anteil des Wertes der Transaktion bemessen. Die Vergütung kann daher sehr hoch ausfallen. Der Vorteil für den Kunden ist, dass er nur zahlen muss, wenn die Transaktion zustande kommt. Das Risiko hinsichtlich des Abschlusses der Transaktion liegt somit vollständig beim Beratungsunternehmen. Es besteht jedoch die Gefahr, dass der Berater alles daran setzt, die Transaktion abzuschließen, auch wenn diese nicht notwendigerweise im besten Interessen des Kunden ist. Üblicherweise wird diese Honorarform in der Mergers-and-Acquisitions-Beratung (M&A-Beratung)[26] eingesetzt (vgl. Kubr 1996: 566 f.).

Diese eben vorgestellten Grundtypen der Honorarformen werden in der Praxis oftmals nicht in Reinform, sondern kombiniert angewendet. Beispielsweise kann es zu einem kombinierten Einsatz eines Pauschalhonorars und eines Erfolgshonorars kommen. In solchen Fällen ist vorstellbar, dass das Pauschalhonorar dazu dient, gewisse Grundkosten wie die Reisetätigkeiten der Berater, die Vorbereitung von Unterlagen etc. abzudecken, und das Erfolgshonorar eingesetzt wird, um eine Ergebnisorientierung der Berater sicherzustellen. Ob das Verhältnis zwischen Pauschalhonorar und Erfolgshonorar bei 80:20 oder bei 20:80 liegt, ist vertragsspezifisch. Grundsätzlich sind beide Varianten vorstellbar, wobei die Erfolgsmessung als Basis für die Berechnung des Erfolgshonorars abhängig von der jeweiligen Gewichtung einen unterschiedlichen Stellenwert einnimmt. Den Kombinationsmöglichkeiten der einzelnen Honorarformen sind letztendlich keine Grenzen gesetzt. Die vertragliche Regelung wird im Einzelfall im Rahmen der Vertragsverhandlungen festgelegt (vgl. Kralj 2004: 51, Schweizer & Rajes 2006: 322 f.).

2.5.2 Begriffliche Abgrenzung „Erfolgshonorar"

Auf die Frage, wie hoch der Honoraranteil ist, der abhängig vom Beratungserfolg ermittelt wird, wird im Rahmen dieser Arbeit nicht näher eingegangen, da die Erfolgsmessung im Zentrum des Interesses steht. Der Begriff „Erfolgshonorar" wird hier somit sehr weit definiert und setzt lediglich die Vereinbarung einer Erfolgsmessung voraus. Daher werden alle Kombinationen der unterschiedlichen Honorarformen, die eine Erfolgsmessung erfordern, unter dem hier zugrunde gelegten Verständnis ebenfalls als Erfolgshonorare angesehen.

Unter Erfolgshonorar wird jegliches Honorar verstanden, dessen Ermittlung die Erfolgsmessung voraussetzt und dessen Höhe abhängig vom Beratungserfolg ermittelt wird.

Die Begriffe „Erfolgshonorar", „erfolgsorientierte Vergütung" und „variable Vergütung" werden im Rahmen dieser Arbeit synonym verwendet. Nach der Vorstellung der wesentlichen in Deutschland zum Einsatz kommenden Honorarformen und der begrifflichen Abgrenzung des Erfolgshonorars wird im nächsten Abschnitt näher auf die Funktionen, die das Erfolgshonorar erfüllen kann, eingegangen.

---

[26] Die M&A-Beratung ist ein spezialisierter Beratungszweig, der sich im Wesentlichen mit finanziellen Fragestellungen im Zuge von Kauf und Verkauf von Unternehmen beschäftigt. Im Rahmen dieser Arbeit werden M&A-Beratungen auf Grund ihres spezifischen Aufgabenbereiches nicht berücksichtigt.

2.5.3 Funktionen von Erfolgshonoraren

Zunächst erfüllt das Erfolgshonorar, im Falle, dass die vereinbarten Ziele erreicht werden, die Funktion der Bezahlung des Beratungsunternehmens. Das Erfolgshonorar stellt somit die Entlohnung für die durch das Beratungsunternehmen erbrachte Leistung dar. Diese Funktion der Entlohnung wird allerdings auch von allen anderen Honorarformen erfüllt und stellt somit kein besonderes Merkmal des Erfolgshonorars dar. Dem Erfolgshonorar werden in der Literatur jedoch einige weitere Eigenschaften zugeschrieben, die es deutlich von den anderen Honorarformen abgrenzt.

Das wesentliche Unterscheidungsmerkmal von Erfolgshonoraren stellt die Tatsache dar, dass sie nur im Falle des Erfolges bezahlt werden. Erfolgshonorare dienen somit der Motivation des Beraters, die vereinbarten Projektziele zu erreichen. Dieser Leistungsanreiz soll sicherstellen, dass der Berater sich in vollem Maße für die definierten Ziele einsetzt und sie konsequent verfolgt (vgl. Schweizer & Rajes 2006: 321). Der Sinn und die Auswirkungen eben dieser Motivationsfunktion der Erfolgshonorare werden in der Literatur kontrovers diskutiert. Einige Autoren weisen darauf hin, dass der Einsatz von Erfolgshonoraren die Gefahr in sich birgt, dass die Berater „blind" die Erfüllung der vereinbarten Ziele verfolgen, ohne gegebenenfalls auf andere, möglicherweise dringlichere Probleme einzugehen (vgl. Quiring 2007: 4 f., Richter 2004: 99). Dieser Sichtweise kann allerdings entgegnet werden, dass die Beratungsleistung im Rahmen eines interaktiven Prozesses erbracht wird. Der Kunde ist daher ebenfalls an der Erstellung der Leistung beteiligt und kann im Falle der fehlgesteuerten Motivation korrigierend eingreifen. Zudem ist anzumerken, dass jedem Beratungsprojekt eine mehr oder weniger konkrete Aufgabenstellung zugrunde liegt, die der Auftraggeber formuliert und somit auch zu verantworten hat. Die Vorstellung, dass Berater zur allgemeinen Problemlösung hinzugezogen werden, ist vor dem Hintergrund der Professionalisierung der Kunden, die in den letzten Jahren stattgefunden hat, nicht mehr haltbar (vgl. Hossenfelder 2006: 27, Treichler & Wiemann 2004: 28 ff.).

Berater können mit der Akzeptanz von Erfolgshonoraren demonstrieren, dass sie durchaus bereit dazu sind, sich an ihren Leistungen und den Ergebnissen messen zu lassen. Im Rahmen des Prozesses der Beraterauswahl kann das Beratungsunternehmen sich durch diese Ergebnisorientierung positiv von den Wettbewerbern abheben und den Einsatz eines Erfolgshonorars als Verkaufsargument verwenden. Das Erfolgshonorar kann als Zeichen der Kompetenz und Seriosität des Beraters angesehen werden, da der Berater offensichtlich bereit ist, Verantwortung im Sinne von finanziellen Konsequenzen für sein Handeln zu übernehmen (vgl. Kass & Schade 1995: 1072, 1081).

Aus Kundensicht kann das Erfolgshonorar in den Preisverhandlungen dazu dienen, den Fixkostenanteil des Beratungsprojektes einzuschränken. In den letzten Jahren hat die Wandlung des Beratungsmarktes von einem Verkäufer- zu einem Käufermarkt dazu geführt, dass Beratungsunternehmen vermehrt dazu bereit sind, dem Kunden im Rahmen der Vertragsverhandlungen deutliche Zugeständnisse im Sinne von Preisnachlässen einzuräumen und den Kundenforderungen nachzukommen (vgl. Niewiem & Richter 2004: 9, Richter 2004: 95). Einige Unternehmen, wie beispielsweise die Lufthansa, sind im Zuge dieser Entwicklung sogar dazu übergegangen, die Bereitschaft, auf Basis einer erfolgsorientierten Vergütung zu arbeiten, in ihre Bewertungskriterien zur Beraterauswahl aufzunehmen (vgl. Robker 2004: 153 f.). Durch den Einsatz eines Erfolgshonorars kann der Kunde seine Kosten im Falle eines Misserfolges deutlich senken und dadurch sein finanzielles Risiko begrenzen (vgl. Stegemeyer 2002: 301 f.). Aus institutionsökonomischer Sicht stellt die Absicherung des Kunden gegen den Misserfolg nichts anderes als eine Versicherung dar. Diese Risikoabsicherung hat allerdings ihren Preis, was dazu führt, dass das Beratungsunternehmen bei Einsatz eines Erfolgshonorars und der erfolgreichen Durchführung des Projektes im Durchschnitt ein höheres Honorar beansprucht, als wenn es beispielsweise auf Basis eines Pauschalhonorars arbeiten würde. Der Berater lässt sich somit die Risikoabsicherung in Form einer Prämie von dem Kunden bezahlen. Diese Risikoprämie kann insbesondere auf Grund der aus der Principal-Agent-Theorie[27] bekannten Problemfelder „Adverse Selection" und „Moral Hazard" relativ kostspielig sein (vgl. Larew & Deprosse 1997: 110, Schweizer & Rajes 2006: 321).

Neben den einzelnen Funktionen, die Erfolgshonorare aus Berater- und Kundensicht erfüllen können, dient ihr Einsatz beiden Seiten gleichermaßen zur gemeinsamen Ausrichtung der Interessen. Im Zuge der Vertragsverhandlungen sind Kunde und Berater dazu gezwungen, Projektziele vor Projektbeginn festzulegen, um eine Vergütungsvereinbarung treffen zu können. Diese Feststellung der Ziele mag zunächst trivial erscheinen, doch oftmals resultieren die Vertragsverhandlungen über eine erfolgsorientierte Vergütung darin, dass die Projektbeschreibung weiter konkretisiert wird. Infolgedessen ist die Aufgabenverteilung zwischen Berater und Kunden zu Projektbeginn eindeutig festgelegt und dies kann positive Auswirkungen auf die Zusammenarbeit im Projekt haben (vgl. Deelmann & Petmecky 2004: 198). Insofern können Erfolgshonorare dazu beitragen, dass mögliche Interessenkonflikte eingedämmt werden bzw. erst gar nicht aufkommen (vgl. Treichler & Wiemann 2004: 117).

Grundsätzlich lässt sich feststellen, dass das Erfolgshonorar abhängig vom Blickwinkel für die beiden Vertragsparteien unterschiedliche Funktionen erfüllen kann.

Der Einsatz eines Erfolgshonorars kann der Motivation des Beraters dienen. Darüber hinaus kann das Beratungsunternehmen durch die Akzeptanz dieser Vergütungsform seine Leistungsbereitschaft demonstrieren und dessen Einsatz als Verkaufsargument verwenden. Für den Kunden erfüllt der Einsatz eines Erfolgshonorars die Funktion einer Versicherung gegen

---

[27] Die Principal-Agent-Theorie und mögliche Anpassungen in Zusammenhang mit dem Einsatz von Beratungsunternehmen und der Erbringung von Dienstleistungen sind in der entsprechenden Literatur nachzulesen und werden im Rahmen dieser Arbeit nicht näher erläutert. Siehe beispielsweise Sharma 1997, Schade 1997: 47 ff., Saam 2002, Lowinski 2006: 51 ff.

Misserfolge, da die Zahlungsverpflichtungen nur im Erfolgsfalle entstehen. Außerdem kann die formale Festlegung der Projektziele, die im Zuge der Vergütungsvereinbarung erfolgt, dazu beitragen, dass Interessenkonflikte zwischen den Vertragsparteien frühzeitig erkannt und somit eingeschränkt werden können.

Nach Vorstellung der unterschiedlichen Funktionen und Zwecke, die Erfolgshonorare erfüllen können, wird im folgenden Abschnitt darauf eingegangen, welche Konsequenzen der Einsatz von Erfolgshonoraren für die Vertragsform mit sich bringt.

2.5.4 Vertragliche Aspekte beim Einsatz von Erfolgshonoraren

Die Erbringung einer Beratungsleistung kann aus juristischer Sicht nur auf Basis eines Dienst- oder Werkvertrages sowie einer Mischform dieser beiden Vertragsformen erfolgen. Der Vertragsinhalt entscheidet darüber, um welche Vertragsform es sich im Einzelfall handelt, und entgegen der oft vertretenen Meinung von Nichtjuristen kann die Vertragsform nicht durch die Vertragsparteien gewählt werden (vgl. Schade 1997: 157). Der Dienstvertrag und der Werkvertrag sind zum einen mit unterschiedlichen Hauptpflichten ausgestattet und zum anderen eröffnen sich je nach Vertragsform verschiedene Möglichkeiten, Gewährleistungs- und Schadenersatzansprüche geltend zu machen (vgl. Quiring 1994: 123 ff.).

Normalerweise wird davon ausgegangen, dass es sich bei dem Beratervertrag um einen Dienstvertrag handelt, weil in der Mehrzahl der Verträge weder die Erfolgsbezogenheit der Tätigkeit noch das Vorliegen vorgegebener Handlungsschritte festgeschrieben werden. Der Berater verpflichtet sich gemäß Dienstvertrag nach §§ 611 ff. BGB zur Erbringung einer Tätigkeit, jedoch nicht dazu, ein bestimmtes Ergebnis vorzuweisen oder einen vereinbarten Erfolg herbeizuführen. Die Bezahlung des Beraters erfolgt auf Basis der aufgewendeten Zeit. Im Gegensatz dazu verpflichtet sich der Berater nach §§ 631 ff. BGB in einem Werkvertrag zur Herstellung eines versprochenen Werkes. In diesem Fall verpflichtet sich der Berater somit dazu, ein bestimmtes Ergebnis herbeizuführen. Der Berater muss das Werk mangelfrei übergeben und ist im Falle von Mängeln dazu verpflichtet, diese zu beseitigen. Der Kunde ist in diesem Falle erst nach Abnahme des vertragsmäßig hergestellten Werkes zur Bezahlung der vereinbarten Vergütung verpflichtet (vgl. Voigt 2004: 2215 ff., Schade 1997: 157 f.).

Der Kunde kann im Fall eines Dienstvertrages nur Schadenersatzansprüche hinsichtlich der eingesetzten Zeit des Beraters erheben, er hat jedoch keinen Anspruch auf eine gewisse inhaltliche Qualität oder Leistung des Beraters. Bei einem Werkvertrag schuldet der Berater dem Kunden hingegen die Erbringung eines bestimmtes Werkes und daraus, falls dieses Werk nicht erbracht wird, ergeben sich für den Kunden Gewährleistungs- und Schadenersatzansprüche. Die Unterscheidung zwischen Dienst- und Werkvertrag ist deshalb von Bedeutung, weil bei Einsatz eines Erfolgshonorars die beiden Vertragsparteien einen Werkvertrag abschließen und folglich der Kunde bei Nichtlieferung des vertragsmäßigen Werkes deutlich mehr juristische Möglichkeiten hat, seine Ansprüche geltend zu machen, als bei der Vereinbarung eines Dienstvertrages (vgl. Voigt 2004: 2216 f.).

Hinsichtlich der Frage, wie detailliert die Vertragsgestaltung erfolgen sollte, gibt es sehr unterschiedliche Meinungen. Es gibt Autoren, die die Auffassung vertreten, dass möglichst alle denkbaren Eventualitäten in die vertragliche Vereinbarung eines Erfolgshonorars aufgenommen werden sollten, um spätere Unstimmigkeiten zu vermeiden. Quiring äußert sich in diesem Zusammenhang wie folgt:

> *„Die möglichst klare und vollständige Definition aller Regeln, nach denen Berater und Kunde sich im Projekt vertragen wollen, ist adäquates Mittel, um spätere Missverständnisse und ‚Ent-Täuschungen' zu vermeiden. Ein ausgewogener Vertrag rechtfertigt am ehesten das Vertrauen des Klienten, die in seinem Interesse liegende Unterstützung zu erhalten, und des Beraters, für korrekte Leistungen ebenso honoriert zu werden."(Quiring 2007: 19 f.)*

Andere Autoren hingegen gehen davon aus, dass nicht alle Eventualitäten vertraglich geregelt werden können und die Aufnahme von Sanktionen in die Verträge als Zeichen von fehlendem Vertrauen gewertet werden könnte, und plädieren somit für die Anwendung von relativ offenen vertrauensbasierten Vertragsverhältnissen (vgl. Niewiem & Richter 2004: 88 f.). Die Frage der Vertragsform und des Detaillierungsgrades wird letztlich im Rahmen der Vertragsverhandlungen zwischen den Vertragsparteien für jeden Einzelfall beantwortet.

3 KONZEPTIONELLE GRUNDLAGEN

Nachdem in Kapitel 2 zunächst der Stand der Beratungsforschung und die daraus resultierenden Implikationen für diese Arbeit vorgestellt und im Anschluss die zentralen Begriffe dieser Arbeit abgegrenzt wurden, werden im folgenden Kapitel die konzeptionellen Grundlagen für den weiteren Gang der Untersuchung gelegt.

In Kapitel 3.1 wird die gewählte methodische Vorgehensweise dargestellt. Zuerst erfolgt eine allgemeine Einordnung der Betriebswirtschaftslehre in die Systematik der Wissenschaften sowie die Vorstellung ihrer Ziele. Anschließend werden die Vor- und Nachteile der verschiedenen Forschungsmethoden und das in dieser Arbeit gewählte Forschungsdesign vorgestellt. In Kapitel 3.2 wird auf die Herausforderungen eingegangen, die bei der Erfolgsmessung von Beratungsprojekten gemeistert werden müssen und denen daher im Rahmen dieser Arbeit besondere Aufmerksamkeit zu widmen ist. Die einzelnen Phasen des Beratungsprozesses mit ihren jeweiligen Inhalten und Aufgaben werden in Kapitel 3.3 vorgestellt, da die Evaluation von Beratungsleistungen im Verlaufe eines Beratungsprojektes zustande kommt. Im Anschluss werden die einzelnen Elemente des theoretischen Bezug in Kapitel 3.4 näher erläutert. Abschließend wird die prozessuale Sichtweise und die Elemente des theoretischen Bezugsrahmens in Kapitel 3.5 zusammengeführt, um den in dieser Arbeit zugrunde liegenden theoretischen Bezugsrahmen zu bilden.

3.1 Wissenschaftstheoretische Grundlagen

Die Wissenschaftstheorie, auch als „Methodologie" bezeichnet, beschäftigt sich mit den Methoden der wissenschaftlichen Forschung. Ihre Aufgabe besteht darin, Verfahrensweisen zu erarbeiten, die dazu dienen, die Zielsetzungen der Wissenschaft zu fördern.[28] Die Wissenschaftstheorie ist als Metadisziplin zu verstehen, die sich der übergeordneten methodischen Fragen annimmt, jedoch nicht auf die inhaltlichen Fragen der einzelnen Disziplinen eingeht. Die einzelnen wissenschaftlichen Disziplinen lassen sich gemäß der Systematik der Wissenschaften entweder den Formal- oder den Realwissenschaften zuordnen. Formalwissenschaften beschäftigen sich mit der Erforschung von abstrakten Fragestellungen, wie den logischen Beziehungen zwischen Zahlen oder sonstigen Elementen. Die Realwissenschaften hingegen widmen sich der Erforschung von real existierenden Phänomenen und lassen sich wiederum

---

[28] Von einer technologischen Ausrichtung der Methodologie ausgehend wird sie als eine Technologie des Problemlösungsverhaltens angesehen.

in Sozial- und Naturwissenschaften unterteilen. Die Betriebswirtschaftslehre wird als angewandte Sozialwissenschaft verstanden (vgl. Schanz 1988: 1 ff.).

Allgemein betrachtet besteht die Aufgabe der Betriebswirtschaftslehre in der Entwicklung von Modellen, Theorien, Methoden und Instrumenten, die das Management bei der Führung von Unternehmen unterstützen (vgl. Ulrich 1984: 192 ff.). Als anwendungsorientierte Wissenschaft verfolgt sie das Ziel, bestimmte funktionale Zusammenhänge zu erklären und Handlungsempfehlungen für praktische Problemstellungen zu generieren (vgl. Martin 1989: 238 ff.). Dem wissenschaftlichen Anspruch werden die anwendungsorientierten Wissenschaften durch die Verallgemeinerung und die Abstraktion der Erkenntnisse gerecht (vgl. Kubicek 1975: 14). Vor diesem Hintergrund sollte sich die betriebswirtschaftliche Forschung vorwiegend mit praxisrelevanten Fragestellungen beschäftigen. Die in Kapitel 1.2 vorgestellte Problemstellung zeichnet sich durch einen hohen Praxisbezug aus und somit wird in der vorliegenden Arbeit ein pragmatisches Forschungsziel verfolgt (vgl. Kieser & Kubicek 1992: 55 f.). Unter Verwendung der bestehenden theoretischen Erkenntnisse über die Erfolgsmessung bei Beratungsprojekten und mit Hilfe einer systematischen Analyse der Praxis verfolgt diese Arbeit das Ziel, nützliche Gestaltungs- und Handlungsempfehlungen für die Ermittlung des Beratungserfolges abzuleiten.

Die Ausführungen in Kapitel 2.1 machen deutlich, dass bei dem derzeitigen Stand der Beratungsforschung noch nicht von einer ausgereiften Theorie der Beratung die Rede sein kann. Auf Grund des geringen Kenntnisstandes darüber, wie die Messung des Erfolges bei Beratungsprojekten erfolgen kann und welche Faktoren dabei eine Rolle spielen, besitzt diese Arbeit einen explorativen Charakter und verfolgt das Ziel, neue Strukturen und Zusammenhänge zu entdecken.

Grundsätzlich wird zwischen quantitativen und qualitativen Forschungsansätzen unterschieden. Die quantitativen Ansätze werden eingesetzt, wenn die Variablen des Forschungsgegenstandes bereits bekannt sind und ihre Wirkungszusammenhänge empirisch untersucht werden sollen. Es werden großzahlige numerische Erhebungen durchgeführt, die das Ziel verfolgen, signifikante statistische Zusammenhänge zu identifizieren, um ein zufälliges Auftreten dieser Zusammenhänge ausschließen zu können.

Qualitative Ansätze haben ihren Ursprung in den Geistes- und Sozialwissenschaften. Der Einsatz von qualitativen Methoden eignet sich besonders für die Erforschung von subjektiven Phänomenen und komplexen sozialen Handlungszusammenhängen, einschließlich organisatorischer und politischer Entscheidungsprozesse. Im Rahmen der qualitativen Forschung werden vorwiegend sprachlich vermittelte Daten verwendet, die anschließend mit Hilfe der Interpretation ausgewertet werden. Zu den typischen qualitativen Erhebungsmethoden zählen beispielsweise diverse Befragungs- und Interviewformen sowie Methoden der Gruppendiskussion. Es werden kleinzahlige Erhebungen durchgeführt, die dazu dienen, ein detailliertes

Verständnis für die untersuchten Zusammenhänge zu entwickeln und kollektive Deutungs- und Handlungsmuster abzuleiten (vgl. Bortz & Döring 2006: 296 ff., Lamnek 2005: 86 ff.). Unabhängig von ideologischen Diskussionen sollte die Entscheidung für eine quantitative oder qualitative Forschungsmethode anhand der zugrunde liegenden Fragestellung und des existierenden Wissensstandes des Forschungsbereichs getroffen werden (vgl. Morgan & Smircich 1980: 491).

Qualitative Methoden eignen sich besonders für explorative Studien, da sie sich durch ein hohes Maß an Offenheit für die Ergebnisse und an Flexibilität in der Durchführung auszeichnen. Unerwartete Erkenntnisse können in die Analyse aufgenommen und berücksichtigt werden. Teilnehmer von Befragungen haben die Möglichkeit, ihre persönlichen Erfahrungen und Meinungen einzubringen, und haben somit deutlich mehr Gestaltungsfreiheit, als das bei einem Einsatz von standardisierten Fragebögen der Fall ist. Der Forschende verfügt ebenfalls über ein hohes Maß an Flexibilität. Er kann beispielsweise im Rahmen von qualitativen Befragungen auf individuelle Situationen reagieren und neue Themen aufgreifen, die im Verlauf des Interviews angesprochen werden und sich als relevant erweisen. Darüber hinaus eignet sich der Einsatz von qualitativen Methoden besonders zu der Abfrage von sensiblen Informationen, die bei Einsatz eines standardisierten Fragebogens nicht angesprochen werden könnten oder auf die keine Antwort zu erwarten wäre. In Interviews sind die Befragten, vor allem wenn ihnen zugesichert wird, dass ihre Aussagen nur in anonymisierter Form verwendet werden, oftmals bereit, auch über kritische Punkte und hoch sensible Daten zu sprechen (vgl. Bortz & Döring 2006: 308 ff., Lamnek 2005: 25 ff., Foddy 1994: 12 ff.). Zur Erzielung von weiteren Erkenntnissen in der Beratungsforschung wird vor allem der Einsatz von qualitativen Forschungsmethoden als geeignet angesehen (vgl. Mohe 2004: 699, Steyrer 1991: 18). Mohe drückt diese Einschätzung wie folgt aus:

„Für die Erklärung des wahrgenommenen Beratungserfolgs scheinen insbesondere qualitative Forschungsmethoden geeignet, die bislang in diesem Kontext allerdings nur selten anzutreffen sind." (Mohe 2004: 699)

Auf Grund der Eignung von qualitativen Methoden zur Untersuchung der zentralen Forschungsfrage, wie der Erfolg von Beratungsprojekten gemessen werden kann, und des explorativen Charakters dieser Arbeit wird der Einsatz einer qualitativen Forschungsmethode gewählt. Da es sich bei dem Forschungsgegenstand „Unternehmensberatung" um ein relativ junges Forschungsgebiet mit einem geringen Kenntnisstand handelt, bringen die Offenheit und die Flexibilität der gewählten Forschungsmethode den Vorteil mit sich, dass die entlang des Forschungsprozesses gewonnenen Erkenntnisse in den nachfolgenden Interviews berücksichtigt werden können. Darüber hinaus ist zu erwarten, dass insbesondere die Analyse von sensiblen Informationen einen erheblichen Beitrag zur Beantwortung der Forschungsfrage liefern kann.

Den beschriebenen Vorteilen der Verwendung von qualitativen Methoden stehen natürlich auch mögliche Nachteile gegenüber. Die am häufigsten genannten Kritikpunkte sind die mangelnde Reproduzierbarkeit und Repräsentativität der erarbeiteten Erkenntnisse (vgl. Foddy 1994: 16 ff.).

Der Vorwurf der mangelnden Reproduzierbarkeit bezieht sich auf die Reliabilität der Forschungsergebnisse und somit auf die Frage, wie zuverlässig die erarbeiteten Erkenntnisse sind. In Anbetracht der breiten Verwendung des Begriffs „qualitative Forschung" und der zahlreichen Auswertungsmethoden, deren Anwendung teilweise nicht nachvollziehbar ist, ist dieser Vorwurf durchaus verständlich (vgl. Lamnek 2005: 166 ff.). Zudem haben sich in der qualitativen Forschung, im Gegensatz zu der quantitativen Forschung, bisher keine allgemeingültigen Gütekriterien, die als einheitliche Qualitätsstandards verstanden werden könnten, etabliert. Im Rahmen dieser Arbeit soll eine weitgehende Offenlegung des Forschungsprozesses die Reliabilität der Ergebnisse sicherstellen. Die Beschreibung der einzelnen Forschungsschritte soll dazu führen, dass der Unbeteiligte die Erkenntnisse nachvollziehen, beurteilen und somit auch leichter reproduzieren kann (vgl. Gläser & Laudel 2006: 29).

Der gegenüber der qualitativen Forschung geäußerte Vorwurf der mangelnden Repräsentativität beruht auf der Tatsache, dass auf Grund des hohen Erhebungs-, Analyse- und Auswertungsaufwands in der Regel nur eine geringe Anzahl von Fällen betrachtet werden kann. Infolgedessen kann die Generalisierbarkeit der Ergebnisse der qualitativen Forschung im Sinne von allgemeinen Gesetzmäßigkeiten nicht sichergestellt werden. Eine starke Begrenzung der Stichprobe ist aus forschungsökonomischen Gründen jedoch unumgänglich. Allerdings konzentriert sich die qualitative Forschung auch nicht auf die Ableitung von allgemeingültigen Gesetzmäßigkeiten, sondern stellt bewusst die Identifikation von wesentlichen und typischen Zusammenhängen in das Zentrum ihres Interesses (vgl. Lamnek 2005: 185). Dies bedeutet für die vorliegende Arbeit, dass die ermittelten Zusammenhänge keinen Anspruch auf allgemeingültige Gesetzmäßigkeiten erheben können und sollen. Dennoch kann auf Grund der Fokussierung auf wesentliche Wirkungszusammenhänge angenommen werden, dass die abgeleiteten Zusammenhängen typisch für die Erfolgsmessung bei Beratungsprojekten und den Einsatz von Erfolgshonoraren sind und zu einem besseren Verständnis des Untersuchungsgegenstandes führen (vgl. Kubicek 1975: 38 ff.).

Eine der wesentlichen Fragen, die bei Anwendung eines qualitativen Forschungsansatzes beantwortet werden muss, ist das Verhältnis von Theorie und Datenerhebung. Die quantitativen Methoden gehen von vorab formulierten Hypothesen aus, die im Verlauf der Arbeit getestet werden sollen. In der qualitativen Forschung ist dieses Verhältnis zwischen Theorie und Empirie nicht eindeutig geregelt (vgl. Flick 2006: 124 ff.). Vielmehr erfolgt die Wissensgenerierung der qualitativen Forschung in einem Prozess des ständigen Austauschs zwischen den qualitativ erhobenen Daten und den zunächst geringen theoretischen Vorkenntnissen. Der

Forschungsprozess zeichnet sich durch ein kontinuierliches Wechselspiel von Präzisierung, Modifizierung und Revision der Erkenntnisse aus (vgl. Lamnek 2005: 194 f.). Der vorliegenden Arbeit wird ein induktives Vorgehen zugrunde gelegt, das dem explorativen Charakter dieser Untersuchung gerecht wird. Die Induktion, der Schluss vom Besonderen auf das Allgemeine, beruht auf einzelnen Beobachtungen, die zu ersten Zusammenhangsvermutungen aggregiert werden. Im Anschluss werden diese ersten Vermutungen soweit wie möglich durch weitere systematische Beobachtungen erhärtet. In einer anwendungsorientierten Wissenschaft wie der Betriebswirtschaftslehre wird die Induktion durchaus als sinnvoll angesehen und ist weitgehend akzeptiert (vgl. Diekmann 2007: 173 ff.). Verfechter des Grounded-Theory-Ansatzes verfolgen unter dem Prinzip der Offenheit einen weitestgehend theoriefreien Forschungsansatz und vertreten die Auffassung, dass die Strukturierung des Untersuchungsgegenstandes nicht mit Hilfe der bestehenden Theorie, sondern anhand der in dem empirischen Material enthaltenen Daten erfolgen soll. Diese Vorgehensweise wird empfohlen, um die Entdeckung von neuen Zusammenhängen nicht durch die bereits existierende Literatur einzuschränken und diese zu ermöglichen (vgl. Glaser & Strauss 1967: 37, Hoffmann-Riem 1980: 346, Kleining 1982: 231 f.). Ein solches Verständnis des Prinzips der Offenheit wird im Rahmen dieser Untersuchung nicht geteilt, weil der Beweis der Vorteilhaftigkeit dieses Vorgehens bis heute aussteht (vgl. Gläser & Laudel 2006: 28). Vielmehr besteht heutzutage weitgehend Einigkeit darüber, dass es eine empirische Untersuchung, die völlig frei von einem theoretischen oder zumindest alltagsweltlichen Vorverständnis ist, gar nicht geben kann. Es ist unrealistisch, dass ein Forscher keine Meinung über den Untersuchungsgegenstand hat, da er zumindest implizit im Vorfeld der empirischen Erhebung Überlegungen angestellt hat. Im Falle des vollständigen Verzichts auf theoretische Überlegungen im Vorfeld der empirischen Datenerhebung ist die Vorgehensweise bei der Analyse, der Selektion und der Interpretation der Daten für den Unbeteiligten nicht nachvollziehbar (vgl. Suddaby 2006: 633 ff., Siggelkow 2007: 21, Meinefeld 2000: 268 ff.).

Das im Rahmen dieser Arbeit angestrebte Verhältnis zwischen Theorie und Datenerhebung wird anhand der Abbildung 12 erläutert, die das Forschungsdesign dieser Untersuchung darstellt. Das Forschungsdesign dient dem Zweck, dass man ausgehend von der Forschungsfrage in einer systematischen und nachvollziehbaren Art und Weise valide Erkenntnisse erarbeitet. Es dient dem Forschenden als Leitfaden für die Untersuchung, führt ihn entlang eines Prozesses durch die Erhebung, Analyse und Interpretation der Beobachtungen und erlaubt ihm, Schlussfolgerungen über die kausalen Zusammenhängen zwischen den betrachteten Variablen zu ziehen (vgl. Yin 2006: 19 ff.).

Die kontrovers geführte praktische und theoretische Diskussion über die Möglichkeit und den Sinn der Erfolgsmessung von Beratungsleistungen hat zu der Forschungsfrage dieser Arbeit geführt. Zielsetzung dieser Arbeit ist, zu klären, wie die Erfolgsmessung von Beratungsleistungen erfolgen kann und welche Aspekte dabei eine Rolle spielen und zu beachten sind. Zur

Beantwortung der forschungsleitenden Fragestellung sind ebenfalls Teilfragen, wie beispielsweise, welche Hindernisse der Erfolgsmessung im Weg stehen, wie ein Beratungsprojekt abläuft und welche Faktoren Einfluss auf die Erfolgsmessung nehmen können, zu stellen (vgl. Kapitel 1.2). Vor diesem Hintergrund ist es notwendig, näher auf die Evaluationshindernisse, den Beratungsprozess und die möglichen Einflussfaktoren einzugehen.

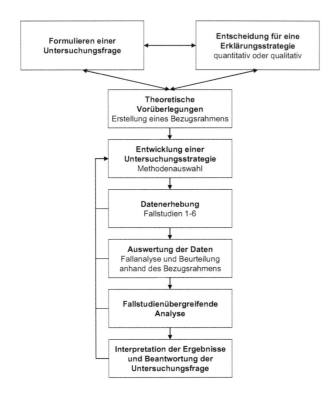

Abb. 12: Forschungsdesign
Quelle: eigene Darstellung in Anlehnung an Gläser & Laudel 2006: 32

Wie bereits zu Beginn dieses Kapitels ausgeführt, werden qualitative Methoden insbesondere zur Erklärung von Zusammenhängen eingesetzt. Infolgedessen wird in dieser Untersuchung ebenfalls mit einem qualitativen Ansatz gearbeitet. Im nächsten Schritt wird auf Basis der Literatur zu Unternehmensberatung und dem Einsatz von Beratern ein theoretischer Bezugsrahmen entwickelt. Durch den Einsatz eines theoretischen Bezugsrahmen werden die im Vorfeld der empirischen Erhebung stattfindenden Vorüberlegungen explizit dargestellt und das Vorgehen erfüllt somit die Anforderung der Nachvollziehbarkeit (vgl. Whetten 1989:

494). Im Gegensatz zu Modellen werden theoretische Bezugsrahmen eingesetzt, wenn es sich um eine theoretisch relativ schwach erforschte Fragestellung handelt und noch keine eindeutigen Gesetzmäßigkeiten festgestellt werden konnten. Kirsch formuliert in diesem Zusammenhang:

„Ein theoretischer Bezugsrahmen ist somit lediglich eine Vorstufe der Modellentwicklung. Er enthält eine Reihe theoretischer Begriffe, von denen angenommen wird, daß sie einmal Bestandteil von Modellen bzw. Theorien werden könnten. Darüber hinaus umfaßt ein theoretischer Bezugsrahmen einige, freilich sehr allgemeine Gesetzeshypothesen, die jedoch meist nur tendenzielle Zusammenhänge andeuten. Nicht selten beschränken sich die Aussagen darauf, daß zwischen bestimmten Variablen funktionale Beziehungen angenommen werden, ohne daß diese Funktionen eingehender präzisiert werden.

In erster Linie dient ein theoretischer Bezugsrahmen dazu, das Denken über komplexe reale Systeme zu ordnen und exploratorische Beobachtungen zu leiten, die mit der Zeit eine genügend große Zahl von Beobachtungsaussagen erbringen, um konkrete Modelle mit konkreten Gesetzeshypothesen zu formulieren." (Kirsch 1971: 241 f.)

Der Einsatz von Bezugsrahmen ermöglicht es, in komplexen Umwelten ein Verständnis für die Zusammenhänge zu entwickeln und Praxisprobleme besser zu strukturieren, ohne sofort allgemeingültige Gesetzmäßigkeiten ableiten zu können (vgl. Rößl 1990: 107 f.). Insbesondere Praktiker lehnen den Einsatz von exakten Modellen für eng begrenzte Anwendungsgebiete in der Betriebswirtschaftslehre oft ab und greifen gerne zu allgemeinen Bezugsrahmen, weil diese Ordnung in die komplexe Umwelt der Praxis bringen (vgl. Kirsch 1984: 759 f.). Nach der Erstellung eines Bezugsrahmens, der im weiteren Vorgehen zur Strukturierung der Daten dient, wird die für diese Arbeit geeignete Methode der Datenerhebung ausgesucht.

Diese Untersuchung wird mit Hilfe der Fallstudienmethodik durchgeführt. Nähere Ausführungen hinsichtlich der Auswahl sowie zur Anwendung dieser Methode sind in Kapitel 4.1 zu finden. Nach Abschluss der Datenerhebung erfolgt die Datenanalyse. Die Analyse findet zunächst auf Ebene der einzelnen Fallstudien statt und im Anschluss daran wird eine fallübergreifende Analyse durchgeführt. Abschließend erfolgt die Beantwortung der Forschungsfragen durch die Interpretation der Beobachtungen sowie die Ableitung von Hypothesen. Basierend auf den Hypothesen werden Handlungs- und Gestaltungsempfehlungen für die Erfolgsmessung bei Beratungsprojekten abgeleitet.

Nach der wissenschaftstheoretischen Einordnung dieser Arbeit und der Vorstellung des angewendeten Forschungsdesigns wird vor der Erstellung des theoretischen Bezugsrahmens zunächst auf die Herausforderungen der Erfolgsmessung eingegangen.

3.2 Herausforderungen der Erfolgsmessung

In der Literatur herrscht weitgehend Einigkeit darüber, dass es zahlreiche Probleme und Herausforderungen gibt, die überwunden werden müssen, um den Erfolg von Beratungsprojekten messen, die Leistung des Beraters bewerten und den Nutzen des Projektes quantifizieren zu können (vgl. Treichler & Wiemann 2004: 34, Kieser 2002: 35 ff., Vansina 1971: 13). In diesem Zusammenhang wird auch häufig der Begriff „Evaluationshindernisse" verwendet (vgl. Ernst & Kieser 2005: 315 ff.). Im Einzelnen werden jedoch sehr unterschiedliche Hindernisse genannt und daher werden sie in den folgenden Abschnitten vorgestellt.

Die Operationalisierung der Erfolgsmessung kann sich im Einzelfall äußerst schwierig gestalten, weil oftmals nicht nur quantitative Projektziele verfolgt werden, sondern auch qualitative Verbesserungen angestrebt werden. In diesem Zusammenhang wird oftmals hervorgehoben, dass sich eine strategische Verbesserung unter Umständen gar nicht messen lasse (vgl. Fritz & Effenberger 1998: 111). Manche Autoren vertreten die Meinung, dass eine objektive Erfolgsmessung in keinem Falle möglich sei. Im besten Falle könne allerdings ein systematisches Vorgehen dazu beitragen, dass zumindest ein gewisses Maß an Objektivität und Rationalität bei der Bestimmung des Erfolges von Beratungsprojekten erreicht werde (vgl. Roehl & Willke 2001: 28 f.).

Die Quantifizierung des Beratungserfolges stellt die wesentliche Herausforderung dar, die gemeistert werden muss, um den Erfolg zu messen. In Kapitel 2.1 wurden bereits verschiedene Möglichkeiten, wie die Operationalisierung der Erfolgsmessung erfolgen kann, erläutert. Die in den einzelnen Beiträgen vorgestellten Möglichkeiten sind hier zusammenfassend dargestellt.

1. **Abfrage der Zufriedenheit des Kunden und des Beraters**
2. **Effektivität (Ziel-Output-Verhältnis):** Messung der Zielerreichung
   - Ergebnisbezogene Zielerreichung
   - Prozessbezogene Zielerreichung
3. **Effizienz i.e.S. (Input-Output-Verhältnis):** Ermittlung des Kosten-Nutzen-Verhältnisses

Abb. 13: Möglichkeiten der Operationalisierung der Erfolgsmessung
Quelle: eigene Darstellung

Insofern kann festgehalten werden, dass in der Literatur bisher drei wesentliche Möglichkeiten beschrieben werden, wie die Operationalisierung der Erfolgsmessung von Beratungsprojekten erfolgen kann.

Geht man davon aus, dass eine Lösung gefunden wird, wie der Erfolg des Projektes operationalisiert und in quantitativen Werten ausgedrückt werden kann, stellt sich die Frage, wie hoch der Beitrag des Beraters zu diesem Erfolg war. Da die Beratungsleistung im Rahmen eines interaktiven Prozesses, an dem sowohl Kunden als auch Berater beteiligt sind, erstellt wird, ist es sehr schwierig, die einzelnen Leistungen der beiden Parteien zu identifizieren und separat zu beurteilen (vgl. Kubr 1996: 565). Zudem ist es durchaus möglich, dass externe Einflussfaktoren wie beispielsweise die konjunkturelle Entwicklung oder die Rohstoffpreisentwicklung erheblichen Einfluss auf den Projekterfolg haben und sich das Ergebnis des Beratungsprojektes daher nur in geringem Maße auf die Beraterleistung zurückführen lässt. Beratungsprojekte sind komplexen Wirkungszusammenhängen ausgesetzt und es ist äußert schwierig, diese Zusammenhänge im Einzeln zu bestimmen und zu bewerten (vgl. March & Sutton 1997: 698 ff., Hafner et al. 1988: 53).

Neben der Separierung der Beraterleistung besteht eine weitere Herausforderung der Erfolgsmessung darin festzulegen, zu welchem Zeitpunkt die Erfolgsmessung erfolgen soll. Auf der einen Seite darf der Messzeitpunkt nicht zu kurzfristig gewählt werden, um sicherzustellen, dass das Beratungsprojekt seine Wirkung entfalten kann. Auf der anderen Seite sollte der Zeitpunkt der Erfolgsmessung auch nicht in ferner Zukunft liegen, weil ansonsten der Wirkungszusammenhang zwischen dem Beratungsprojekt und den Messkriterien unter Umständen nicht mehr erkennbar ist (vgl. Ernst & Kieser 2005: 322).

Darüber hinaus ist auch zu bedenken, dass Kunden und Berater möglicherweise unterschiedliche Sichtweisen einnehmen, wenn es um die Beurteilung des Erfolges geht, da beide Parteien abhängig von ihrer Position unter Umständen die Kriterien zur Bewertung unterschiedlich interpretieren. Meffert hat festgestellt, dass der Kunde den Erfolg eines Beratungsprojektes insbesondere mit den Kriterien „Zielerreichung", „Akzeptanz der Beratungsergebnisse" und „Erfahrungsgewinn" beurteilt. Im Gegensatz dazu zieht der Berater vor allem die Kriterien „Zufriedenheit des Kunden", „Richtigkeit der Empfehlung" und „Grad der Umsetzung" zur Beurteilung eines Beratungsprojektes heran (vgl. Meffert 1990: 190 f.). Zudem kann sich die Zielsetzung des Projektes im Verlauf des Beratungsprozesses verändern, was dazu führen kann, dass die ausgewählten Kriterien angepasst werden müssen. Solche Anpassungen können dazu führen, dass die Vorstellungen über die Ziele des Projektes zwischen Kunden und Berater auseinandergehen und Unstimmigkeiten über die der Erfolgsmessung zugrunde gelegten Messkriterien aufkommen (vgl. Hoffmann 1991: 161).

Zudem ist kritisch zu hinterfragen, wer die Erfolgsmessung durchgeführt, da Projektbeteiligte sowohl auf Kundenseite als auch auf Beraterseite aus Gründen des Selbstschutzes dazu tendieren, den Erfolg des Projektes tendenziell positiv einzuschätzen. Manche Autoren gehen sogar so weit und sprechen den Projektbeteiligten jegliche Objektivität bei der Beurteilung des Projektes ab. In diesem Zusammenhang wird in der Literatur auch von „selbstwertdienlichen Aspekten oder Attributionen" gesprochen (vgl. Ernst & Kieser 2005: 318, Ernst 2002: 113 ff, Selchert 1997: 217).

Auf Grund der aufgezeigten Evaluationshindernisse wird teilweise gefordert, den Beratungserfolg anhand von abstrakteren Größen zu bestimmen wie beispielsweise durch Abfragen der pauschalen Zufriedenheit des Kunden mit der Beraterleistung oder anhand von einzelnen Kennzahlen (vgl. Treichler & Wiemann 2004: 34). Andere Autoren wiederum kritisieren diese Vorgehensweise und sprechen in diesem Zusammenhang von Simplifizierung und Verkürzung des Problems der Erfolgsbeurteilung. Aus ihrer Sicht wird die Messung des Beratungserfolges anhand einiger oder weniger Kennzahlen nicht der Komplexität eines Beratungsprojektes und der Situation eines Unternehmens gerecht (vgl. Kieser 1998: 203, Fn 54, Mohe 2004: 6).

Zusammenfassend kann festgehalten werden, dass die Operationalisierung des Beratungserfolges, die Separierung der Beraterleistung sowohl von dem Kundenbeitrag als auch von sonstigen Einflussfaktoren, die Festlegung des Zeitpunktes der Erfolgsmessung, unterschiedliche Sichtweisen und die sich möglicherweise verändernde Zielsetzung des Beratungsprojektes sowie die Frage, wer die Erfolgsmessung durchführt, die wesentlichen Hindernisse sind, die bei der Ermittlung des Beratungserfolges zu bewältigen sind. Nach Darstellung der Herausforderungen, die gemeistert werden müssen, um den Erfolg von Beratungsprojekten messen zu können, wird im nächsten Abschnitt auf den Beratungsprozess eingegangen.

3.3 Phasen des Beratungsprozesses

Die Phasen des Beratungsprozesses sind von zahlreichen Autoren beschrieben worden und die unterschiedlichen Schemata reichen von der Einteilung des Beratungsprozesses in vier Phasen, bestehend aus Kontakt und Einstieg, Kontraktformulierung, Planung für eine Problemlösung sowie Handlungsdurchführung und Kontinuität, wie von Lippitt & Lippitt beschrieben, bis hin zum Phasenschemata von Szyperski & Klaile, die den Beratungsprozess in zwölf Teilschritte untergliedern (vgl. Lippitt & Lippitt 1975: 264 ff., Lippitt & Lippitt 1977: 96 ff., Szyperski & Klaile 1982: 59 ff., Schweizer et al. 2009: 12 ff.).

Dieser Arbeit wird ein Vier-Phasenschema zugrunde gelegt, weil die Abgrenzung und die klare Definition der Übergänge von mehr Phasen in der Praxis nicht als möglich und daher nicht als sinnvoll erachtet werden. Die vier Phasen werden in den nachfolgenden Abschnitten näher erläutert.

1. Phase: Akquisition und Festlegung der Aufgabenstellung
2. Phase: Datenanalyse und Konzepterstellung
3. Phase: Umsetzung des Konzeptes
4. Phase: Evaluation und finale Erfolgsmessung

Unabhängig davon, in wie viele Phasen oder Schritte der Beratungsprozess unterteilt wird, kann grundsätzlich eine Unterscheidung sowohl nach sachlichen als auch nach zeitlichen Aspekten oder die Berücksichtigung von beiden erfolgen (vgl. Hoffmann 1991: 58). Da der zeitliche Ablauf eines Beratungsprozesses im Wesentlichen durch die inhaltliche Aufgabe des

Projektes beeinflusst wird und eine zeitlich-ablauflogische Sequenz nicht nachgewiesen werden konnte, wird hier der sachliche Aspekt des Beratungsprozesses in den Vordergrund gestellt (vgl. Elfgen 1991: 286 f., Witte 1968: 631 ff.). Infolgedessen impliziert die Anordnung der einzelnen Beratungsphase nicht zwingend eine zeitliche Ablauffolge, sondern ist lediglich als eine mögliche Ablaufform zu verstehen. In dem einzelnen Beratungsprojekt ist es durchaus vorstellbar, dass einzelne Phasen in Form eines iterativen Prozesses mehrmals durchlaufen werden oder andere Phasen vollständig entfallen (vgl. Elfgen 1991: 287). Das hier verwendete Schema erhebt somit keinen Anspruch auf Allgemeingültigkeit, weil der konkrete Ablauf eines Projektes, dessen Inhalte und dessen Ausgestaltung im Einzelfall betrachtet werden müssen. Es wird jedoch in dieser Arbeit als Strukturierungshilfe eingesetzt.

Der Beratungsprozess stellt sich aus Berater- und Kundensicht allerdings etwas unterschiedlich dar, da das Kundenunternehmen bereits vor Beginn der Akquisitionsphase mit der Vorbereitung des Projektes beschäftigt ist. Der Kunde muss zunächst seinen Beratungsbedarf identifizieren und sich dann dazu entschließen, das Problem mit Unterstützung eines Beraters lösen zu wollen, ansonsten wird kein Beratungsprojekt zustande kommen. Es ist allerdings durchaus möglich, dass der Kunde von Seiten eines Beratungsunternehmens darauf aufmerksam gemacht wurde, dass er ein Problem hat und sich erst infolge des Beraterkontakts über seine Situation bewusst wird. Dennoch muss der Kunde, nachdem der Anstoß des Projektes durch ein Beratungsunternehmen erfolgt ist, im nächsten Schritt seinen Beratungsbedarf identifizieren und das Projekt vorbereiten (vgl. Deelmann & Petmecky 2004: 187 f.). Diese Vorbereitungsphase des Kunden, in die noch keine Berater involviert ist, wird in der folgenden Betrachtung nicht weiter berücksichtigt, da in dieser Arbeit insbesondere die Interaktion von Beratern und Kunden von Interesse ist. Daher wird der Definition des Beratungsprozesses gemäß Kubr gefolgt:

„During a typical assignment, the consultant and the client undertake a set of activities required for achieving the desired purposes and changes. These activities are normally known as ‚the consulting process'. This process has a beginning (the relationship is established and work starts) and an end (the consultant departs)." (Kubr 1996: 21)

Allerdings wird die Evaluation des Beratungsprojektes in jedem Fall als fester Bestandteil des Beratungsprozesses gesehen, unabhängig davon, ob der Berater zu dem Zeitpunkt der Evaluation noch für den Kunden arbeitet oder nicht. Es stellt sich in diesem Zusammenhang, wie in Kapitel 3.2 diskutiert, natürlich die Frage, wann der „richtige" Zeitpunkt der Erfolgsmessung ist.

Nachdem das Kundenunternehmen sich für die Durchführung eines Beratungsprojektes entschieden hat und die Vorbereitungen diesbezüglich abgeschlossen sind, muss es sich im nächsten Schritt überlegen, wie der Kontakt mit einer Unternehmensberatung aufgenommen werden soll, mit welchem Beratungsunternehmen das Projekt durchgeführt werden soll und was die konkrete aus dem Problem resultierende Aufgabenstellung ist. Diese Fragen werden im

Verlauf der Phase der Akquisition und der Festlegung der Aufgabenstellung beantwortet und im folgenden Abschnitt erläutert.

3.3.1 Akquisition und Festlegung der Aufgabenstellung

Der erste Kontakt zwischen Kunden- und Beratungsunternehmen kann durch die Initiative des Kunden, des Beraters oder durch eine Drittperson zustande kommen. Im Falle, dass der erste Kontakt von Seiten des Kunden ausgeht, ist anzunehmen, dass der Kunde bereits ein gewisses Problembewusstsein entwickelt hat und eine Vorstellung von der zu bearbeitenden Aufgabenstellung besitzt (vgl. Lippitt & Lippitt 1977: 96 f.). Im Gegensatz dazu ist sich der Kunde in den Fällen, bei denen der erste Kontakt von dem Beratungsunternehmen ausgeht, in der Regel nicht seiner Situation bewusst und hat die Notwendigkeit zu handeln noch nicht erkannt. Das Beratungsunternehmen kontaktiert den potenziellen Kunden, weil es auf der Suche nach neuen Klienten ist, und spricht die Probleme an, die es auf das Kundenunternehmen zukommen sieht. In den seltensten Fällen führt die Kontaktaufnahme des Beratungsunternehmens mit dem potenziellen Kunden direkt zu einem Beratungsauftrag, vielmehr führt diese Vorgehensweise dazu, dass der Kunde sich auf Grund des externen Anstoßes über seine Situation Gedanken macht und möglicherweise ein gewisses Problembewusstsein entwickelt (vgl. Kubr 1996: 142). Falls der erste Kontakt zwischen Berater und Kunde durch eine Drittperson zustande kommt, geschieht dies normalerweise durch eine Empfehlung oder ein formales Treffen der drei Personen. In diesen Fällen hat üblicherweise ein Geschäftsfreund des potenziellen Kunden gute Erfahrungen mit dem Einsatz eines Beratungsunternehmens gemacht und stellt auf Grund dessen den Kontakt zwischen dem potenziellen Kunden und dem betreffenden Berater her (vgl. Lippitt & Lippitt 1977: 97, Becker & Schade 1995: 331 f.).

Der erste Eindruck, den der Berater bei dieser Kontaktaufnahme hinterlässt, spielt eine entscheidende Rolle bei der Frage, ob es möglicherweise zu einer Zusammenarbeit kommen wird (vgl. Maister 1993: 114). Neben der inhaltlichen Kompetenz sind insbesondere persönliche Aspekte, wie beispielsweise, ob der potenzielle Kunde den Berater sympathisch findet oder ob er den Berater für vertrauensvoll hält, dabei sehr wichtig. Nach dieser ersten Kontaktaufnahme entscheidet der Kunde darüber, ob eine Zusammenarbeit mit dem Berater überhaupt in Erwägung gezogen wird (vgl. Kubr 1996: 143 ff.).

Neben der Frage, wie es zum ersten Kontakt zwischen Berater und Kunden kommt, spielt auch die Form dieser Kontaktaufnahme eine wichtige Rolle. Die Kontaktaufnahme kann auf formellem Wege in Form eines Ausschreibungsprozesses oder einer formalen Anfrage des Beraters sowie auf informellem Wege durch bereits bestehende persönliche Kontakte oder die Empfehlung einer dritten Person erfolgen. Im Falle einer Ausschreibung sind in den entsprechenden Ausschreibungsunterlagen üblicherweise bereits einige inhaltliche Details über das geplante Projekt, wie die Aufgabenstellung, die Ziele und die erwartete Dauer des Projektes, enthalten. Die formale Kontaktaufnahme durch den Berater führt, wie oben erläutert, in den seltensten Fällen direkt zur Beauftragung. Falls jedoch das potenzielle Kundenunternehmen Interesse an einer mögliche Zusammenarbeit mit der Unternehmensberatung zeigt, erfolgt die Konkretisierung der Aufgabenstellung üblicherweise in den im Anschluss an die erste Kontaktaufnahme geführten Gesprächen. Wenn die Kontaktaufnahme auf einen persönlichen Kontakt oder die Empfehlung einer dritten Person zurückzuführen ist, erfolgt die Detaillierung der Aufgabenstellung und des weiteren Projektvorgehens normalerweise in mehreren persönlichen Gesprächen zwischen dem potenziellen Kunden und dem Berater.

Unabhängig von der Form der ersten Kontaktaufnahme fordert der Kunde letztlich von dem Berater einen schriftlichen Vorschlag, wie das Beratungsprojekt durchgeführt werden könnte und welche Ressourcen dafür eingesetzt werden müssten. Falls das Beratungsunternehmen auf Basis dieses schriftlichen Angebots in die engere Wahl kommt, wird es von dem potenziellen Kunden im Rahmen des Auswahlprozesses gebeten, die geplante Vorgehensweise, die entsprechenden Lösungsvorschläge und den benötigten Ressourceneinsatz in einer Angebotspräsentation persönlich vorzustellen (vgl. Richter 2004: 190 ff.). Wenn mehrere Beratungsunternehmen eingeladen sind, ihre Vorschläge zu präsentieren, spricht man in der Branche auch von sogenannten „Beauty Contests" oder einem „Pitch". Die im Verlauf des Auswahlprozesses stattfindenden Gespräche zwischen Berater und Kunden sowie die Präsentationen tragen dazu bei, dass die Aufgabenstellung und die zu lösenden Probleme des Projektes konkretisiert werden. Am Ende dieses iterativen Prozesses, der durchaus zur mehrmaligen Anpassung des Angebots führen kann, steht die endgültige Entscheidung des Kundenunternehmens, mit welchem Beratungsunternehmen das Projekt durchgeführt werden soll (vgl. Kubr 1996: 144 ff.). Diese iterative Vorgehensweise führt dazu, dass in dieser Arbeit im Gegensatz zu vielen in der Literatur vorgestellten Phasenschemata bewusst auf eine Trennung der Akquisition und der Festlegung der Aufgabenstellung in zwei Phasen verzichtet wird, da aus inhaltlichen Gesichtspunkten eine klare Abgrenzung dieser beiden Phasen nicht möglich ist.[29]

Die Schwierigkeit bei der finalen Auswahl des Beraters besteht darin, dass es für den Kunden vor Erbringung der Beratungsleistung praktisch unmöglich ist zu beurteilen, wie gut ein Berater ist (vgl. Richter 2004: 82). Insofern spielt das Vertrauen zwischen den handelnden Personen auf Kunden- und Beraterseite eine entscheidende Rolle bei der Auswahl des Beratungsunternehmens und fungiert sozusagen als Informationssubstitut (vgl. Meffert 1990: 187 f., Becker & Schade 1995: 328).

Die Frage der Beraterauswahl und welche Faktoren diese beeinflussen wurde sowohl aus theoretischer Sicht als auch anhand von empirischen Studien bereits mehrmals untersucht. In diesem Zusammenhang wurden zahlreiche Faktoren wie beispielsweise die Reputation, das

---

[29] Zahlreiche Autoren stellen die Akquisition und die Detaillierung der Aufgabenstellung als separate Phasen dar (vgl. beispielsweise: Dichtl 1998: 139, Fritz & Effenberger 1998: 278 ff.).

Beratungsangebot, die nachgewiesene Kompetenz, die Referenzen und die Kosten benannt, die bei der Auswahl des Beratungsunternehmens Einfluss auf die Entscheidung haben. Hinsichtlich der Bedeutung der einzelnen Faktoren kommen die verschiedenen Beiträge zu sehr unterschiedlichen Ergebnissen, die an dieser Stelle nicht näher erläutert werden, sondern bei Interesse im Einzelnen in den entsprechenden Beiträgen nachzulesen sind (vgl. Hafner et al. 1988: 35 ff., Meffert 1990: 187 f., Fritz & Effenberger 1998: 108 f., Kass & Schade 1995: 1069 ff., Patterson 1995: 177 ff.). In jüngeren Beiträgen zeichnet sich allerdings ab, dass die Professionalität und Objektivität der Kundenunternehmen im Auswahlverhalten deutlich gestiegen sind und besondere Fähigkeiten und spezielles Wissen der Berater vermehrt in den Mittelpunkt des Interesses rücken. Zahlreiche Unternehmen verfügen heutzutage über umfangreiche Datenbanken, in denen sowohl die Profile der einzelnen Berater als auch die Erfahrungen, die bisher mit ihnen gemacht wurden, gespeichert sind. Die Verfügbarkeit dieser Daten trägt dazu bei, dass die fachliche Kompetenz bei der Auswahl des geeigneten Beraters heutzutage eine wichtigere Rolle spielt als noch vor ein paar Jahren (vgl. Cardea AG & Pepper GmbH 2007: 26, Deelmann & Petmecky 2004: 200, Göschl & Erdmann 2004: 174 f., Hirn & Student 2001: 49 ff.).

Nach der Auswahl des Beraters endet die erste Phase des Beratungsprozesses mit dem Abschluss eines Beratungsvertrages zwischen dem Kunden- und dem Beratungsunternehmen. Ab diesem Zeitpunkt befindet sich das beauftragte Beratungsunternehmen hinsichtlich dieses Projektes und den entsprechenden Inhalten nicht mehr in einer Wettbewerbssituation mit anderen Beratungsunternehmen, sondern der Kunde und der Berater arbeiten sozusagen exklusiv zusammen. In dem Vertrag werden üblicherweise die Projektdauer, der Einsatz der Beraterkapazitäten, die Vergütung sowie die detaillierte Aufgabenstellung festgehalten (vgl. Lippitt & Lippitt 1977: 99 ff., Kubr 1996: 163). Falls eine sinnvolle Erfolgsmessung am Ende des Projektes erfolgen soll, dann müssen sich die beiden Vertragsparteien bereits zu Beginn des Projektes darauf einigen, anhand welcher Kriterien der Erfolg bestimmt wird. Insofern sollte bei Einsatz eines Erfolgshonorars die Art und Weise, wie der Erfolg gemessen wird, ebenfalls im Vertrag festgehalten werden (vgl. Hafner et al. 1988: 54). Zudem ist zu überlegen, inwieweit vertragliche Regelungen aufgenommen werden sollten, die die Verhaltensweisen der beiden Parteien im Falle von Unstimmigkeiten, Veränderungen der Aufgabenstellung oder sonstigen notwendigen Anpassungen des Vertrages regeln, da es im Verlauf eines Beratungsprojektes immer zu unvorhersehbaren Veränderungen kommen kann. Die Vertragskonditionen werden für den Einzelfall im Verlauf des Auswahlprozesses ausgehandelt und sollten dabei sowohl die spezifischen Anforderungen des Projektes als auch die jeweilige Situation der beiden Vertragspartner berücksichtigen. Die konkrete Vertragsgestaltung ist somit höchst individuell und die getroffenen Regelungen sind im Einzelnen dem zugrunde liegenden Vertrag des jeweiligen Projektes zu entnehmen (vgl. Kass & Schade 1995: 1078). Die Bedeutung des formalen Vertrages sollte jedoch nicht überbewertet werden, weil der psychologische

Vertrag bei Beratungsprojekten im Sinne von gegenseitigem Vertrauen und Einvernehmlichkeit oftmals einen größeren Einfluss auf den Erfolg des Projektes hat als alle formalen Regelungen (vgl. Kubr 1996: 55 f., Kienbaum 1980: 309). Wichtig ist, dass Berater und Kunde im Verlauf dieser ersten Phase ein gemeinsames Problemverständnis und eine übereinstimmende Sichtweise der Lage entwickeln, weil ansonsten die Unzufriedenheit des Kunden vorprogrammiert ist und er den Eindruck hat, dass der Berater an den falschen Inhalten arbeitet und den Projektvertrag nicht erfüllt (vgl. Elfgen 1991: 302).

In diesem Zusammenhang ist hervorzuheben, dass sich die handelnden Personen in Abhängigkeit von den unterschiedlichen Beratungsphasen ändern können und infolgedessen der Kommunikation zwischen den Beteiligten eine besondere Rolle beizumessen ist. Die Gespräche über die Festlegung der Aufgabenstellung inklusive der vertraglichen Regelungen finden üblicherweise zwischen dem Auftraggeber auf Kundenseite und dem zuständigen Partner des Beratungsunternehmen statt. Abhängig von der Bedeutung des Beratungsprojektes und der Größe des Kundenunternehmens ist der Auftraggeber auf Kundenseite oftmals der Geschäftsführer, der Vorstandsvorsitzende oder ein Bereichsleiter. In vielen Fällen ist die Information und die Zustimmung des Aufsichtsrates oder ähnlicher Gremien ebenfalls Voraussetzung für die Vergabe von Beratungsprojekten, da zahlreiche Unternehmen Betragsgrenzen definiert haben, ab denen die Beratungsprojekte genehmigungspflichtig sind (vgl. Schlaepfer 2004: 214 ff.). Nach Abschluss der vertraglichen Basis für die gemeinsame Arbeit und der gemeinschaftlichen Festlegung der Projektziele nehmen die Berater in der Regel die Arbeit am Standort des Kunden auf und die eigentliche Projektarbeit beginnt. Diese operative Arbeit wird auf Seiten der Unternehmensberatung in der Regel von einem Projektleiter und einem oder mehreren Beratern durchgeführt. Der Projektleiter ist normalerweise im Rahmen der Vertragsverhandlungen und der Festlegung der Aufgabenstellung bereits in einem gewissen Maße in das potenzielle Projekt involviert. Im Gegensatz dazu beginnt das Projekt aus Sicht der einzelnen Berater normalerweise erst mit der Arbeit vor Ort. Bei dem Kundenunternehmen stellt sich die Situation ähnlich dar und die operative Projektarbeit wird von Kundenmitarbeitern durchgeführt, die im Rahmen der Vertragsverhandlungen nur in geringem Maße beteiligt waren. Üblicherweise benennt das Kundenunternehmen ebenfalls einen Projektleiter, der die Gesamtverantwortung für die Durchführung des Projektes trägt und somit als direkter Gegenspieler des Projektleiters der Beratung zu verstehen ist (vgl. Shapiro et al. 1993: 93 ff., Caulkin 1997: 36).

3.3.2 Datenanalyse und Konzepterstellung

Vor Beginn der Projektarbeit muss sichergestellt sein, dass die Projektorganisation im Detail geregelt ist. Dazu gehört, dass die Aufgaben- und die Rollenverteilung zwischen Beratern und Kundenmitarbeitern, die Zuordnung der Verantwortlichkeiten, die zu erzielenden Ergebnisse und die entsprechenden Meilensteine[30] eindeutig festgelegt sind. Ansonsten kann kein zielgerichtetes Vorgehen der Kundenmitarbeiter oder der Berater erfolgen. Unter Umständen sind im Rahmen der Vertragsverhandlungen bereits einige Dinge festgelegt worden, im Normalfall ist jedoch eine weitere Detaillierung der Projektorganisation vor Beginn der gemeinsamen Arbeiten notwendig (vgl. Sommerlatte 2004: 9 f., Lippitt & Lippitt 1977: 95).

Der Kunde ist als Auftraggeber für das Projektmanagement verantwortlich und hat die Aufgabe, das Zusammenspiel zwischen internen und externen Projektmitarbeitern zu steuern und den externen Berater zu führen. Die qualifizierte Steuerung der externen Berater hat entscheidenden Einfluss auf die Erreichung der festgelegten Projektziele, weil dadurch Projektineffizienzen und ungeplante Zusatzkosten verhindert werden können. Die kontinuierliche Bewertung der erbrachten Beraterleistung stellt ein wesentliches Element eines effizienten Projektmanagements dar (vgl. Treichler & Wiemann 2004: 43 ff., Deelmann & Petmecky 2004: 193). Zu Beginn eines Beratungsprojektes sollte eine Auftaktveranstaltung, ein sogenannter „Kick-off", stattfinden, an der alle Projektmitarbeiter von Berater- und von Kundenseite teilnehmen und sich gegenseitig kennenlernen. In dieser Veranstaltung sollten die wesentlichen Projektziele kurz vorgestellt, die Verantwortlichen der einzelnen Aufgabenfelder benannt sowie das weitere Vorgehen in den einzelnen Aufgabenfeldern abgestimmt werden. Darüber hinaus sollte festgelegt werden, in welcher Form und in welchem Rhythmus der Projektfortschritt dokumentiert und kommuniziert wird. Es sind geeignete Kommunikationswege festzulegen, die zum einen sicherstellen, dass der Projektleiter des Kunden zu jeder Zeit über den Projektfortschritt im Bilde ist, und zum anderen, dass die einzelnen Interessengruppen wie das Management, der Aufsichtsrat etc. ausreichend über den Stand des Projektes informiert sind (vgl. Göschl & Erdmann 2004: 173).

Nach der Detaillierung der Projektorganisation und der Festlegung der Kommunikationswege kann die gemeinsame Projektarbeit beginnen. Zunächst wird die aktuelle Situation in den jeweiligen Aufgabenfeldern analysiert und werden die Ursachen der Lage identifiziert. Im Rahmen der Datenanalyse kann es dazu kommen, dass der Beratungsauftrag angepasst werden muss. Dieser Fall tritt ein, falls festgestellt wird, dass andere Gründe als die zunächst angenommenen für die aktuelle Situation des Unternehmens verantwortlich sind und somit andere Schwerpunkte in dem Beratungsprojekt gesetzt werden müssen. Die Datenanalyse verfolgt das Ziel, Transparenz und ein gemeinsames Verständnis der Ausgangssituation zu schaffen (vgl. Kubr 1996: 23, 167 ff.).

Aus theoretischer Sicht wird zunächst die Datenanalyse abgeschlossen und im nächsten Schritt erfolgt die Erstellung des Konzeptes. Da diese theoretische Trennung der beiden Schritte in der Praxis nicht beobachtet werden kann, erfolgt in dieser Arbeit die Darstellung der Datenanalyse und Konzepterstellung in einer Phase des Beratungsprozesses (vgl. Kubr

---

[30] Unter Meilensteinen werden Termine verstanden, bis zu denen wichtige Aufgaben erledigt sein müssen.

1996: 168, Fritz & Effenberger 1998: 109 f.). Im Rahmen der Konzepterstellung werden zunächst auf Basis der Datenanalyse mögliche Handlungsalternativen abgeleitet, die im Anschluss geprüft und bewertet werden. Die Erarbeitung eines Konzeptes ist als iterativer Prozess zwischen Datenanalyse und Konzepterstellung zu verstehen, der die ständige Einbeziehung des Kunden erfordert. Die enge Abstimmung zwischen Beratern und Kundenmitarbeitern ist für die spätere Akzeptanz und die Umsetzungswahrscheinlichkeit des Konzeptes von entscheidender Bedeutung. Unter Umständen ist es sogar besser, eine suboptimale Lösung, die von den Kundenmitarbeitern mitgetragen wird, im Rahmen der Konzepterstellung zu erarbeiten, als die optimale Lösung zu finden, für die keine Umsetzungsbereitschaft bei den Kundenmitarbeitern vorhanden ist. Die Erstellung des Konzeptes erfolgt somit schrittweise im Zuge von gemeinsamen Besprechungen zwischen Kundenmitarbeitern und Beratern. Die gewonnenen Erkenntnisse werden laufend überprüft und möglicherweise erneut angepasst. Infolgedessen ist es durchaus sinnvoll, gleichzeitig an der Datenanalyse und der Alternativengenerierung weiterzuarbeiten. Es muss allerdings darauf geachtet werden, dass nach Verabschiedung von Zwischenergebnissen diese festgeschrieben werden und somit ein Voranschreiten des Projektes sichergestellt wird (vgl. Hafner et al. 1988: 49, Wohlgemuth 1991: 181).

Als Ergebnis dieser Phase verständigen sich die Berater und die Kundenmitarbeiter auf eine Handlungsalternative, die sich aus ihrer Sicht dazu eignet, die Aufgabenstellung zu lösen. Die ausgewählte Handlungsalternative wird dem Auftraggeber in der Abschlusspräsentation als bevorzugte Lösungsalternative vorgestellt. Zu diesem Zeitpunkt liegt lediglich ein grobes Konzept vor, wie die Umsetzung der bevorzugten Alternativen aussehen könnte. Die endgültige Entscheidung darüber, ob dieses Konzept umgesetzt wird, trifft der Auftraggeber. Die Berater sprechen lediglich eine Empfehlung aus, sie haben jedoch keine Befugnis, Entscheidungen in dem Unternehmen des Kunden zu treffen (vgl. Kubr 1996: 219, Hafner et al. 1988: 50).

Sollte sich der Kunde für die Umsetzung des Konzeptes und für die weitere Begleitung des Projektes durch die externen Berater entscheiden, dann beginnt die nächste Phase des Beratungsprozesses. Entscheidet sich der Kunde für die Umsetzung des Konzeptes und verzichtet allerdings auf die Begleitung durch die Berater, ist die Umsetzung im Sinne dieser Arbeit nicht Bestandteil des Beratungsprozesses, da der Berater nicht mehr aktiv an dem Prozess beteiligt ist.[31] In diesem Falle wird der Beratungsprozess mit der Evaluation der Beraterleistung und der finalen Erfolgsmessung abgeschlossen. Das Kundenprojekt geht natürlich dennoch mit der Umsetzung des Konzeptes weiter, aber das Beratungsunternehmen ist nicht mehr an dem Projekt beteiligt.

---

[31] Siehe Kapitel 3.3 Verständnis des Beratungsprozesses.

3.3.3 Umsetzung des Konzeptes

In der zweiten Phase des Beratungsprozesses wird in der Abschlusspräsentation ein grobes Konzept vorgestellt, das in dieser Form allerdings noch nicht umgesetzt werden kann. Bevor mit der tatsächlichen Umsetzung des Konzeptes begonnen werden kann, muss zunächst ein detaillierter Maßnahmenplan erarbeitet werden. Der Erfolg der Umsetzung ist im Wesentlichen von einer sorgfältigen Detaillierung des Konzeptes und einer gewissenhaften Vorbereitung abhängig.

Im Zuge der Detaillierung müssen die Verantwortlichen für die Umsetzung der einzelnen Maßnahmen benannt und es muss festgelegt werden, bis wann die einzelnen Schritte erfüllt sein müssen. Eine genaue zeitliche Planung der einzelnen Schritte ist entscheidend für einen reibungslosen Ablauf der Umsetzung. In diesem Zusammenhang ist es sehr wichtig, mögliche Gegner des Konzeptes frühzeitig zu identifizieren, um Widerstände zu antizipieren und Lösungsmöglichkeiten zu erarbeiten. In der Umsetzungsphase muss ebenso wie in der zweiten Phase des Beratungsprozesses eine detaillierte Projektorganisation festgelegt werden. Eine eindeutige Rollen- und Aufgabenverteilung zwischen Beratern und Kunden sowie die klare Zuordnung von Verantwortlichkeiten sind wiederum entscheidend für den Erfolg dieser Phase. Zudem ist es notwendig, Kontrollmechanismen zu etablieren, die eine kontinuierliche Fortschrittskontrolle ermöglichen. Der Projektleiter des Kunden muss in der Lage sein, sich zu jedem Zeitpunkt einen Überblick über den aktuellen Projektfortschritt verschaffen zu können, damit er auf mögliche Probleme schnell reagieren kann (vgl. Hafner et al. 1988: 51 ff.).

Die Umsetzung des Konzeptes kann beginnen, wenn ein detaillierter Maßnahmenplan inklusive Zeitplan vorliegt, die entsprechenden Verantwortlichen benannt wurden und eine klare Projektorganisation festgelegt wurde. Während der Umsetzung des Konzeptes kann es passieren, dass an einigen Stellen Anpassungen des ursprünglichen Konzeptes notwendig werden. Daher sollte der Umsetzungsplan ein gewisses Maß an Flexibilität erlauben sowie einen zeitlichen Puffer enthalten. Das Ziel der Berater ist es, den Kunden dazu zu befähigen, die Umsetzung des Konzeptes alleine weiter fortzuführen und sich, sobald seine Aufgaben bei dem Kunden erledigt sind, von dem Projekt zurückzuziehen (vgl. Kubr 1996: 222 ff., Lippitt & Lippitt 1977: 103 ff.).

3.3.4 Evaluation und finale Erfolgsmessung

Die letzte Phase des Beratungsprozesses bilden die Evaluation und die finale Erfolgsmessung. Wie bereits in Kapitel 3.2 dargestellt, ist die Forderung nach der Erfolgsmessung von Beratungsprojekten mit zahlreichen Schwierigkeiten verbunden und bringt uns zurück zu der zentralen Fragestellung dieser Arbeit. Es wurde bereits auf die Möglichkeiten eingegangen, wie die Operationalisierung der Erfolgsmessung aussehen kann, und daher werden sie an dieser Stelle nicht näher erläutert. Allerdings wird kurz auf die Bedeutung der Evaluation im Zusammenhang mit dem Beratungsprozess für das Kundenunternehmen und für das Beratungsunternehmen eingegangen.

Da eine finale Erfolgsmessung, die gemeinsam vom Kunden und dem Berater erstellt wird, mit zahlreichen Schwierigkeiten verbunden ist, stellt sich die Frage, ob nicht durch eine einseitige Erfolgsmessung, die alleinig von Klientenseite oder Beraterseite durchgeführt wird, ebenfalls zumindest ein gewisser Nutzen erzielt werden kann.

Dem Klientenunternehmen wird in jedem Falle geraten, die Projekterfahrungen und die Ergebnisse systematisch zu dokumentieren, um ein gewisses Erfahrungswissen aufzubauen. Im Zuge künftiger Ausschreibungsprozesse von Beratungsprojekten können die gesammelten Daten hilfreich sein. Es wird insbesondere darauf hingewiesen, dass die langfristigen Folgen des Beratungsprojektes ebenfalls berücksichtigt werden sollten. Die systematische Beurteilung einzelner Berater unter Einsatz von Fragebögen wird empfohlen, um bei einer künftigen Auswahl der eingesetzten Personen darauf zurückgreifen zu können. Sämtliche über Beratungsunternehmen oder einzelne Berater gesammelten Informationen sollten systematisch in einer Datenbank erfasst und gespeichert werden, um zu gewährleisten, dass auch nach Abwanderung der einzelnen Projektteilnehmer die Informationen im Unternehmen erhalten bleiben (vgl. Richter 2004: 95, Deelmann & Petmecky 2004: 193 ff.).

Dem Beratungsunternehmen wird ebenfalls nahegelegt, eine Beurteilung durchzuführen und beispielsweise mit Fragebögen die Zufriedenheit des Kunden nach Abschluss des Projektes abzufragen. Die Beurteilungsabfrage von Seiten des Beratungsunternehmens dient dazu festzustellen, wie zufrieden der Kunde mit der Beraterleistung war und um Verbesserungsmöglichkeiten zu identifizieren. Darüber hinaus dient die Abfrage dazu, sich gegen eventuell negative Veränderungen, die nach Abschluss des Projektes auftreten können, abzusichern. Die Grundidee dahinter ist, dass, wenn das Beratungsunternehmen nachweisen kann, dass der Kunde zum Projektende mit der Beraterleistung zufrieden war, dieses nicht für die nachfolgende negative Entwicklung verantwortlich gemacht werden kann (vgl. Kubr 1996: 245 ff.).

In diesem Kapitel wurde auf die einzelnen Schritte des Beratungsprozesses und die jeweiligen Inhalte eingegangen, da sich die Evaluation der Beratungsleistung während dieses Beratungsprozesses bildet. Der Beratungsprozess und seine Inhalte sind in der Abbildung 14 zusammengefasst.

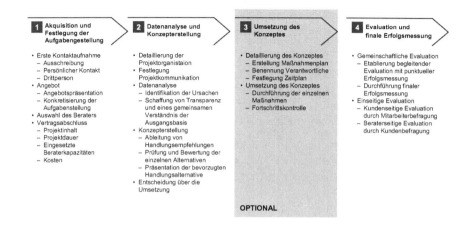

Abb. 14: Phasen und Inhalte des Beratungsprozesses
Quelle: eigene Darstellung

3.4 Elemente des theoretischen Bezugsrahmens

Die Betrachtung von Beratungsprojekten sollte nicht isoliert erfolgen, sondern alle Elemente einbeziehen, die Einfluss auf das Projekt haben können, und die allgemeinen Rahmenbedingungen sollten ebenfalls beachtet werden (vgl. Hoffmann 1991: 30). Elfen kommt diesbezüglich zu folgendem Schluss:

> *„Eine Analyse der Ergebnisse und Wirkungen der Unternehmensberatung bleibt also nicht auf eine abgrenzbare ‚Implementierungsphase' beschränkt, sondern umfaßt den Gesamtzusammenhang aller im Verlaufe des Beratungsprozesses eingebrachten Handlungsbeiträge."* (Elfgen 1991: 304)

Zudem ist zu berücksichtigen, dass Beratungsprojekte genauso wie alle Veränderungsprozesse vor dem Hintergrund zahlreicher Einflüsse ablaufen und es somit möglicherweise eine Reihe von nicht kontrollierbaren Faktoren gibt (vgl. Roehl & Willke 2001: 26). Der bisher umfassendste Versuch, Beratungsprojekte in einen Gesamtzusammenhang einzubetten und eine Basis für eine Theorie der Beratung zu schaffen, beruht auf dem Beitrag von Steyrer und wird in Abbildung 15 dargestellt (vgl. Steyrer 1991: 14 ff.).

In den folgenden Abschnitten wird auf die einzelnen Elemente eingegangen, um am Ende dieses Kapitels im Abschnitt 3.5 den in dieser Arbeit verwendeten Bezugsrahmen vorzustellen. Zunächst wird auf den Interaktionshintergrund, vor dem Beratungsprojekte stattfinden, eingegangen. Es erfolgt die Betrachtung der Beratungsumwelt sowie der beraterspezifischen und kundenspezifischen Determinanten, die Einfluss auf das Beratungsprojekt nehmen können.

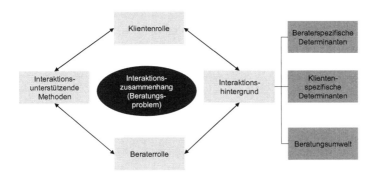

Abb. 15: Elemente einer Theorie der Beratung
Quelle: eigene Darstellung in Anlehnung an Steyrer 1991: 17

Im Anschluss wird der Interaktionszusammenhang, der in Form des Beratungsproblems letztlich der Auslöser für das Zustandekommen des Projekts ist, dargestellt. In diesem Abschnitt erfolgt ebenfalls die Betrachtung der interaktionsunterstützenden Methoden, da ein enger Zusammenhang zwischen dem existierenden Beratungsproblem und den eingesetzten Methoden besteht. Abschließend wird die Beziehung zwischen Kunden und Beratern näher beleuchtet sowie auf die entsprechende Aufgaben- und Rollenverteilung eingegangen.

3.4.1 Interaktionshintergrund

Der Interaktionshintergrund umfasst alle Einflussfaktoren, die sich aus der internen und externen Umwelt, in welcher das Beratungsprojekt stattfindet, ergeben. Die externe Umwelt wird dabei mit dem Begriff „Beratungsumwelt" beschrieben. Die Grenzen der Beratungsumwelt werden in der Literatur von den verschiedenen Autoren unterschiedlich weit gefasst. Einige Autoren fassen den Begriff sehr weit und verstehen unter der Beratungsumwelt soziokulturelle, politische, rechtliche und wirtschaftliche Rahmenbedingungen oder allgemeine Aspekte wie beispielsweise die Wirtschaftsordnung, die Marktsituation oder die Reaktion von Konkurrenzunternehmen (vgl. Hafner et al. 1988: 29 f., Wohlgemuth 1991: 121 f.). Andere Autoren grenzen die Beratungsumwelt weiter ein und beziehen sich auf die unmittelbare Umwelt des Beratungsprojektes und stellen Faktoren wie die verwendete Vertragsart oder Vorschriften der staatlichen Förderung in den Vordergrund (vgl. Elfgen & Klaile 1987: 73 f.). Die Beratungsumwelt des einzelnen Beratungsprojektes ist letztlich individuell und vom Einzelfall abhängig.

Unter den internen Einflussfaktoren eines Beratungsprojektes werden die klientenspezifischen und die beraterspezifischen Determinanten subsumiert. Organisationsstrukturen, Kontrollmechanismen und die etablierten Machtstrukturen des Kundenunternehmens können beispielsweise einen erheblichen Einfluss auf das Beratungsprojekt haben und zählen damit zu den klientenspezifischen Determinanten. Die allgemeine Einstellung und die bisherige Erfahrung der Kundenmitarbeiter mit Beratern, die Qualität der Mitarbeiter und die Frage, ob die Kundenmitarbeiter über die entsprechenden Fähigkeiten verfügen, um die existierenden Probleme zu lösen, stellen weitere Determinanten auf Kundenseite dar. Darüber hinaus sind die Größe, das Alter, die Rechtsform, die Branchenzugehörigkeit und die Eigentümerstruktur des Kundenunternehmens sowie die Finanz-, Ertrags- und Vermögenslage zum Zeitpunkt des Beratungsprojektes ebenfalls wichtige Faktoren, die im Verlauf des Beratungsprozesses eine Rolle spielen können (vgl. Hoffmann 1991: 173 ff., Hafner et al. 1988: 28 ff., Elfgen & Klaile 1987: 71 f.).

Auf Seiten des Beratungsunternehmens werden Qualifikation und Ausbildung der Berater, das Wertesystem und die ethischen Prinzipien sowie Motivationsstruktur, Flexibilität und die Fähigkeit zur Problemlösung als Determinanten genannt (vgl. Grün 1990: 127, Wohlgemuth 1991: 121 ff., 204 ff.). Hinsichtlich der Qualifikation des Beraters wird betont, dass der Berater sowohl fachliche Fähigkeiten als auch persönliche Eigenschaften benötigt, die ihn zur Lösung der Problemstellung befähigen. Neben der Beherrschung des formal erworbenen Wissens muss der Berater in der Lage sein, in einer Atmosphäre von Vertrauen und Offenheit mit den Kundenmitarbeitern zu arbeiten und gleichzeitig eine zielorientierte Vorgehensweise zu verfolgen (vgl. Lippitt 1972: 15, Lippitt & Lippitt 1977: 114, Becker & Schade 1995: 330)[32].

Zusammenfassend lässt sich sagen, dass die Bearbeitung des Beratungsproblems vor dem Hintergrund zahlreicher möglicher Einflussfaktoren erfolgt und dabei sowohl die Beratungsumwelt als auch die kunden- und beraterspezifischen Determinanten eine Rolle spielen können.

3.4.2 Beratungsproblem und Beratungsmethoden

Die primäre Aufgabe des Beraters besteht in der Lösung betriebswirtschaftlicher Probleme. Folglich wird das Beratungsproblem auch als „Interaktionszusammenhang" bezeichnet, weil es letztlich dafür verantwortlich ist, dass Berater und Kunden in Kontakt treten und kommunizieren (vgl. Fleischmann 1984: 48 f.). Die Auflistung aller vorkommenden Beratungsprobleme ist allerdings nicht möglich, da es unendliche viele Problemstellungen und Facetten davon gibt (vgl. Kubr 1996: 13). Insofern wird im Folgenden allgemein dargestellt, anhand welcher Merkmale sich Beratungsprobleme unterscheiden lassen.

---

[32] Siehe auch Kapitel 2.2.1.

Das Beratungsproblem wird durch das Objekt des Projektes und die zu bearbeitenden Inhalte näher beschrieben. Hinsichtlich des Beratungsobjektes kann sowohl eine funktionsspezifische als auch eine hierarchische Einordnung erfolgen. Die funktionsspezifische Einordnung beschreibt, in welchem Unternehmensbereich, wie beispielsweise Logistik, Produktion oder Verwaltung, sich das zu bearbeitende Problem befindet, und birgt bei Fehlentscheidungen die Gefahr in sich, dass unter Umständen gewisse Bereiche, die ebenfalls eine Rolle bei der Behebung des Problems spielen, von Anfang an ausgeschlossen werden. Die hierarchische Einordnung gibt den Beteiligten einen ersten Hinweis über die Bedeutung des Problems, weil anzunehmen ist, dass je höher die involvierten hierarchischen Ebenen sind, desto dringlicher und wichtiger das Problem für das Kundenunternehmen ist. Die zu bearbeitenden Inhalte des Projektes können beispielsweise anhand der Merkmale Problemauftrag, Problemsicht, Problemstufe und Komplexität kategorisiert werden (vgl. Elfgen & Klaile 1987: 53 ff., Exner et al. 1987: 275 ff.). Folgende Abbildung gibt einen Überblick über mögliche Ausprägungen der einzelnen Merkmale:

Problemauftrag	Problemsicht	Problemstufe	Komplexität
• Analyse • Planung • Konzept • Implementierung • Schulung und Training • Kontrolle und Überwachung • Krisenmanagement	• Ökonomische Aspekte • Technische Aspekte • Humane Aspekte • Soziale Aspekte	• Operativ • Strategisch	• Isolierte Problemstellung • Abteilungsübergreifende Problemstellung • Problem des Gesamtunternehmens • Problem des Konzerns

Abb. 16: Überblick über inhaltliche Ausprägungen eines Beratungsprojektes
Quelle: eigene Darstellung in Anlehnung an Elfgen & Klaile 1987: 58

Letztlich kann das Beratungsproblem nicht allgemein bestimmt werden, da sowohl das Objekt des Projektes als auch der Inhalt von dem Einzelfall abhängig sind. Interessanterweise hat Hoffmann in seiner Arbeit festgestellt, dass keine signifikante Abhängigkeit zwischen der Komplexität des Beratungsproblems und dem Erfolg eines Projekt existiert (vgl. Hoffmann 1991: 218). Auf Basis dieser Erkenntnis wird in der vorliegenden Arbeit davon ausgegangen, dass die zugrunde liegende Fragestellung zwar für die inhaltliche Ausrichtung des Projektes wichtig ist, aber im Zuge der Erfolgsmessung eine untergeordnete Rolle spielt. Entscheidend ist lediglich, dass Berater und Kunde ein gemeinsames Verständnis entwickeln, was sie unter dem Beratungsproblem verstehen. Es muss sichergestellt werden, dass sowohl hinsichtlich des Objektes als auch des Inhaltes Einigkeit herrscht, ansonsten ist ein Beratungsprojekt von Beginn an zum Scheitern verurteilt (vgl. Elfgen 1991: 300 ff.). Der Kunde muss bei der gemeinsamen Festlegung der Problemstellung allerdings darauf achten, dass der Berater nicht intervenierend eingreift und versucht, das Beratungsproblem in eine Richtung zu beeinflussen bzw. zu definieren, die seinem Fachwissen oder seiner Spezialisierung entgegenkommt (vgl. Hafner et al. 1988: 41).

Zur Lösung des Beratungsproblems kommen abhängig von der zu bearbeitenden Aufgabenstellung verschiedene Methoden zum Einsatz. In der Beratungsbranche werden die eingesetzten Methoden mit den Begriffen „Instrument", „Werkzeug" oder „Tool" bezeichnet. Darunter versteht man den Einsatz von bestimmten Methoden im Rahmen der Datenanalyse oder bei der Erarbeitung von Empfehlungen (vgl. Schade 1997: 253, Becker & Schade 1995: 350). Grundsätzlich kann zwischen quantitativen und qualitativen Verfahren unterschieden werden. Die Gemeinkostenwertanalyse, die Berechnung von Kennzahlen sowie der Einsatz von Planungsrechnungen sind Beispiele für häufig eingesetzte quantitative Methoden, wohingegen es sich bei Portfoliomodellen, Szenariotechniken oder Stärken-/Schwächenanalysen um qualitative Methoden handelt. Da das Instrument, das bei einem Projekt zum Einsatz kommt, von dem Beratungsproblem abhängig ist, können für den Einsatz von Instrumenten und Methoden ebenso wenig allgemeingültige Aussagen gemacht werden wie für das Beratungsproblem (vgl. Schade 1997: 254, Grün 1984: 15 ff.).

3.4.3 Kunden-Berater-Beziehung

In diesem Abschnitt erfolgt die Betrachtung der Kunden-Berater-Beziehung und damit einhergehend der Kunden- sowie der Beraterrolle. Unter dem Begriff „Rollenverteilung" werden in der Literatur zur Unternehmensberatung sowohl die Aufgabenverteilung zwischen Kunden und Beratern als auch die eingenommenen sozialen Rollen von Kunden und Beratern verstanden (vgl. Steyrer 1991: 16). Die unklare Begriffsverwendung ist darauf zurückzuführen, dass es zahlreiche Versuche gibt, die verschiedenen Kunden- und Beraterrollen zu kategorisieren, und dabei teilweise sowohl Aspekte der Aufgabenteilung als auch der sozialen Rollen betrachtet werden (vgl. beispielsweise Lippitt & Lippitt 1977: 106, Schein 1978: 339, Elfgen & Klaile 1987: 111 ff., Fleischmann 1984: 111, Meffert 1990: 184 f., Hoffmann 1991: 84 ff., Vansina 1971: 14 f.).

Diese Vielzahl von Rollenkonzepten trägt zur Doppeldeutigkeit des Begriffs „Rollenverteilung" bei und führt dazu, dass der Leser teilweise im Unklaren darüber gelassen wird, mit welchen Aspekten sich die Ausführungen wirklich beschäftigen. Um solche Unklarheiten zu vermeiden, wird in der vorliegenden Arbeit zunächst auf die inhaltliche Aufgabenverteilung eingegangen, da das Beratungsproblem der Ausgangspunkt jedes Beratungsprojektes ist (vgl. Kapitel 3.4.2). Im Anschluss werden dann die möglichen Rollen von Kunden und Beratern sowie die gegenseitige Beeinflussung näher beleuchtet.

Die Aufgabenverteilung zwischen Beratern und Kunden bezieht sich auf die inhaltliche Verteilung der Aufgaben, die bei der Detaillierung der Aufgabenstellung festgelegt wurden. Zunächst wird bestimmt, welche Mitarbeiter auf Seiten des Kundenunternehmens und auf Seiten des Beratungsunternehmens an dem Projekt teilnehmen. Im nächsten Schritt wird für jede inhaltliche Aufgabe ein Hauptverantwortlicher benannt; dies kann sowohl ein Berater als auch ein Kundenmitarbeiter sein. Die tatsächliche Bearbeitung der Aufgabe erfolgt meist in gemeinsamen Teams, die sich aus Beratern und Kunden zusammensetzen. Die klare Zuordnung von Verantwortlichkeiten und die Benennung eines Hauptverantwortlichen ist für einen zielgerichteten und schnellen Projektfortschritt entscheidend, weil der verantwortliche Projektmitarbeiter normalerweise dafür sorgen wird, dass die Bearbeitung der Aufgabe entsprechend voranschreitet. Falls es im Projektverlauf zu Schwierigkeiten kommt, wird der Verantwortliche ein Interesse daran haben, die Probleme schnellstmöglich zu lösen oder die auftretenden Probleme zumindest an den Gesamtprojektverantwortlichen zu kommunizieren. Zudem sollen auch klare Regelungen für die Kommunikation, die Entscheidungswege, den zeitlichen Ablauf sowie die einzelnen Kompetenzen innerhalb der Projektarbeit getroffen werden. Die formale Festlegung der Aufgabenverteilung und der Projektorganisation dient dazu, eine effiziente und situationsadäquate Leistungserstellung im Verlauf des Beratungsprozesses sicherzustellen (vgl. Elfgen & Klaile 1987: 123 ff.).

Die inhaltliche Verteilung der Aufgaben bildet den Rahmen für die Rollen, die von Berater- und Kundenmitarbeitern eingenommen werden können. Unter dem Begriff „Rolle" wird das Verhalten des Kunden respektive des Beraters verstanden. Sowohl Kunde als auch Berater verfolgen das Ziel, mit ihren Verhalten die Erwartungen des Gegenübers zu erfüllen, daher finden eine ständige wechselseitige Beeinflussung der eingenommenen Rollen sowie ein kontinuierlicher Abstimmungs- und Anpassungsprozess statt (vgl. Fleischmann 1984: 58 ff.). Die inhaltliche Aufgabenverteilung des Projektes gibt somit die „Startposition" für die mögliche Rollenverteilung vor. Im Projektverlauf ist allerdings auf individueller Ebene im Rahmen der Zusammenarbeit zwischen Beratern und Kunden eine ständige Veränderung und Anpassung der anfangs eingenommenen Rollen zu beobachten (vgl. Hafner et al. 1988: 17 f., Clark 1976: 121, Hoffmann 1991: 94).

Zunächst hat der Kunde als Auftraggeber die Macht, einen Berater auszusuchen und damit Einfluss auf die Rollenverteilung zwischen Berater und Kunden zu nehmen. Dem Berater fällt in diesem Stadium die Aufgabe zu, sich möglichst gut an die Erwartungen des Kunden anzupassen und diese zu erfüllen. Der Kunde hingegen legt zu Beginn eines Projektes seine Rolle weitestgehend selbst fest und hat damit eindeutig die rollenprägende Funktion inne, was sich im Verlauf des Projektes jedoch durchaus ändern kann (vgl. Fleischmann 1984: 116 ff., 169 ff.). Obwohl es zahlreiche Untersuchungen[33] gibt, die dem Kundenverhalten eine enorme Bedeutung für den Beratungserfolg zuschreiben, haben sich relativ wenig Beiträge mit der Rolle des Kunden beschäftigt. Der umfangreichste Beitrag stammt von Fleischmann, die eine Klientypologie anhand der Dimensionen „Problemdruck" und „Lern- und Kooperationsbereitschaft" entwickelt hat.

---

[33] Vgl. beispielsweise: Grün 1990: 132, Hoffmann 1991: 243.

Die Dimension „Problemdruck" geht auf die spezifische Situation des Klienten zum Zeitpunkt des Projektes ein. Es wird unterschieden, ob das Beratungsprojekt auf Grund einer akuten Problemsituation notwendig wurde oder ob die Unterstützung durch die Berater vorbeugend angefragt wurde und kein aktueller Handlungsbedarf bestand. Entsprechend erfolgt eine Einteilung des Problemdrucks in „hoch" und „gering". Die Dimension „Lern- und Kooperationsbereitschaft" stellt unabhängig von der spezifischen Situation die grundsätzliche Bereitschaft des Kunden zum Wandel dar. In dieser Dimension legt der Kunde seine Rolle größtenteils selbst fest (vgl. Fleischmann 1984: 120 ff.). Steyrer hat die von Fleischmann eingeführte Typologie geringfügig modifiziert und anhand einer Clusteranalyse weitestgehend empirisch belegen können (vgl. Steyrer 1990: 145). Folgende Abbildung stellt die Klientetypologie nach Fleischmann dar:

	LERN- UND KOOPERATIONSBEREITSCHAFT	
	Gering	Hoch
Hoch	Von der Führung getrieben Typ I	Krisenbewältigung Typ II
PROBLEM-DRUCK		
	Imagepfleger Typ IV	Kooperativer Problemlöser Typ III
Gering		

Abb. 17: Klientetypologie[34]
Quelle: Fleischmann 1984: 123

Unter Typ I „Von der Führung getrieben" wird eine Situation verstanden, bei der ein hoher Problemdruck, jedoch eine geringe Lern- und Kooperationsbereitschaft beim Kunden existiert. Auf Grund der geringen Bereitschaft zum Wandel ist ein ausreichendes Machtpotenzial von Seiten der Führungsspitze notwendig, um unter solchen Bedingungen ein Beratungsprojekt durchführen zu können. Typ II wird unter „Krisenbewältigung" zusammengefasst. In diesem Fall zeichnet sich die Kundensituation durch einen hohen Problemdruck und eine hohe Lern- und Kooperationsbereitschaft aus. Der Kunde ist bereit, mit dem Berater zügig an

---
[34] Verschieden Autoren haben die Klientetypologie von Fleischmann durch Umbenennung einzelner Typen oder Dimensionen geringfügig abgewandelt und somit in leicht veränderter Form dargestellt. Letztlich gehen diese Darstellungen aber ebenfalls auf die Klientetypologie von Fleischmann zurück. Siehe beispielsweise Hoffmann 1991: 95 f., Treichler & Wiemann 2004: 24 ff., Steyrer 1990: 147 f.

einer nachhaltigen Lösung des Problems zu arbeiten und diese auch umzusetzen. Allerdings steht der Kunde auf Grund des hohen Problemdrucks vor der Herausforderung, möglichst schnell eine Lösung zu finden und gleichzeitig die notwendige inhaltliche Tiefe bei der Erarbeitung zu erreichen. Typ III, der „Kooperative Problemlöser", schafft die besten Voraussetzungen für die Erarbeitung einer gemeinsamen Problemlösung, weil er seine Mitverantwortung erkennt und bei geringem Problemdruck kooperativ an dem Wandlungsprozess mitarbeitet. Der vierte Typ wird mit dem Begriff „Imagepfleger" bezeichnet. Dieser Klientenyp hat kein ernsthaftes Interesse an dem Beratungsprojekt, sondern das Projekt dient lediglich der Image-Aufwertung.[35]

Zur Lösung des Beratungsproblems tritt der Kunde mit dem Berater in Kontakt und es kommt zur Interaktion zwischen Kunden und Berater. Das Beratungsproblem wird daher auch mit dem Begriff „Interaktionszusammenhang" bezeichnet (vgl. Kapitel 3.4.2). Der Klientenyp, den das Kundenunternehmen über die Dimension „Lern- und Kooperationsbereitschaft" weitestgehend selbstständig wählen kann, und die damit verbundenen Erwartungen des Kunden nehmen über den Interaktionszusammenhang somit Einfluss auf die Rolle des Beraters. In der Literatur gibt es zahlreiche Beiträge, die sich dem Thema der möglichen Beraterrollen angenommen haben. Im Folgenden werden die zwei am häufigsten genannten Konzepte kurz vorgestellt sowie die Beraterrollen in Abhängigkeit von der eingenommenen Kundenrolle dargestellt.

Lippitt & Lippitt waren unter den Ersten, die sich ausführlich mit den unterschiedlichen Rollen, die ein Berater einnehmen kann, beschäftigt haben. Die Unterscheidung der einzelnen Rollen erfolgt anhand eines Kontinuums von „eher direktiv" zu „eher nicht direktiv". Unter einem eher direktiven Rollenverhalten versteht man, wenn der Berater selbst Aktivitäten initiiert und die Führung übernimmt. Im Gegensatz dazu versorgt der Berater bei der Einnahme von eher nicht direktiven Rollen den Kunden lediglich mit Informationen, die dieser verwenden oder auch einfach ignorieren kann (vgl. Lippitt & Lippitt 1977: 105). Spätere Beiträge betrachten die Einteilung entlang des Kontinuums von „direktiv" zu „nicht direktiv" schwerpunktmäßig unter dem Aspekt der Einflussnahme des Beraters und führen den Begriff „Beratungsintensität" ein (vgl. Wohlgemuth 1991: 128 ff., Elfgen & Klaile 1987: 110 f., Kubr 1996: 61). In Abbildung 18 sind die acht Beraterrollen nach Lippitt & Lippitt abhängig von ihrer Einflussnahme auf den Beratungsprozess dargestellt.

Das Rollenspektrum des Beraters reicht von dem einen Extrem des Advokaten bis hin zu dem anderen Extrem des Reflektors. Agiert der Berater als Advokat, versucht er den Kunden entweder inhaltlich oder methodisch zu beeinflussen und greift aktiv in den Lösungsprozess ein. Bei der inhaltlichen Beeinflussung versucht er den Kunden dazu zu bringen, bestimmte

---

[35] In diesem Falle verfolgt das Beratungsprojekt eine politische Funktion und daher erfolgt keine Berücksichtigung dieses Typs im Rahmen der vorliegenden Arbeit (vgl. Kapitel 2.2).

Ziele zu wählen oder bestimmte Werte zu übernehmen. Bei der methodischen Beeinflussung wird der Kunde veranlasst, das Problem unter Anwendung bestimmter Verfahren zu lösen, wobei keine inhaltlichen Vorgaben erfolgen.

| Advokat | Technischer Spezialist | Trainer/ Erzieher | Mitarbeiter | Erkenner von Alternativen | Auffinder von Fakten | Verfahrens- spezialist | Reflektor |

BERATER → KUNDE

BERATUNGSINTENSITÄT

Direktiv — Nicht direktiv

Abb. 18: Überblick möglicher Beraterrollen
Quelle: eigene Darstellung in Anlehnung an Lippitt & Lippitt 1977: 106, Kubr 1996: 61

In der Rolle des Reflektors hingegen nimmt der Berater eher eine passive Stellung ein und versucht, die Entscheidungsbasis des Kunden lediglich durch reflektierende Fragen auszudehnen und dadurch zur Klärung der Situation beizutragen (vgl. Lippitt & Lippitt 1977: 107 ff.). Auf die ausführliche Beschreibung der anderen Rollen wird an dieser Stelle verzichtet; sie ist bei Interesse in der entsprechende Literatur nachzulesen (vgl. beispielsweise Lippitt & Lippitt 1977: 107 ff., Kubr 1996: 60 ff.).

Neben dem Konzept von Lippitt & Lippitt, das die Dimension „Beratungsintensität" zur Einteilung der Beraterrollen einsetzt, ist das Konzept von Schein hervorzuheben, in dem zunächst grundsätzlich zwischen der Fach- und der Prozessberatung unterschieden wird.

In der Fachberatung steht die Wissensvermittlung im Vordergrund. In diesem Falle kann der Berater entweder die Rolle des Experten oder die des Arztes einnehmen. Falls der Kunde weiß, was sein Problem ist, und sich darüber im Klaren ist, welche Informationen er benötigt, um seine Schwierigkeiten zu lösen, dann übernimmt der Berater die Rolle des Experten. Seine Aufgabe besteht in der reinen Wissensvermittlung. Der Kunde möchte nicht in den Beratungsprozess involviert werden, sondern erwartet von dem Berater, dass dieser ihm die entsprechenden Informationen und das Wissen zur Lösung des Problems zur Verfügung stellt. Nachdem der Kunde die Daten erhalten hat, entscheidet er über deren weitere Verwendung. Falls der Berater die Rolle des Arztes einnimmt, stellt sich die Situation anders dar. Der Kunde ist sich zwar darüber bewusst, dass er Schwierigkeiten hat, aber er weiß nicht, wo seine Probleme genau liegen. In diesem Falle wird der vollständige Diagnoseprozess an den Berater delegiert und dieser hat die Aufgabe, nach der Diagnose, ein entsprechendes „Heilmittel" zu finden. Der Unterschied zwischen der Rolle des Experten und des Arztes besteht in dem Ausmaß, in dem der Kunde in das Beratungsprojekt involviert ist und inwieweit er das Beratungsprojekt kontrolliert (vgl. Schein 1978: 339 ff.).

Bei der Prozessberatung steht die Vermittlung von Methoden und Ansätzen zur Problemlösung im Mittelpunkt und der Berater übernimmt die Rolle des Prozessberaters oder des Moderators. Der Prozessberater, der als eine Art Katalysator fungiert, verfügt über methodisches Wissen, das zur Lösung des Problems eingesetzt werden kann. Seine Aufgabe besteht darin, den Problemlösungsprozess zu initiieren und zu strukturieren. Das Lösen von inhaltlichen Problemen gehört nicht zu seinen Aufgaben, dies muss der Kunde selbstständig erledigen. Der Moderator hingegen hält üblicherweise eigene inhaltliche Lösungen bereit. Trotzdem übernimmt er keine aktive Rolle im Problemlösungsprozess, sondern konzentriert sich darauf, dem Kunden zu helfen, die Probleme eigenständig zu lösen. Bei Bedarf unterstützt der Moderator den Kunden sowohl in methodischen als auch in inhaltlichen Fragen (vgl. Schein 1978: 339 ff.).

Zusammenfassend kann festgehalten werden, dass sich bis heute weder eine einheitliche Benennung noch Einteilung der Beraterrollen durchgesetzt hat. Die meisten Beiträge zu dem Thema „Beraterrollen" basieren auf einem der beiden oben vorgestellten Konzepte oder stellen eine Mischung dieser beiden Ansätze dar (vgl. Kubr 1996: 56 ff., Wohlgemuth 1991: 128 ff.).

Hoffmann hat sich in seiner Arbeit mit der Frage beschäftigt, welche Beraterrollen in Abhängigkeit der Kundenrolle überhaupt eingenommen werden können. Basierend auf der Kliententypologie von Fleischmann und unter Verwendung der Dimension „Beteiligungsintensität" nach Lippitt & Lippitt sowie der Dimensionen „Fach- und Prozessberatung" nach Schein leitet Hoffmann einen logischen Zusammenhang zwischen Klientyp und Beraterrolle ab, der in Abbildung 19 dargestellt ist.

Es ist entscheidend, ohne im Detail auf die Beraterrollen einzugehen, dass Hoffmann deutlich herausarbeiten konnte, dass ein bestimmter Klientyp nur ein eingeschränktes Spektrum der Beraterrollen zulässt. Es ist somit festzuhalten, dass das Kundenverhalten einen wesentlichen Einfluss auf die Beraterrolle hat und eine gegenseitige Beeinflussung erfolgt (vgl. Hoffmann 1991: 146).[36]

In den vorgestellten Ansätzen der Rollenverteilung wird sowohl unter „Kunden" als auch unter „Berater" das jeweilige Unternehmen als Ganzes verstanden. Die Betrachtung des Rollenverhaltens erfolgt auf der Ebene der organisatorischen Einheit, auf das individuelle Verhalten von einzelnen Personen wird nicht eingegangen (vgl. Hoffmann 1991: 82). Fleischmann führt eine Differenzierung zwischen Makro- und Mikrorolle ein. Auf Makroebene erfolgt die Betrachtung des gesamten sozialen Systems, was in diesem Falle das jeweilige Unternehmen ist, wohingegen auf Mikroebene der Gegenstand der Untersuchung das individuelle Verhalten der einzelnen Systemmitglieder ist (vgl. Fleischmann 1984: 68 ff.). Trotz dieser theoretischen

---

[36] Die Beschreibung der einzelnen Beraterrollen sowie die Zusammenhänge mit den eingenommenen Kundenrollen sind bei Interesse nachzulesen in Hoffmann 1991: 83 ff.

Differenzierung erfolgt die Betrachtung der Rollen letztlich ebenfalls auf der Ebene der organisatorischen Einheit, weil mit Hilfe von zwei Transferhypothesen abgeleitet wird, dass die Rollenerwartungen der Makroebene sich auf die Mikroebene transferieren lassen. Folglich werden in diesen Beiträgen die Begriffe „Beraterrolle" und „Klientenrolle" verwendet, wenn von dem Verhalten des Beratungs- und des Klientenunternehmens die Rede ist (vgl. Fleischmann 1984: 76 ff.).

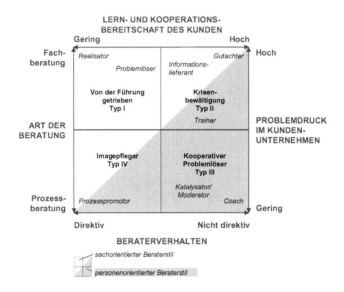

Abb. 19: Logischer Zusammenhang zwischen Beraterrollen und Kliententyp
Quelle: eigene Darstellung in Anlehnung an Hoffmann 1991: 87, 99, Fleischmann 1984: 123

Diese Argumentation und Vorgehensweise ist vor der Zielsetzung, allgemeingültige Rollen und Verhaltensweisen für das Kundenunternehmen und das Beratungsunternehmen abzuleiten, durchaus nachvollziehbar. Dennoch ist zu beachten, dass die persönliche Zielsetzung des Beraters einen wesentlichen Einfluss auf die Rolle hat, die er im Verlauf eines Projektes einnimmt (vgl. Vansina 1971: 14). Zudem wird oft die Bedeutung von gegenseitigem Vertrauen im Zusammenhang mit der Kunden-Berater-Beziehung sowie einer erfolgreichen Zusammenarbeit hervorgehoben (vgl. beispielsweise Fink 2004: 108, Wohlgemuth 1991: 179, 197, Turner 1982:129, Maister 1993: 112 ff.). Manche Autoren gehen sogar so weit und betrachten die Zusammenarbeit zwischen Berater und Kunde als eine persönliche Beziehung, die dazu dient, ein Problem zu lösen, und deren Basis das Vertrauen zwischen Berater und Kunde bildet (vgl. Lippitt 1972: 13, Kubr 1996: 54 ff.).

Vor diesem Hintergrund sollte die persönliche Beziehung zwischen den handelnden Personen nicht außer Acht gelassen werden. Betrachtet man die beiden Unternehmen näher, dann wird deutlich, dass die individuellen Kunden-Berater-Beziehungen auf unterschiedlichen hierarchischen Ebenen stattfinden und verschiedene inhaltliche Fragestellungen behandeln. Folgende Abbildung stellt die Beziehungen zwischen den einzelnen üblicherweise an einem Beratungsprojekt beteiligten Personen sowie die Kommunikationswege zwischen ihnen und die inhaltlichen Aufgaben dar:

Abb. 20: Überblick Projektteilnehmer des Beratungs- und des Kundenunternehmens
Quelle: in Anlehnung an Hoffmann 1991: 28, Elfgen & Klaile 1987: 103 ff.

Selbstverständlich werden die Projektorganisation und die entsprechenden Kommunikationswege letztlich für jedes einzelne Beratungsprojekt individuell festgelegt. Dennoch kann grundsätzlich zwischen drei Personengruppen auf Seiten des Beratungs- und des Kundenunternehmens unterschieden werden, die an einem Beratungsprojekt beteiligt sind.

Die oberste Hierarchieebene eines Beratungsprojektes wird auf Kundenseite durch den Auftraggeber, meist ein Mitglied der Geschäftsführung, und auf Beratungsseite durch einen Partner[37] besetzt. Diese beiden Personen besprechen alle wesentlichen Punkte des Beratungsprojektes, vereinbaren den Beratungsauftrag, treffen alle Grundsatzentscheidungen und beurteilen das Projekt abschließend. Im Regelfall wird zudem ein Gremium oftmals in Form eines Lenkungsausschusses eingerichtet, mit dessen Hilfe der Auftraggeber und der Partner über den Projektfortschritt informiert werden und diesen überwachen.

Bei größeren Beratungsprojekten ist es üblich, dass beide Unternehmen jeweils einen Mitarbeiter benennen, der für die Projektabwicklung verantwortlich ist. Bei kleineren Projekten

---

[37] Im Falle, dass ein Beratungsunternehmen in Form einer Partnerschaft organisiert ist, werden die Anteilseigner des Beratungsunternehmens mit dem Begriff „Partner" bezeichnet. Die Partner bilden normalerweise die oberste hierarchische Ebene des Beratungsunternehmens.

kann es sein, dass auf diese zweite Hierarchieebene verzichtet wird. Der Projektleiter ist ein erfahrener Mitarbeiter des Beratungsunternehmens, der die Aufgabe hat, die eingesetzten Berater optimal zu koordinieren und einen möglichst effizienten Arbeitsablauf von Seiten des Beratungsunternehmens zu gewährleisten. Der interne Projektkoordinator ist für die Planung aller im Zusammenhang mit dem Projekt stehenden Aktivitäten der Kundenmitarbeiter zuständig. Seine Aufgabe ist es, dafür zu sorgen, dass den Beratern die richtigen Ansprechpartner zur Verfügung stehen und ihnen die notwendigen Informationen bereitgestellt werden. Der Projektleiter und der interne Projektkoordinator sind normalerweise gemeinsam dafür zuständig, dass ein reibungsloser Ablauf des Beratungsprojektes sichergestellt wird, und tragen die Gesamtverantwortung für das Projekt. Sie stellen auf der jeweiligen Unternehmensseite die zentralen Ansprechpartner dar und werden üblicherweise im Falle von auftretenden Problemen direkt von den eigenen Mitarbeitern kontaktiert. Zudem haben die Projektleiter in der Regel im Rahmen von Lenkungsausschusssitzungen die Aufgabe, die oberste Hierarchieebene über den jeweiligen Projektfortschritt zu informieren.

An dieser Stelle ist anzumerken, dass es unter den Projektmitarbeitern normalerweise zwei Kommunikationsrichtungen gibt. Zum einen wird innerhalb des jeweiligen Unternehmens mit der direkt unter- bzw. übergeordneten Hierarchieebene kommuniziert und zum anderen wird über die Unternehmensgrenzen hinweg auf der gleichen Hierarchieebene mit dem direkten Ansprechpartner des anderen Unternehmens kommuniziert. Die üblichen Kommunikationswege zwischen den einzelnen Personen sind in der Abbildung mit Pfeilen dargestellt. Über die hierarchischen Ebenen hinweg besteht somit die Gefahr des Informationsverlustes. Es kann daher vorkommen, dass auf oberster Ebene Entscheidungen getroffen werden, die die Sichtweise der operativen Projektmitarbeiter und der ausführenden Berater nicht ausreichend berücksichtigen.

Die tatsächliche Abarbeitung der einzelnen Aufgaben erfolgt auf der dritten Ebene des Beratungsprojektes durch die ausführenden Berater und die operativen Projektmitarbeiter. In Abhängigkeit von der zu bearbeitenden Aufgabenstellung werden unterschiedliche Teams und Arbeitsgruppen gebildet, die mit der Erarbeitung und Bewertung von Problemlösungsvorschlägen betraut werden. Auf dieser Ebene wird die inhaltliche Projektarbeit in Form von Analysen, Planungen, Szenariorechnungen, Marktstudien etc. durchgeführt. Nach Bearbeitung der einzelnen Aufgabenfelder werden die gewonnenen Erkenntnisse zusammengetragen und als Basis für die Erarbeitung von Problemlösungen verwendet, die im Anschluss bewertet werden. Der Projektleiter und der interne Projektkoordinator müssen sich dann letztlich entscheiden, welchen Lösungsvorschlag sie dem Top-Management empfehlen. Die endgültige Empfehlung wird meist im Rahmen einer Abschlusspräsentation ausgesprochen, wobei im Verlauf des Projektes normalerweise in den Lenkungsausschusssitzungen bereits eine enge Abstimmung zwischen dem Auftraggeber, dem Partner, dem internen Projektkoordinator und dem Projektleiter stattfindet. Die Entscheidung über das weitere Vorgehen ist letztlich alleinig vom Auftraggeber bzw. dem Top-Management des Kundenunternehmens zu treffen (vgl. Hoffmann 1991: 28 ff., Elfgen & Klaile 1987: 103 ff.).

Die Betrachtung der Zusammenarbeit von Kunden und Beratern auf einer individuellen Ebene macht deutlich, dass die Beziehungen zwischen den Projektteilnehmern viel komplizierter sein können, als dies zunächst bei Betrachtung der gesamten organisatorischen Einheit erscheinen mag. Infolgedessen wird, um der Komplexität der Beziehungen gerecht zu werden, in dieser Arbeit die Betrachtung der Rolle des Beraters und des Kunden auf individueller Ebene zugelassen. Es ist somit beispielsweise vorstellbar, dass ein Berater unterschiedliche Rollen gegenüber verschiedenen Personen des Kundenunternehmens einnimmt.

Um Klarheit zu schaffen, ob über die Aufgabenverteilung oder die soziale Rolle gesprochen wird, erfolgt zudem die Einführung einer inhaltlichen und persönlichen Dimension. Bereits Kubr hat in etwas allgemeinerer Form festgehalten, dass Beratung aus einer technischen und einer persönlichen Dimension besteht.

"In a nutshell, an effective consulting approach suggests how to deal with two critical dimensions of change in client organizations:
(1) The technical dimension, which concerns the nature of the management or business problem faced by the client and the way in which this problem can be analysed and resolved.
(2) The human dimension, i.e. interpersonal relationships in the client organization, people's feelings about the problem at hand and their interest in improving the current condition, and the relationship between the consultant and the client as persons." (Kubr 1996: 18)

Überträgt man diese Sichtweise auf die Kunden-Berater-Beziehung, dann kann man unter der inhaltlichen Dimension der Rolle alle Aspekte zusammenfassen, die mit der inhaltlichen Fragestellung, der Verteilung der einzelnen Aufgaben zwischen den Projektteilnehmern, den eingesetzten Methoden zur Bearbeitung der Aufgaben sowie der Kompetenz und dem Wissen der jeweiligen Individuen zu tun haben. Die persönliche Dimension umfasst die soziale Rolle, das Verhalten, die Motivation und die Werte des Einzelnen.

Zusammenfassend kann festgehalten werden, dass es in der Literatur eine verwirrende Vielzahl von Rollenkonzepten über die Kunden-Berater-Beziehung gibt, die sich vorwiegend mit der Beraterrolle beschäftigen. Die bisherigen Konzepte haben die Rolle des Kunden und des Beraters auf der Ebene des Unternehmens analysiert und die Möglichkeit von individuellen Rollen nicht weiter berücksichtigt. Zudem hat eine unklare Begriffsverwendung dazu beigetragen, dass der Leser teilweise im Unklaren darüber gelassen wurde, welcher Aspekt der Kunden-Berater-Beziehung im Einzelnen betrachtet wird. Im Rahmen dieser Arbeit wird die Betrachtung der einzelnen Rollen von Beratern sowohl auf individueller Ebene als auch auf unterschiedlichen hierarchischen Ebenen zugelassen, um der Komplexität der Kunden-Berater-Beziehung gerecht zu werden. Die Einführung einer inhaltlichen und einer persönlichen Dimension soll dazu dienen, ein klares Verständnis des betrachteten Aspekts zu erlangen. Der Begriff „Kunden-Berater-Beziehung" wird im Folgenden somit als Oberbegriff verstanden. Er umfasst sowohl die Rolle des Beraters als auch des Kunden sowie sowohl die inhaltliche als auch die persönliche Dimension. Neben der Berücksichtigung einer inhaltlichen und einer persönlichen Dimension ist zudem zu beachten, dass sich das Berater- und Klientenverhalten und damit die eingenommenen Rollen im Verlauf des Beratungsprozesses ständig ändern können (vgl. von Rosenstiel 1991: 176, Clark 1976: 121). Infolgedessen werden im nächsten Schritt die in dem Kapitel 3.4 vorgestellten Elemente des Bezugsrahmens mit der prozessualen Sichtweise des Kapitels 3.3 zusammengeführt, um den im Rahmen dieser Arbeit verwendeten Bezugsrahmen zu bilden.

3.5 Darstellung des theoretischen Bezugsrahmens

In Kapitel 3.3 ist der Beratungsprozess bestehend aus den vier Phasen Akquisition und Festlegung der Aufgabenstellung, Datenanalyse und Konzepterstellung, Umsetzung des Konzeptes sowie Evaluation und finale Erfolgsmessung beschrieben worden. Die einzelnen Phasen und die jeweiligen Inhalte sind detailliert dargestellt worden. In Kapitel 3.4 wurden die Elemente des theoretischen Bezugsrahmen bestehend aus Interaktionshintergrund, Beratungsproblem und Beratungsmethoden und Kunden-Berater-Beziehung vorgestellt.

Verbindet man die prozessuale Sichtweise mit den einzelnen Elementen, kann das Beratungsproblem in Form des Interaktionszusammenhangs mit dem Beratungsprozess gleichgesetzt werden. Der Beratungsprozess stellt somit das verbindende Element zwischen Kunden- und Beratungsunternehmen dar, da der Sinn der Zusammenarbeit der beiden Parteien alleinig in der Lösung des Beratungsproblems liegt. Kunde und Berater können im Verlauf des Beratungsprozesses unterschiedliche Rollen einnehmen. Die Rolle des jeweiligen Kundenmitarbeiters bzw. des Beraters setzt sich sowohl aus einer inhaltlichen als auch aus einer persönlichen Dimension zusammen und kann gegenüber verschiedenen Personen unterschiedlich ausfallen. Der Beratungsprozess und die Kunden-Berater-Beziehung finden vor dem Interaktionshintergrund, der sich aus der Beratungsumwelt sowie kunden- und beraterspezifischen Determinanten zusammensetzt, statt.

Alle wesentlichen Faktoren, die im Rahmen eines Beratungsprojektes eine Rolle spielen, sind in folgender Abbildung zusammengefasst und bilden den theoretischen Bezugsrahmen für diese Untersuchung, da die Erfolgsmessung vor diesem Hintergrund stattfindet.

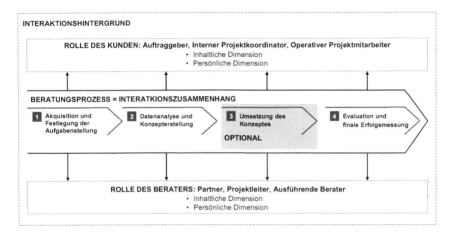

Abb. 21: Theoretischer Bezugsrahmen
Quelle: eigene Darstellung

4 EMPIRISCHE UNTERSUCHUNG

Nachdem in Kapitel 3 die konzeptionellen Grundlagen dieser Arbeit gelegt und die Elemente des theoretischen Bezugsrahmens vorgestellt wurden, wird in Kapitel 4 der Einfluss der einzelnen Elemente auf die Erfolgsmessung anhand von Fallstudien empirisch untersucht. Aus der leitenden Forschungsfrage lassen sich mit Hilfe des in Kapitel 3 gewonnenen Wissens folgende Teilfragen im Detail ableiten, die durch eine empirische Untersuchung beantwortet werden sollen.

- Wie wird der Erfolg von Beratungsprojekten, bei denen Erfolgshonorare zum Einsatz kommen, gemessen?
- Wie ist der Ablauf eines Beratungsprojektes?
- Wie werden die Hindernisse, die bei der Bewertung von Beratungsleistungen auftreten können, bei dem Einsatz von Erfolgshonoraren überwunden?
- Wie einigen sich Kunde und Berater darauf, wie der Erfolg gemessen wird?
- In welcher Form, wann und wie wird die Erfolgsmessung vereinbart?
- Wie wird die Vereinbarung der Erfolgsmessung festgehalten?
- Welche Faktoren haben einen Einfluss auf die Erfolgsmessung?
- Welche Ausprägungen nehmen diese Faktoren im Projektverlauf an?
- Haben diese Faktoren Einfluss auf die ursprünglich Vereinbarung der Erfolgsmessung?
- Welchen Einfluss hat die Erfolgsmessung auf die Projektarbeit?
- Welchen Einfluss hat die Vereinbarung eines Erfolgshonorars auf die Projektarbeit?
- Wie, wann und durch wen wird die Erfolgsmessung durchgeführt?
- Wie, wann und durch wen wird die Höhe des Erfolgshonorars festgelegt?
- Wie wird mit Unstimmigkeiten zwischen Berater und Kunden in Bezug auf die Erfolgsmessung umgegangen?
- Wie wird mit Unstimmigkeiten zwischen Berater und Kunden in Bezug auf das Erfolgshonorar umgegangen?
- Welcher Zusammenhang besteht zwischen Erfolgshonorar und Erfolgsmessung?

In Kapitel 4.1 werden zunächst die methodischen Grundlagen, die der empirischen Untersuchung zugrunde liegen, dargestellt. Es wird auf die Methodik der Fallstudienforschung eingegangen, bevor im Anschluss die Qualität des Forschungsdesigns anhand von Gütekriterien beurteilt wird. In den Kapiteln 4.2 bis 4.7 werden die sechs Fallstudien vorgestellt. Anfangs wird jeweils ein kurzer Überblick über die Branche sowie die vorherrschenden Rahmenbedingungen, in denen das Beratungsprojekt stattfand, gegeben. Anschließend erfolgt eine detaillierte Fallbeschreibung des betrachteten Projektes. Die Fallstudien enden jeweils mit einer Einzelfallanalyse. In Kapitel 4.8 werden die spezifische Punkte der einzelnen Fallstudien vergleichend gegenübergestellt und im Anschluss die daraus gewonnenen Erkenntnisse dargestellt.

4.1 Methodische Grundlagen

Nachdem in Kapitel 3.1 das gewählte Forschungsdesign vorgestellt und dargelegt wurde, warum ein qualitativer Forschungsansatz für die Fragestellung dieser Arbeit geeignet scheint, wird nun in Kapitel 4.1.1 auf die verschiedenen Möglichkeiten der qualitativen Forschung eingegangen. Es wird dargelegt, wieso die Methodik der Fallstudienforschung sich für die vorliegende Fragestellung eignet, und es wird die Anwendung dieser Methodik erläutert. In Kapitel 4.1.2 wird die Qualität des gewählten Forschungsdesigns anhand der Kriterien „Konstruktvalidität", „interne Validität", „externe Validität" und „Reliabilität" beurteilt.

4.1.1 Methodik der Fallstudienforschung

Yin identifizierte zur Durchführung qualitativer empirischer Untersuchungen folgende fünf möglichen Forschungsstrategien: Archivauswertung, Experiment, Erhebung, Geschichtsauswertung und Fallstudie (vgl. Yin 2006: 5). Die Wahl der geeigneten Forschungsstrategie wird durch die Art der Forschungsfrage, die Beeinflussbarkeit des Forschungsgegenstandes durch den Forscher und die Aktualität des Untersuchungsgegenstandes bestimmt.

Der Forschungsfrage kommt bei der Auswahl der geeigneten Methodik eine besondere Bedeutung zu. Wissenschaftliche Arbeiten fokussieren sich grundsätzlich auf die Beantwortung des „Was", „Wer", „Wo", „Warum" und „Wie" eines Problems. Der Einsatz von Fallstudien eignet sich besonders zur Untersuchung sogenannter „Wie"- und „Warum"-Fragestellungen. Die Fallstudienforschung ermöglicht die Untersuchung realer Ereignisse unter Berücksichtigung aller relevanten Einflussfaktoren und trägt zu einem vertieften Verständnis des Sachverhaltes bei. Hinsichtlich der Beeinflussbarkeit und der Aktualität des Untersuchungsgegenstandes stellt Yin fest:

> „The case study is preferred in examining contemporary events, but when the relevant behaviors cannot be manipulated." (Yin 2006:7)

Die vorliegende Arbeit untersucht Ereignisse, die in den letzten Jahren stattgefunden haben, und erfüllt somit das Kriterium der Aktualität. Gleichzeitig hat der Forscher aber weder die

Möglichkeit, den Forschungsgegenstand zu beeinflussen noch zu kontrollieren, da die untersuchten Ereignisse bereits stattgefunden haben und abgeschlossen sind.

Vor dem Hintergrund, dass es sich bei der Forschungsfrage dieser Arbeit um eine „Wie"-Frage handelt, und wegen der Erfüllung der Kriterien „Aktualität" und „Nichtbeeinflussbarkeit" des Forschungsgegenstandes erweist sich der Einsatz von Fallstudien als die geeignete Forschungsstrategie (vgl. Yin 2006: 7 ff., Eisenhardt & Graebner 2007: 26 f.).

Idealerweise werden Fallstudien allerdings zur Untersuchung der Gegenwart eingesetzt, um das Risiko der Verfälschung der Beobachtungen zu minimieren (vgl. Yin 2006: 35). Diese Kritik wird in der vorliegenden Arbeit bewusst in Kauf genommen, da die Untersuchung von laufenden Beratungsprojekten nicht möglich ist, ohne die Projektarbeit zu stören, und zudem hinsichtlich der Erfolgsmessung nur mit einem geringen Erkenntnisfortschritt gerechnet werden könnte, da der Erfolg noch nicht abschließend bestimmt wurde. Es wird jedoch davon ausgegangen, dass die Interviewpartner die betrachteten Beratungsprojekte noch gut in Erinnerung haben, weil keines der untersuchten Projekte länger als fünf Jahre zurückliegt. Zudem wurden die entsprechenden Projektunterlagen hinzugezogen, die im Verlauf des Projektes erstellt wurden, um eine valide Datenbasis zu gewährleisten.

Es bleibt somit festzuhalten, dass in dieser Arbeit der Fallstudienansatz, genauer gesagt der vergleichende Fallstudienansatz, als Forschungsstrategie gewählt wird. Zunächst erfolgt die detaillierte Betrachtung einzelner Fälle, um Informationen zutage zu bringen, die im Rahmen von großzahligen empirischen Untersuchungen nicht erfasst werden könnten (vgl. zu Knyphausen-Aufseß 1995: 222 f.). Im Anschluss werden die einzelnen Fallstudien einander gegenübergestellt, um dadurch eine kritische Hinterfragung sowie eine Ausdifferenzierung der Forschungsergebnisse zu erreichen. Vergleichende Fallstudien werden daher häufig als überzeugender, vertrauenswürdiger und robuster als Einzelfallstudien angesehen (vgl. Miles & Hubermann 1994: 29). Allerdings besteht bei der Fallstudienforschung das Risiko, dass die Ergebnisse enttäuschend sind, da es sein kann, dass sich keine klaren Zusammenhänge in den betrachteten Fällen abzeichnen und somit keine wesentlichen neuen Erkenntnisse generiert werden können (vgl. Eisenhardt 1989: 545). Nach Darlegung der Gründe für die Wahl der Forschungsstrategie wird im Folgenden näher auf das konkrete Vorgehen bei der Durchführung der Fallstudien sowie die Analyse der Fallstudien eingegangen.

Yin und Eisenhardt haben verschiedene Arbeiten dem Thema gewidmet, wie die Durchführung von Fallstudien erfolgen soll und wie diese Vorgehensweise zur Theoriebildung beitragen kann (vgl. Yin 2006, Eisenhardt & Graebner 2007, Eisenhardt 1989.) Basierend auf ihren Beiträgen werden nun die Inhalte der folgenden Schritte des Forschungsprozesses dieser Arbeit näher erläutert: Fallstudienvorbereitung und -auswahl, Datenerhebung, Einzelfallanalyse, fallübergreifende Analyse und Weiterentwicklung des Bezugsrahmens.

Fallstudienvorbereitung und -auswahl

Im Rahmen der Vorbereitung der Fallstudien ist es wichtig, die Forschungsfrage so weit zu präzisieren, dass eine zielgerichtete Vorgehensweise möglich ist. Mit Hilfe einer klar formulierten Forschungsfrage kann der Forschende relevante von nicht relevanten Daten unterscheiden und somit sicherstellen, dass er nicht in einem Überfluss von Daten versinkt (vgl. Eisenhardt 1989: 536). Die Fallauswahl spielt in der Fallstudienforschung eine entscheidende Rolle und erfolgt in der Regel nicht zufällig, sondern bewusst anhand ausgewählter Kriterien. Pettigrew schlägt in diesem Zusammenhang vor, dass möglichst extreme Beispiele des Untersuchungsgegenstandes gewählt werden sollten, um erkennbare Unterschiede beobachten zu können (vgl. Pettigrew 1990: 274 ff., Siggelkow 2007: 20 f.). Mit der Frage nach der geeigneten Anzahl der Fallstudien haben sich bereits zahlreiche Autoren beschäftigt und infolgedessen wird an dieser Stelle auf eine Vertiefung dieser Frage verzichtet (vgl. Eisenhardt 1989, Dyer Jr & Wilkins 1991, Eisenhardt 1991). Im Allgemeinen wird eine Anzahl zwischen vier und zehn Fallstudien als geeignet angesehen, um der Forderung nach Repräsentativität gerecht zu werden, ohne den Forschenden hinsichtlich Komplexität und Umfang der Fallstudien zu überfordern (vgl. Eisenhardt 1989: 545).

Der vorliegenden Arbeit werden sechs Fallstudien zugrunde gelegt. Voraussetzung für alle Fallstudien ist, dass bei dem entsprechenden Beratungsprojekt ein Erfolgshonorar vereinbart wurde. Als Kriterien der Fallstudienauswahl wurden die Art der Erfolgsmessung, der Erfolg des Projektes sowie der Anteil des ausbezahlten Erfolgshonorars verwendet. Bei der Auswahl wurde dabei darauf geachtet, dass möglichst unterschiedliche Vereinbarungen der Erfolgsmessung betrachtet werden sowie dass sowohl „erfolgreiche" als auch „nicht erfolgreiche" Projekte in der Auswahl enthalten sind.

Datenerhebung

Zur Datengewinnung wurden leitfadengestützte Interviews durchgeführt sowie die vertraglichen Unterlagen des Beratungsprojektes und die wesentlichen Projektpräsentationen herangezogen. Durch die Verwendung unterschiedlicher Datenquellen soll im Sinne der Triangulation ein abgesichertes Ergebnis erzielt werden (vgl. Eisenhardt 1989: 538). Als interaktive Erhebungsmethode spielt das Interview bei der Fallstudienstudienforschung eine besondere Rolle, da es dem Forschenden erlaubt, die soziale Realität des Interviewpartners einzufangen. Bei der Durchführung des Interviews wurde ein halbstrukturierter Leitfaden eingesetzt, der als Orientierungsrahmen und Gedächtnisstütze diente sowie die Strukturierung des Interviews und die vollständige Befragung unterstützte (vgl. Lamnek 2005: 329 ff.). Abhängig vom jeweiligen Interviewpartner wurden verschiedene Interviewleitfäden eingesetzt. Die unterschiedlichen Leitfäden für Berater, Kunden und Experten sind im Anhang beigelegt.

Insgesamt wurden 14 Interviews durchgeführt. 11 Interviews wurden mit Beratern oder Kundenmitarbeitern geführt, die direkt an dem betrachteten Beratungsprojekt, das der jeweiligen

Fallstudie zugrunde liegt, beteiligt waren. Von diesen 11 Interviews entfallen 7 Interviews auf Berater und 4 Interviews auf Kundenmitarbeiter. Zusätzlich wurden 3 Interviews mit Experten geführt, die über eine langjährige Erfahrung mit Beratungsprojekten verfügen. Die Experteninterviews verfolgten das Ziel, die in den Fallstudien gewonnenen Erkenntnisse kritisch zu hinterfragen und, falls notwendig, um weitere Aspekte aus der Praxis zu ergänzen. Alle Interviews wurden persönlich geführt. Alle Gesprächspartner willigten unter der Bedingung, dass die Aufnahmen im Zuge der Transkription anonymisiert werden, in die Aufzeichnung des Interviews ein. Die Aufnahmen wurden vollständig transkribiert, anonymisiert und den Interviewpartnern zur Freigabe vorgelegt, um sicherzustellen, dass alle Aussagen wahrheitsgemäß und richtig wiedergegeben wurden.[38]

Im Rahmen dieser Arbeit werden sechs Fallstudien untersucht. Bei vier Fallstudien konnte sowohl auf Daten des Beratungs- als auch des Kundenunternehmens[39] zurückgegriffen werden. Diese Konstellation bringt den Vorteil mit sich, dass die Validität der Daten auf Grund der unterschiedlichen Perspektiven steigt und zudem unterschiedliche Aussagen von Beratern und Kunden Hinweise auf interessante Analysepunkte geben können. Bereits in früheren Arbeiten wurde gefordert, dass die Betrachtung von Beratungsleistungen nach Möglichkeit von beiden Seiten erfolgen sollte (vgl. Nachum 1999: 943, Eisenhardt & Graebner 2007: 28). In drei Fällen konnte sowohl ein Kundenmitarbeiter als auch mindestens ein Berater zum gleichen Beratungsprojekt interviewt werden. Bei zwei Fallstudien konnten nur Daten von einem Interview, einmal auf Berater- und einmal auf Kundenseite, herangezogen werden. Den einzelnen Fallstudien ist jeweils die entsprechende Datenbasis zu entnehmen. Insgesamt sind sechs Beratungsprojekte, die von drei unterschiedlichen Beratungsunternehmen bei sechs verschiedenen Kunden durchgeführt wurden, in diese Arbeit eingeflossen. Alle Fallstudien werden zur Wahrung der Vertraulichkeit in anonymisierter Form dargestellt.

Nach der Fallauswahl und der Datenerhebung wurden im nächsten Schritt die Daten analysiert. Die Datenanalyse bildet das Kernstück der empirischen Untersuchung und ist somit auf der einen Seite der schwierigste Teil, aber auf der anderen Seite auch der Teil, für den es am wenigsten festgeschriebene Regeln in Bezug auf die Vorgehensweise und die Struktur gibt (vgl. Eisenhardt 1989: 539). Im Folgenden wird beschreiben, wie die Datenanalyse im Rahmen der vorliegenden Arbeit erfolgt ist.

Einzelfallanalyse

Das Ziel der Einzelfallanalyse ist es, die Besonderheiten der betrachteten Fallstudie herauszuarbeiten. Oftmals basiert die Einzelfallanalyse auf einer detaillierten Beschreibung der

---

[38] Die anonymisierten Transkriptionen sind dieser Arbeit in einem separaten Anlagenband beigelegt.
[39] In einem Fall basieren die Kundeninformationen auf dem vom Kunden zur Verfügung gestellten internen Projektordner. Ein Interview auf Kundenseite konnte in diesem Falle leider nicht durchgeführt werden, weil alle Mitarbeiter, die an dem Projekt beteiligt waren, heute nicht mehr im Unternehmen arbeiten.

betrachteten Fallstudie, es gibt jedoch kein standardisiertes Analyseverfahren, das zum Einsatz kommen muss. Vielmehr bleibt die Entscheidung über die Art und Weise, wie die Einzelfallanalyse durchgeführt wird, weitestgehend dem Forschenden überlassen (vgl. Eisenhardt 1989: 540, Langley 1999: 695).

In der vorliegenden Arbeit erfolgt zunächst eine detaillierte Beschreibung der einzelnen Fallstudien, die im weiteren Verlauf als Basis der Analyse dient. Die Beschreibung aller Fallstudien orientiert sich an folgender inhaltlicher Struktur: Ausgangssituation und Aufgabenstellung des Projektes, Regelung der Erfolgsmessung, Projektverlauf und finale Erfolgsmessung.

Zunächst wird jeweils ein kurzer Überblick über die Branche des Unternehmens, in dem das Beratungsprojekt stattfand, gegeben und, soweit es für das betrachtete Beratungsprojekt eine Rolle spielt, auf die Marktentwicklung eingegangen. Nach dieser grundsätzlichen Einordnung erfolgt im nächsten Schritt die Fallbeschreibung. Die Rahmenbedingungen des Projektes sowie die Gesamtsituation des Unternehmens werden näher erläutert. Es wird geschildert, wie das Beratungsprojekt zustande kam und welche Aufgaben im Verlauf des Projektes erfüllt werden sollten. Im Abschnitt „Regelung der Erfolgsmessung" wird darauf eingegangen, wie die vertragliche Vereinbarung zwischen Beratern und Kunden zur Messung des Erfolges zustande kam und wie sie lautet. Die Messkriterien des Vertrages werden im Einzelnen wiedergeben. Nach Darstellung der vertraglichen Basis des Beratungsprojektes folgt die Beschreibung des Projektverlaufes. Der Projektverlauf wird sowohl unter inhaltlichen Aspekten als auch unter Betrachtung der Zusammenarbeit der beiden Vertragsparteien geschildert. Abschließend wird darauf eingegangen, wie der Erfolg des Beratungsprojektes am Ende tatsächlich gemessen wurde und welche Schwierigkeiten unter Umständen dabei aufgetreten sind.

Nach der Beschreibung des einzelnen Beratungsprojektes erfolgt eine Einzelfallanalyse, die sich weitestgehend an einer einheitlichen Struktur orientiert, um im Anschluss eine fallstudienübergreifende Analyse zu ermöglichen. Die Einzelfallanalyse orientiert sich an der oben beschriebenen Struktur und geht insbesondere auf die im Folgenden dargestellten Aspekte ein.

Analyse der Ausgangssituation und der Aufgabenstellung des Projektes

− Kontaktaufnahme: Rolle des Beraters, Rolle des Kunden

− Wettbewerbssituation und Angebot

− Festlegung der Aufgabenstellung

− Aufnahme eines Erfolgshonorars

− Auswahl des Beraters

Analyse der Regelung der Erfolgsmessung

− Operationalisierung der Erfolgsmessung

- Einfluss des Erfolgshonorars auf die inhaltliche Arbeitsweise

Analyse des Projektverlaufs

- Rolle der Kundenmitarbeiter
- Rolle der Berater
- Entwicklung des Beratungsproblems
- Zusammenspiel zwischen der inhaltlichen und der persönlichen Dimension
- Einfluss sonstiger Faktoren

Analyse der finalen Erfolgsmessung

- Formale Erfolgsmessung
- Umgang mit Evaluationshindernissen

Es ist hervorzuheben, dass die soeben vorgestellte Struktur als Hilfe herangezogen wird, um eine nachvollziehbare Vorgehensweise im Rahmen der Fallstudien sicherzustellen. Nichtsdestotrotz werden möglicherweise auftretende Besonderheiten der einzelnen Elemente[40] im Verlauf des Beratungsprozesses selbstverständlich ebenfalls berücksichtigt und nicht ausgeschlossen.

Fallübergreifende Analyse

Nachdem die Analyse der einzelnen Fälle abgeschlossen ist, wird im Anschluss ein Vergleich zwischen den einzelnen Fällen durchgeführt. Ziel der fallübergreifenden Analyse ist es, durch eine Gegenüberstellung der jeweiligen Besonderheiten innerhalb der vorgestellten Kategorien Gemeinsamkeiten und Unterschiede der Fallstudien herauszuarbeiten. (vgl. Eisenhardt 1989: 540). Bei dieser Arbeit liegt der analytische Fokus auf der Identifikation der eingesetzten Messmöglichkeiten und Zusammenhänge der einzelnen Faktoren. Es ist hervorzuheben, dass nicht notwendigerweise alle Zusammenhänge in allen Fallstudien auftreten müssen, um daraus Erkenntnisse ableiten zu können, weil es durchaus möglich ist, dass in den einzelnen Fallstudien unterschiedliche Aspekte eine Rolle spielen. Nichtsdestotrotz wird den Erkenntnissen, die auf Beobachtungen in mehreren Fallstudien zurückzuführen sind, hinsichtlich der Validität der Daten mehr Vertrauen entgegengebracht als den Erkenntnissen, die auf Einzelbeobachtungen beruhen. Dieser Zusammenhang wird auch mit dem Begriff „replication logic" beschrieben; er besagt, dass es, je öfter ein Zusammenhang beobachtet werden kann, desto wahrscheinlicher ist, dass er auch richtig ist (vgl. Eisenhardt 1989: 542, Yin 2006: 47 ff.).

---

[40] Interaktionshintergrund, Rolle des Beraters, Rolle des Kunden und das Beratungsproblem.

Nachdem die in der Praxis vorkommenden Messmöglichkeiten identifiziert wurden und die Bedeutung der einzelnen Zusammenhänge herausgearbeitet wurde, werden diese Erkenntnisse dem theoretischen Bezugsrahmen gegenübergestellt. In Kapitel 5 wird diese Gegenüberstellung der fallstudienbasierten und der theoretischen Erkenntnisse näher erläutert; sie resultiert in der Weiterentwicklung des theoretischen Bezugsrahmens und in der Formulierung von Thesen. Im Anschluss werden auf Basis der gewonnenen Erkenntnisse Gestaltungsempfehlungen für die Erfolgsmessung von Beratungsprojekten abgeleitet.

4.1.2 Qualität des Forschungsdesigns

Die Qualität eines Forschungsprozesses wird anhand genereller Gütekriterien beurteilt, die die verschiedenen Aspekte der Methoden erfassen und vergleichbar machen. In der Literatur wurden viele unterschiedliche Kriterienkataloge für die Beurteilung von qualitativen Forschungsmethoden entwickelt (vgl. z.B. Lamnek 2005: 138 ff., Miles & Hubermann 1994: 5 ff.). Üblicherweise erfolgt die Beurteilung von Logik und Aufbau der Fallstudienforschung anhand der vier Kriterien „Konstruktvalidität", „interne Validität", „externe Validität" und „Reliabilität" (vgl. Yin 2006: 33 ff.).

Die **Konstruktvalidität** bezieht sich darauf, passende operative Maße für die zu untersuchenden Phänomene zu etablieren und dadurch sicherzustellen, dass die interessierenden Konstrukte akkurat erfasst werden. Der Absicherung der Konstruktvalidität gestaltet sich in der Fallstudienforschung besonders schwierig, da sie oftmals dem Vorwurf der subjektiven Färbung der Ergebnisse und Interpretationen ausgesetzt ist. In dieser Arbeit wird die Konstruktvalidität durch die Triangulation der Daten, den stringenten Aufbau des Forschungsdesigns sowie die Validierung der Fallstudien durch die Hauptinformanten erreicht.

Die Datenerhebung erfolgte, so weit wie möglich, sowohl aus der Perspektive des Kunden als auch aus der Perspektive des Beraters. Darüber hinaus sind in Form von Interviews, Projektpräsentationen und vertraglichen Unterlagen unterschiedliche Quellen in diese Arbeit eingeflossen. Die Triangulation der Datenquellen dient dazu, mögliche Verzerrungen zu minimieren (vgl. Golden 1992: 855, Lamnek 2005: 158). Zudem wird versucht, eine möglichst geschlossene Beweiskette von den Daten zu den Konstrukten darzulegen. In den Fallstudien sind immer wieder Interviewzitate enthalten, die zu der selektiven Plausibilisierung der Konstrukte beitragen sollen. Zur Herstellung der Vergleichbarkeit der Fälle erfolgt die Analyse der einzelnen Fälle anhand einer einheitlichen Struktur (vgl. Flick 2006: 324 ff.). Darüber hinaus ist die Überprüfung der Fallstudienbeschreibung durch die jeweiligen Interviewpartner erfolgt, um sicherzustellen, dass die Aussagen wahrheitsgemäß wiedergegeben sind und die Situation richtig dargestellt ist (vgl. Yin 2006: 36).

Die **interne Validität** beschäftigt sich mit der Gültigkeit der aufgestellten Kausalzusammenhänge und damit mit deren Zuverlässigkeit. Interne Validität liegt dann vor, wenn ausge-

Methodische Grundlagen

schlossenen werden kann, dass die abgeleiteten Zusammenhänge auf anderen Faktoren beruhen, die in der Untersuchung nicht betrachtet wurden. Dieser Nachweis ist im Rahmen der Fallstudienforschung schwer zu erbringen, da im Gegensatz zum Experiment Störfaktoren nicht gänzlich ausgeschlossen werden können. Die Durchführung von Strukturvergleichen und Zeitreihenanalysen sowie der stringente Aufbau einer Erklärungsstruktur werden als geeignete Instrumente zur Sicherstellung der internen Validität angesehen. In dieser Arbeit werden die einzelnen Fallstudien im Rahmen der fallübergreifenden Analyse anhand der in Kapitel 4.1.1 beschriebenen Struktur verglichen. Die fallübergreifende Analyse stellt sicher, dass die Erkenntnisse der einzelnen Fallstudien aus unterschiedlichen Perspektiven betrachtet werden und somit ein zufälliges Zustandekommen der kausalen Zusammenhänge weitestgehend ausgeschlossen werden kann. Darüber hinaus führen die Dokumentation der Datenanalyse sowie die weitgehende Offenlegung der Ideen, Annahmen und Widersprüchlichkeiten der Dateninterpretation dazu, dass die dargestellten Kausalzusammenhänge und die Erklärungsmuster nachvollziehbar sind (vgl. Yin 2006: 109 ff.).

Die Kriterien der Konstruktvalidität und der internen Validität beziehen sich beide im Wesentlichen auf den Aufbau und die Vorgehensweise in der Untersuchung, wohingegen die externe Validität und die Reliabilität sich mit Fragen beschäftigen, die über die eigentliche Untersuchung hinausgehen.

Unter **externer Validität** versteht man die Generalisierbarkeit der Ergebnisse über den unmittelbaren Fall hinaus. Durch die Betrachtung mehrerer Fallstudien und die Anwendung der „replication logic" können die Schlussfolgerungen erhärtet und das Kriterium der externen Validität erfüllt werden. Wie bereits in Kapitel 4.1.1 beschrieben, erhöht sich durch diese Vorgehensweise das Vertrauen in die Richtigkeit der gewonnenen Erkenntnisse (vgl. Yin 2006: 47 ff.). In dieser Arbeit führt das gewählte Forschungsdesign dazu, dass die „replication logic" zum Einsatz kommt, und somit wird die externe Validität der Erkenntnisse erreicht.

Das Kriterium der **Reliabilität** bezieht sich auf die Reproduzierbarkeit der Ergebnisse und betrifft die Forderung, dass ein Forscher bei Anwendung derselben Untersuchungsschritte und erneuter Durchführung der Fallstudie zu den gleichen Ergebnissen kommen muss. Bei qualitativen Fallstudien kann die Replizierbarkeit der Erkenntnisse nur im weiteren Sinne gewährleistet werden, weil der Forschungsansatz auf Grund der Verwendung eines kommunikativen Zugangs zum Untersuchungsfeld eine gewisse Kontextgebundenheit beinhaltet (vgl. Lamnek 2005: 166 ff.). Infolgedessen wird unter Reliabilität bei qualitativen Fallstudien die Bereitstellung von Informationen verstanden, die es dem Leser ermöglichen, unabhängig und mit der gleichen Gewissheit zu eigenen Schlussfolgerungen zu gelangen. Diese Informationen dienen zur Dokumentation des Forschungsprozesses und sollen auch originäre empirische Daten beinhalten (vgl. Yin 2006: 37 ff.). In der vorliegenden Arbeit wurden die einzelnen Schritte des Forschungsdesigns erläutert, der Interviewleitfaden beigelegt und alle Interviews vollständig transkribiert, um den Forschungsprozess nachvollziehbar zu machen.

4.2 Fallstudie 1

Das Ziel dieser Fallstudie ist darzustellen, wie die Erfolgsmessung bei dem hier betrachteten Beratungsprojekt stattgefunden hat.[41] Da bei dem Kundenunternehmen mehrere Beratungsprojekte durchgeführt wurden, erfolgt zunächst eine Einordnung des betrachteten Projekts in den Gesamtzusammenhang. Bei dem Kundenunternehmen handelt es sich um ein Wohnungsunternehmen, das nach dem Ersten Weltkrieg als gemeinnützige Aktiengesellschaft gegründet wurde. Zum besseren Verständnis wird zunächst ein kurzer Überblick über die Entwicklung und die aktuelle Situation des Wohnungsmarktes in Deutschland gegeben, bevor im Anschluss auf das betrachtete Beratungsprojekt eingegangen wird.

Die Industrialisierung und die damit einhergehende Landflucht hatte bereits vor dem Ersten Weltkrieg zu einer massiven Wohnungsnot in den deutschen Städten geführt. Nach Ende des Ersten Weltkrieges hatte sich die Situation weiter verschlechtert. Aus diesem Grund machte es sich der Staat zu seiner sozialpolitischen Aufgabe, die Wohnungssituation der einkommensschwachen Bevölkerungsschichten durch die Subventionierung des Wohnungsbaus zu verbessern. Unter der Bedingung der „Gemeinnützigkeit" wurden öffentliche Mittel zum Wohnungsbau an Kommunen vergeben, wenn diese als Träger von gemeinnützigen Wohnungsunternehmen auftraten. Diese Regelung führte dazu, dass in den folgenden Jahren zahlreiche gemeinnützige Wohnungsgesellschaften gegründet wurden, die nicht die Gewinnmaximierung als Unternehmenszweck verfolgten, sondern es sich zur Aufgabe machten, die einkommensschwachen Bevölkerungsschichten mit Wohnraum zu versorgen. Vor allem nach dem Zweiten Weltkrieg entwickelten sich diese gemeinnützigen Wohnungsunternehmen zu einer wesentlichen Säule der deutschen Wohnungswirtschaft und prägten maßgeblich die ökonomischen und sozialen Strukturen des Wohnungsmarktes.

Mit dem Wohnungsgemeinnützigkeitsgesetz (WGG) vom 29.2.1940 und der Durchführungsverordnung zum WGG vom 23.7.1940 wurden die Kriterien zur Anerkennung der Wohnungsgemeinnützigkeit eines Unternehmens gesetzlich festgelegt. Es wurde unter anderem festgeschrieben, dass die vom Staat empfangenen Mittel zum Wohnungsbau verwendet werden mussten und die Unternehmen nicht das Prinzip der Gewinnmaximierung verfolgen durften. Bei Einhaltung dieser Kriterien wurden den Unternehmen einige Vergünstigungen gewährt, wie beispielsweise die bevorzugte Berücksichtigung bei der Vergabe von Fördermit-

---

[41] Diese Fallstudie basiert auf zwei vollständig transkribierten Interviews. Das erste Interview wurde mit dem Geschäftsführer des Kundenunternehmens geführt. Von Kundenseite war er für die Abwicklung, Durchführung und die vertragliche Regelung des Projekts verantwortlich. Das zweite Interview wurde mit einem Berater geführt, der an allen Beratungsprojekten, die bei diesem Kunden durchgeführt wurden, mitgearbeitet hat. Darüber hinaus war er an allen Gesprächen über die vertraglichen Vereinbarungen maßgeblich beteiligt. Die vertraglichen Unterlagen sowie die Projektunterlagen wurde ebenfalls in dieser Fallstudie berücksichtigt.

teln zum Wohnungsbau oder die Befreiung von der Gewerbe-, Körperschafts- und Vermögenssteuer.[42]

Mit dem Inkrafttreten des Steuerreformgesetzes am 1.1.1990 wurde das WGG ersatzlos aufgehoben. Zum einen wurden die Steuervergünstigungen gestrichen und zum anderen auch die Verpflichtungen des WGG aufgehoben. Somit fanden sich die ehemaligen gemeinnützigen Wohnungsunternehmen mit unternehmerischen Handlungsfreiheiten ausgestattet in einem wettbewerbsorientierten Umfeld wieder und waren nach dem Wegfall des WGG rechtlich mit den privaten Wohnungsunternehmen gleichgestellt. Zu diesem Zeitpunkt befanden sich alle ehemaligen Unternehmen der gemeinnützigen Wohnungswirtschaft noch im Besitz der öffentlichen Hand. Mit der Abschaffung der Gemeinnützigkeit hat bei den öffentlichen Wohnungsunternehmen zwar ein Wandlungsprozess eingesetzt, aber auch heute steht die Gewinnmaximierung bei den Wohnungsunternehmen, die sich noch in öffentlicher Hand befinden, nicht im Vordergrund. Allerdings ist festzustellen, dass eine wertorientierte Unternehmensführung zunehmend an Bedeutung gewinnt.

In den letzten Jahren hat die hohe Verschuldung der öffentlichen Hand dazu beigetragen, dass vermehrt eine Privatisierung des öffentlichen Wohnungsbestandes zu beobachten ist. Bereits in den 1990er Jahren wurde das Privatisierungspotenzial im Industriebereich durch den Verkauf zahlreicher öffentlicher Beteiligungen weitestgehend ausgereizt. Heutzutage sind insbesondere öffentliche Wohnungsbestände ins Blickfeld gerückt, wenn es darum geht, durch Veräußerungserlöse auf Bundes-, Landes- oder kommunaler Ebene zum Abbau von Altschulden oder zur Reduktion der Neuverschuldung beizutragen. In dem Zeitraum von 1999 bis Mitte 2006 haben knapp 1,3 Millionen Wohnungen den Besitzer gewechselt, davon sind 57 Prozent der Verkäufe aus den Beständen der öffentlichen Hand erfolgt. Der Wegfall des WGG und der vermehrte Einstieg von ausländischen Investoren in den deutschen Wohnungsmarkt hat dazu geführt, dass die Wettbewerbsintensität auf dem deutschen Wohnungsmarkt deutlich zugenommen hat.

4.2.1 Fallbeschreibung

Im Zuge der oben dargestellten Entwicklung wurde das hier betrachtete Unternehmen im April 2003 von der öffentlichen Hand verkauft und in den Besitz eines Private-Equity-Investors überführt. Zum Zeitpunkt des Verkaufs verfügte das Wohnungsunternehmen A über einen Wohnungsbestand von 42.000 Einheiten und war bundesweit tätig. Die Kunden bzw. die Mieter wurden durch Geschäftsstellen in mehreren deutschen Städten betreut. Die Geschäftstätigkeit des Unternehmens besteht bis heute hauptsächlich aus der Vermietung und Verwaltung von Wohnraum.

---

[42] Zur weiterführenden Information siehe beispielsweise Jenkis 1973 oder Lütge 1949.

Im Gegensatz zu dem bisherigen Besitzer verfolgte der Private-Equity-Investor, als privates Unternehmen, explizit das Ziel der Gewinnmaximierung. Zudem wollte der Investor das erworbene Unternehmen in einer Art und Weise umstrukturieren, die es ihm später erlauben sollte, das Unternehmen als Akquisitionsplattform[43] zu nutzen, falls er noch weitere Wohnungsunternehmen in Deutschland kaufen würde.

„Die Erwartung des Private-Equity-Hauses war, dass sich der Markt konsolidieren wird, und deswegen wollte man in das übernommene Wohnungsunternehmen eine wertorientierte Kultur hineinbringen, um somit die Basis im Sinne einer Akquisitionsplattform für weitere Zukäufe zu schaffen." (Kunde)

Der erste Kontakt zwischen dem Investor und dem Beratungsunternehmen entstand im Rahmen einer Due Diligence im August 2003, bei der das Beratungsunternehmen den Auftrag erhielt, mögliche Synergieeffekte zu ermitteln, die entstehen könnten, falls ein weiteres Wohnungsunternehmen B gekauft werden würde.

„Im Rahmen der Due Diligence haben wir berechnet, welches Einsparpotenzial bei dem Wohnungsunternehmen A besteht, welches Einsparpotenzial bei dem Wohnungsunternehmen B besteht, und was man zusätzlich an Synergieeffekten erzielen könnte, wenn die beiden Unternehmen zusammengelegt würden. Das Private-Equity-Haus hat dann den Zuschlag für das Wohnungsunternehmen B auf Grund von Preisunterschieden nicht bekommen." (Berater)

Obwohl es nicht zum Kauf des Wohnungsunternehmens B kam, entschloss sich der Private-Equity-Investor, die im Rahmen der Due Diligence gewonnenen Erkenntnisse über das Wohnungsunternehmen A zu nutzen, und beauftragte im November 2003 das Beratungsunternehmen damit, die identifizierten Einsparpotenziale umzusetzen. Die ehemals gemeinnützige Ausrichtung des Wohnungsunternehmens A und die neue Zielsetzung der Gewinnmaximierung machten es notwendig, das Unternehmen vollständig neu auszurichten. Für die Zukunft sollte eine wertorientierte Führung etabliert werden.

„Wenn man sich in die Situation zurückversetzt, wie sie hier im Hause damals war, dann muss man einfach zur Kenntnis nehmen, dass unsere Mitarbeiter ‚Beamte' waren. Von der Vertragsform her waren unsere Mitarbeiter natürlich keine Beamte, aber die Menschen hatten eine Einstellung wie ‚Beamte', sie waren völlig entmündigt." (Kunde)

Zur Verwirklichung der angestrebten Neuausrichtung wurde zudem im Dezember 2003 ein neuer Geschäftsführer eingesetzt, der im Folgenden für die Beauftragung des Beratungsunternehmens verantwortlich war.

---

[43] Die Strukturen des Unternehmens sollten derart verändert werden, dass mögliche künftige Akquisitionen des Investors im Bereich der Wohnungsunternehmen ebenfalls in das übernommene Wohnungsunternehmen integriert werden könnten und es somit als Plattform für weitere Akquisitionen dienen könnte.

Fallstudie 1

"Im Dezember 2003 sind dann mit mir und dem Beratungsunternehmen neue Kräfte an Bord geholt worden und wir haben diese Zielsetzung der Wertorientierung dann in Taten umgesetzt." (Kunde)

Kurz nach dem Eintritt des neuen Geschäftsführers wurde das gesamte Vergütungssystem des Unternehmens umgestellt, um dem Ziel einer wertorientierten Führung näher zu kommen. In der Vergangenheit hatten die Mitarbeiter, unabhängig von ihrer tatsächlichen Leistung, Fixbezüge bezogen. Heute setzt sich das Gehalt der Mitarbeiter aus einem fixen und einem variablen Anteil zusammen. Die Höhe des variablen Anteils variiert je nach Hierarchieebene, ist aber in allen Hierarchieebenen vorhanden. Die Zielvereinbarungsstruktur setzt sich aus drei Komponenten zusammen. Erstens ist jeder Mitarbeiter dem Gesamtergebnis des Unternehmens verpflichtet, zweitens hat er Abteilungsziele, die er durch seine funktionale Arbeit beeinflussen kann, und drittens werden auf individueller Ebene Verhaltensziele[44] vereinbart.

Alle Beratungsprojekte, die vor dem Eintritt des neuen Geschäftsführers beauftragt wurden, sind auf Basis von Pauschalhonoraren abgerechnet worden und enthielten somit keine erfolgsorientierte Vergütungskomponente. Infolgedessen ist in den ersten zwei Beratungsaufträgen auch keine vertragliche Vereinbarung zur Erfolgsmessung enthalten. Die Abbildung 22 gibt einen Überblick über alle Projekte, die von dem Beratungsunternehmen bei dem Wohnungsunternehmen A durchgeführt wurden.

Projektinhalt	Honorarform	Erfolgsmessung	Auftraggeber	Projektbeginn
1 Due Diligence	Pauschalhonorar	–	Private-Equity-Investor	August 2003
2 Neuausrichtung	Pauschalhonorar	–	Private-Equity-Investor	November 2003
3 Optimierung Konzerneinkauf	Pauschalhonorar + variable Komponenten	✓	Geschäftsführer Wohnungsunternehmen	März 2004
4 Integration	Pauschalhonorar + variable Komponenten	✓	Geschäftsführer Wohnungsunternehmen	Juni 2004

Abb. 22: Fallstudie 1: Überblick aller Beratungsprojekte
Quelle: Vertragsunterlagen der Projekte, Projektpräsentationen

Nach der Einführung eines zielorientierten Vergütungssystems für die eigenen Mitarbeiter war die Konsequenz daraus, dass die nachfolgenden Beraterufträge ebenfalls Erfolgskomponenten enthielten.

---

[44] Individuelle Ziele, die zur Weiterentwicklung des einzelnen Mitarbeiters beitragen sollen.

„Wenn ich die eigenen Mitarbeiter nach Zielen führe, dann geht es einfach nicht, dass der Berater eine Gesamtleistung anbietet, die nicht an der Erreichung von Zielen gemessen wird, das wäre sonst ein Bruch." (Kunde)

Im Laufe des Jahres 2004 wurde das Beratungsunternehmen mit zwei weiteren Beratungsprojekten beauftragt. Beide Beratungsaufträge enthielten variable Vergütungskomponenten und somit wurde die Erfolgsmessung vertraglich festgeschrieben. Das eine Beratungsprojekt beschäftigte sich mit der Optimierung des Konzerneinkaufs und das andere mit der Integration des Wohnungsunternehmens C. Im Rahmen dieser Arbeit wird das Integrationsprojekt, welches das vierte Projekt in der Übersicht ist, näher beschrieben und untersucht.

Ausgangssituation und Aufgabenstellung des Projektes

Im Februar 2004 erwarb der Investor ein weiteres Wohnungsunternehmen C aus der öffentlichen Hand. Dieser Erwerb führte dazu, dass der Investor auf einen Schlag im Besitz von weiteren 14.500 Wohnungseinheiten war. Zu diesem Zeitpunkt war das im November 2003 begonnene Projekt der Neuausrichtung des Wohnungsunternehmens A noch nicht abgeschlossen. Infolgedessen stellte sich die Frage, wie mit der Integration des Wohnungsunternehmens C umgegangen werden sollte.

„Wir waren mitten in der Umsetzung des Konzeptes zur Neuausrichtung bei dem Wohnungsunternehmen A, als das Private-Equity-Haus das Wohnungsunternehmen C dazugekauft hat. An der Stelle der Neuausrichtung stellte sich die Frage, wie mit dem Zukauf des Wohnungsunternehmens C umgegangen werden sollte. Auf der einen Seite befanden wir uns gerade mitten in der Umsetzung des Konzeptes bei dem Unternehmen A und auf der anderen Seite kam das Thema ‚Integration des Unternehmens C' auf uns zu. Es wurde dann die Entscheidung getroffen, die Integration des Unternehmens C in das Konzept zur Neuausrichtung aufzunehmen und die Integration im Rahmen des Konzeptes zu vollziehen." (Berater)

In Folge dieser Entscheidung wurde das Beratungsunternehmen im Juni 2004 damit beauftragt, die Integration des Wohnungsunternehmens C zu unterstützen. Die Aufgabe der Berater bestand zunächst darin, ein Integrationsbüro aufzubauen und dann gemeinsam mit dem Kunden einen Migrationsfahrplan zu entwickeln. Ziel des Migrationsfahrplans war es, eine reibungslose und möglichst schnelle Integration des Wohnungsunternehmens C in die Abläufe und Prozesse des Wohnungsunternehmens A zu ermöglichen. Nach der Erarbeitung des Migrationsfahrplans waren die Berater insbesondere für die Strukturierung der einzelnen Aufgabenstellungen, den Aufbau eines sinnvollen Projektmanagements und die kontinuierliche Kontrolle der Arbeitsfortschritte verantwortlich. Die Berater fungierten zum einen als Coach und Sparringspartner für die Projektteilnehmer und übernahmen zum anderen die Aufgabe, den Integrationsprozess weiter voranzutreiben. Die Verantwortung für die inhaltliche Ausgestaltung der einzelnen Maßnahmen lag jeweils bei dem für den Teilbereich zuständigen Kundenmitarbeiter.

Fallstudie 1

"Wir hatten gar nicht die Methodenkompetenz an Bord, um so ein Projekt zu machen. Deshalb haben wir das Beratungsunternehmen beauftragt, uns in der Umsetzung zu unterstützen. [...] Diese Umsetzungsunterstützung bestand darin, dass in einem sogenannten ‚Integrationsbüro' in interdisziplinären Teams, also Berater und unsere Mitarbeiter zusammen in Teams, an der Umsetzung des Konzeptes gearbeitet wurde." (Kunde)

Bis Ende Juli 2004 sollte zunächst pro Abteilung ein Konzept für die integrierte Abwicklung der Aktivitäten erstellt werden. Im Anschluss daran sollten die gemeinsam erarbeiteten Konzepte bis Ende September 2004 umgesetzt werden. Ab dem 1. Oktober 2004 sollten alle operativen Funktionen und die dahinter liegenden Prozesse für beide Unternehmen in einer integrierten Organisation abgewickelt werden. Beispielsweise wurde im Bereich Controlling ein Konzept erarbeitet, wie ab dem 1. Oktober 2004 ein monatliches Reporting für das gesamte Unternehmen aussehen und anhand welcher Kennzahlen das integrierte Unternehmen künftig gesteuert werden sollte.

Regelung der Erfolgsmessung

Der Vertrag zwischen dem Beratungsunternehmen und dem Wohnungsunternehmen A zur Unterstützung der Integration des Wohnungsunternehmen C wurde am 8. Juni 2004 abgeschlossen. Die Abbildung 23 gibt einen Überblick über die zeitliche Dimension dieser Regelung.

Abb. 23: Fallstudie 1: zeitlicher Verlauf der vertraglichen Regelung der Erfolgsmessung
Quelle: Vertragsunterlagen des entsprechenden Projektes

Im Vertrag wurde vereinbart, dass der Erfolg des Integrationsprojektes anhand von zwei Komponenten gemessen wird. Als Bewertungskriterien wurden zu jeweils 50 Prozent die persönliche Zufriedenheit des Kunden und der Umsetzungsgrad der Maßnahmen herangezogen. Die Messung bzw. die Abfrage der persönlichen Zufriedenheit wurde im Vertrag nicht näher spezifiziert. In Bezug auf den Umsetzungsgrad wurde vereinbart, dass die Anzahl der Maßnahmen, die die Basis für die Berechnung des Umsetzungsgrades bilden, erst vier Wochen später im Rahmen der Lenkungsausschusssitzung am 12. Juli 2004 final festgelegt werden sollten. Bei Vertragsabschluss war noch unklar, wie viele und welche Maßnahmen das sein würden. Die Messung des Umsetzungsgrades sollte am 30. September 2004 erfolgen. Zu diesem Stichtag sollte die Summe der umgesetzten Maßnahmen in das Verhältnis zu allen Maßnahmen gestellt werden. Wenn dieses Verhältnis einen Wert von mindestens 80 Prozent erreichen würde, dann würde das Projekt als erfolgreich betrachtet. Basierend auf der Erreichung der Zielvorgabe von 80 Prozent wären dann 50 Prozent des erfolgsabhängigen Honorars fällig. Die andere Hälfte des variablen Honorars hing von der persönlichen Zufriedenheit des Kunden ab. Die Abrechnung des variable Honorarvolumens war für den 31. Dezember 2004 vereinbart.

Kunden und Berater schätzten die Messbarkeit der Ergebnisse und die Auswirkungen einer erfolgsabhängigen Vergütung auf den Projekterfolg unterschiedlich ein.

Wie bereits oben beschrieben, hat der neue Geschäftsführer kurz nach der Übernahme der Leitung beim Wohnungsunternehmen A ein neues Vergütungssystem eingeführt, das eine variable Komponente beinhaltet. Vor diesem Hintergrund forderte der Kunde vom Berater ebenfalls die Bereitschaft zu einer leistungsorientierten Bezahlung.

„Wenn ich die Zielvereinbarungsstruktur meiner Mitarbeiter betrachte und sie auf den Berater übertrage, dann bedeutet das, dass ich einen Berater möchte, der zum einen dazu bereit ist, mit mir anfangs Ziele zu vereinbaren, die messbar, objektiv und konkret sind, der aber zum anderen auch dazu bereit ist, sich solchen Kriterien wie Kundenzufriedenheit zu stellen. Ich bin der Kunde des Beratungsunternehmens und wenn mir das Beratungsunternehmen Ergebnisse liefert, die mir ständig schlaflose Nächte bereiten und um derentwillen ich mich dauernd über den Berater ärgern muss, dann werde ich den Berater nicht mehr beauftragen." (Kunde)

Der Kunde vertritt die Meinung, dass alle Vorgänge und deren Ergebnisse messbar sind, und erhebt den Anspruch, dass er auch die Beraterleistungen messen und bewerten möchte.

„Am Anfang war es für mich schwierig, einem Berater beizubringen, der natürlich versucht auszubrechen, dass man seine Leistung bzw. den Beratungserfolg messen kann. Hier im Hause gibt es überhaupt keine wichtigen Vorgänge, die nicht messbar gestaltet werden, die nicht mit klaren Verantwortlichkeiten ausgestaltet werden und die nicht eine klare Zielsetzung haben. Wir haben dann versucht, auch das Beratungsunternehmen in dieses Gefüge einzubinden." (Kunde)

Aus Beratersicht stellt sich die Situation etwas anders dar. Zum Zeitpunkt der Auftragsvergabe befand sich das Beratungsunternehmen in keiner Wettbewerbssituation mit anderen Unternehmensberatungen und verfügte daher über eine gute Verhandlungsposition. Dennoch erfüllte der Berater die Erwartung des Kunden und war bereit, sich der Forderung nach einer erfolgsorientierten Bezahlung zu stellen. Diese Bereitschaft war jedoch nicht darauf zurückzuführen, dass er an die Messbarkeit aller Vorgänge glaubte, sondern darauf, dass die Kundenerwartung nicht enttäuscht werden sollte.

„Der Kunde hat gesagt, dass er das Thema ‚Erfolgsmessung' und ‚Erfolgshonorar' im Vertrag haben möchte, und wir haben gesagt, dass der Erfolg bei solchen Themen sehr schwer zu messen sei. Wir haben dann den Vorschlag gemacht, dass man den Erfolg des Integrationsprojekts über den Erfüllungsgrad bestimmter Maßnahmen ermitteln könnte." (Berater)

Zudem ist der Kunde der Ansicht, dass eine erfolgsabhängige Vergütung erheblichen Einfluss auf die Arbeitsweise der Projektmitarbeiter hat und sich somit auf das Gesamtergebnis des Projektes auswirkt.

„Durch solch eine erfolgsabhängige Vereinbarung erreichen Sie eine viel stärkere Fokussierung und eine Gleichrichtung aller Kräfte. Es wird dann nicht mehr gesagt, das macht der Kunde und jenes macht das Beratungsunternehmen, sondern alle Kräfte arbeiten gemeinsam an dem Projekt. [...] Die erfolgsabhängige Vereinbarung hat dazu geführt, dass wir eine viel größere Schärfe im Projekt erreicht haben, sowohl im Hinblick auf die Dinge, die wir getan haben, das heißt, wir haben uns nicht auf Nebenkriegsschauplätzen verirrt, als auch in Bezug auf die gemeinsame Bewertung des Projektes." (Kunde)

Der Berater sieht das anders und ist der Meinung, dass die Aufnahme einer erfolgsorientierten Komponente keine Auswirkungen auf die Projektarbeit oder den Erfolg des Projektes hatte.

„Wenn im Rahmen einer Integration Probleme auftreten, dann konzentriert man die Ressourcen darauf, diese Probleme zu lösen, und kümmert sich darum, dass die Integration erfolgreich wird, unabhängig davon, wie viele Maßnahmen dann an der Stelle abgearbeitet werden. Aus meiner Sicht hatte bei dem Integrationsprojekt die vertragliche Vereinbarung wenig mit dem Projekterfolg zu tun. Was bringt es beispielsweise, wenn 80 Prozent der Maßnahmen zwar abgearbeitet sind, die Integration aber nicht erfolgreich ist? Das heißt, wenn die ‚falschen' bzw. die für den Integrationserfolg nicht entscheidenden Maßnahmen erfüllt wurden, aber die wichtigen Maßnahmen nicht umgesetzt wurden. Das hilft am Ende keinem weiter, weder dem Berater noch dem Kunden." (Berater)

Obwohl Kunde und Berater sehr unterschiedliche Ansichten hinsichtlich der Messbarkeit der Ergebnisse und der Bedeutung einer erfolgsorientierten Vergütungskomponente für den Projekterfolg vertreten, heben beide Vertragsparteien die Bedeutung von gegenseitigem Vertrauen hervor. Der Berater macht deutlich, dass er sich auf diese vertragliche Vereinbarung zur Erfolgsmessung des Integrationsprojekts letztlich nur eingelassen hat, weil er den Kunden aus den drei bisherigen Projekten schon gut kannte und somit auch einschätzen konnte. Zudem hebt der Berater die Bedeutung des Vertrauens und des Kundenverhältnisses im Zusammenhang mit dieser Regelung hervor.

„Wir wussten schon, wie die Neuausrichtung gelaufen war, als beschlossen wurde, dass wir das Unternehmen C einfach noch mit dazu nehmen sollten. Das war schriftlich zwar ein neuer Auftrag, aber wir hatten schon unsere Erfahrungen mit dem Kunden gemacht und kannten den Kunden sehr gut, dadurch wussten wir, auf was wir uns einlassen und was passieren würde. [...] Was man noch dazu sagen muss ist, wenn man von Beraterseite bereit ist, diese Vereinbarung einzugehen, dann ist das natürlich ein riesiger Vertrauensbeweis, den man dem Kunden entgegenbringt, weil letztendlich die Vereinbarung aussagt, dass der Berater bereit ist, zu einem reduzierten Tagessatz zu arbeiten, und wenn der Kunde sehr zufrieden ist, dann bleibt es ihm überlassen, ob er den normalen Tagessatz bezahlt. Diese Vereinbarung hat viel mit dem Verhältnis zum Kunden und der Zusammenarbeit zu tun." (Berater)

Der Kunde schließt sich dieser Sichtweise an und macht deutlich, dass er das Vertrauen zwischen den beiden Vertragsparteien und den fairen Umgang miteinander ebenfalls als Basis für die Einsatz von Erfolgshonoraren sieht.

„Eine Vertrauensbasis zwischen den beiden Vertragsparteien ist die Grundvoraussetzung für den Einsatz von Erfolgshonoraren. Das ist bei meinen Mitarbeitern in Bezug auf die Zielvereinbarungen aber auch so." (Kunde)

Nach Betrachtung der vertraglichen Regelung und einer rückblickenden Einschätzung der beiden Vertragsparteien zu der Messbarkeit, der Auswirkung der vertraglichen Regelung auf den Projekterfolg und der Rolle von Vertrauen wird im nächsten Schritt der Projektverlauf knapp beschrieben.

Projektverlauf

Die Berater nahmen nach Vertragsabschluss Anfang Juni 2004 die Arbeit vor Ort auf. Zunächst wurde eine Projektorganisation aufgesetzt. Folgende Abbildung stellt die Projektorganisation mit den entsprechenden Aufgaben und Verantwortlichkeiten dar.

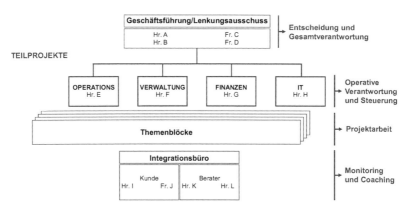

Abb. 24: Fallstudie 1: Projektorganisation
Quelle: Projektunterlagen

Die Geschäftsführung des Wohnungsunternehmens trug die Gesamtverantwortung für die Integration der beiden Unternehmen. Die operative Verantwortung lag bei den Teilprojektleitern, die durch Kundenmitarbeiter gestellt wurden. Die Organisation nach Teilprojekten orientierte sich an den Geschäftsbereichen und Funktionen. Die Aufgaben, die in den einzelnen Teilprojekten zu erledigen waren, wurden von den Verantwortlichen wiederum in entsprechenden Themenblöcken organisiert. Die Berater arbeiteten im Integrationsbüro gemeinsam in Teams mit dem Kunden zusammen.

"Bei der Integration war die Aufgabe des Beraters, uns zu helfen, das Projekt zu strukturieren und in konkrete messbare Arbeitsergebnisse zu überführen." (Kunde)

Das Integrationsbüro hatte die Aufgabe, den Migrationsfahrplan zu überwachen und die Projektmitarbeiter bei Bedarf zu betreuen. Zur übersichtlichen und zeitnahen Überwachung des Projektfortschritts führte das Integrationsbüro ein Maßnahmen-Management-Tool ein.

„Wir hatten die Aufgabe, das Projektoffice zu führen. Wir haben ein Tracking-Tool eingesetzt, mit dem der Fortschritt der einzelnen Maßnahmen kontrolliert wurde." (Berater)

Dieses Tool bestand aus einer vierstufigen Struktur und bildete gleichzeitig die Basis für die Bemessung des Umsetzungsgrades. Die vier Ebenen des Maßnahmen-Management-Tool vom höchsten Aggregationsgrad bis zur untersten Ebene waren wie folgt benannt: Teilprojekte, Themenblöcke, Maßnahmen und Einzelschritte. Folgende Abbildung zeigt die Struktur des Maßnahmen-Management-Tools.

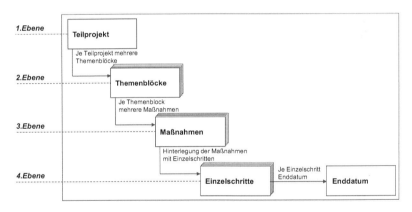

Abb. 25: Fallstudie 1: Übersicht Struktur des Maßnahmen-Management-Tools
Quelle: Projektunterlagen

Im ersten Schritt wurden die Teilprojektverantwortlichen damit beauftragt, die im Zuge der Integration abzuarbeitenden Aufgaben in sinnvolle Themenblöcke zu gliedern und für den entsprechenden Themenblock jeweils einen Verantwortlichen zu benennen. Die Verantwortlichen der Themenblöcke wiederum sollten diese Blöcke in Maßnahmen detaillieren und den Maßnahmen ebenfalls Verantwortliche zuordnen. Auf der untersten Ebene wurden die Maßnahmen mit Einzelschritten hinterlegt. Für alle Einzelschritte, die zum Abschluss einer Maßnahme notwendig waren, wurden Enddaten und Verantwortliche benannt. Zeitliche Ziele konnten nur auf dieser untersten Ebene der Einzelschritte eingetragen werden.

Auf jeder Aggregationsebene konnte man den aktuellen Status des Projektfortschritts anhand einer einfachen Ampelfunktion, die auf den Daten der Einzelschritte basierte, auf einen Blick erkennen. Jeder Einzelschritt war mit einem Enddatum versehen, zudem gab es immer einen Verantwortlichen, der dafür zu sorgen hatte, dass der Einzelschritt wirklich abgearbeitet wurde. Solange der Einzelschritt sich im Zeitplan befand, stand die Ampel des Einzelschrittes auf „grün". Wenn es nur noch weniger als drei Tage bis zum Enddatum des Einzelschrittes waren, dann zeigte die Ampel „gelb" an. War das Enddatum des Einzelschrittes bereits erreicht und der Einzelschritt bisher noch nicht erledigt, dann stand die Ampel auf „rot". Die Ampelfunktion auf Ebene der Maßnahmen aggregierte sich aus den Informationen der Einzelschritte heraus. Wenn die Ampelfunktion auf Maßnahmenebene „grün" anzeigte, dann bedeutete dies gleichzeitig, dass alle darunterliegenden Einzelschritte im Zeitplan lagen. Falls die Ampel auf „rot" stand, dann stand zumindest eine Ampel der darunterliegenden Ebene, also der Einzelschritte, auf „rot". Dieses Prinzip, dass die Ampelfunktion sich aus den darunterliegenden Daten speist und den Status aller darunterliegenden Informationen enthält, setzte sich bis zur höchsten Aggregationsebene, den Teilprojekten, fort. Die Ampeln haben somit einen schnellen Überblick über den Projektstatus gegeben und dienten der einfachen Verfolgung der einzelnen Teilprojekte.

Das Maßnahmen-Management-Tool wurde zudem dazu verwendet, die Erfolgsmessung gemäß dem Vertrag durchzuführen. Die Vertragsparteien hatten sich darauf geeinigt, den Erfolg anhand der untersten Ebene, also der Einzelschrittebene, des Maßnahmen-Management-Tools zu beurteilen. Am 12. Juli 2004 wurde in der Lenkungsausschusssitzung die Anzahl der Einzelschritte, anhand deren der Umsetzungsgrad später bemessen werden sollte, final festgelegt.

„Wir haben sehr detailliert berichtet. Wenn ich mich richtig erinnere, hatten wir bei dem Integrationsprojekt mehrere tausend Einzelmaßnahmen. Die Einzelmaßnahmen waren nach den Teilprojekten gruppiert. Wir haben uns eigentlich vom Speziellen zum Allgemeinen voran gearbeitet. Wir haben jede einzelne Funktion überprüft, gemessen und dann wurde der Erfolg der einzelnen Teilprojekte bestimmt. Die Verfolgung der Einzelmaßnahmen war die Berechnungsgrundlage für das Erfolgshonorar des Beraters." (Kunde)

Neben der Einführung des Maßnahmen-Management-Tools wurden klare Reportingstrukturen geschaffen, die sicherstellten, dass die Geschäftsführung zeitnah über die Entwicklung des Integrationsprojektes und dessen Fortschritt informiert war. Das Integrationsbüro überwachte täglich den Status der Maßnahmen und im Falle von roten Ampeln wurde sofort der Verantwortliche angesprochen. Zudem gab es einen wöchentlichen Jour fixe, an dem die Geschäftsführung, die Teilprojektleiter und das Integrationsbüro teilnahmen und die Geschäftsführung über den aktuellen Status, eventuell auftretende Schwierigkeiten und die nächsten Schritte des jeweiligen Teilprojekts informiert wurde. Die Geschäftsführung zeigte ein hohes persönliches Engagement und war zu jeder Zeit sehr gut über den Projektstatus informiert.

„Ein Beispiel hierzu, ich persönlich habe wöchentlich den Projektreview gemacht. Jeder der Teilprojektleiter ist einmal die Woche bei mir vorbeigekommen und es wurde dann bespro-

chen, wie der Status ist, was die Teilziele sind und was erreicht wurde. Die Projektreviews wurden immer ganz strukturiert durchgeführt." (Kunde)

Zudem erwartete der Kunde vom Berater, dass er im Falle von Schwierigkeiten direkt informiert wurde. Der Kunde förderte eine sehr offene Kommunikationskultur und wünschte ausdrücklich, dass alle Probleme angesprochen wurden.

„Die Berater wussten ganz genau, wenn bei uns was nicht funktioniert, aus welchen Gründen auch immer, dann darf bzw. muss das besprochen werden." (Kunde)

Über den gesamten Projektverlauf arbeiteten Berater und Kunden, insbesondere im Integrationsbüro, sehr eng zusammen. Darüber hinaus wurde durch den Einsatz des Maßnahmen-Management-Tools sichergestellt, dass eine begleitende Erfolgsmessung durchgeführt wurde.

„In regelmäßigen Abständen wurde der Status der Maßnahmen bei den Projektteilnehmern abgefragt und dann wurde der aktuelle Status in das Tracking-Tool eingepflegt. Es gab ein integriertes Projektteam, ein sogenanntes ‚Integrationsbüro', in dem Berater und Kundenmitarbeiter zusammengearbeitet haben, und somit war sichergestellt, dass die Kundenmitarbeiter auch immer bestens über das Projekt informiert waren." (Berater)

Zusammenfassend lässt sich sagen, dass der Projektverlauf inhaltlich von dem Aufbau und der Kontrolle des Maßnahmen-Management-Tools und der Reporting-Struktur geprägt wurde. Zudem bestand ein sehr enges Arbeitsverhältnis zwischen Berater und Kunde.

Finale Erfolgsmessung

Die finale Erfolgsmessung erfolgte, wie vertraglich vereinbart, am 30. September 2004. Auf Grund der zentralen Bedeutung des Maßnahmen-Management-Tools über den gesamten Projektverlauf hinweg und die kontinuierliche Kontrolle des Projektfortschritts kann man an dieser Stelle kaum von finaler Erfolgsmessung sprechen. Letztlich wurde zu diesem Zeitpunkt einfach der Umsetzungsgrad aus dem Tool abgelesen, das die beiden Vertragsparteien im Laufe des Projektes zusammen aufgebaut und mit Inhalten gefüllt hatten. Die Erfolgsmessung des Kriteriums „Umsetzungsgrad" erfolgte gemeinschaftlich, ebenso wie die Verwaltung und die Kontrolle des Tools im gesamten Projekt gemeinsam erfolgt ist.

Das zweite Kriterium der Erfolgsmessung „persönliche Zufriedenheit" wurde bei der finalen Erfolgsmessung nicht formal abgefragt. Folgende Antwort gab der Berater auf die Frage, wie die persönliche Zufriedenheit ermittelt wurde und ob es eine formale Abfrage gab.

„Nein, es gab keine formale Abfrage. Es gab auch keine Kriterien. Am Ende haben wir sogar nicht mal wirklich gefragt, sondern der Kunden hatte gesagt: ‚Wir sind so glücklich, Sie haben uns so geholfen und ohne Sie hätten wir das nie geschafft.' Wir haben dann gesagt, dass man diese Aussagen als klare Feststellung werten kann, und somit kam es nicht dazu, dass da noch mal wirklich nachgefragt wurde." (Berater)

Der Kunde äußert sich zu dem Zusammenhang zwischen dem Erfolg des Projektes und der Bezahlung des Beraters wie folgt:

„Der Berater hätte einfach kein Geld bekommen, so einfach ist das. [...] Um auf das Beratungsunternehmen und das Beratungsprojekt zurückzukommen, da gab es auch eine klare Abmachung und die lautete, wenn das Projekt nicht erfolgreich ist, dann kriegt der Berater den erfolgsabhängigen Anteil des Honorars nicht." (Kunde)

In dieser Fallstudie berichten beide Vertragsparteien übereinstimmend, dass es ein sehr erfolgreiches Projekt war und es am Ende keine Diskussionen darüber gab, wie die Erfolgsmessung durchzuführen sei oder wie hoch das Beratungshonorar ausfallen würde.

„Aber auch an der Stelle gab es keine Probleme oder Streit über den Grad der Zielerreichung. Am Ende des Projektes waren wir als Kunde und der Berater auch hier recht zufrieden und uns ziemlich einig." (Kunde)

„Es gab überhaupt keine Diskussionen. Die Rechnung wurde einfach bezahlt." (Berater)

Mögliche Schwierigkeiten in Bezug auf die Frage, wann der Erfolg des Projektes gemessen werden sollte, sind in dieser Fallstudie nicht aufgetreten. Beide Parteien waren sich bei Vertragsabschluss einig darüber, dass die finale Erfolgsmessung direkt vor dem „Going Live"-Termin am 30. September 2004 erfolgen sollte. Eine Veränderung dieses Zeitpunktes hätte inhaltlich letztendlich die Verschiebung des „Going Live"-Termins bedeutet.

„Es war auch klar, welche Maßnahmen bis zum 30. September 2004 umgesetzt sein müssen, damit die Integration funktioniert, und somit war auch klar, welche Maßnahmen bis zum 30. September 2004 abzuarbeiten sind. Es gibt keine logische Begründung dafür, dass die Rechnungsstellung erst zum 31. Dezember 2004 erfolgt ist, da sind wir dem Kunden lediglich hinsichtlich des Working Capital entgegengekommen." (Berater)

Bei der finalen Erfolgsmessung ist keine Separierung der Beraterleistung von der Kundenleistung erfolgt. Dennoch hatte der Kunde das Gefühl, einen fairen Preis zu bezahlen.

„Es gibt immer eine Unschärfe hinsichtlich der einzelnen Beiträge bzw. Leistungen. Es gibt keine klare Linie zwischen den Beiträgen, sondern eine Überlappung. [...] Wenn Sie mich fragen, ob wir wirklich gerecht abgerechnet haben, dann kann ich nur sagen, dass ich das nicht weiß. Wahrscheinlich haben wir nicht mathematisch gerecht abgerechnet, weil ich nicht immer in jeder Sekunde weiß, was hat der Berater gerade Gutes getan und was hat mein Mitarbeiter Gutes getan, aber ‚gefühlt' haben wir gerecht abgerechnet." (Kunde)

Im Hinblick auf die Erfolgsmessung und die möglicherweise auftretenden Schwierigkeiten lässt sich bei Betrachtung dieses Projektes feststellen, das am Ende weder Probleme aufgetreten sind noch Diskussionen über das zu zahlende Honorar stattgefunden haben. Das gesamte Projekt war durch ein hohes Maß an Vertrauen und ein gutes Verhältnis zum Kunden geprägt.

Fallstudie 1   115

4.2.2 Fallanalyse

Analyse der Ausgangssituation und der Aufgabenstellung des Projektes

In diesem Fall hatten das Kundenunternehmen und das Beratungsunternehmen bereits mehrere Projekte gemeinsam durchgeführt. Zum Zeitpunkt der Beauftragung des hier betrachteten Projektes war das Beratungsunternehmen bereits mit der Durchführung eines anderen Beratungsprojektes im Hause des Kunden beschäftigt. Auf Grund der mehrmaligen Zusammenarbeit kannten sich Auftraggeber und Berater sehr gut und es bestand ein Vertrauensverhältnis zwischen den handelnden Personen.

Das Beratungsunternehmen war zu diesem Zeitpunkt alleiniger Berater des Kundenunternehmens und befand sind infolgedessen in keiner Wettbewerbssituation hinsichtlich der Vergabe des hier betrachteten Beratungsprojektes. Dennoch ist das Beratungsunternehmen der Forderung des Kunden nach der Aufnahme eines Erfolgshonorars nachgekommen. Die Aufgabenverteilung zwischen Kundenmitarbeitern und Beratern war zu Projektbeginn eindeutig geregelt.

Analyse der Regelung der Erfolgsmessung

Zur Erfolgsmessung wurden zwei Kriterien eingesetzt. Der Erfolg des Projektes sollte zum einen mit Hilfe einer Zufriedenheitsabfrage und zum anderen anhand des Umsetzungsgrades der Maßnahmen bestimmt werden. In diesem Sinne sind die in diesem Falle eingesetzten Optionen gemäß der in Kapitel 3.2 vorgestellten Möglichkeiten der Erfolgsmessung als Abfrage der Zufriedenheit und Messung der ergebnisbezogenen Zielerreichung einzustufen.

Hervorzuheben ist die geringe Regelungstiefe des Vertrages hinsichtlich der Kriterien „Zufriedenheit" und „Umsetzungsgrad". Diese Vorgehensweise lässt darauf schließen, dass weder das Beratungsunternehmen noch der Kunde eine Notwendigkeit sahen, eine detaillierte Regelung zu vereinbaren, und darauf vertrauten, im Falle von Unstimmigkeiten eine gemeinsame Lösung zu finden. Die Bedeutung von gegenseitigem Vertrauen haben beide Parteien im Rahmen der Gespräche auch explizit betont. Allerdings ist darauf hinzuweisen, dass dieses Vorgehen das Risiko mit sich bringt, dass im Falle von Unstimmigkeiten oder einem negativen Projektverlauf zahlreiche Diskussionen hinsichtlich der Erfolgsmessung entstehen können.

Zudem ist vor dem Hintergrund der Zielsetzung des Projektes die Eignung der eingesetzten Kriterien für die tatsächliche Bestimmung des Erfolgs kritisch zu hinterfragen. Die unspezifizierte Festlegung einer Zufriedenheitsabfrage lässt letztlich keine Rückschlüsse darauf zu, ob das Kriterium sich in diesem Falle für die Erfolgsmessung eignet oder nicht. Es ist auf jeden Fall darauf hinzuweisen, dass die Zufriedenheitsabfrage näher spezifiziert werden sollte und mehrere Personen befragt werden sollten, um die Beurteilung anhand einer einzelnen subjektiven Meinung auszuschließen.

Das Kriterium „Umsetzungsgrad" kann zur Kontrolle des Projektfortschritts eingesetzt werden, jedoch ist dem Berater zuzustimmen, dass sicherlich die Umsetzung der richtigen Maßnahmen für den Erfolg des Projektes wichtiger ist als die Umsetzung einer bestimmten Anzahl. Daher kann das Kriterium zwar als Hilfsinstrument zur Erfolgsbestimmung eingesetzt werden, es sollte aber gleichzeitig darauf geachtet werden, dass eine sture Abarbeitung der definierten Maßnahmen nicht vollständig in den Vordergrund tritt, sondern der Inhalt der einzelnen Schritte trotzdem Beachtung findet.

Die finale Regelung der Erfolgsmessung des Kriteriums „Umsetzungsgrad" ist entgegen der üblicherweise ausgesprochenen Empfehlung, die Erfolgsmessung vor Projektbeginn festzulegen, erst nach Beginn der Projektarbeit erfolgt (vgl. S. 70). Es ist den beiden Vertragsparteien jedoch zugutezuhalten, dass sie zumindest die Vorgehensweise, wie die Festlegung der finalen Erfolgsmessung dieses Kriteriums erfolgen soll, bereits im Vertrag festgeschrieben hatten.

Hinsichtlich der Frage nach der Messbarkeit der Ergebnisse und des Einflusses des Erfolgshonorars auf die Arbeitsweise vertreten Kunde und Berater gegensätzliche Meinungen. Die Sichtweise des Beraters, dass die Ergebnisse nicht oder schlecht messbar sind, kann zum einen vor dem Hintergrund der komplexen Aufgabenstellung nachvollzogen werden, gleichzeitig kann sie auch als Versuch der Abwehr eines Erfolgshonorars aufgefasst werden.

Die unterschiedlichen Aussagen hinsichtlich des Einflusses des Erfolgshonorars auf die Arbeitsweise lassen sich durch eine nähere Betrachtung erklären. Auf Seiten des Beratungsunternehmens sind im Rahmen eines Beratungsprojektes unterschiedliche hierarchische Ebenen involviert. Auf der Ebene des Projektleiters und des ausführenden Beraters führt der Einsatz eines Erfolgshonorars nicht zu einem individuellen Leistungsanreiz, da die Mitarbeiter dieser Hierarchiestufen in der Regel unabhängig von der Honorarform des einzelnen Projektes monatlich ein Gehalt beziehen. Für die Partner eines Beratungsunternehmens stellt der Einsatz eines Erfolgshonorars hingegen durchaus einen Leistungsanreiz dar, da sie als Miteigentümer der Beratungsgesellschaft direkt von höheren Honoraren profitieren (vgl. S. 87). Diese Konstellation führt dazu, dass die Projektleiter und Berater, die die operative Arbeit eines Projektes erledigen, keinen Zusammenhang zwischen dem Einsatz eines Erfolgshonorars und ihrer Arbeitsweise sehen. Der Auftraggeber hingegen führt sämtliche Vertragsverhandlungen mit dem Partner des Beratungsunternehmens und gewinnt somit den Eindruck, dass das Erfolgshonorar als Leistungsanreiz fungiert. Die verschiedenen Sichtweisen hinsichtlich des Einflusses des Erfolgshonorars auf die Arbeitsweise der Berater kommen somit auf Grund der unterschiedlichen Bedeutung des Erfolgshonorars auf den einzelnen hierarchischen Ebenen zustande. Infolgedessen ist es notwendig, Aussagen über die Funktionen des Erfolgshonorars differenzierter zu betrachten und die jeweilige Hierarchieebene zu berücksichtigen.

Analyse des Projektverlaufs

Der gesamte Projektverlauf zeichnete sich durch eine hervorragende Zusammenarbeit zwischen Beratern und Kundenmitarbeitern über alle Ebenen aus. Durch den Einsatz des Maßnahmen-Management-Tools konnten inhaltlich schnell Projektfortschritte erzielt werden, was sich wiederum positiv auf die Arbeitsatmosphäre der Mitarbeiter auswirkte. Zusammenfassend kann man von einem weitestgehend reibungslosen und harmonischen Projektverlauf sprechen.

Analyse der finalen Erfolgsmessung

Bei diesem Projekt wurde abschließend keine formale Erfolgsmessung durchgeführt. Allerdings wurde das Kriterium „Umsetzungsgrad" während des gesamten Projektes begleitend erfasst, infolgedessen erübrigte sich zumindest hinsichtlich dieses Kriteriums eine finale Erfolgsmessung. Auf die formale Erfassung des Kriteriums „Zufriedenheit" wurde vollständig verzichtet. Alle Schwierigkeiten und Risiken, die theoretisch beim Einsatz einer Zufriedenheitsabfrage auftauchen können, sind in diesem Falle ausgeblieben (vgl. S. 44 f.). Der Kunde hat den Berater subjektiv empfunden fair behandelt und das Honorar wurde vollständig bezahlt. An dieser Stelle muss man hervorheben, dass eine opportunistische Verhaltensweise des Kunden mit dem Ziel, einen Teil des Beraterhonorars zu sparen, aus vertraglichen Gesichtspunkten durchaus möglich gewesen wäre. Auf Grund der hervorragenden Beziehung zwischen dem Auftraggeber und dem Partner des Beratungsunternehmens war sich das Beratungsunternehmen, wie sich am Ende herausstellte, zu Recht über den gesamten Projektverlauf relativ sicher, dass der Kunde fair handeln würde.

Mögliche weitere Evaluationshindernisse, wie die Separierung der Beraterleistung, die Festlegung eines Zeitpunktes der Erfolgsmessung oder die Durchführung der eigentlichen Erfolgsmessung wurden in diesem Projekt ohne irgendwelche Unstimmigkeiten überwunden.

Zusammenfassung Einzelfallanalyse

Der sehr erfolgreiche Verlauf des Projektes sowie die gute persönliche Beziehung zwischen Beratern und Kunden führten dazu, dass es bei diesem Projekt keinerlei Diskussionen weder über die Erfolgsmessung noch über die Höhe des Erfolgshonorars gab. Das Projekt zeichnet sich durch einen reibungslosen Ablauf aus.

4.3 Fallstudie 2

Ziel des folgenden Projektes war es, die Kosten im Einkauf zu senken und dadurch möglichst zeitnah Einsparungen zu erreichen. Die beiden Vertragsparteien einigten sich auf den Einsatz eines Erfolgshonorars. Die dem Erfolgshonorar zugrunde liegende Regelung der Erfolgsmessung wird im Rahmen dieser Fallstudie untersucht.[45] Bei dem Kundenunternehmen handelt es sich um einen Gartengerätehersteller, der im Geschäftsjahr 2004/2005 einen Umsatz von knapp 200 Millionen Euro erzielt hat. Das Geschäftsjahr beginnt am 1. Oktober und endet am 30. September. Zum besseren Gesamtverständnis wird zunächst ein kurzer Überblick über die Branche gegeben.

Die gesamte Gartenmarktbranche ist in hohem Maße wetterabhängig, da der Konsum der Endverbraucher und die Freude an der Gartenarbeit stark von der jeweiligen Wetterlage beeinflusst werden. Normalerweise tragen ein mildes Frühjahr und ein gutes Wetter im Sommer dazu bei, dass die Umsätze steigen und es für die Gartenmarktbranche ein gutes Jahr wird. Der Jahrhundertsommer 2003 war allerdings sogar für die Gartenbranche zu heiß. Im Sommer 2003 lagen die mittleren Temperaturen rund zwei bis drei Grad über denen des Vorjahres und es war der heißeste Sommers seit Beginn der Wetteraufzeichnungen im Jahr 1901. Als Folge dieses heißen Sommers brach der Absatz an Gartengeräten deutlich ein, da Rasen und Hecken in dieser Hitze kaum wachsen und daher auch kein Bedarf an Gartenwerkzeugen vorhanden war. Ebenso heiß wie das Jahr 2003 war, so verregnet und nasskalt war das Jahr 2004. Das Wetter war unbeständig und bis in die Sommermonate hinein kühl, was in einem weiteren Absatzrückgang im Jahr 2004 resultierte. Im Jahr 2005 führten die früh einsetzende Gartensaison und das milde Klima zu einer positiven Trendwende und nach zwei schwierigen Jahren endlich zu einem Umsatzanstieg in der Gartenbranche.

4.3.1 Fallbeschreibung

Als Hersteller von Gartengeräten war das hier betrachtete Unternehmen von den eben beschriebenen Wetterentwicklungen und den damit einhergehenden Umsatzrückgängen in starkem Maße betroffen. Darüber hinaus trug die anhaltende Konsumflaute dazu bei, dass sich das Unternehmen Ende 2004 in einer schwierigen wirtschaftlichen Lage befand.

Im Jahr 2004 wurden knapp 90 Prozent des Umsatzes in Europa erwirtschaftet, wobei der Schwerpunkt mit 50 Prozent Umsatzanteil eindeutig in Deutschland lag. In den folgenden Jahren wurde im weltweiten Markt für Gartengeräte mit einem leichten Wachstum gerechnet, allerdings wurde davon ausgegangen, dass in Europa lediglich in Osteuropa ein leichtes Wachstum verzeichnet werden könnte. In den Kernmärkten des Kunden wurde bestenfalls mit einer stagnierenden Marktentwicklung gerechnet.

---

[45] Die hier dargestellte Fallstudie basiert auf drei vollständig transkribierten Interviews, den vertraglichen Unterlagen sowie den entsprechenden Projektunterlagen. Auf Kundenseite wurde der Auftraggeber, der gleichzeitig für die Abwicklung und Durchführung des Projektes verantwortlich war, interviewt. Auf Beraterseite wurden sowohl der Projektleiter, der für die Arbeit vor Ort verantwortlich war, als auch ein angehender Partner, der die Vertragsverhandlungen geführt hat, interviewt.

Vor dem Hintergrund der negativen Marktentwicklung und der fehlenden Perspektive wurde Ende 2004 ein Beratungsunternehmen zur Unterstützung hinzugezogen. Zunächst bestand die Aufgabe der Berater darin, die aktuelle Planung des Kunden zu plausibilisieren und den Kunden bei der Vorbereitung einer Bankensitzung zur Klärung der weiteren Finanzierung zu unterstützen. Nach einer ersten Bestandsaufnahme, die vier Wochen in Anspruch nahm, wurde das Beratungsunternehmen zudem damit beauftragt, eine Markt- und Wettbewerbsanalyse durchzuführen sowie ein strategisches Konzept zu erarbeiten.

Im Rahmen der Erarbeitung des strategischen Konzeptes wurde deutlich, dass das Kundenunternehmen nicht nur durch die negative Marktentwicklung in diese schwierige wirtschaftliche Situation geraten ist, sondern auch durch zahlreiche interne Probleme. Historisch gewachsene Strukturen bestimmten die Organisationsstruktur des Kunden und es wurde festgestellt, dass es keine konsequente funktionale Zuordnung der einzelnen Abteilungen gab. Das Produktportfolio zeichnete sich durch eine hohe Komplexität und einen geringen Differenzierungsgrad aus. Darüber hinaus vermittelten weder die Positionierung des Produkts noch der Markenauftritt eine klare Botschaft an den Konsumenten.

Vor dem Hintergrund dieser internen Probleme wurde bis April 2005 ein strategisches Konzept erarbeitet. Die wesentlichen Ziele des strategischen Konzeptes waren die Einführung einer funktional ausgerichteten Organisationsstruktur, eine Reduzierung der angebotenen Produkte um rund 40 Prozent, eine Neupositionierung der Marke sowie die Verfolgung einer klaren Distributionsstrategie. Nach der Vorstellung des Grobkonzeptes im April 2005 und allgemeiner Zustimmung von Seiten der Geschäftsführung sowie der finanzierenden Banken wurde das Beratungsunternehmen damit beauftragt, das strategische Konzept bis Juni 2005 zu detaillieren und einen Maßnahmenplan zu erstellen. Dieses Beratungsprojekt wurde Mitte Juni 2005 mit der finalen Präsentation des detaillierten strategischen Konzeptes abgeschlossen.

Neben der strategischen Neuausrichtung machte sich das Kundenunternehmen jedoch gleichzeitig Gedanken darüber, wie die finanzielle Situation im nächsten Geschäftsjahr verbessert werden könnte, und beschloss, ein kurzfristiges Kostensenkungsprogramm im Einkauf zu initiieren. In den vergangenen Jahren waren bereits einige Initiativen zur Reduzierung der Einkaufspreise durchgeführt worden und der Kunde war sich bewusst, dass die Erzielung weiterer Einsparungen im Einkaufsbereich schwierig werden würde.

"Wir hatten in den Jahren zuvor eine Fabrik in China aufgebaut und hatten das Sourcing stark globalisiert. Die einfach zu erzielenden Einsparungen waren bereits realisiert, die hatten wir selber durch technische Substitution und Verlagerung nach Asien schon erschlossen." (Kunde)

Da der Kunde sicherstellen wollte, dass die Einsparungen im Einkauf möglichst schnell realisiert werden, entschloss er sich dazu, erneut mit einem Beratungsunternehmen zusammenzuarbeiten.

Ausgangssituation und Aufgabenstellung des Projektes

Zunächst beauftragte der Kunde für zwei Wochen ein Beratungsunternehmen mit der Erstellung einer Potenzialanalyse. Bei diesem Beratungsunternehmen handelte es sich nicht um dasselbe Beratungsunternehmen, das mit der Erstellung des strategischen Konzeptes betraut war. Im Folgenden wird das Beratungsunternehmen, das mit der Durchführung der Potenzialanalyse beauftragt war, „Beratungsunternehmen A" genannt und das Beratungsunternehmen, das die Erstellung des strategischen Konzeptes unterstützte, als „Beratungsunternehmen B" bezeichnet. Bei dem Beratungsunternehmen A handelt es sich um eine spezialisierte Unternehmensberatung, die sich fast ausschließlich auf Fragen des Einkaufs und der Beschaffung spezialisiert hat. Das Beratungsunternehmen B bietet das gesamte Spektrum von Beratungsleistungen an und kann sowohl strategische als auch operative Fragestellungen bearbeiten.

Ziel der Potenzialanalyse war es abzuschätzen, wie hoch die mögliche Einsparung sei, die mit Hilfe eines Beratungsprojektes im Einkauf erzielt werden könnte. Auf Basis eines betrachteten Einkaufsvolumens von 44,0 Millionen Euro, das sich über zahlreiche Warengruppen erstreckte, ermittelte das Beratungsunternehmen A ein mögliches Einsparpotenzial in Höhe von 3,2 Millionen Euro. Der Kunde setzte sich zum Ziel, bereits im folgenden Geschäftsjahr 2,0 Millionen Euro des identifizierten Einsparpotenzials in Höhe von 3,2 Millionen Euro zu realisieren.

Im Sommer 2005, als das Beratungsunternehmen A die Einkaufsanalyse durchführte, war das Beratungsunternehmen B ebenfalls im Hause des Kunden tätig und mit der Detaillierung des strategischen Konzeptes beschäftigt. Da beide Beratungsunternehmen gleichzeitig vor Ort tätig waren, bekam das Beratungsunternehmen B mit, dass die Einkaufsabteilung des Kunden plante, ein Beratungsprojekt mit dem Beratungsunternehmen A durchzuführen. Das Beratungsunternehmen B war bereits seit Ende 2004 für den Kunden tätig und bekundete ebenfalls sein Interesse, das Projekt der Einkaufsabteilung zu begleiten, und bot dem Kunden an, das Einkaufsprojekt durchzuführen.

„Unser Haus hatte schon ein Strategieprojekt bei dem Kunden durchgeführt. Ein Partner und ein Berater kannten den Kunden dadurch schon ganz gut. Per Zufall hat einer der beiden erfahren, dass der COO[46] gerade ein Beratungsunternehmen, das auf Einkaufsprojekte spezialisiert ist, damit beauftragt hat, eine Potenzialabschätzung zu erstellen, und im Anschluss daran ein Einkaufsprojekt durchführen will. Das andere Beratungsunternehmen hatte sozusagen die erste Phase der Potenzialanalyse gerade fertiggestellt und zu dem Zeitpunkt ging es dann um die Vergabe eines Einkaufsprojektes auf Basis dieser Analyse. Wir haben angeboten,

---

[46] COO – Chief Operating Officer.

dass wir dieses Projekt ebenfalls durchführen könnten, und ich bin dann, da ich der Experte für Einkaufsprojekte bin, beim Kunden vorbeigegangen." (Berater)

Der Kunde und das Beratungsunternehmen B hatten auf Grund der bisherigen Zusammenarbeit ein gutes Verhältnis zueinander. Nachdem das Beratungsunternehmen B auch Interesse an der Durchführung des Einkaufprojektes äußerte, zeigte der Kunden dem Berater B die ersten Analyseergebnisse und die Abschätzung der möglichen Einsparungen.

„Die Analyseergebnisse der Vorstudie habe ich vor Auftragsvergabe auch dem Beratungsunternehmen B zur Verfügung gestellt. Ich hatte ein sehr offenes Verhältnis mit Beratungsunternehmen B. Ich hatte kein Interesse daran, das Beratungsunternehmen B in eine Situation reinlaufen zu lassen, in der die Berater später feststellen, dass das Ganze gar nicht funktionieren kann und dies nur, weil sie zu Beginn nicht alle Unterlagen zur Verfügung gestellt bekommen hatten." (Kunde)

Nachdem das Beratungsunternehmen B die Vorstudie des Beratungsunternehmens A gesehen hatte, legte es dem Kunden seine Sichtweise dar und erklärte ihm, wie eine mögliche Vorgehensweise zur Realisierung des identifizierten Einsparpotenzials im Einkauf aussehen könnte.

„Der Einkaufsleiter hat mir gezeigt, was das andere Beratungsunternehmen bisher gemacht hatte und was denen ihre Einschätzung hinsichtlich der möglichen Einsparung ist. Ich habe ihm meine Sichtweise dargelegt und ihm gesagt, wie ich das ganze Thema angehen würde." (Berater)

Vor Vergabe des Einkaufsprojektes entstand damit eine Wettbewerbssituation zwischen den beiden Beratungsunternehmen und beide signalisierten ein klares Interesse, das Projekt durchführen zu wollen. Auf Grund seiner guten Verhandlungsposition forderte der Kunde von beiden Beratungsunternehmen mehrere Angebote an und versuchte auf diesem Weg, möglichst günstige Preise und Konditionen zu erzielen. Im Zuge dieser Verhandlungen wurde das Beratungsunternehmen B vom Kunden aufgefordert, ein Angebot mit einer variablen Vergütungskomponente abzugeben, da das Beratungsunternehmen A dies bereits getan hatte.

„Zudem wäre das andere Beratungsunternehmen bereit, ein Drittel des Honorars variabel zu gestalten und vom Erfolg des Projekts abhängig zu machen. Wir haben geantwortet, dass wir ebenfalls eine variable Komponente in Höhe von einem Drittel des Honorars in das Angebot aufnehmen können. In unserem finalen Angebot war somit dann auch eine variable Vergütungskomponente enthalten, die an den Erfolg des Projekts im Sinne der erzielten Einsparung gekoppelt war." (Berater)

Am Ende dieses Verhandlungsprozesses entschied sich der Kunde dafür, das Beratungsprojekt mit dem Beratungsunternehmen B durchzuführen. Gemäß den Ergebnissen der Vorstudie sollte im Rahmen dieses Projektes eine Einsparung von 3,2 Millionen Euro im Einkauf erreicht werden. Ein Einkaufsvolumen in Höhe von 44,0 Millionen Euro, das sich über eine Vielzahl von Warengruppen verteilte, sollte im Laufe des Projektes analysiert und neu verhandelt werden. Es wurde festgelegt, dass 2,0 Millionen Euro Einspareffekt bereits im Geschäftsjahr 2005/2006 realisiert werden sollten.

Zur Realisierung der Einsparziele wurden folgende Ansatzpunkte vereinbart: Das Einkaufsvolumen aller Abteilungen sollte in Zukunft zentral über den Einkauf abgewickelt werden mit dem Ziel, die einzelnen Einkaufsvolumina zu bündeln. Zudem sollte eine Reduzierung der A-Lieferanten angestrebt werden, die zu einer weiteren Bündelung des Einkaufsvolumens führen sollte. Im ersten Schritt wurde festgelegt, wie die Bündelung des Einkaufsvolumens zukünftig aussieht, und im nächsten Schritt sollte die Ausschreibung des entsprechenden Volumens erfolgen. Zur Erreichung des Einsparungsziels sollten zwischen den Lieferanten eine Konkurrenzsituation geschaffen werden, die dann wiederum die Lieferanten dazu veranlassen würde, zu günstigeren Preisen anzubieten. Soweit es für sinnvoll erachtet wurde, sollten in einigen Warengruppen internetbasierte Ausschreibungen eingesetzt werden bzw. Internet-Auktionen stattfinden.

Es wurde vereinbart, dass die Hauptaufgabe der Berater die Vorbereitung und die Umsetzung der Ausschreibungen sein sollte. Zudem sollte der Berater den Kunden bei der Vorbereitung von Lieferantengesprächen unterstützen sowie bei Bedarf auch an den Gesprächen teilnehmen und diese begleiten. Basierend auf den Erkenntnissen der Vorstudie wurden bereits im Vertrag zwischen dem Kunden und dem Beratungsunternehmen B für einzelne Warengruppen eine detaillierte Vorgehensweise festgelegt und klare Handlungsfelder identifiziert. Die Aufgabenstellung war somit zu Projektbeginn sowohl aus Sicht des Beraters als auch aus Sicht des Kunden klar beschrieben.

„Die Aufgabenstellung zu Beginn des Projektes war sehr klar definiert. Das war im Grunde genommen ein operatives Einkaufsprojekt über X Warengruppen und es gab auch keine Auslegungsspielräume. Das Ganze war klar abgegrenzt im Sinne von: das sind die Warengruppen, die wir zu betrachten haben; das ist das Ziel mit X Millionen Euro, das wir erreichen sollen etc. Es war ein operatives Projekt und wir haben die Aufgaben abgearbeitet." (Berater)

„Die Aufgabenstellung war durch die Vorstudie, die das Beratungsunternehmen A erstellt hatte, relativ klar beschreiben." (Kunde)

Das Beratungsunternehmen B hatte somit die Aufgabe, in den folgenden drei bis vier Monaten das Kundenunternehmen bei der Realisierung des Einsparungsziels von 3,2 Millionen Euro bzw. einer Einsparung von 2,0 Millionen Euro im Geschäftsjahr 2005/2006 zu unterstützen. Die Projektlaufzeit sollte flexibel gestaltet werden. Wenn sich zu Beginn des Projektes herausstellen sollte, dass gegebenenfalls eine viermonatige Laufzeit auf Grund der Erreichbarkeit der Lieferanten sinnvoller ist, dann sollten die Beraterkapazitäten dementsprechend über diesen Zeitraum angepasst und verteilt werden.

Regelung der Erfolgsmessung

Im Rahmen des Verhandlungsprozesses der Auftragsvergabe hatte das Beratungsunternehmen B ein Angebot mit einer variablen Vergütungskomponente abgegeben. In diesem Angebot war vorgesehen, dass der Erfolg des Projektes anhand der erzielten Einsparung gemessen werden sollte. Dieser Vorschlag orientierte sich konsequent an der Zielsetzung des Projektes und wurde im Wesentlichen in dieser Form in den Vertrag übernommen. Im Vertrag wurde somit hinsichtlich des Ziels des Projektes und der variablen Vergütung folgende Regelung festgehalten:

„Ziel des Projektes ist die Erzielung von mindestens 3,2 Millionen Euro, von denen im nächsten Geschäftsjahr ein Betrag von 2,0 Millionen Euro ergebniswirksam in der GuV erzielt werden soll. Wir hatten uns darauf verständigt, eine variable Vergütung, d.h. ein Erfolgshonorar, für den Teil des gemeinsam realisierten Einsparvolumens zu vereinbaren. Der Erfolgshonoraranspruch wird ausgelöst, wenn die Einkaufseffekte mit dem Lieferanten vereinbart und damit realisiert sind. Der Einspareffekt errechnet sich aus allen durch uns mit begleiteten Maßnahmen." (Auszug aus dem Vertrag zwischen Berater und Kunden)

Es wurde vereinbart, dass die Höhe des Erfolgshonorars über einen prozentualen Anteil der erzielten Einsparung berechnet wird. Die maximale Höhe des Erfolgshonorars wurde auf einen fixen Wert begrenzt. Da der Erfolg des Projektes über die erzielte Einsparung bestimmt wurde, war es zudem notwendig, eine Vereinbarung über die Berechnung der Einsparung festzuhalten. Die Berechnung der Einsparung respektive die Bestimmung des Erfolges wurde im Vertrag folgendermaßen geregelt.

„Für solche Erfolge, die direkt messbar sind, gilt der tatsächlich erzielte Erfolg gegenüber dem aktuellen Einkaufspreis des Kunden. Der aktuelle Preis ergibt sich auf Basis des zu Beginn des Projektes bestehenden Einkaufspreises zuzüglich eventueller Preiserhöhungen. Für Erfolge ohne eine Möglichkeit des direkten Preisvergleiches schlagen wir vor, am Ende des Projektes gemeinsam ein Verständnis über die erzielte Höhe der Erfolge zu erzielen und den daraus abgeleiteten Einkaufserfolg als Grundlage für das Erfolgshonorar zu nehmen."
(Auszug aus dem Vertrag zwischen Berater und Kunden)

Hinsichtlich der Fälligkeit der variablen Vergütung wurde vereinbart, dass die Zahlung des entsprechenden Anteils des Honorars fällig wird, sobald die erste Bestellung aus dem jeweiligen neuen Vertrag ausgelöst wird, jedoch spätestens zum 31.12.2005. Der Kunde ergänzte diese Regelung im Zuge der Auftragsbestätigung noch um eine handschriftliche Notiz.

„Es gab einen Entwurf von einem Partner des Beratungsunternehmens B. Der Entwurf ging genau in die Richtung, wie es im Vertrag letztendlich auch steht. Dieser Entwurf wurde von mir durch eine handschriftliche Notiz in der Auftragsbestätigung ergänzt. Die handschriftliche Ergänzung schrieb fest, dass das Ziel eine Einsparung in Höhe von 2,0 Millionen Euro ist und dass diese Einsparung im Geschäftsjahr 2005/2006 EBITDA-wirksam sein musste."
(Kunde)

Wenn man die Kunden- und Beraterseite nach den Auswirkungen dieser vertraglichen Vereinbarung auf die Zusammenarbeit im Projekt befragt, wird deutlich, dass darüber unterschiedliche Auffassungen existierten. Der Projektleiter auf Beraterseite gab auf die Frage, ob das Erfolgshonorar Einfluss auf die inhaltliche Arbeit im Projekt gehabt hat, folgende Antwort:

„Nein, weil bei mir immer die inhaltliche Arbeit und die Arbeitsatmosphäre mit dem Kunden im Vordergrund steht. Für mich hat das Erfolgshonorar somit keinen Einfluss auf die inhaltliche Arbeit." (Berater)

Diese Sichtweise wird durch die folgende Aussage bestätigt, die aus dem zweiten Interview, das auf Beraterseite geführt wurde, stammt.

„Nein. Die erfolgsabhängige Vereinbarung hat keinen Einfluss auf die operative Arbeit gehabt." (Berater)

Der Kunde geht hingegen davon aus, dass der Einsatz der erfolgsorientierten Komponente erheblichen Einfluss auf die Arbeitsweise des Beraters und auf die Zusammenarbeit im Projekt hatte.

„Ich wollte sicherstellen, dass die Ergebnisse nachhaltig sind. Der Berater erzielt immer nachhaltigere Ergebnisse, wenn er selbst am Erfolg beteiligt ist. Bei einfach zu erzielenden Ergebnissen muss man einen Beratungsauftrag nicht mit einer Erfolgskomponente ausstatten, da man sowieso sicher ist, dass die Ergebnisse erreicht bzw. übertroffen werden. Ich binde eine Erfolgskomponente eher in die Projekte ein, in denen es nicht klar ist, ob die Ziele erreichbar sind." (Kunde)

In diesem Zusammenhang sieht der Kunde den Einsatz des Erfolgshonorars als Instrument, das dafür sorgt, dass ein Projekt abgebrochen wird, falls die Ziele nicht realisiert werden können.

„Ich halte es bei solchen Projekten mit geringem Hebel für richtig, mit einer Erfolgskomponente zu arbeiten, dadurch steuert man sowohl den Berater als auch die eigenen Teams dahingehend, dass sie aufhören, wenn sie feststellen, dass die gewünschten Ergebnisse nicht erreicht werden können." (Kunde)

Zudem ist der Kunde der Meinung, dass eine erfolgsorientierte Vergütungskomponente eine ergebnisorientierte Arbeitsweise fördert.

„Das Erfolgshonorar hat maßgeblich dazu beigetragen, dass das ganze Projekt stark ergebnisorientiert durchgeführt wurde, und auf der Zeitachse haben wir sehr, sehr gut gearbeitet." (Kunde)

Zusammenfassend lässt sich feststellen, dass vertraglich vereinbart wurde, dass die Erfolgsmessung anhand der erreichten Einsparung erfolgen sollte. Die Einsparung sollte entweder über einen Preisvergleich direkt berechnet werden oder es sollte, falls dies nicht möglich sei, am Ende des Projektes ein gemeinsames Verständnis über die Höhe der Einsparung entwickelt werden. Das schriftliche Angebot des Beraters wurde im Rahmen der Auftragsbestätigung handschriftlich vom Kunden ergänzt. Die Auswirkungen des Einsatzes einer erfolgsorientierten Komponente auf die Arbeitsweise werden von Berater und Kunden unterschiedlich eingeschätzt. Aus Sicht des Beraters hat die vertragliche Vereinbarung keine Auswirkung auf seine Arbeitsweise, wohingegen der Kunde das Erfolgshonorar als ein Instrument der Ergebnisorientierung ansieht.

Projektverlauf

Nach Abschluss des Vertrages im Sommer 2005 begann die Projektarbeit. Die Vorstudie hatte gezeigt, dass abhängig von der jeweiligen Warengruppen unterschiedliche Maßnahmen zur Optimierung und Erzielung der Einsparung ergriffen werden mussten.

Zum Projektstart wurden drei inhaltliche Themenblöcke festgelegt, die sich durch eine unterschiedliche Intensität der Bearbeitung abgrenzten. Warengruppen, bei denen ein hoher Handlungsbedarf bestand, haben sukzessive alle drei Themenblöcke durchlaufen. Die Vorgehensweise bei der Optimierung der einzelnen Warengruppen ist als Prozess zu verstehen, der bei der Beschaffungskoordination beginnt. Bei einigen Warengruppen war zunächst zu klären, wie die Koordination der Beschaffung in Zukunft erfolgen sollte, weil bis zum Beginn des Projektes diese Warengruppen weitgehend eigenständig ohne Einbeziehung des zentralen Einkaufs von jeder Fachabteilung eingekauft wurden. Im nächsten Schritt wurden die seinerzeitigen Konzepte und Bedarfsstrukturen der Warengruppen analysiert und individuelle Warengruppenkonzepte festgelegt. Im dritten Schritt wurde für alle Warengruppen ein operatives Lieferantenmanagement durchgeführt. Im Rahmen des operativen Lieferantenmanagements wurden beispielsweise internetbasierte Ausschreibungen und Internet-Auktionen durchgeführt, Konkurrenzsituationen zwischen Lieferanten geschaffen, indem Vergleichsangebote eingeholt wurden, sowie der weitere Umgang mit einzelnen Lieferanten festgelegt. Durch das aktive Lieferantenmanagement konnte ein erhebliches Einsparpotenzial erschlossen werden. Folgende Abbildung gibt einen Überblick über die Themenblöcke, die zur Optimierung der Einkaufsabteilung eingesetzt wurden:

Abb. 26: Fallstudie 2: Übersicht Themenblöcke
Quelle: Projektunterlagen

Abhängig vom Handlungsbedarf, der bereits in der Vorstudie festgestellt wurde, wurden die einzelnen Warengruppen einem dieser Themenblöcke zugeordnet. Unabhängig vom Startpunkt und Umfang des Handlungsbedarfs in den einzelnen Warengruppen führte die Vorgehensweise dazu, dass am Ende für alle Warengruppen Ausschreibungen stattfanden und Verhandlungen durchgeführt wurden.

Beide Vertragsparteien sind sich darüber einig, dass es zu Beginn des Projektes Zweifel daran gab, ob die geforderte Einsparung in Höhe von zwei Millionen Euro realisiert werden kann.

„Nach unserer ersten Abschätzung der möglichen Einsparungen stellte sich sogar die Frage, ob das Einsparungsziel von zwei Millionen Euro überhaupt erreicht werden kann. Wir mussten die Basis ausweiten, um diese zwei Millionen Euro erreichen zu können. Das andere Beratungsunternehmen hatte dieses Einsparpotenzial in Höhe von zwei Millionen Euro im Rahmen der Vorstudie ermittelt und dieses Ziel wurde somit bereits vor unserer Beauftragung festgelegt und kommuniziert." (Berater)

„Zu Beginn des Projektes gestaltete es sich sehr schwierig, diese zwei Millionen Euro überhaupt zu erreichen. Danach trat eine Phase des großen Optimismus auf, da waren wir dann plötzlich bei geplanten Einsparungen in Höhe von 2,6 Millionen Euro." (Kunde)

Nachdem sich andeutete, dass es möglich sein würde, die geforderte Einsparung in Höhe von zwei Millionen Euro zu erzielen und die anfänglichen inhaltlichen Schwierigkeiten überwunden waren, zeichnete sich das Projekt durch eine gute Zusammenarbeit von Beratern und Kunden aus. Für die einzelnen Warengruppen war auf Beraterseite und auf Kundenseite jeweils ein Verantwortlicher benannt. In Abhängigkeit von der Zuordnung der Warengruppen zu den einzelnen Themenblöcken wurden dann die entsprechenden Aufgaben gemeinsam abgearbeitet.

Hinsichtlich der Berechnung der Einsparung ließ die vertragliche Vereinbarung relativ viel Spielraum offen. Für zahlreiche Artikel gab es keine historischen Preise und somit beruhte die Berechnung der Einsparung in diesen Fällen auf Referenzpreisen, die gemeinsam mit dem Kunden festgelegt wurden.

„Nur für rund die Hälfte des Einkaufsvolumens konnten wir sauber rechnen, für die andere Hälfte mussten wir uns jeweils mit dem Kunden einigen, wie man den Erfolg in dieser Warengruppe bewertet. Entweder gab es in diesen Fällen einfach keine historischen Preise oder die Zusammensetzung des Produkts hatte sich verändert und somit waren die Produkte nicht mehr mit der Historie vergleichbar." (Berater)

Trotz der fehlenden historischen Preise herrschte weitgehend Einigkeit darüber, wie die Berechnung der Einsparung erfolgen sollte, und es wurde von Berater und Kunden gemeinsam ein Modell zur Berechnung der Einsparung aufgebaut.

„Das Modell, das festschrieb, wie gerechnet und wie bewertet werden sollte, das hatten wir in der finalen Phase des Projektes mit dem Berater vereinbart. Es war ganz eindeutig festgelegt,

welche Einsparungen bei welchen Warengruppen und Artikeln geplant sind, und dann haben wir aus den SAP-Daten die realisierten Einsparungen gegenübergestellt." (Kunde)

Der Erfolg bzw. die Höhe der Einsparung wurde nach Erhalt der ersten Ausschreibungen parallel zum Projektfortschritt gemeinsam nachgehalten und verfolgt.

"Nachdem wir mit der ersten Ausschreibungswelle durch waren, habe ich ein Controlling-Tool aufgesetzt. Wir haben uns darauf geeinigt, wie dieses Tool auszusehen hat, welche Inhalte in diesem enthalten sein müssen, und dass damit der Erfolg dann letztendlich gemessen wird. Während des Projektes wurde das Tool gemeinschaftlich geführt. Die SAP-Auswertung wurde vom Kunden gemacht und wir haben mit drauf geschaut. Das Tool wurde ständig mit den aktuellen Daten befüllt. Deshalb waren im Verlauf des Projektes auch alle Teilnehmer entspannt, da davon ausgegangen werden konnte, dass man weit über der geforderten Einsparung von zwei Millionen Euro liegt. Als wir das Haus verlassen haben, haben wir dieses Tool dann dem Kunden übergeben." (Berater)

Nachdem die ersten Angebote für die einzelnen Warengruppen eingeholt waren, die ersten Einkaufsverhandlungen unterstützt und teilweise auch mit durchgeführt wurden, beendeten die Berater im September 2005 ihre Tätigkeit vor Ort.

"Wir sind nach den ersten Angeboten und den ersten Verhandlungen raus, sprich ab September 2005 waren wir nicht mehr beim Kunden vor Ort und auch nicht mehr für den Kunden tätig." (Berater)

Zu diesem Zeitpunkt wurde eine Einsparung in Höhe von 2,6 Millionen Euro auf Basis der gemeinsam festgelegten Berechnungslogik ausgewiesen. Dieses Ergebnis wurde im Rahmen einer Abschlusspräsentation im Oktober 2006 vorgestellt.

"Im Oktober gab es dann die Abschlusspräsentation. In der Abschlusspräsentation wurde von einer Einsparung in Höhe von 2,6 Millionen Euro gesprochen." (Kunde)

Aus Beratersicht wurde das Projekt somit mit einer Einsparung in Höhe von 2,6 Millionen Euro abgeschlossen.

Finale Erfolgsmessung

Hinsichtlich der finalen Erfolgsmessung, des weiteren Verlaufs des Projektes und des zeitlichen Endes des Projektes unterscheiden sich die Sichtweise von Berater und Kunden deutlich. Im Folgenden werden die unterschiedlichen Meinungen und Diskrepanzen dargestellt.

Aus Beratersicht war keine finale Erfolgsmessung mehr notwendig, da man sich im Zuge der Erstellung der Abschlusspräsentation auf eine erreichte Einsparung in Höhe von 2,6 Millionen Euro verständigt hatte. Im November 2006 fand noch ein abschließendes Gespräch zwischen dem Kunden und dem Berater statt. In diesem Gespräch war ebenfalls von einer Einsparung in Höhe von 2,6 Millionen Euro die Rede. Der Berater ging davon aus, dass die Ergebnisse des Projektes somit final bestimmt waren.

Im Vertrag war festgeschrieben, dass die Zahlung der variablen Vergütung bis spätestens zum 31.12.2005 erfolgen musste. Trotz dieser Vereinbarung erklärte sich der Berater bereit, dem Kunden auf Grund seines zyklischen Geschäfts ein Zahlungsziel einzuräumen, da der Kunde in einer Branche tätig ist, die im Winter fast keinen Umsatz generiert, sondern den größten Teil ihres Umsatzes im Frühjahr und Sommer erwirtschaftet.

„ [...] im November 2005 hatte man die Ergebnisse schon gemeinschaftlich festgestellt. Im November 2005 hatten wir dem Kunden auf Grund [...] seines saisonalen Geschäfts ein Zahlungsziel eingeräumt. Aus unserer Sicht waren die Ergebnisse des Projektes und infolgedessen die Höhe des Honorars zu diesem Zeitpunkt final bestimmt." (Berater)

Der Berater ist somit davon ausgegangen, dass die variable Vergütung in voller Höhe im Sommer 2006 vom Kunden bezahlt wird, und hatte nicht angenommen, dass es Diskussionen darüber geben würde.

Aus Kundensicht stellt sich die Situation anders dar. Im Zuge der handschriftlichen Ergänzung des Angebots, das als Auftragsbestätigung an den Berater zurückgeschickt wurde, hatte der Kunde hervorgehoben, dass die Einsparung im Geschäftsjahr 2005/2006 im EBITDA nachweisbar sein muss. Das Verständnis des Kunden war somit, dass die im Rahmen der Abschlusspräsentation im Oktober ausgewiesene Einsparung von 2,6 Millionen Euro nicht die finale Erfolgsmessung darstellte, sondern im Verlauf des Geschäftsjahres die wirklich realisierte Einsparung ermittelt wird und diese dann die Basis für die Berechnung der variablen Vergütung bildet.

„Über die Bedeutung dieser EBITDA-Wirksamkeit gab es am Schluss dann auch leicht unterschiedliche Auffassungen. Ich wollte in dem Projekt die EBITDA-Wirksamkeit nachgewiesen haben, das heißt, die Einsparung anhand echter, umgesetzter Ergebnisse und nicht anhand geplanter Einsparungen messen, so haben wir das Projekt auch gekauft." (Kunde)

Der Kunde hat, nachdem der Berater nicht mehr vor Ort war, das gemeinsam aufgesetzte Instrument weiter benutzt, um die realisierte Einsparung zu verfolgen. Letztendlich kam der Kunde zu dem Ergebnis, dass die Einsparung sich anstatt der geplanten 2,6 Millionen Euro im Geschäftsjahr 2005/2006 nur auf 1,9 Millionen Euro belief.

„Im Anschluss haben wir dann die realisierten Einsparungen ein Jahr lang durch unser Controlling nachgehalten und gemessen. Die Aufstellungen des Controlling zeigten, dass die ursprünglich geplanten Einsparungen in Höhe von 2,6 Millionen Euro dann letztlich auf Einsparungen in Höhe von 1,9 Millionen Euro zusammengeschrumpft sind." (Kunde)

Die Erwartungshaltung des Kunden gegenüber dem Berater war, dass der Berater zum einen für die Umsetzbarkeit der Maßnahmen einsteht und zum anderen auch die Verantwortung für die Umsetzung der einzelnen Maßnahmen übernimmt.

„In der Auftragsbestätigung stand drin, dass die Einsparung im Geschäftsjahr 2005/2006 EBITDA-wirksam sein musste. Das hatten wir vorher auch so besprochen. Die Auffassung des

Projektleiters des Beratungsunternehmens B war eher, dass er das Projekt so lange vorantreibt, bis die Angebote alle da sind, und die Umsetzung dann aber bei uns allein lag." (Kunde)

Dennoch war sich der Kunde gleichzeitig auch darüber bewusst, dass der Erfolgshonoraranspruch in dem Moment entstand, als die Verhandlungen mit den Lieferanten abgeschlossen waren und die entsprechenden Vereinbarungen getroffen wurden.

„Das Erfolgshonorar bezog sich auf die Planung, also bis hin zum verhandelten Ergebnis. Im Nachgang stellten wird dann fest, dass die verhandelten Ergebnisse in der Umsetzung erhebliche Lücken aufwiesen." (Kunde)

Die Diskrepanz zwischen Berater und Kunden in Bezug auf die vertragliche Regelung bestand darin, dass im Vertrag nicht eindeutig geregelt war, ob es sich um die realisierte oder die geplante Einsparung handelte.

„Diese Passage in der vertraglichen Vereinbarung ist relativ weich formuliert. Man kann daraus lesen, dass der Berater dem Kunden lediglich zeigt, wie die Verträge verhandelt werden, und dann aber nicht für die Umsetzung verantwortlich ist." (Kunde)

Es herrschte auch keine Einigkeit darüber, wann und in welcher Form die finale Erfolgsmessung erfolgen sollte. Zudem war nicht eindeutig geregelt, wer welche Verantwortlichkeiten hatte und bis wohin die Aufgaben des Beraters gingen und ab wann es die Aufgaben des Kunden waren. Diese Unklarheiten führten dazu, dass es am Ende zahlreiche Diskussionen darüber gab, wie der Erfolg des Projektes einzustufen war und ob die variable Vergütung in vollem Umfang fällig wurde oder nicht. Gleichzeitig ist aber auch hervorzuheben, dass es keine Meinungsverschiedenheiten über die Berechnungssystematik der Einsparung gab. Die Höhe der Einsparung wurde zu den unterschiedlichen Zeitpunkten immer anhand des gemeinsam vom Kunden und Berater aufgesetzten Tools berechnet.

„Die Schwierigkeiten sind aber nicht daraus entstanden, dass man sich nicht einig darüber war, wie der Erfolg gemessen bzw. berechnet werden sollte." (Berater)

Im Verlauf der Diskussionen über den Erfolg des Projektes und den damit verbundenen Anspruch auf die variable Vergütung vertrat die Beraterseite weiterhin den Standpunkt, dass aus ihrer Sicht das Projekt im November 2005 erfolgreich abgeschlossen wurde. Das Beratungsunternehmen war nicht bereit, die Verantwortung dafür zu tragen, dass die Einsparung nicht in vollem Umfang umgesetzt wurde.

„Im Verlauf des Frühjahrs hat sich dann rausgestellt, dass irgendwas anders lief. Was da passiert ist, konnten wir weder beeinflussen noch nachvollziehen." (Berater)

Aus Kundensicht war der Wegfall von geplanten Einsparungen in Höhe von 0,7 Millionen Euro vor allem darauf zurückzuführen, dass im Rahmen der Lieferantenverhandlungen die technische Komplexität der einzelnen Bauteile nicht ausreichend berücksichtigt wurde.

"Alle Bereiche, die ein Stück weit mehr technische Komplexität oder Werkzeugrelevanz hatten, die also nicht einfach Kaufteile waren, ziehen weitere Aktivitäten vom Einkauf und von den anderen Abteilungen nach sich. Die neuen Teile müssen getestet werden, das heißt, die Entwicklungsabteilung muss in den Einkaufsprozess mit eingebunden werden. Diese komplexeren Warengruppen haben letztendlich ihre Einsparungsziele nicht erreicht." (Kunde)

Der Kunde war der Ansicht, dass der Berater in den Verhandlungen und den ausgewiesenen Einsparungen mehr auf die Umsetzbarkeit hätte achten müssen und infolgedessen auch dafür verantwortlich ist, dass die Einsparung nicht erzielt wurde.

Trotz dieser Diskussionen und der unterschiedlichen Auffassungen über die vertragliche Regelung beglich der Kunde am Ende den vollen Betrag der variablen Vergütung. Dieser Umstand ist vor allem auf die Geschäftsbeziehung, die sich zwischen dem Kunden und dem Berater im Laufe der Zeit aufgebaut hatte, zurückzuführen. Zudem baute der Kunde durch die vollständige Bezahlung der Rechnung eine gewisse Erwartungshaltung an das künftige Verhalten des Beraters auf. Beide Parteien bringen zum Ausdruck, dass das Kunden-Berater-Verhältnis auf Vertrauen beruhte. Es herrschte ein allgemeines Verständnis darüber, dass man eine Regelung, die für beide Seiten akzeptabel sei, finden und auch weiterhin eine Geschäftsbeziehung miteinander pflegen würde. Auf die Frage, wieso der Kunde letztendlich den vollen Anteil der variablen Vergütung bezahlt hat, gab er folgende Antwort:

"Ein Stück weit auch deswegen, weil wir ein unterschiedliches Verständnis über diese Regelung hatten. An dieser Stelle habe ich auch ein Stück Vertrauensvorschuss gegeben, [...]" (Kunde)

Der Berater war sich der Erwartungshaltung des Kunden bewusst und hat diese im Anschluss an das Projekt auch erfüllt. Der Berater beschreibt das Verhältnis zum Kunden auch heutzutage als sehr gut.

"Der Kontakt zum Kunden ist gut. Wir machen weiterhin Projekte mit dem Kunden und wir haben auch ein paar Sachen auf Basis von Goodwill, also kostenlos, für den Kunden gemacht." (Berater)

Obwohl es im Verlauf des Projektes und insbesondere am Ende des Projektes sehr unterschiedliche Positionen hinsichtlich der Ermittlung der variablen Vergütung gab, waren sich beide Parteien in zwei Punkten einig: Erstens betrachten beide das Projekt aus inhaltlichen Gesichtspunkten als äußerst erfolgreich und waren der Meinung, dass gute Arbeit geleistet wurde.

"Wir haben im Rahmen des Projektes all das gemacht, was man da technisch, handwerklich machen kann. Wir haben sehr sauber gearbeitet und mehr ging nicht." (Berater)

"Insgesamt glaube ich aber trotzdem, dass es für beide Seiten ein sehr erfolgreiches Projekt war. Unter diesen Voraussetzungen und Umständen zwei Millionen Euro einzusparen, das ist schon sehr erfolgreich." (Kunde)

Zweitens besteht auch Einigkeit darüber, dass die vertragliche Regelung hinsichtlich des formalen Vorgehens genauer hätte definiert werden müssen.

„Ja, wir hätten diesen Passus vom Gesamtverständnis bestimmt genauer regeln müssen. Es gab ein Telefonat und eine handschriftliche Ergänzung und danach haben wir die vertragliche Vereinbarung ein dreiviertel Jahr nicht mehr angeschaut." (Kunde)

„Mein Lerneffekt daraus ist, die Erfolgsmessung und auch das Erfolgshonorar nicht nur mit einem handschriftlichen Vermerk irgendwo niederzulegen, sondern tatsächlich solche Vereinbarungen zu Beginn des Projektes noch mal ganz sauber zu definieren. Auch wenn es dann vielleicht etwas formalistisch wirkt, würde ich noch mal einen schriftlichen Satz in dem Sinne ‚wir messen so und so' hinzufügen." (Berater)

Im Widerspruch dazu betonen Kunde und Berater aber gleichzeitig, dass eine „Überregulierung" kontraproduktiv sein kann und die inhaltliche Arbeit des Projektes im Vordergrund stehen sollte.

„Da gibt es immer Ermessensspielräume. Meine Erfahrung ist es aber, die Leute an dieser Stelle nicht in einen Konflikt zu bringen, denn dann arbeiten die Leute mehr an der Darstellung der ‚schönen Zahlen' als daran, nochmals Potenziale zu erschließen." (Kunde)

„Ich glaube nicht, dass man so etwas anders regeln kann. Man kann viele Regelungen festlegen und Guidelines schaffen. Es gibt aber immer einen Verhandlungskorridor und einen gewissen Spielraum. Letztlich ist man immer auf den guten Willen beider Vertragsparteien angewiesen." (Berater)

Abschließend lässt sich festhalten, dass die gesamte Diskussion über die Erfolgsmessung und die variable Vergütung nicht stattgefunden hätte, wenn die Einsparung nicht von 2,6 Millionen Euro auf 1,9 Millionen Euro zurückgegangen wäre. Zudem ist festzustellen, dass sich die unterschiedlichen Sichtweisen hinsichtlich der Erfolgsmessung nicht auf die Berechnungssystematik der Einsparung bezogen, sondern im Wesentlichen auf die Abgrenzung der Aufgabenstellung, die Aufteilung der Verantwortlichkeit zwischen Berater und Kunden sowie auf den Zeitpunkt der Erfolgsmessung. Solange der Berater vor Ort beim Kunden tätig war, war das Verhältnis zwischen Berater und Kunden durch eine gute Zusammenarbeit und eine inhaltliche Fokussierung geprägt. Die Diskrepanzen zwischen den beiden Vertragsparteien kamen erst nach Abschluss der Tätigkeiten des Beraters vor Ort zum Vorschein und die Diskussionen über die Höhe der variablen Vergütung wurden erst im Nachgang geführt. Das Zusammenspiel und die wechselseitige Beeinflussung zwischen inhaltlicher Arbeit und persönlichem Verhältnis zwischen Kunden und Berater kann anhand dieser Fallstudie gut beobachtet werden.

4.3.2 Fallanalyse

Analyse der Ausgangssituation und der Aufgabenstellung des Projektes

Der Auftraggeber und der Partner des Beratungsunternehmens B hatten bereits vor Durchführung dieses Projektes im Rahmen der bisherigen Zusammenarbeit eine sehr gute Geschäftsbeziehung und ein Vertrauensverhältnis aufgebaut. Dennoch musste sich das Beratungsunternehmen B im Zuge der Vergabe dieses Beratungsprojektes einem harten Wettbewerb mit dem Beratungsunternehmen A stellen und die Aufnahme eines Erfolgshonorars geschah auf explizite Anforderung des Kunden. Bei der Auswahl des Beraters spielte das Erfolgshonorar keine ausschlaggebende Rolle, da beide Anbieter der Aufforderung des Kunden nachkamen. Auf Grund der bereits erstellten Potenzialanalyse war die Aufgabenstellung des Projektes bei Arbeitsaufnahme durch das Beratungsunternehmen B eindeutig beschrieben. Die Ausgangssituation des Projektes zeichnete sich somit durch eine klare inhaltliche Aufgabenverteilung zwischen den einzelnen Akteuren sowie ein gutes persönliches Verhältnis aus.

Analyse der Regelung der Erfolgsmessung

Auf Grund der eindeutigen Aufgabenstellung und der bereits existierenden Geschäftsbeziehung einigten sich die beiden Parteien sehr schnell darauf, dass der Erfolg des Projektes anhand der erzielten Einsparung beurteilt werden sollte. Vor dem Hintergrund der Zielsetzung ist es konsequent, den Erfolg des Projektes anhand des ausgewählten Kriteriums zu bestimmen. Zur Messung des Erfolges sollte somit ein einziges Kriterium eingesetzt werden, das die ergebnisbezogene Zielerreichung des Projektes bestimmt.

An dieser Stelle ist besonders hervorzuheben, dass der Vertrag hinsichtlich der Berechnung der Einsparung, falls eine direkte Berechnung nicht möglich gewesen wäre, sich lediglich auf ein „gemeinsam zu entwickelndes Verständnis" berief. Hier wird sehr deutlich, dass die beiden Vertragsparteien sich gegenseitig immenses Vertrauen entgegenbrachten, da beide Seiten diese Vereinbarung in dieser Form unterschrieben. Diese Regelung bringt natürlich die Gefahr mit sich, dass, falls kein gemeinsames Verständnis entwickelt werden kann, langwierige kontraproduktive Diskussionen über die Erfolgsmessung im Projektverlauf geführt werden, anstatt an den inhaltlichen Fragestellungen zu arbeiten.

Der Einfluss und der Sinn eines Erfolgshonorars wird von dem Berater und dem Kunden völlig unterschiedlich eingestuft. Aus Beratersicht hat der Einsatz eines Erfolgshonorars keinen Einfluss auf die Arbeitsweise, wohingegen der Auftraggeber das Erfolgshonorar als Instrument der Leistungsorientierung versteht. Die Gründe dafür sind, wie bereits in der Fallstudie 1 beschrieben, in der differenzierten Betrachtung der unterschiedlichen Hierarchiestufen zu finden.

Betrachtet man die Motive des Kunden, die in diesem Fall zur Aufnahme eines Erfolgshonorars geführt haben, wird deutlich, dass der Kunde, insbesondere weil er sich zu Beginn des Projektes nicht sicher war, ob die gesetzten Ziele erreicht werden könnten, vom Beratungsunternehmen die Aufnahme eines Erfolgshonorars zur Risikominimierung forderte.

Analyse des Projektverlaufs

Nach anfänglichen inhaltlichen Unsicherheiten hinsichtlich der Frage, ob das Ziel des Projektes überhaupt erreicht werden könne, zeichnete sich die gesamte Projektarbeit zwischen den Kundenmitarbeitern und den Beratern sowohl durch eine hervorragende inhaltliche als auch persönliche Zusammenarbeit aus. Das in dem Vertrag angesprochene „gemeinsame Verständnis der Berechnungen" wurde trotz erheblicher Ermessensspielräume weitgehend ohne Diskussionen im Projekt entwickelt und die Berechnungslogik ohne größere Unstimmigkeiten gemeinsam festgelegt.

Analyse der finalen Erfolgsmessung

Interessanterweise sind während des gesamten Projektverlaufes die unterschiedlichen Auffassungen hinsichtlich des Zeitpunktes der Erfolgsmessung und der geplanten gegenüber der realisierten Einsparung nicht zur Sprache gekommen. Dieser Umstand ist darauf zurückzuführen, dass während die Berater noch vor Ort waren, es immer den Anschein hatte, dass die Grenze von 2,0 Millionen Euro Einsparung deutlich überschritten wird. Die Berechnung des Erfolgshonorars ist folglich in den Hintergrund getreten, da alle Beteiligten davon ausgingen, dass das volle Erfolgshonorar fällig werden würde.

In diesem Projekt sind sich die beiden Vertragsparteien zwar hinsichtlich der Operationalisierung der Erfolgsmessung zunächst sehr schnell einig geworden, aber andere Evaluationshindernisse sind im Zuge der Festlegung der Erfolgsmessung vernachlässigt worden. Letztlich entstand die Diskussion über die Höhe des Erfolgshonorars, da Auftraggeber und Berater kein gemeinsames Verständnis darüber entwickelt hatten, wann der Zeitpunkt der finalen Erfolgsmessung sein sollte. Die Frage des Zeitpunktes der Erfolgsmessung stellt in diesem Fall aber eigentlich ein Problem des ausgewählten Messkriteriums dar, da der Auftraggeber die Auffassung vertrat, dass die realisierte Einsparung ausschlaggebend für den Projekterfolg sei, und der Partner des Beratungsunternehmens der Meinung war, dass der Erfolg anhand der geplanten Einsparung zu beurteilen sei.

Zudem ist darauf hinzuweisen, dass die Vertragsverhandlungen zu Beginn des Projektes zwischen Auftraggeber und Partner stattfanden. Für die Durchführung des Projektes wurde auf Beraterseite allerdings ein Projektleiter eingesetzt. Die Gespräche im Rahmen der Vertragsverhandlungen fanden somit auf einer anderen Ebene statt als die Durchführung des Projektes. Die unterschiedlichen Verständnisse hinsichtlich der Erfolgsmessung insbesondere zwischen Auftraggeber und Projektleiter des Beraters sind somit darauf zurückzuführen, dass zu unterschiedlichen Zeitpunkten auf verschiedenen Ebenen kommuniziert wurde und nicht alle Projektbeteiligten an allen Gesprächen beteiligt waren. Dies trug dazu bei, dass der Projektleiter des Beraters ein anderes Verständnis der Zielsetzung hatte als der Auftraggeber.

In diesem Projekt kann insofern nicht von einer finalen formalen Erfolgsmessung gesprochen werden. Es wurde jedoch eine begleitende Erfolgsmessung des Projektfortschritts etabliert, anhand derer der aktuelle Stand der Einsparung jederzeit ermittelt werden konnte. Die Frage nach der Separierung der Beraterleistung sowie der Durchführung der Erfolgsmessung hat keine Rolle bei der Diskussion über die Erfolgsmessung gespielt.

Allerdings ist hervorzuheben, dass der Berater nur bereit war, Verantwortung zu übernehmen, wenn gleichzeitig auch sichergestellt wurde, dass er Einfluss auf die Entwicklung des Projektes und die entsprechenden Ergebnisse hat. Diese Aussage des Beraters hinsichtlich der Einflussnahme auf die Einsparung steht in klarem Gegensatz zu der Vorstellung des Auftragsgebers, den Erfolg anhand der realisierten Einsparung zu messen. Diese Diskrepanz hätte bereits im Rahmen des Vertragsabschlusses bemerkt werden können, da die Kundenanforderung, dass die Einsparung im Geschäftsjahr 2005/06 EBITDA-wirksam realisiert sein müsse, nicht mit dem Anspruch des Beraters, dass die variable Vergütung bis spätestens zum 31. Dezember 2005 bezahlt sein müsse, vereinbar ist, weil das Geschäftsjahr erst Ende September 2006 endete.

Zusammenfassung Einzelfallanalyse

Die Unstimmigkeiten hinsichtlich der Erfolgsmessung entstanden in diesem Projekte letztlich auf Grund von unterschiedlichen Auffassungen zwischen Auftraggeber und Berater hinsichtlich des Zeitpunktes und der Art der Erfolgsmessung. Die verwendete Berechnungslogik der Einsparungen wurde von beiden Seiten im Verlauf der gesamten Diskussion nie angezweifelt.

Die Diskussionen über die Höhe des zu zahlenden Honorars konnten letztlich beigelegt werden, da der Partner des Beratungsunternehmens und der Auftraggeber des Kunden eine gute persönliche Beziehung hatten und sich gut verstanden. Die Bezahlung des vollen Erfolgshonorars von Seiten des Auftraggebers ist somit mit der Erwartung auf weitere künftige Leistungen und eine Fortführung der Geschäftsbeziehung erfolgt. Insgesamt betrachtet stufen beide Parteien das Projekt als erfolgreich ein.

4.4 Fallstudie 3

Das Kundenunternehmen ist ein Automobilzulieferer, der sich zum Zeitpunkt des Projektes in einer schwierigen wirtschaftlichen Lage befand. Zunächst wird ein kurzer Überblick über die Branche sowie über die Rahmenbedingungen, unter welchen das Projekt stattgefunden hat, gegeben. Anschließend erfolgt die Betrachtung des konkreten Beratungsprojektes. Ziel dieser

Fallstudie ist es darzustellen, welche Vereinbarung zwischen Kunden und Berater getroffen wurde, um den Erfolg in dem hier betrachteten Beratungsprojekt zu messen, sowie zu untersuchen, wie die Erfolgsmessung durchgeführt wurde.[47]

Automobilzulieferer liefern Bauteile, Komponenten oder ganze Systeme für einzelne Fahrzeuge an die Autohersteller. Infolgedessen ist die wirtschaftliche Situation der Automobilzulieferer eng verbunden mit der Entwicklung der Automobilindustrie. Zum besseren Verständnis der Gesamtsituation wird im Folgenden zunächst auf die Automobilindustrie in Deutschland eingegangen.

Zu Beginn der 1970er Jahre konnte sich in Westdeutschland nahezu jeder Bundesbürger ein Auto leisten und die Straßen waren insbesondere von VW-Käfern bevölkert. Im Jahr 1973 wurde die Weltwirtschaft durch die erste Ölkrise erschüttert. Daraufhin wurden in Deutschland autofreie Sonntage eingeführt und die Bilder von leeren Autobahnen machten die Runde. Trotz dieser Entwicklungen florierte die Autoindustrie weiter und von einer ernsthaften Krise konnte noch nicht gesprochen werden.

Dies änderte sich Mitte der 1980er Jahren und Anfang der 1990er Jahre, als die deutsche Automobilindustrie erstmals ernsthaft von ausländischen Herstellern, insbesondere aus Japan, unter Druck gesetzt wurde. Die japanische Konkurrenz brachte Autos auf den Markt, die sich insbesondere durch ein gutes Preis-/Leistungsverhältnis auszeichneten. Hinsichtlich der technischen Ausstattung und der Zuverlässigkeit standen die japanischen Autos dem deutschen Angebot in nichts nach, jedoch konnten sie zu einem deutlich günstigeren Preis erworben werden. Die westdeutschen Automobilhersteller reagierten auf die Bedrohung aus Japan mit der Einführung einer „schlanken Produktion" sowie dem Start verschiedener Kosten-, Produkt- und Effizienzoffensiven.

Die wirtschaftliche Entwicklung der Automobilzulieferer verlief nach dem Zweiten Weltkrieg zunächst parallel zu der Entwicklung in der Automobilindustrie. Die Zulieferer erlebten eine nie zuvor dagewesene Boomzeit. Die Anzahl der Zulieferbetriebe stieg bis Mitte der 1970er Jahre kontinuierlich an. Bis heute ist die Zulieferindustrie weitestgehend mittelständisch geprägt und zeichnet sich durch einen hohen Spezialisierungsgrad aus.

Im Laufe der Zeit haben die Zulieferer immer mehr Aufgaben von den Automobilherstellern übernommen, was im Gegenzug zu einer Reduzierung der Fertigungstiefe bei den Herstellern geführt hat, die sich von ca. 38 Prozent zu Beginn der 1980er Jahre auf rund 25 Prozent Ende

---

[47] Die hier dargestellte Fallstudie basiert auf zwei vollständig transkribierten Interviews sowie der Projektdokumentation von Seiten des Kunden. Die beiden Interviews wurden mit Beratern durchgeführt. Darüber hinaus hat der Kunde in einen Projektordner sämtliche Kommunikationen, die zwischen Kundenmitarbeitern und Beratern und zwischen verschiedenen Personen des Kunden in schriftlicher Form, beispielsweise E-Mails, Schreiben, Angebote, Präsentationen etc. stattgefunden hat, aufbewahrt. Zitate, die im Rahmen dieser Fallstudie, verwendet werden, sind aus den entsprechenden Unterlagen, insbesondere aus den E-Mails entnommen.

der 1990er Jahre vermindert hat. Seit 1998 ist zu beobachten, dass die Fertigungstiefe der Hersteller relativ konstant bei 25 Prozent liegt. Das bedeutet, dass rund 75 Prozent der gesamten Wertschöpfung bei der Herstellung eines Autos heutzutage durch die Zulieferindustrie erbracht werden. Diese Zahlen machen deutlich, wie eng die Verzahnung zwischen Zulieferindustrie und Herstellern in der Automobilindustrie ist.

Obwohl die deutsche Automobilindustrie Ende der 1980er Jahre insbesondere durch die Konkurrenz aus Asien unter Druck geraten war, begannen die 1990er Jahre begünstigt durch die Wiedervereinigung vielversprechend. Auf Grund des Nachholbedarfs in Ostdeutschland konnte zunächst ein Wachstum verzeichnet werden. Ab 1993 machte sich die Bedrohung der deutschen Hersteller durch die Konkurrenz aus dem Ausland jedoch deutlich bemerkbar. Die Zulieferindustrie hatte unter einem erhöhten Kostendruck von Seiten der Hersteller zu leiden, der 1993 und 1994 zu einem deutlichen Umsatz- und Mitarbeiterrückgang führte. Die weitere Verlagerung der Wertschöpfungsstufen von den Herstellern zu den Zulieferern hatte zwar ab 1995 wiederum zu einer Erholung der Zulieferindustrie geführt, dennoch bewegen sich die Zulieferer heutzutage in einem hart umkämpften Wettbewerbsfeld. Die Härte des Konkurrenzkampfs wird bei der Betrachtung der Zulieferbetriebe deutlich, deren Anzahl sich von 30.000 auf 5.600 in dem Zeitraum von 1988 bis 2000 reduziert hat.

In den Jahren 2000 bis 2004 stagnierte die deutsche Automobilindustrie weitgehend. Die Inlandsproduktion war sogar leicht rückläufig, Wachstumsimpulse kamen nur aus der Auslandsproduktion. Diese Entwicklung führte dazu, dass die Hersteller erneut einen enormen Preisdruck auf die Zulieferer ausübten. Zudem erwarten die Hersteller heutzutage, dass die Zulieferer einen hohen Anteil der Forschungs- und Entwicklungsaktivitäten übernehmen und die entsprechenden Investitionen tätigen. 2004 sind die Zulieferer jedoch nicht nur von der Seite der Automobilhersteller unter Druck gesetzt worden, sondern gleichzeitig machten ihnen Rohstoffpreissteigerungen zu schaffen. In Summe führte die Entwicklung zu einem deutlichen Rückgang der Ertragskraft der Zulieferer.

4.4.1 Fallbeschreibung

Die dargestellte Marktentwicklung und der zunehmende Druck auf die Zulieferer führten dazu, dass das hier betrachtete Kundenunternehmen in den Jahren 2000 bis 2003 ebenfalls deutlich an Ertragskraft verlor und die EBIT-Marge jährlich um rund 1,5 Prozentpunkte zurückging. Im Laufe des Jahres 2004 wurde deutlich, dass die Budgetziele auf Grund einer sinkenden Nachfrage und von Kostenproblemen nicht erreicht würden. Daraufhin begann das Management des Kundenunternehmens im Sommer 2004 mit der Planung eines Projektes, das die Ertragskraft nachhaltig wieder auf das Niveau der Jahre vor 2000 steigern sollte.

Fallstudie 3   137

Ausgangssituation und Aufgabenstellung des Projektes

Für das geplante Ertragssteigerungsprojekt wurden verschiedene Beratungsunternehmen angesprochen, die ein Angebot zur Unterstützung des Projektes erstellen sollten. Das Kundenunternehmen legte die Zielsetzung und die Rahmenbedingungen des Beratungsprojektes eindeutig fest und der Hauptfokus der Angebote sollte auf Kostensenkungsmaßnahmen gelegt werden. Die Beratungsunternehmen bekamen die Aufgabe, einen Vorschlag vorzustellen, wie eine Effizienzsteigerung in der Kapazitätsnutzung und eine Senkung der Overheadkosten erfolgen könnten. Zudem wurde erwartet, dass eine Projektorganisation vorgeschlagen wird, die die Erarbeitung der Ergebnisse in gemeinsamen Teams erlaubt, in denen Kundenmitarbeiter zusammen mit Beratern Lösungen entwickeln. Das Kundenunternehmen forderte, dass mindestens 25 Prozent der Beratervergütung von dem Erfolg des Projektes abhängen sollten.

Im Oktober 2004 stellten die einzelnen Beratungsunternehmen ihre jeweiligen Angebote und den entsprechenden Projektansatz sowie die dazugehörenden Rahmenbedingungen dem Gesamtvorstand vor. Im Rahmen einer Präsentation wurden die jeweiligen Vorgehensweisen sowie die Ansätze der Angebote näher erläutert. Das Kundenunternehmen hatte in seiner gesamten bisherigen Geschichte noch nie ein externes Beratungsunternehmen zur Unterstützung bei unternehmerischen Fragestellungen hinzugezogen. Infolgedessen wurde der gesamte Auswahlprozess von einem gewissen Maß an Skepsis begleitet und verlief relativ schleppend.

Nach der Präsentation der Vorschläge im Oktober 2004 widmete sich das Management des Kundenunternehmens im November und Dezember zunächst wieder der Frage, wie das Ertragssteigerungsprojekt intern organisiert werden könne und welche Fragestellungen vorrangig bearbeitet werden müssten. Im Dezember 2004 fiel dann endgültig die Entscheidung, dass ein externes Beratungsunternehmen zur Unterstützung hinzugezogen werden sollte.

Es blieb jedoch weiterhin unklar, welches Beratungsunternehmen das Projekt unterstützen sollte, und deshalb wurden Anfang Januar erneut zwei Beratungsunternehmen eingeladen, die bereits im Oktober ihre Vorschläge präsentiert hatten, um ihre jeweiligen Ansätze dem Vorstand im Detail zu erläutern. Auf Grund der Wettbewerbssituation zwischen den beiden Beratungsunternehmen befand sich der Kunde in der Position, die vorgelegten Angebote insbesondere bezüglich der vertraglichen Regelungen zur Vergütung zu hinterfragen und weitere Forderungen zu stellen. Der Kunde bestand darauf, dass sich das gesamte Projektteam, das im Falle einer Beauftragung vor Ort bei ihm eingesetzt werden würde, persönlich vorstellte.

„Neben dem persönlichen Kennenlernen (u.a. Vorstellung von bisherigen Referenzprojekten der Personen) bitten wir Sie, sich für die Verhandlung der kommerziellen Bedingungen des Projekts, insbesondere der Vergütungsregelung, von Hr. Dr. Mustermann[48] autorisieren zu lassen. An einigen Punkten ist der Vorstand mit Ihrem Angebot noch nicht vollständig zufrieden." (E-Mail von Kunden an Berater)

---

[48] Zur Wahrung der Anonymität der beteiligten Personen wurde der Name geändert.

Im Vorfeld der finalen Entscheidung des Kunden fand zwischen dem Beratungsunternehmen, das letztendlich beauftragt wurde, und dem Kunden eine intensive Kommunikation bezüglich einiger kritischer Punkte statt. Der Berater war sehr darum bemüht, den Auftrag zu bekommen.

„Ich bedauere es sehr, dass wir Sie und Ihre Vorstandskollegen noch nicht vollständig überzeugen konnten und dass bei Ihnen der Eindruck entstand, dass wir diesen Ihren Auftrag nicht wichtig genug nehmen würden." (E-Mail von Berater an Kunden)

Diese Wahrnehmung des Beraters mit dem gleichzeitigen Bemühen, die Auftragserteilung zu bekommen, führte dazu, dass das Beratungsunternehmen sowohl in Bezug auf die Teambesetzung als auch hinsichtlich der finanziellen Konditionen dem Kunden entgegenkam und bessere Konditionen anbot. Nach einem langwierigen Auswahlprozess, der drei Monate in Anspruch genommen hatte, entschloss der Vorstand sich Mitte Januar 2005 letztlich dazu, das Beratungsunternehmen mit der Unterstützung des Ertragssteigerungsprojektes zu beauftragen. Das Projekt sollte drei Monate dauern und Mitte April abgeschlossen werden.

In der Zwischenzeit, seit Oktober 2004, hatten sich der Vorstand und der Aufsichtsrat des Kundenunternehmens auf die Eckpfeiler der Ertragssteigerungsprojektes geeinigt, das im Folgenden mit „Top 2015"[49] bezeichnet wird. Das Projekt „Top 2015" bestand aus den drei Modulen „Konzernstrategie", „Vertriebsoffensive" und Kostensenkungs- und Effizienzsteigerung". Für alle drei Module wurden kundeninterne Teams eingesetzt, die in den folgenden drei Monaten die wesentlichen konzeptionellen Ergebnisse erarbeiten sollten und teilweise von den Beratern unterstützt wurden. Die Aufgabe der Berater war es, die inhaltliche Führung bei dem Modul „Kostensenkungs- und Effizienzsteigerung" zu übernehmen, einen Businessplan zu erstellen und ein Projektbüro aufzubauen. Die inhaltlichen Schwerpunkte dieses Moduls bestanden aus der Effizienzsteigerung der internen Aufbau- und Ablauforganisation, der Anpassung der Aufwandsstruktur sowie der Optimierung bzw. Weiterentwicklung des Controllinginstrumentariums. Bei den Modulen „Konzernstrategie" und „Konzernvertriebsstrategie" sollten die Berater den Kundenmitarbeitern lediglich unterstützend zur Seite stehen sowie dafür sorgen, dass der Prozess in den einzelnen Modulen entsprechende Fortschritte macht. Im Modul „Konzernstrategie" wurde das Ziel verfolgt, eine neue konzern- und ressortübergreifende Strategie zu entwickeln. Das Modul „Konzernvertriebsstrategie" beschäftigte sich beispielsweise mit Fragen, wie die Schlagkraft des Vertriebs erhöht werden und wie ein integrierter Marktauftritt des gesamten Konzerns aussehen könnte. Das Ziel des Projektes war es, bis Mitte April ein Konzept zu erarbeiten, das die künftige strategische Ausrichtung festlegen und das Unternehmen zu alter Stärke zurückführen sollte. Folgende Abbildung stellt die inhaltlichen Eckpfeiler des Projektes „Top 2015" zusammenfassend dar:

---

[49] Zur Wahrung der Anonymität des Kunden wurde der Projektname geändert.

Fallstudie 3

Abb. 27: Fallstudie 3: Überblick Eckpfeiler des Ertragsteigerungsprogramms „Top 2015"
Quelle: Projektunterlagen

Regelung der Erfolgsmessung

Hinsichtlich der vertraglichen Regelung der Erfolgsmessung ist bei diesem Projekt eine Besonderheit zu erwähnen, die von der normalen Vorgehensweise bei Projektabschlüssen abweicht. Der Beratungsauftrag wurde Mitte Januar zunächst per E-Mail vom Kunden erteilt. In dieser ersten Auftragsbestätigung bezieht sich der Kunde auf das von dem Berater Anfang Januar erstellte Angebot und weist darauf hin, dass ein offizielles Beauftragungsschreiben folgen werde.

„[...] wie Ihnen beiden telefonisch bereits kommuniziert und in Abstimmung mit Herrn Maier[50] möchte ich Sie per Mail ausführlich informieren, dass sich der Konzern-Vorstand heute für eine Zusammenarbeit mit Ihrem Haus entschieden hat. Die Abstimmung von Details der Zusammenarbeit sowie die Zustellung eines offiziellen Beauftragungsschreibens werden wir Anfang nächster Woche an sie herausreichen." (E-Mail von Kunden an Berater)

In dem vom Berater erstellten Angebot war festgeschrieben, dass das Beratungshonorar zu 25 Prozent vom Erfolg des Projektes abhängen werde. In dem Angebot war lediglich ein Vorschlag enthalten, wie die Erfolgsmessung stattfinden könnte.

„Erfahrungsgemäß erfordert die endgültige Vereinbarung einer solchen variablen Vergütung jedoch intensive Verhandlungen sowie die Detailanalyse einiger Kennzahlen. Als Verhandlungsbasis können wir uns folgenden Vorschlag vorstellen: [...]" (Angebot des Beraters an den Kunden)

Es wurde vorgeschlagen, dass der Erfolg des Projekts anhand der Kriterien „Zufriedenheit", „geplante Ertragsteigerung 2006" und „realisierte Ertragsteigerung 2005" gemessen werden sollte.

Zu 30 Prozent sollte der Erfolg über die Zufriedenheit des Kunden mit dem Projektverlauf und der Zusammenarbeit bestimmt werden. Am Ende des Projekts sollte der Vorstand befragt werden und Auskunft darüber geben, wie zufrieden er mit dem Beratungsprojekt war. Der

---

[50] Zur Wahrung der Anonymität der beteiligten Personen wurde der Name geändert.

standardisierte Klienten-Zufriedenheits-Fragebogen des Beratungsunternehmens sollte für diese Befragung verwendet werden. Das Bewertungssystem des Beratungsunternehmens basiert auf einer fünfstufigen Skala, die von 1 bis 5 reicht. Der Wert 5 stellt den besten Wert dar und bedeutet, dass die Erwartungen des Kunden zu jeder Zeit übertroffen wurden. Es wurde vorgeschlagen, falls der Kunde im Rahmen der Zufriedenheitsabfrage einen Wert von 4 oder höher vergibt, dass dann der Kunde als zufrieden gilt und das Projekt somit als erfolgreich eingestuft wird.

Das zweite Kriterium, das zur Erfolgsmessung eingesetzt werden sollte und das ebenfalls mit 30 Prozent gewichtet wurde, war die Erreichung des Ertragssteigerungszielwertes in Höhe von 5,6 Millionen Euro im Jahr 2006.[51] Es ist besonders hervorzuheben, dass es sich bei dem Vorschlag um den geplanten Ertragssteigerungszielwert handelt, zu dem sich die Führungskräfte im Laufe der Budgetplanung für das Jahr 2006 verpflichten sollten, und nicht um den am Ende des Geschäftsjahres 2005 realisierten Ertragssteigerungswert. Das heißt, falls die Arbeit der Berater dazu beitragen würde, dass die Führungskräfte sich zu einer Einsparung von über 5,6 Millionen Euro in der Planung 2006 verpflichten würden, dann würde sich daraus ein anteiliger Anspruch auf das erfolgsabhängige Honorar seitens der Berater ergeben. Gleichzeitig würde, falls sich eine Führungskraft im Rahmen der Budgetplanung für das Jahr 2006 zu einem bestimmten Einsparziel in Euro verpflichten würde, dieser Euro-Betrag auch in der individuellen Zielvereinbarung der entsprechenden Führungskraft festgeschrieben werden.

Zu 40 Prozent sollte der Erfolg des Projekts darüber bestimmt werden, ob die geplanten Ertragssteigerungsziele am Ende des Geschäftsjahres 2005 auch tatsächlich erreicht wurden. Das dritte Kriterium bezog sich somit auf den tatsächlich realisierten Ertragssteigerungswert 2005 im Vergleich zu dem in der Planung eingestellten Zielwert. Die Messung des dritten Kriteriums konnte erst am Ende des Geschäftsjahres 2005 erfolgen, was zum Zeitpunkt des Vorschlages bedeutete, dass die Messung erst in 12 Monaten stattfinden können würde.

Nachdem die inhaltlichen Arbeiten beim Kunden vor Ort bereits begonnen hatten, wurde in mehreren Gesprächen und Terminen festgelegt, anhand welcher Kriterien die leistungsabhängige Vergütung gemessen werden sollte. Ende Januar unterbreitete der Berater dem Kunden einen weiteren Vorschlag, wie die Erfolgsmessung erfolgen könnte, in dem die Kundenzufriedenheit und die Erreichung des Ertragssteigerungsziels in der Planung für das Jahr 2006 als Kriterien dienen sollten. Bei der Diskussion dieses zweiten Vorschlages brachte der Kunde zum Ausdruck, dass er es bevorzugen würde, wenn die EBIT-Marge 2006 anstelle des Ertragssteigerungsziels in Millionen Euro als Kriterium herangezogen würde. Der Berater ging auf diese Forderung ein und unterbreitete Anfang Februar einen dritten Vorschlag, der

---

[51] Die Höhe dieses Ertragssteigerungszielwertes wurde im Verlauf des langwierigen Auswahlprozesses festgelegt.

Fallstudie 3 141

diese Anregung berücksichtigte. Dieser dritte Vorschlag wurde vom Kunden angenommen und eine Woche später, also Mitte Februar, im Rahmen des offiziellen Auftragsschreibens bestätigt. Zusammenfassend bedeutet dies, dass es bis Mitte Februar keine offizielle vertragliche Basis für die Zusammenarbeit gab und es somit bis zu diesem Zeitpunkt auch keine vertragliche Regelung gab, wie die Erfolgsmessung für den erfolgsabhängigen Honoraranteil erfolgen sollte. Die nachfolgende Abbildung gibt einen Überblick über die Inhalte der einzelnen Vorschläge.

Kriterium	Messgröße	Gewichtung	Auszahlungsanteil der erfolgsabhängige Vergütung		
			0% ←	50%	→ 100%
1. VORSCHLAG – ANFANG JANUAR					
1 Kundenzufriedenheit	Note im Klienten-Zufriedenheits-Fragebogen: Skala 1 bis 5 (5 = Bester Wert)	30%	<3,5	4,0	>4,5
2 Ertragssteigerungsziel 2006	Geplante EBIT-Verbesserung 2006 vs. 2004 [Mio. EUR]	30%	4,5	5,6	6,7
3 Zielerreichung Ertragssteigerung 2005	Ist-EBIT 2005 vs. Plan-EBIT 2005 [%]	40%	offen	offen	offen
2. VORSCHLAG – ENDE JANUAR					
1 Kundenzufriedenheit	Note im Klienten-Zufriedenheits-Fragebogen: Skala 1-5 (5 = Bester Wert)	50%	<3,5	4,0	>4,5
2 Ertragssteigerungsziel 2006	Geplante EBIT-Verbesserung 2006 vs. 2004 [Mio. EUR]	50%	6,2	7,8	9,4
3 Zielerreichung Ertragssteigerung 2005	Ist-EBIT 2005 vs. Plan-EBIT 2005 [%]	Ggf. im Rahmen der Umsetzungsbegleitung als Kriterium zu verwenden			
3. VORSCHLAG – ANFANG FEBRUAR					
1 Kundenzufriedenheit	Note im Klienten-Zufriedenheits-Fragebogen: Skala 1-5 (5 = Bester Wert)	50%	<3,5	4,0	>4,5
2 Ertragssteigerungsziel 2006	Geplante EBIT-Marge 2006 [%]	50%	<8,0%	10,0%	>11,0%
3 Zielerreichung Ertragssteigerung 2005	Ist-EBIT 2005 vs. Plan-EBIT 2005 [%]	Ggf. im Rahmen der Umsetzungsbegleitung als Kriterium zu verwenden			

Abb. 28: Fallstudie 3: Übersicht Vorschläge von Seiten des Beraters zur Erfolgsmessung
Quelle: Projektunterlagen

In der Spalte „Kriterium" ist jeweils das Kriterium, anhand dessen die Erfolgsmessung erfolgen sollte, benannt. In der Spalte „Messgröße" ist spezifiziert, welcher Wert bzw. welche Kennzahl zur Messung des Erfolges herangezogen werden sollte. Die Spalte „Gewichtung" beschreibt, zu welchem Anteil das Kriterium in die Berechnung der erfolgsabhängigen Vergütung eingehen würde. Der Auszahlungsanteil der erfolgsabhängigen Vergütung schreibt fest, ab welchem Zielwert welcher Anteil der erfolgsabhängigen Vergütung ausgezahlt wird. Die Zielwerte, die zu einer fünfzigprozentigen Auszahlung des erfolgsabhängigen Honorars führen, entsprechen dem Wert, den beide Parteien erwarten. Infolgedessen wird der Honorarwert, der sich aus einer fünfzigprozentigen Erfüllung der Kriterien ergibt, auch „Erwartungswert" genannt.

Das einzige Kriterium, das in allen Vorschlägen hinsichtlich der Systematik und den zu erreichenden Werten unverändert enthalten ist, ist die Erfolgsmessung anhand der Kundenzufriedenheit. Der Vorschlag zur Erfolgsmessung anhand eines Ertragssteigerungsziels hat sich mehrfach geändert. Zunächst hat sich lediglich der Zielwert der zu erreichenden EBIT-Verbesserung von 5,6 Millionen auf 7,8 Millionen Euro erhöht. Zum Zeitpunkt, als das Angebot und damit der erste Vorschlag der Erfolgsmessung erstellt wurde, ging man davon aus, dass eine Einsparung in Höhe von 5,6 Millionen Euro ausreichen würde, um die Zielsetzung einer EBIT-Rendite in Höhe von zehn Prozent zu erreichen. Im Verlauf des Januars wurde deutlich, dass auf Grund eines deutlichen Rückgangs der Gesamtleistung eine Einsparung in Höhe von 5,6 Millionen Euro nicht ausreichend sein würde, um diese Zielvorgabe zu erfüllen, sondern 7,8 Millionen Euro eingespart werden müssten. Zur Erhöhung der Planungsgenauigkeit wurde Anfang Februar eine auftragsgenaue Überprüfung der Gesamtleistungsplanung durchgeführt, die erheblichen Anpassungsbedarf ans Licht brachte. In Folge des Anpassungsbedarfs in der Planung der Gesamtleistung wurde im dritten Vorschlag dazu übergegangen, das Ertragssteigerungsziel anhand der EBIT-Marge im Jahr 2006 zu bemessen, um somit sowohl die Gesamtleistung als auch die Kostenseite zu berücksichtigen.

"Im Verlauf des Projektes wurde dann darüber nachgedacht, ob an Stelle der absoluten Kosteneinsparung die Entwicklung der EBIT-Marge als Messkriterium heranzuziehen sei. Diese Überlegung hatte damit zu tun, dass nach dem ersten Entwurf des Businessplans klar war, dass mit einem deutlichen Rückgang der Gesamtleistung zu rechnen ist [...]. Da sowohl auf der Umsatz- als auch auf der Kostenseite Maßnahmen ergriffen wurden, hat man sich dann darauf geeinigt, die EBIT-Marge als Messkriterium heranzuziehen, um beide Aspekte zu berücksichtigen." (Berater)

Das dritte Kriterium, die Zielerreichung der Ertragssteigerung im Jahr 2005, wurde bereits im zweiten Vorschlag nicht weiter berücksichtigt, weil zum einen zu Projektbeginn keine abgeschlossene Planung für das Geschäftsjahr 2005 vorhanden war und zum anderen der Berater nicht bereit gewesen ist, sich anhand von realisierten Ergebnissen 2005 messen zu lassen, weil der Inhalt des Projektes zunächst die Konzepterstellung gewesen sei und nicht die Umsetzung des Konzeptes.

"Der Partner hat gesagt: ‚Ich lass mich definitiv nicht an der Realisierung eines Ziels messen, auf das ich mit meinen Leuten gar keinen Einfluss mehr habe.' Von seiner Seite kam es überhaupt nicht in Frage, dass das Erfolgshonorar der Phase 1 an die Realisierung einer Einsparung gekoppelt wird, wenn die Berater einen Plan mit adäquaten Maßnahmen erarbeiten und hinterlassen, aber dann keinen Einfluss mehr darauf haben, was der Kunde in der Umsetzung macht." (Berater)

In der offiziellen Beauftragung des Kunden Mitte Februar wird festgeschrieben, dass die Erfolgsmessung anhand des Messkriteriums 1 „Kundenzufriedenheit" und des Messkriteriums 2 „EBIT-Zielmarge" erfolgt.

"*Messkriterium 1 mit 50% Anteil:* Zahlung des anteiligen Erwartungswerts von 50 Euro[52] bei Erreichen eines Zufriedenheitsgrad von mindestens 4,0 (= sehr zufrieden), in dem vom Vorstand nach Projektabschluss ausgefüllten Kundenzufriedenheitsfragebogen [...]. Der Erwartungswert wird quotal nach oben / unten angepasst, wobei jeweils eine Bandbreite von 50 Euro vereinbart ist. Der Maximalwert für das Messkriterium 1 von 100 Euro wird bei einem Zufriedenheitsgrad von $\geq$ 4,5 erreicht, der Minimalwert von 0 Euro ergibt sich bei einem Zufriedenheitsgrad $\leq$ 3,5.

Messkriterium 2 mit 50% Anteil: Zahlung des anteiligen Erwartungswerts von 50 Euro, wenn sich das Management zum Projektende zu einem detaillierten Maßnahmenplan verpflichtet, der für das Geschäftsjahr 2006 zu einer EBIT-Zielmarge von 10,0% führt [...]. Der Erwartungswert wird quotal nach oben/unten angepasst, wobei jeweils eine Bandbreite von 50 Euro vorgesehen ist. Der Maximalwert für das Messkriterium 2 von 100 Euro wird bei einer EBIT-Zielmarge von $\geq$ 11,0% fällig, der Minimalwert von 0% ergibt sich bei einer EBIT-Zielmarge von $\leq$ 8,0%."* (offizielles Beauftragungsschreiben vom Kunden an Berater)

Zusammenfassend lässt sich festhalten, dass sich die Verhandlungen darüber, wie die Erfolgsmessung stattfinden könnte, über einen Zeitraum von 3-4 Wochen hingezogen haben und im Rahmen der Vertragsverhandlungen zahlreiche Gespräche und Diskussionen zu diesem Thema stattgefunden haben.

Projektverlauf

Nach Erhalt der informellen Auftragsbestätigung per Mail Mitte Januar 2005 begannen die Berater mit ihrer Arbeit. Ein Berater unterstützte, wie in der Aufgabenstellung festgelegt, die Module „Konzernstrategie" und „Vertriebsoffensive" und sorgte dafür, dass das Projekt entsprechende Fortschritte machte. Für beide Module wurde jeweils eine Arbeitsgruppe gebildet, die sich unter der Führung des Kunden mit der jeweiligen Aufgabenstellung beschäftigte. Das dritte Modul „Kostensenkung und Effizienzsteigerung" wurde gemäß den inhaltlichen Schwerpunkten „Anpassung der Aufwandsstruktur", „Effizienzsteigerung der Aufbau- und Ablauforganisation" und „Optimierung des Controllinginstrumentariums" in drei Arbeitsgruppen aufgeteilt. Zudem gab es eine weitere Arbeitsgruppe, die die Leitung des Projektbüros übernahm und mit der Erstellung des Businessplans beauftragt war. Die Arbeitsgruppen wurden jeweils gemeinschaftlich von einem Kundenmitarbeiter und einem Berater geführt. In Summe gab es somit sechs Arbeitsgruppen, die die inhaltlichen Aufgaben des Projektes bearbeiteten.

Für die Gesamtverantwortung des Projektes wurde sowohl auf Kundenseite als auch auf Beraterseite ein Projektleiter ernannt. Die beiden Projektleiter waren zusammen dafür verantwortlich, dass das Projekt effektiv gesteuert wurde und die entsprechenden Fortschritte erreicht wurden. Darüber hinaus wurden ein Lenkungsausschuss und ein erweiterter Führungs-

---

[52] Alle Zahlenwerte in Euro sind in diesem Abschnitt fiktiv gewählt. Das Verhältnis der Werte zueinander ist korrekt dargestellt.

kreis als Kontrollinstanz eingesetzt. Das Projektteam musste in regelmäßigen Abständen den aktuellen Arbeitsstand vor dem Lenkungsausschuss präsentieren.

In den ersten zwei Wochen des Beratungsprojektes waren die Arbeitsgruppen damit beschäftigt, eine Bestandsaufnahme durchzuführen. Im Einzelnen bestanden ihre Aufgaben darin, eine transparente Datenlage zu schaffen, die Arbeitsumfänge zu konkretisieren und Arbeitspläne mit klaren Verantwortlichkeiten zu definieren. Nach Abschluss der Bestandsaufnahme wurde im nächsten Schritt bis Ende Februar ein Grobkonzept erstellt, das im dritten Teil des Projektes dann weiter detailliert und mit Einzelmaßnahmen hinterlegt wurde. Folgende Abbildung gibt eine Übersicht über den Zeitplan des Projektes:

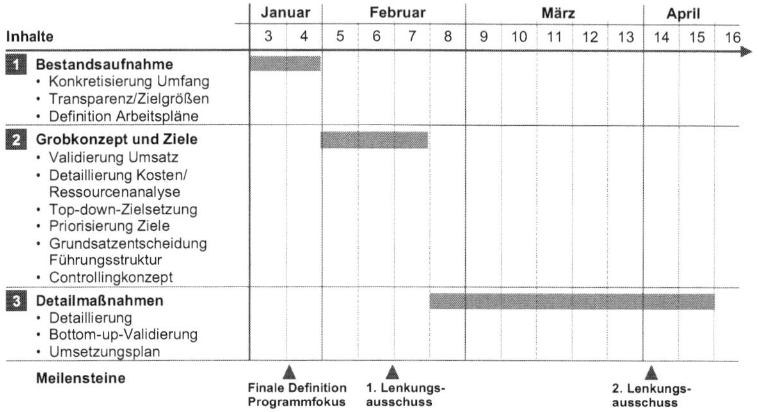

Abb. 29: Fallstudie 3: Zeitplan des Projektes
Quelle: Projektunterlagen

In dem Modul „Kostensenkung und Effizienzsteigerung" wurde im Februar nach der Bestandsaufnahme deutlich, dass die Ende Januar geschätzte Kostensenkung in Höhe von 7,8 Millionen Euro nicht ausreichend sein würde, um die geforderte EBIT-Rendite von zehn Prozent in der Planung für das Geschäftsjahr 2006 zu erreichen. Der Auftragsbestand per Februar 2005 lag deutlich unter Plan und somit war abzusehen, dass die Gesamtleistung des Unternehmens im laufenden Geschäftsjahr hinter der Planung zurückbleiben würde. Infolgedessen musste davon ausgegangen werden, dass das für das Geschäftsjahr 2005 geplante Ergebnis nicht erreicht werden könne. Diese Entwicklung führte dazu, dass Ende Februar von einer Kosteneinsparung von rund 17 Millionen Euro gesprochen wurde, die zu erzielen war, um die geforderte EBIT-Rendite von zehn Prozent im Geschäftsjahr 2006 zu erreichen. Folgende Abbildung stellt die Entwicklung des Ergebnisverbesserungsbedarfs und der Gesamtleistung per Ende Januar 2005 und per Ende Februar dar:

Fallstudie 3

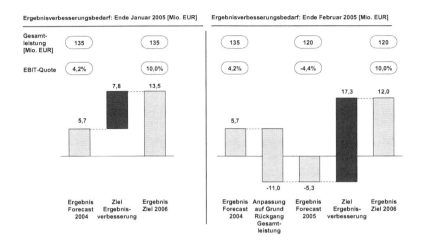

Abb. 30: Fallstudie 3: Entwicklung Ergebnisverbesserungsbedarf
Quelle: Projektunterlagen

Auf Grund der schlechten Geschäftsentwicklung verschob sich die Bedeutung der einzelnen Module und Arbeitsgruppen im Projektverlauf. Der akute Handlungsbedarf führte dazu, dass das Thema „Kostensenkung und Effizienzsteigerung" immer mehr in den Fokus rückte und letztendlich das gesamte Projektgeschehen bestimmte.

„Zunächst gab es ein Strategieprojekt, bei dem die Konzernstrategie hinterfragt wurde und darüber nachgedacht wurde, wie die neue strategische Ausrichtung des Konzerns aussehen könnte. Man hatte dann aber relativ schnell festgestellt, dass es damals eigentlich ganz andere, vor allem dringlichere Probleme gab. Der Fokus des Projektes verschob sich dann weg von den strategischen Fragestellungen eher hin zu Kostensenkungsthemen und Umsatzsteigerungsthemen. Im Januar, Februar und März 2005 ist das Geschäft aber weiter eingebrochen und dann hat man festgestellt, dass es sich bei dem Kunden um einen echten Restrukturierungsfall handelt. [...] Im Rahmen der Erstellung des Businessplans haben wir uns natürlich immer tiefer mit den Zahlen beschäftigt und es wurde deutlich, dass zunächst mal schnell gehandelt werden muss, da es sich um einen echten Restrukturierungsfall handelte. Die strategischen Fragestellungen sind somit in den Hintergrund getreten. Diesen Sachverhalt wollten zunächst einige Leute nicht hören und akzeptieren."(Berater)

Im Verlauf des Projektes stieg der externe Druck von Seiten des Aufsichtsrats und der finanzierenden Banken kontinuierlich an, was wiederum zu einer angespannten Arbeitsatmosphäre zwischen Beratern und Kunden führte. Die Zusammenarbeit in den einzelnen Arbeitsgruppen verlief nicht immer reibungslos und war nicht durch ein vertrauensvolles Arbeitsverhältnis geprägt. Gleichzeitig führte das angespannte Berater-Kunden-Verhältnis dazu, dass relativ hoher bürokratischer Aufwand zur Dokumentation betrieben wurde, der bei einer vertrauensvolleren Zusammenarbeit durchaus geringer hätte ausfallen können und somit mehr Zeit und Kapazitäten für die inhaltliche Arbeit des Projektes übrig gelassen hätte.

„Die beiden Projektleiter waren einfach komplett unterschiedliche Persönlichkeiten und der Projektleiter des Kunden war, auch nachdem das volle Ausmaß der derzeitigen wirtschaftlichen Situation bekannt war, vor allem strategisch fokussiert. Unser Projektleiter hat eher einen pragmatischen Ansatz verfolgt und somit sind die beiden Projektleiter schon das eine oder andere Mal aneinander geraten." (Berater)

Nach der Fertigstellung des Grobkonzeptes Ende Februar wurde bis Mitte April an der Hinterlegung des Konzeptes mit einzelnen Maßnahmen gearbeitet. Im Rahmen der Detaillierung des Konzeptes und der Erstellung der Planung für das Geschäftsjahr 2006 verpflichteten sich die Führungskräfte dazu, Maßnahmen umzusetzen, die im Geschäftsjahr 2006 zu einer Zielrendite von 10,1 Prozent führen sollten. Für alle Maßnahmen wurden Verantwortliche und Zeitpunkte benannt, bis wann die Maßnahmen umgesetzt sein müssen. Der Fortschritt der einzelnen Maßnahmen wurde mit Hilfe eines Maßnahmen-Management-Tools kontrolliert. Mitte April wurde das Projekt mit der Präsentation des Konzeptes vor dem Aufsichtsrat und der Vorstellung des detaillierten Maßnahmenplans abgeschlossen.

Finale Erfolgsmessung

Nach der Abschlusspräsentation vor dem Aufsichtsrat erfolgte die Erfolgsmessung, genau wie dies Mitte Februar in dem offiziellen Auftragsschreiben des Kunden festgelegt war, anhand der Kriterien „Kundenzufriedenheit" und „Erreichung des Ertragssteigerungsziels in der Planung für das Geschäftsjahr 2006".

Die Abfrage der Zufriedenheit, die das erste Messkriterium darstellte, ist nach Abschluss des Projektes anhand des Klienten-Zufriedenheits-Fragebogens erfolgt. Der interne Projektleiter des Kunden, der stellvertretendes Mitglied des Vorstands war, hat den Fragebogen ausgefüllt und in Summe einen Notenwert von 2,5 vergeben. Auf Basis dieses Kriteriums entstand kein Honoraranspruch von Seiten des Beratungsunternehmens, da vereinbart war, dass mindestens ein Notenwert von 3,5 erreicht werden musste, damit ein Honoraranspruch entsteht. Das Beratungsunternehmen akzeptierte, dass die Zufriedenheitsbeurteilung des Projektleiters des Kunden zu keinem Honoraranspruch führte.

Das zweite Messkriterium, das Ertragssteigerungsziel für das Geschäftsjahr 2006, wurde bereits im Rahmen der Abschlusspräsentation vor dem Aufsichtsrat vorgestellt. In der Abschlusspräsentation wurde dargelegt, dass die Führungskräfte sich im Rahmen der Erstellung der Planung für das Geschäftsjahr 2006 zu der Erreichung einer EBIT-Marge in Höhe von 10,1 Prozent verpflichtet hatten. Das gesamte Projekt war auf die Erreichung einer Ertragssteigerung ausgerichtet und somit stellten die abgestimmte Planung für das Geschäftsjahr 2006 und der dahinterliegende Maßnahmenplan zur Kosteneinsparung das Endprodukt dieses Beratungsprojekts dar. Infolgedessen war in Bezug auf das Kriterium „Ertragssteigerungsziel" keine zusätzliche Erfolgsmessung notwendig. Da die Führungskräfte sich zu der Erreichung einer EBIT-Marge von 10,1 Prozent verpflichtet hatten, entstand auf Basis dieses Messkriteriums ein Honoraranspruch, der geringfügig über dem Erwartungswert lag, der bereits bei 10,0 Prozent erreicht worden wäre.

Abschließend kann festgestellt werden, dass aus der Erfolgsmessung über das Kriterium „Kundenzufriedenheit" kein Anspruch auf die variable Vergütung entstand, dass aber das zweite Kriterium „Ertragssteigerungsziel in Höhe von 10,0 Prozent EBIT-Marge für die Planung des Geschäftsjahres 2006" mit einem erreichten Wert von 10,1 Prozent leicht überschritten wurde und somit zu einem Anspruch führte, der leicht über dem Erwartungswert lag.

Im Rahmen dieses Projekts gab es keine Diskussionen darüber, wann gemessen werden sollte. In der Aufgabenstellung war klar definiert, dass das Ziel des Projekts die Erreichung einer EBIT-Zielrendite von 10,0 Prozent im Geschäftsjahr 2006 ist. Folglich war es nur konsequent, dass die von den Führungskräften verabschiedete Planung für das Geschäftsjahr 2006 unter anderem als Bemessungsgrundlage einfließen würde. Es bestand auch Einigkeit darüber, dass die Abfrage der Kundenzufriedenheit zeitnah nach Projektabschluss Mitte April erfolgen sollte. Die Frage, wie die Beraterleistung von der Leistungen der Kundenmitarbeiter separiert werden könne, spielte ebenfalls keine Rolle, da die gesamte Projektstruktur auf der gemeinschaftlichen Zusammenarbeit in Arbeitsgruppen und gemischten Teams aufbaute.

Zusammenfassend lässt sich sagen, dass bei dieser Fallstudie eine relativ komplexe Regelung der Erfolgsmessung eingesetzt wurde. Es waren zahlreiche Verhandlungen notwendig, um für beide Seiten eine akzeptable Vereinbarung zu finden. Die schlechte Geschäftsentwicklung des Kundenunternehmens hatte erheblichen Einfluss auf die inhaltliche Arbeit des Projektes und führte dazu, dass sich im Verlauf des Beratungsprojekts der Fokus von strategischen Fragestellungen hin zu Kostensenkungs- und Ertragssteigerungsthemen verschob. Die schwierige wirtschaftliche und finanzielle Situation des Kunden hatte zudem einen negativen Einfluss auf die Arbeitsatmosphäre beim Kunden und auf die Kunden-Berater-Beziehung. Die Fallstudie ist im Ganzen als ein komplexes Beispiel zu betrachten, anhand derer die Anzahl der möglichen Einflussfaktoren auf die Erfolgsmessung deutlich gemacht werden kann. Im Folgenden werden anhand der in Kapitel 4.1.1 vorgestellten Struktur die Besonderheiten dieser Fallstudie herausgearbeitet.

4.4.2 Fallanalyse

Analyse der Ausgangssituation und der Aufgabenstellung des Projektes

Die Kontaktaufnahme zwischen dem Kunden und dem Berater kam in diesem Falle durch die Initiative des Kunden zustande. Vor diesem Projekt kannten sich die handelnden Personen auf

Kunden- und Beraterseite nicht und insofern bestand weder eine persönliche Beziehung noch ein Vertrauensverhältnis zueinander.

Die harte Wettbewerbssituation und die zahlreichen Forderungen des Kunden während des Verhandlungsprozesses haben dazu geführt, dass das Verhältnis und die Kommunikation zwischen den beiden Vertragsparteien zu Beginn des Projektes bereits als schwierig bezeichnet werden kann, was anhand der E-Mail-Kommunikation zwischen den Parteien sowie der unüblichen Vorgehensweise beim Vertragsabschluss deutlich wird. Das Verhalten des Beraters und seine Bereitschaft zu den zahlreichen Zugeständnissen ist durch die stagnierende Branchenentwicklung in den Jahren 2003 und 2004 zu erklären. Das Beratungsunternehmen wollte unter allen Umständen mit der Durchführung dieses Projektes beauftragt werden und hat insofern alle Bedingungen des Kunden akzeptiert, unabhängig davon, ob die einzelnen Forderungen als sinnvoll angesehen wurden. Im Zuge der Verhandlungen sind beide Beratungsunternehmen auf die Kundenanforderung eines Erfolgshonorars eingegangen, insofern kann dieser Aspekt zwar als Voraussetzung für die Beauftragung angesehen werden, er war jedoch nicht entscheidend.

Zum Zeitpunkt der Beauftragung des Beratungsunternehmens waren die inhaltliche Aufgabenstellung des Projektes klar beschrieben und die Verteilung der einzelnen Aufgaben zwischen Berater und Kunden eindeutig geregelt.

Analyse der Regelung der Erfolgsmessung

Die starke Verhandlungsposition des Kundenunternehmens führte dazu, dass das Beratungsunternehmen sogar dem Erfolgshonorar zustimmte, ohne dass zum Zeitpunkt der Arbeitsaufnahme eine Vereinbarung darüber abgeschlossen war, wie die Erfolgsmessung stattfinden sollte. Infolgedessen wurden in den ersten vier Wochen des Projektes erhebliche Ressourcen von Berater- und Kundenseite dazu eingesetzt, ein geeignetes Instrumentarium zur Erfolgsmessung zu vereinbaren.

Zunächst bestand das Problem darin, dass sich Kunde und Berater nicht auf Kriterien zur Erfolgsmessung einigen konnten. Kriterien, auf die das Beratungsunternehmen keinen ausreichenden Einfluss hatte, wurden von dem verhandelnden Partner des Beratungsunternehmens abgelehnt. Nachdem sich die beiden Parteien nach mehreren Gesprächen und Diskussionen doch auf entsprechende Kriterien geeinigt hatten, wurden im nächsten Schritt die Ausprägungen der einzelnen Kriterien diskutiert und festgelegt, ab welcher Ausprägung von „Erfolg" gesprochen werden sollte.

Die Verschiebung der Betragsgrenzen des Kriteriums „Ertragssteigerungsziel" vom ersten zum zweiten Vorschlag und die anschließende Forderung hin zu einer prozentualen Messung des Kriteriums machen deutlich, dass die laufende Projektarbeit erheblichen Einfluss auf die Auswahl der Messkriterien und deren Ausprägungen haben kann. Die zahlreichen Vorschläge und der lange Verhandlungszeitraum zeigen, dass bei diesem Projekt die beiden Vertragsparteien erhebliche Schwierigkeiten hatten, sich auf Messkriterien zu einigen. Gleichzeitig bestand in diesem Falle jedoch ein Zwang zur Einigung, da die Beauftragung und die Arbeitsaufnahme der Berater zum Zeitpunkt dieser Verhandlungen bereits erfolgt war und daher keine Möglichkeit mehr bestand, die Verhandlungen abzubrechen.

Diese Konstellation kann weder von Seiten des Kunden noch des Beraters als wünschenswert betrachtet werden, da nach Beauftragung alle verfügbaren Ressourcen der Lösung des Beratungsproblems gewidmet werden sollten. Um eine zielorientierte Arbeitsweise im Projektverlauf sicherzustellen, ist daher dringend zu empfehlen, dass alle vertraglichen Aspekte vor Arbeitsaufnahme des Beraters geklärt sind (vgl. S. 70 f.).

In diesem Projekt einigte man sich schließlich auf die Erfolgsmessung anhand der Kriterien „Zufriedenheitsabfrage des Vorstands" und „geplante EBIT-Marge in Prozent für das Jahr 2006". Das Kriterium „Zufriedenheitsabfrage des Vorstands" war hochgradig subjektiv, da lediglich vereinbart wurde, dass die Zufriedenheit einer einzelnen Person abgefragt wurde. Insofern hingen 50 Prozent des gesamten Erfolgshonorars von der Zufriedenheit des Vorstands ab und der Berater übernahm mit der Akzeptanz dieses Kriteriums ein hohes Risiko. Die Eignung des Kriteriums zur Bestimmung des Erfolges wird in diesem Falle sehr kritisch gesehen, weil zum einen lediglich vereinbart wurde, dass eine einzelne Person befragt werden sollte, und zum anderen das persönliche Verhältnis zwischen Berater und Kunden bereits zu Beginn des Projektes als schwierig eingestuft werden kann. Hinzu kommt, dass sich die handelnden Personen vor Projektbeginn nicht kannten und sie daher keine Erfahrung hatten, inwieweit ihr Gegenüber fair handeln würde. Allerdings ist davon auszugehen, dass wenn der Partner das Kriterium „Zufriedenheit" nicht akzeptiert hätte, sich die ohnehin schon langwierigen Verhandlungen über die Erfolgsmessung weiter hingezogen hätten. Dieses Verhalten des Beraters hätte sicherlich keinen positiven Einfluss auf die weitere Projektarbeit und den Projektfortschritt gehabt. Insofern ist es nachvollziehbar, dass man sich auf dieses Kriterium geeinigt hat und es von beiden Vertragsparteien akzeptiert wurde.

Vor dem Hintergrund der Zielsetzung des Programms „Top 2015" ist das Kriterium „Ertragssteigerungsziel" zur Ermittlung des Erfolges geeignet. Man muss allerdings hervorheben, dass der Einsatz dieses Kriteriums letztlich Auswirkungen auf die Aufgabenstellung des Beraters hat. Der Berater, der laut Vertrag inhaltlich nur für das Modul „Kostensenkung und Effizienzsteigerung" verantwortlich war, musste als Konsequenz dieser Vereinbarung im Folgenden auch die Entwicklung der Gesamtleistung beachten.

Es bleibt somit festzuhalten, dass die Erfolgsmessung in dieser Fallstudie anhand von zwei Kriterien erfolgt, die sich gemäß den in Kapitel 3.2 dargestellten Möglichkeiten der Operationalisierung der Erfolgsmessung zum einen der Zufriedenheitsmessung und zum anderen der Messung der ergebnisbezogenen Zielerreichung zuordnen lassen (vgl. S. 64). Die Schwierigkeiten bei der Operationalisierung der Erfolgsmessung lagen in der Einigung auf entsprechende Kriterien und deren Ausprägungen.

Analyse des Projektverlaufs

Der gesamte Projektverlauf war insbesondere durch die sich verschlechternde wirtschaftliche Situation des Kunden und den ansteigenden externen Druck geprägt. Trotz der Verschiebung des Projektfokus wurde keine formelle Anpassung der vereinbarten Erfolgsmessung notwendig, da diese Veränderungen in der finalen Regelung der Erfolgsmessung per Mitte Februar bereits berücksichtigt worden waren. Neben der ohnehin schwierigen Ausgangssituation auf Grund der langwierigen Verhandlungen über die Erfolgsmessung trug der schwierige Verlauf des Projektes dazu bei, dass die beiden Projektleiter weder auf inhaltlicher noch auf persönlicher Ebene eine gemeinsame Basis fanden. Die Kunden-Berater-Beziehung zeichnete sich daher während des gesamten Verlaufs durch eine Stimmung des Misstrauens aus. Zusammenfassend kann man somit festhalten, dass ein produktiver Problemlösungsprozess zu Beginn des Projektes zunächst durch die anhaltenden Verhandlungen über die Erfolgsmessung und im Anschluss daran durch das gegenseitige Misstrauen zwischen Beratern und Kunden beeinträchtigt wurde.

Analyse der finalen Erfolgsmessung

Die formale Erfolgsmessung wurde gemäß der vertraglichen Vereinbarung durchgeführt und es gab keine weiteren Diskussionen. Allerdings wird die Gefahr, die in der Beurteilung eines Beratungsprojektes anhand einer subjektiven Zufriedenheitsabfrage eines Mitarbeiters liegt, bei Betrachtung dieses Falles deutlich. Formal wurde das Projektziel erreicht und eine EBIT-Marge von 10,1 Prozent für die Planung 2006 durch die einzelnen Führungskräfte zugesichert, dennoch war der interne Projektleiter mit der Arbeit der Berater nicht zufrieden. Da die beiden Projektleiter ohnehin ein schlechtes Arbeitsverhältnis zueinander hatten, ist nicht verwunderlich, dass der Kunde auf diese Weise seine Unzufriedenheit ausdrückte. Diese Vorgehensweise hatte für das Kundenunternehmen darüber hinaus den positiven Nebeneffekt, dass nicht der gesamte Erwartungswert des Erfolgshonorars bezahlt werden musste. Anhand dieses Falls wird deutlich, dass der faire Umgang miteinander die Voraussetzung für den Einsatz einer Zufriedenheitsabfrage ist.

Analysiert man die Vorgehensweise bei diesem Projekt unter dem Aspekt der sonstigen Evaluationshindernisse wie der Separierung des Beraterbeitrages, der Festlegung eines geeigneten Messzeitpunktes oder der Frage, von wem die Erfolgsmessung durchgeführt wird, wird deutlich, dass diese Hindernisse in diesem Falle einfach überwunden wurden und es diesbezüglich keine Diskussionen gab.

Zusammenfassung Einzelfallanalyse

Die langwierigen Verhandlungen über die Erfolgsmessung und das angespannte Verhältnis zwischen den handelnden Personen trugen dazu bei, dass insbesondere zu Beginn des Projektes die inhaltliche Fragestellung in den Hintergrund trat und ihr zu wenig Aufmerksamkeit geschenkt wurde. Zur Vermeidung einer solchen Situation müssen die Verhandlungen über die Erfolgsmessung unbedingt vor Projektbeginn abgeschlossen sein. Die Diskussionen über die Erfolgsmessung haben sich alle um die Frage nach geeigneten Messkriterien und die Einigung auf entsprechende Betragsgrenzen gedreht. Sonstige Evaluationshindernisse spielten bei der Vereinbarung der Erfolgsmessung keine große Rolle und konnten schnell überwunden werden. Die negative inhaltliche Entwicklung des Projektes hatte einen deutlichen Einfluss auf die Kunden-Berater-Beziehung und resultierte letztlich in einer schlechten Arbeitsatmosphäre. Da der Erwartungswert des Erfolgshonorars nicht erreicht werden konnte, ist das Projekt gemäß der vereinbarten Erfolgsmessung als nicht erfolgreich einzustufen.

4.5 Fallstudie 4

Bei dem untersuchten Projekt handelt es sich um ein Einkaufsprojekt bei einem Entwicklungsdienstleister für die Automobilindustrie. Zuerst wird ein kurzer Überblick über die Branche und das Kundenunternehmen zum Zeitpunkt des Projektbeginns gegeben. Anschließend erfolgt die Darstellung des betrachteten Beratungsprojektes. In der Fallstudie wird dargestellt, wie die Erfolgsmessung bei dem betrachteten Beratungsprojekt erfolgt ist.[53]

Seit Mitte der 1990er Jahre ist die Branche der Entwicklungsdienstleister für die Automobilindustrie stark gewachsen. Die Hersteller hatten durch die Ausweitung der Modellpaletten, die Reduzierung der Wertschöpfungstiefe und die Fokussierung auf ihre Kernkompetenzen dazu beigetragen, dass Wachstumsraten von zehn Prozent pro Jahr in der Vergangenheit keine Seltenheit waren. Statt eigene Kapazitäten aufzubauen, hatten die Hersteller externe Dienstleistungen in Anspruch genommen, um im Falle von rückläufigem Bedarf diese Kapazitäten flexibel anpassen bzw. bei steigender Nachfrage auch Kapazitätsspitzen abdecken zu können. Die günstigere Kostenstruktur der externen Entwicklungsdienstleister im Vergleich zu der Kostenbasis der Autohersteller hat diesen Trend zusätzlich unterstützt.

Heutzutage deckt das Angebot der Dienstleister ein breites Spektrum ab und nahezu jede Entwicklungsleistung kann bei Bedarf extern eingekauft werden. Es gibt hochspezialisierte Anbieter, die sich auf einzelne Aspekte der Fahrzeugentwicklung wie beispielsweise die Motoren- oder Softwareentwicklung fokussiert haben, sowie Firmen, die über das gesamte

---

[53] Diese Fallstudie basiert auf einem vollständig transkribierten Interview, das mit dem Auftraggeber des Beratungsprojektes auf Kundenseite geführt wurde. Ausgewählte Projektunterlagen wurden ebenfalls berücksichtigt.

Fahrzeug-Know-how verfügen und die Entwicklung kompletter Fahrzeuge für die Hersteller übernehmen können. Das beratene Unternehmen verfügt über das Know-how des gesamten Entstehungsprozesses eines Fahrzeuges. Die Tätigkeitsfelder reichen von der Entwicklung einzelner Module oder kompletter Fahrzeuge über die Konzeption von Produktionsanlagen und deren Bau bis hin zur Fertigung von Kleinstserien und Modellen.

Nach Jahren des Wachstums befindet sich die Branche seit 2004 in einer Konsolidierungsphase. Zahlreiche Autohersteller hatten in den letzten Jahren auf Grund der stagnierenden Nachfrage Kostensenkungsprogramme initiiert.[54] Im Zuge der Kostensenkungsprogramme konnte ein Rückgang der Fahrzeuganläufe einhergehend mit einer konservativen Modellpolitik beobachtet werden. Gleichzeitig konnte ein verstärkter Trend des Insourcing festgestellt werden. Die Entwicklung bei den Autoherstellern führte dazu, dass im Markt der Entwicklungsdienstleister ein zunehmender Preisverfall auf Grund von vorhandenen Überkapazitäten zu beobachten war.[55]

4.5.1 Fallbeschreibung

Vor dem Hintergrund dieser negativen Entwicklung hatte auch das hier betrachtete Kundenunternehmen in den vergangenen Jahren Anstrengungen zur Reduzierung der Kostenbasis unternommen. Der Einkaufsleiter des Kunden entschied sich, zur Erzielung der angestrebten Einsparung in seinem Bereich ein Beratungsprojekt mit externer Unterstützung durchzuführen. Im Rahmen der Beraterauswahl fanden Gespräche mit drei verschiedenen Beratungsunternehmen statt. Die vorgelegten Arbeitsvorschläge und die Angebote der Berater wurden von Seiten des Kunden geprüft. Auf Grund von Kompetenzunterschieden entschied sich der Kunde jedoch relativ schnell für die Zusammenarbeit mit einem der Berater.

Zu Beginn des Beratungsprojektes befand sich der Einkaufsbereich gerade in einer Phase der Reorganisation, nachdem von Seiten des Konzerns beschlossen worden war, dass der Einkauf der Tochtergesellschaften Alpha AG und Beta GmbH integriert und zukünftig gemeinsam abgewickelt werden sollte.

Ausgangssituation und Aufgabenstellung des Projektes

Im Sommer 2005 wurde das ausgewählte Beratungsunternehmen zunächst für zwei Wochen damit beauftragt, eine Einkaufspotenzialanalyse durchzuführen, um das mögliche Einsparpotenzial abzuschätzen. Basis für die Abschätzung einer möglichen Kosteneinsparung war die Betrachtung eines Einkaufsvolumens in Höhe von 50 Millionen Euro, das nahezu alle Materi-

---

[54] Beispielsweise VW: Kostensenkungsprogramm „ForMotion" mit einem Einsparziel von 3 Mrd. EUR 2005, DaimlerChrysler: Programm „CORE" mit einem Einsparziel von 3 Mrd. EUR bis 2007 und Ford: Einsparprogramm „Revitalization Plan" mit einem Ziel von 9 Mrd. USD bis 2006.
[55] Detaillierte Informationen zur Marktentwicklung sind nachzulesen bei Köth 2006.

algruppen der Alpha AG und der Beta GmbH einschloss. Sonstige Tochtergesellschaften und deren Einkaufsvolumen wurden im Rahmen des Projektes nicht betrachtet.

„Letzten Endes hat sich über die diversen Materialgruppen hinweg ein Einkaufsvolumen von 50 Millionen Euro ergeben, das im Rahmen des Projektes betrachtet werden sollte. Unter Anwendung der einzelnen Einsparungsmethoden wurde abgeschätzt, dass ein Einsparpotenzial in Höhe von 7,2 Prozent oder respektive 3,6 Millionen erreicht werden kann." (Kunde)

Nach Abschluss der Einkaufspotenzialanalyse wurde das Beratungsunternehmen damit beauftragt, den Kunden in den folgenden sechs Monaten bei der Erschließung des identifizierten Einsparpotenzials zu unterstützen. Die Aufnahme einer erfolgsorientierten Komponente in den Vertrag geschah auf Anregung des Beraters.

Regelung der Erfolgsmessung

In dem im Juli 2005 abgeschlossen Vertrag zwischen dem Entwicklungsdienstleister und dem Beratungsunternehmen wurde festgelegt, dass sich das Beratungshonorar aus einem festen und einem variablen Anteil zusammensetzt. Am Ende des Projektes sollte der feste Honoraranteil unabhängig vom Erfolg des Projektes bezahlt werden, wohingegen die Höhe des variablen Honoraranteils vom Erfolg des Projektes abhängig sein sollte.

Da das Ziel des Projektes die Realisierung von Einsparungen im Einkauf war, wurde vereinbart, dass der Erfolg des Projektes über die Höhe der erzielten Einsparung bestimmt werden sollte. Im Rahmen der Einkaufspotenzialanalyse hatte das Beratungsunternehmen abgeschätzt, dass 3,6 Millionen Euro eingespart bzw. 7,2 Prozent des betrachteten Einkaufsvolumens als Einsparung realisiert werden könnten.

„Das Beratungsunternehmen sicherte uns zu, dass 3,6 Millionen eingespart werden würden respektive 7,2 Prozent in Abhängigkeit von dem betrachteten Einkaufsvolumen." (Kunde)

Vor dem Hintergrund dieser Abschätzung wurde die Vereinbarung getroffen, dass das Beratungsunternehmen den vollen variablen Honoraranteil bekommen sollte, wenn das Ziel einer Einsparung in Höhe von 3,6 Millionen Euro bzw. 7,2 Prozent des betrachteten Einkaufsvolumens erreicht würde. Die volle Höhe des variablen Anteils wurde an der Stelle auch als „Erwartungswert" bezeichnet, weil beide Vertragsparteien auf Basis der ersten Abschätzung erwarteten, dass die entsprechende Einsparung realisiert werde und somit das variable Honorar in diesem vollen Umfang zu zahlen wäre.

Darüber hinaus wurde vereinbart, dass das Beratungsunternehmen eine Prämie bekommt für den Fall, dass die realisierte Einsparung über dem vereinbarten Wert von 3,6 Millionen Euro liege, respektive der Wert von 7,2 Prozent vom betrachteten Einkaufsvolumen überschritten werde. Die Basis für die Berechnung der Prämie in Höhe von 20 Prozent bildete die Summe aus dem festen Honoraranteil und dem Erwartungswert des variablen Anteils. Falls die realisierte Einsparung hinter dem vereinbarten Wert zurückbleiben würde, dann würde keine Auszahlung des variablen Honoraranteils erfolgen.

Im Zusammenhang mit der vertraglichen Vereinbarung und der Berechnung des variablen Anteils des Honorars ist hervorzuheben, dass das Kundenunternehmen im Projektgeschäft tätig war. Infolgedessen bestand die Gefahr, dass das künftige Einkaufsvolumen von dem vergangenheitsbezogenen Volumen stark abweichen könnte. Das Einkaufsvolumen war in erster Linie von den jeweiligen Projekten abhängig. Neben der finanziellen Vereinbarung über die Höhe des Honorars wurde im Vertrag auch eine Regelung darüber getroffen, wie die Berechnung der Einsparung erfolgen sollte.

„Wir sind im Projektgeschäft tätig und jedes Projekt sieht anders aus. Grundsätzlich ist es so, dass wir in der Entwicklung tätig sind. Wir bauen Modelle und Werkzeuge, da geht es also mehr um Dienstleistungen als um Rohstoffpreise. Ein großer Teil unseres Einkaufsvolumens ist in diesem Zusammenhang das Thema ‚Konstruktionsdienstleistung', [...]. Das sind alles Sachen, bei denen der Materialpreis relativ unerheblich ist." (Kunde)

Auf Grund der Besonderheiten des Projektgeschäfts ändern sich die einzukaufenden Leistungen ständig und somit kann man nicht einfach einen Vergleich zwischen dem alten und dem neuen Preis durchführen, um die Einsparung zu ermitteln.

„In unserem Geschäft können Sie nur ganz schwer einen Einkaufserfolg messen. Sie haben keine Preisliste und können somit nicht sagen, dass die Schrauben dieses Jahr X gekostet haben und im nächsten Jahr werden sie auf Grund von Teuerungsraten X plus Y kosten." (Kunde)

Infolgedessen war es bei diesem Projekt nicht einfach, einen Modus zu finden, wie die Berechnung der Einsparungen erfolgen sollte. Die Vertragsparteien haben sich jedoch auf folgende Regelung einigen können:

Den Ausgangswert für die Berechnung der Einsparung bildet das erste Angebot desjenigen Lieferanten, der am Ende auch tatsächlich mit der entsprechenden Lieferung beauftragt wurde. Dieser Wert des ersten Angebots wird am Ende mit dem Wert, der final im Vertrag steht, verglichen. Die Einsparung ergibt sich als Differenz zwischen diesen beiden Werten. Die Abbildung 31 stellt an einem Beispiel dar, wie die Berechnung der Einsparung bei diesem Projekt erfolgt ist:

„Wenn ich vom ersten Angebotspreis des Lieferanten C ausgehe, dann ist mein Einkaufserfolg null. Ich würde aber trotzdem C nehmen. Also streiche ich Lieferant A und Lieferant B raus, nehme Lieferant C und habe einen Einkaufserfolg von null. Aber trotzdem habe ich für die Firma das Beste und Billigste erreicht. Wenn ich jetzt anfange und beispielsweise sage: ‚Ich bilde einen Mittelwert aus den Angeboten der Lieferanten A, B und C', dann verleitet das nur dazu, dass man sich schön rechnet. Man würde schauen, dass man möglichst viele hohe erste Angebote bekommt, um dann rechnerisch über den Mittelwert eine hohe Einsparung zu erzielen, auch dann wenn die Einsparung letztendlich ja nur auf dem Papier stehen würde.

Wenn ich natürlich beispielsweise sage, dass Lieferant C nicht weiter berücksichtigt werden kann, weil ich mit ihm schon mal Probleme gehabt habe, und Lieferant B nicht über die Kapazitäten verfügt, wenn ich sie benötige, dann habe ich natürlich einen Einkaufserfolg von 30 Euro bei Lieferant A erzielt. Das ist dann in Ordnung, wenn ich keine andere Wahl habe oder wenn die Technik entscheidet, dass sie nur mit Lieferant A zusammenarbeiten kann. Über diese Gretchenfrage der Berechnung stolpert man immer wieder, wenn es darum geht, die Einsparungen zu bestimmen." (Kunde)

Lieferant	1. Angebot	Finales Angebot	Δ Einsparung
A	100	70	30
B	80	70	10
C	30	30	0

Günstigster Lieferant

Abb. 31: Fallstudie 4: Beispiel Berechnung der Einsparung
Quelle: Kundeninterview

Dieses Beispiel zeigt, dass die Berechnung der Einsparung bei diesem Beratungsprojekt kritisch hinterfragt werden kann und eine Menge Spielraum für Diskussionen offen lässt. Dennoch haben sich die Vertragsparteien darauf geeinigt, die Einsparung anhand der vorgestellten Systematik zu berechnen, obwohl sie sich auch gleichzeitig der Berechnungsproblematik bewusst waren.

„[...] zudem waren wir uns ja darüber im Klaren, dass die Ermittlung der Einsparung sowieso kritisch zu sehen bzw. zu hinterfragen ist." (Kunde)

Neben der Berechnung der Einsparung musste auch festgelegt werden, ab wann eine Einsparung als realisiert gilt. Zu diesem Zweck wurden die einzelnen Maßnahmen bzw. die berechneten Einsparungen mit einer Härtegradsystematik bewertet. Die Systematik basiert auf einer fünfstufigen Bewertungsskala. Die einzelnen Skalenwerte waren mit folgenden Bedeutungen belegt.

1 – Idee zur Realisierung einer Einsparung ist vorhanden

2 – Ausschreibung der entsprechenden Leistung ist erfolgt

3 – Unterschriftsreifes Angebot liegt vor

4 – Neuer Vertrag ist abgeschlossen

5 – Erste Bestellung auf Basis des neuen Vertrages ist erfolgt

Es wurde vereinbart, dass Maßnahmen, die innerhalb des Projektzeitraums von sechs Monaten mit dem Härtegrad 3, 4 oder 5 hinterlegt sind, als erreichte Einsparung gewertet werden. Im Rahmen der Festlegung der Härtegradsystematik verzichtete der Kunde auf einen separaten Ausweis der Beraterleistung. Der Kunde beschloss, dass alle Maßnahmen, an denen der

Berater mitgewirkt hatte, und die daraus resultierende Einsparung als Erfolg des Beratungsprojektes zu bewerten sind.

„Wir werden alle Maßnahmen, bei denen das Beratungsunternehmen direkt oder indirekt beteiligt ist, in einen Topf werfen." (Kunde)

Trotz der dargestellten Schwierigkeiten bei der Berechnung der Einsparung und folglich der Bestimmung des variablen Honoraranteils war der Berater der Meinung, dass ein Teil des Honorars erfolgsabhängig angeboten werden könnte.

„Das Beratungsunternehmen hielt es aber für möglich, einen Teil des Beraterhonorars an den Erfolg des Projektes zu knüpfen und somit zu ‚variabilisieren'." (Kunde)

Nach Darstellung der vertraglichen Vereinbarung sowie der verwendeten Berechnungssystematik wird im nächsten Schritt der Projektverlauf näher beschrieben.

Projektverlauf

Im Juli 2005 nahmen die Berater ihre Arbeit beim Kunden auf. Zu Beginn des Projektes wurde, wie im Vertrag vereinbart, an kostensenkenden Maßnahmen im Einkauf gearbeitet. Die Berater arbeiteten in Teams mit dem Kunden zusammen. Aufbauend auf den Ergebnissen der ersten Einkaufspotenzialanalyse wurde pro Materialgruppe im Detail festgelegt, mit welcher Maßnahme welche Einsparung realisiert werden kann. Zur Erzielung von Einsparungen wurden beispielsweise Materialbündelungen über Standorte und Unternehmen hinweg beschlossen, Parallelverhandlungen mit mehreren Lieferanten gleichzeitig vor Ort am Unternehmenssitz durchgeführt oder Instrumente wie E-Sourcing eingesetzt.

„Hinter den Einzelmaßnahmen ist dann wirklich festgehalten, welche Volumina betrachtet wurden und wie hoch die entsprechende Einsparung mit welchem Lieferanten ist, das heißt, hier wird ganz klar dargestellt, wo welche Einsparung realisiert wurde usw. Diese Zahlen sind aggregiert worden und sind dann in den Gesamtprojektüberblick eingeflossen." (Kunde)

Wenn die einzelnen Maßnahmen die Härtegrade 3, 4 bzw. 5 erreicht hatten, dann wurde die entsprechende Einsparung in die Basis für die Ermittlung des variablen Honoraranteils aufgenommen. Hinsichtlich der Anwendung der Härtegradsystematik und der Berechnungslogik gab es während des Projektes keine Diskussionen. Die Berechnungen und die Bestimmung der Einsparung sind gemeinschaftlich erfolgt.

„[...] haben wir das immer gemeinschaftlich abgestimmt und auch am Ende gemeinschaftlich ermittelt. Das war an dieser Stelle keine klassische Kunde-Berater-Beziehung, sondern es war eine gemeinschaftliche Arbeit." (Kunde)

Neben der kontinuierlichen Ermittlung der erzielten Einsparung wurde im Abstand von drei bis vier Wochen ein Report erstellt, in dem sämtliche Projektfortschritte, insbesondere die qualitativen Fortschritte dokumentiert wurden.

"Wir haben über sechs Monate hinweg ungefähr alle drei bis vier Wochen den Projektfortschritt in dem Jour fixe besprochen. Der Projektfortschritt wurde immer in einem Report in folgender Struktur dargestellt: Management Summary, Organisation und Prozesse, materialkostensenkende Maßnahmen, aktuelle Einsparungen und Ausblick." (Kunde)

Vor dem Hintergrund der Zusammenlegung des Einkaufs der Alpha AG und der Beta GmbH wurde im Verlauf des Projektes deutlich, dass der Hauptfokus des Projektes nicht mehr auf der Erzielung von Einsparungen lag, sondern organisatorische und prozessorientierte Fragestellungen in den Vordergrund traten.

"Im Laufe des Projektes hat sich der Inhalt verschoben. Das Thema ‚Organisation und Prozesse' ist stärker in den Vordergrund getreten und wir haben uns sehr stark darauf konzentriert. Das Projekt war dann folgendermaßen aufgesetzt: Modul 1 – Organisation und Prozesse, Modul 2 – Materialgruppenmanagement und Modul 3 – Task Force Sindelfingen[56]. Das waren dann die Hauptmodule, auf die während des Projektes der Fokus gelegt wurde. Wir haben viele verschiedene Aktionen gefahren, um in den einzelnen Bereichen besser zu werden. Das Thema ‚Einsparungen' ist dann im Wesentlichen nebenbei gelaufen." (Kunde)

Das Beratungsunternehmen war sich der Veränderung der Zielsetzung durchaus bewusst, weil die Berater im Tagesgeschäft mit dem Kunden zusammengearbeitet haben.

"Die Berater haben im Tagesgeschäft mitgearbeitet und sie haben auch ganz genau gesehen, wo hier der Schuh drückt. Im Verlauf des Projektes wurde klar, dass die Einsparungen nicht im Vordergrund standen, [...]" (Kunde)

Obwohl sich die Aufgabenstellung des Projektes und die zu bearbeitenden Schwerpunkte im Laufe des Projektes verändert haben, ist keine vertragliche Anpassung erfolgt. Der variable Anteil des Beratungshonorars war weiterhin von der Höhe der Einsparung abhängig. Anstatt der ursprünglich geplanten 50,0 Millionen Euro des Einkaufsvolumens, die im Rahmen des Projektes analysiert werden sollten, sind vor allem auf Grund der veränderten Zielsetzung letztendlich nur 10,5 Millionen Euro des Einkaufsvolumens betrachtet worden.

Finale Erfolgsmessung

Nach Ablauf der sechsmonatigen Projektlaufzeit wurde im Januar 2006 die erzielte Einsparung final bestimmt. Auf Grund der kontinuierlichen Kontrolle des Projektfortschritts wurde letztendlich lediglich der Stand der erzielten Einsparung aus der Härtegradsystematik entnommen und als finaler Stand deklariert. Zwischen Berater und Kunden gab es keine Differenzen in Bezug auf die Berechnung der erzielten Einsparung oder die Festlegung des Zeitpunktes der finalen Erfolgsmessung.

"Da gab es keine Diskussionen. Alles, was in die Härtegradsystematik aufgenommen war und mit dem Härtegrad 3, 4 oder 5 eingestuft wurde, wurde als Ergebnis des Projektes betrachtet." (Kunde)

---

[56] Zur Wahrung der Anonymität des Unternehmens wurde der Ortsname geändert.

Die gesamte Einsparung wurde als Ergebnis des Beratungsprojektes angesehen und bildete damit die Basis für die Berechnung des variablen Honoraranteils. Der Kunde vertrat die Meinung, dass die Beraterleistung nicht ermittelbar sei. Diese Sichtweise hatte der Kunde bereits bei der Festlegung der Härtegradsystematik vertreten und somit auf eine separate Darstellung der Beraterleistung verzichtet.

„Diese Diskussion über den Beraterbeitrag ist müßig. Sie können diesen Beitrag bei gemeinsamen geführten Verhandlungen nicht bestimmen, deshalb haben wir gesagt, dass wir einfach alle Einsparungen, an denen der Berater in welcher Form auch immer mitgewirkt hat, in einen Topf werfen." (Kunde)

Aus Kundensicht hatte der Einsatz einer erfolgsorientierten Komponente allerdings keinerlei Auswirkungen auf die Zusammenarbeit mit dem Berater und wurde von Seiten des Beraters lediglich als Verkaufsargument verwendet.

„Ich glaube, das Erfolgshonorar wurde an dieser Stelle als Verkaufsargument des Beraters verwendet. Ich denke, wir hätten das Projekt aber auch genauso durchgezogen, wenn wir es nicht auf Basis eines erfolgsabhängigen Honorars hätten machen können." (Kunde)

Rückwirkend betrachtet sieht der Kunde weder Vor- noch Nachteile hinsichtlich der im Rahmen dieses Beratungsprojektes vereinbarten Regelung sowie keinen Veränderungsbedarf für die Zukunft.

„Es war jetzt kein Nachteil, dass wir einen variablen Vergütungsanteil vereinbart hatten, da sich der Festpreis sicherlich auch irgendwo in dieser Höhe befunden hätte, es war aber auch kein Vorteil. Es war jetzt auch nichts dabei, wo ich beim nächsten Mal sagen würde, dass wir es vertraglich genauer regeln müssen, um hinterher dem Berater möglicherweise das Fell über die Ohren ziehen zu können. Das macht aus meiner Sicht keinen Sinn, am Ende müssen beide Parteien irgendwie klar kommen." (Kunde)

In Summe wurde im Rahmen des Beratungsprojektes eine Einsparung von 1,4 Millionen Euro erreicht. Gemessen an dem betrachteten Einkaufsvolumen in Höhe von 10,5 Millionen Euro wurde somit eine prozentuale Einsparung von 11,8 Prozent erzielt.[57] Auf Grund der starken Abweichung der absoluten Einsparung zwischen der zu Beginn des Projektes in Aussicht gestellten Einsparung in Höhe von 3,6 Millionen Euro und der realisierten Einsparung in Höhe von 1,4 Millionen Euro gab es zwischen Berater und Kunden am Ende des Projektes eine Diskussion über das tatsächlich zu zahlende Honorar. Im Vertrag war sowohl die prozentuale Einsparung abhängig vom betrachteten Einkaufsvolumen als auch das Einsparungspotenzial von 3,6 Millionen Euro festgeschrieben.

---

[57] Ohne Zusatznutzen wurde eine Einsparung in Höhe von rund 1,2 Millionen Euro erzielt. Die Berechnung der prozentualen Einsparung in Höhe von 11,8 Prozent ist ohne Berücksichtigung des Zusatznutzens und auf Basis exakter Zahlenwerte erfolgt.

"Es wurde im Nachgang nochmal über das Volumen gesprochen, das heißt, wir haben nicht die Art der Messung in Frage gestellt, sondern wir haben darüber verhandelt, ob diese 7,2 Prozent prozentuale Einsparung oder diese 3,6 Millionen Euro absolute Einsparung wichtig ist." (Kunde)

Auf Grund der deutlichen Reduzierung des betrachteten Einkaufsvolumen von 50 Millionen Euro auf 10,5 Millionen Euro und der Veränderung der Aufgabenstellung im Verlauf des Projektes war es von Seiten des Beratungsunternehmens letztlich nicht möglich, das ursprünglich genannte Einsparpotenzial von 3,6 Millionen Euro zu realisieren. Dennoch erkannte der Kunde die Leistungen des Beraters an und es kam fast zur vollständigen Auszahlung des variablen Honoraranteils.

"Auf der anderen Seite wurden hier andere Leistungen erbracht, die monetär nicht zu bewerten sind, die aber vielleicht viel, viel wichtiger sind. [...] Das heißt, am Ende wurden zwar nicht die kompletten 100 Prozent des variablen Honorars an den Berater ausgezahlt, aber man war relativ nah dran." (Kunde)

Trotz der am Ende des Projektes geführten Diskussionen über die Höhe des Honorars ist die Tatsache, dass das Beratungsunternehmen und der Kunde weitere Projekte gemeinsam abgewickelt haben, ein Indiz dafür, dass ein hohes Maß an gegenseitiger Wertschätzung und Vertrauen zwischen Berater und Kunden existierte.

"Wir haben zwar hart verhandelt, aber wir haben dann eine Einigung gefunden, die für beide Seiten in Ordnung war. Es gibt immer wieder Gelegenheiten, bei denen man sich dann wieder sieht und trifft usw., also ich würde es wieder so machen." (Kunde)

Zusammenfassend lässt sich sagen, dass hinsichtlich der Berechnung der Einsparung und der Messung des Beratungserfolgs eine sehr umfassende Lösung gefunden wurde, die sowohl von Berater- als auch von Kundenseite vollständig akzeptiert wurde. Die veränderte Aufgabenstellung führte dazu, dass eine Anpassung der Berechnungsgrundlage für den variablen Anteil des Beraterhonorars notwendig wurde. Kunde und Berater sind sich letztlich gegenseitig entgegengekommen und haben sich gütlich geeinigt.

4.5.2 Fallanalyse

Analyse der Ausgangssituation und der Aufgabenstellung des Projektes

Die Initiative der Kontaktaufnahme ging bei diesem Projekt von Seiten des Kundenunternehmens aus. Das Beratungsunternehmen stand kurzzeitig im Wettbewerb mit zwei weiteren Konkurrenten, jedoch hatte sich der Kunde bereits, bevor von einem Erfolgshonorar gesprochen wurde, auf Grund der ausgewiesenen Kompetenz für die Beauftragung des entsprechenden Unternehmens entschieden. Zudem ist die Aufnahme eines Erfolgshonorars in die vertragliche Vereinbarung auf den Vorschlag des Beraters zurückzuführen und ist erst nach

Abschluss der Einkaufspotenzialanalyse erfolgt. Auf Grund der bereits durchgeführten zweiwöchigen Einkaufspotenzialanalyse war die Aufgabenstellung des hier betrachteten Projektes zum Zeitpunkt der Beauftragung klar umrissen.

Analyse der Regelung der Erfolgsmessung

Die Erfolgsmessung wurde auf Basis eines Kriteriums, nämlich der erzielten Einsparung vereinbart. Die Betragsgrenze, die festlegt, ab welcher Höhe der Einsparung das Projekt als erfolgreich einzustufen ist, wurde sowohl mit einem absoluten Betrag als auch mit einem prozentualen Wert angegeben. Da das Ziel des Projektes die Realisierung von Einsparungen war, eignete sich in diesem Falle das Kriterium „erzielte Einsparung" hervorragend zur Bestimmung des Erfolges.

Bemerkenswert ist bei dieser Fallstudie, dass die beiden Vertragsparteien sich trotz der Berechnungsproblematik und der damit einhergehenden Unsicherheiten auf eine gemeinsame Vorgehensweise bei der Berechnung der Einsparung einigen konnten. Zudem wurde die Berechnungslogik, ebenso wie die Härtegradsystematik, in detaillierter Form im Vertrag festgehalten. Obwohl im Rahmen der Vertragsverhandlungen dieser Detaillierungsgrad der Regelung ausgearbeitet wurde, konnten endlose Diskussionen zwischen Auftraggeber und Berater vermieden werden.

Bei diesem Fall wird deutlich, dass es bei der Vereinbarung der Erfolgsmessung letztlich entscheidend ist, dass die beiden Vertragsparteien sich auf eine gemeinsame Vorgehensweise verständigen. Dabei ist es unerheblich, ob diese Vorgehensweise von einem Dritten als richtig oder objektiv angesehen wird. Aus Kundensicht wurde keinerlei Zusammenhang zwischen dem Einsatz eines Erfolgshonorars und der Arbeitsweise des Beraters festgestellt.

Analyse des Projektverlaufs

Kundenmitarbeiter und Berater arbeiteten gemeinschaftlich an den einzelnen Aufgaben und die Zusammenarbeit zeichnete sich durch ein gutes Verhältnis aus. Im Verlauf des Projektes veränderte sich die inhaltliche Aufgabenstellung des Projektes, was allerdings keinen negativen Einfluss auf die gute Kunden-Berater-Beziehung hatte. Der Projektfortschritt wurde gemäß der vereinbarten Berechnungslogik und der Härtegradsystematik entlang des Beratungsprozesses dokumentiert.

Analyse der finalen Erfolgsmessung

Die zeitpunktbezogene Feststellung der Einsparung mit Hilfe des Instrumentes, das zur Kontrolle des Projektfortschritts eingesetzt wurde, stellte die finale Erfolgsmessung dar. Es gab keine separate formale finale Erfolgsmessung, allerdings bestand dafür auch keine Notwendigkeit.

Die Diskussionen über die Höhe des Erfolgshonorars zwischen Auftraggeber und Kunden entstanden dadurch, dass die zu erzielende Einsparung sowohl mit einem absoluten Betrag als auch mit einem prozentualen Wert beziffert war. Insofern gab es keine eindeutige Regelung und es war Auslegungssache, welcher der beiden Messgrößen der Vorzug zu geben war. Zudem ist, obwohl sich die Zielsetzung im Verlauf des Projekte geändert hat, keine Anpassung des ursprünglichen Beratervertrages erfolgt. Auf Grund des guten Verhältnisses der beiden Vertragsparteien und des fairen Umgangs miteinander wurde am Ende dennoch eine Einigung gefunden. Trotz der unklaren vertraglichen Regelung zahlte der Auftraggeber den wesentlichen Teil des variablen Honorars, da er die Projektarbeit insgesamt als erfolgreich einstufte. Es ist allerdings dringend zu empfehlen, falls sich im Verlauf eines Projektes die Zielsetzung ändert, die Anpassung der vertraglichen Regelung zu überprüfen (vgl. S. 65).

Bei diesem Projekt ist keine separate Bewertung der Beraterleistung erfolgt und zudem gab es keine Unstimmigkeiten hinsichtlich der Festlegung eines geeigneten Zeitpunktes der Erfolgsmessung.

Zusammenfassung Einzelfallanalyse

Das Beratungsprojekt wurde von Seiten des Kunden als erfolgreich eingestuft. Die beiden Parteien haben eine komplexe Berechnungssystematik zur Bestimmung des Beratungserfolges eingesetzt, die von beiden Seiten über den gesamten Projektverlauf akzeptiert und nicht in Frage gestellt wurde. Die Unstimmigkeiten über die Höhe des Erfolgshonorars sind auf zwei Gründe zurückzuführen. Erstens waren die Betragsgrenzen des Bewertungskriteriums nicht eindeutig geregelt und zweitens ist trotz einer sich verändernden Aufgabenstellung keine Anpassung des Vertrages erfolgt. Dennoch konnten sich Auftraggeber und Berater gütlich einigen, da sich beide Vertragsparteien kompromissbereit zeigten und fair miteinander umgingen.

4.6 Fallstudie 5

Bei dem Kundenunternehmen handelt es sich um einen in Deutschland ansässigen Automobilzulieferer. Zum Zeitpunkt des Projektes befand sich das Unternehmen in einer schweren wirtschaftlichen Krise und es wurden zeitgleich mehrere Beratungsprojekte von verschiedenen Unternehmensberatungen bei dem Kunden durchgeführt. Im Folgenden wird das hier betrachtete Projekt zunächst in die Gesamtsituation eingeordnet und im Anschluss näher betrachtet. Ziel ist es herauszuarbeiten, wie die Erfolgsmessung bei diesem Beratungsprojekt erfolgt ist und welche Schwierigkeiten im Zuge des Projektes auftraten.[58]

---

[58] Die Fallstudie basiert auf einem vollständig transkribierten Interview mit dem zuständigen Partner des betreffenden Beratungsunternehmen sowie ausgewählten Projektunterlagen.

In der Fallstudie 3 wurde die Branchenentwicklung der Automobilzuliefererindustrie ausführlich dargestellt. Insofern wird an dieser Stelle auf eine Darstellung der Branche verzichtet und lediglich, soweit es im Rahmen dieser Fallstudie notwendig ist, auf die Ausführungen der Fallstudie 3 Bezug genommen.

4.6.1 Fallbeschreibung

Die Stagnation der deutschen Automobilindustrie in den Jahren 2000 bis 2004 trug dazu bei, dass sich das Kundenunternehmen 2004 in einer Ergebnis- und Liquiditätskrise befand. Das hier betrachtete Unternehmen ist Teil eines Konzerns, der aus mehreren Geschäftsbereichen besteht und weltweit mehrere Tochtergesellschaften besitzt. Der CEO[59] des Mutterkonzerns war sich der schwierigen wirtschaftlichen Lage bewusst, die im Wesentlichen auf die schlechten Ergebnisse des hier betrachteten Unternehmens zurückzuführen war. Er forderte den zuständigen Leiter, der im Folgenden „Herr Leitung" genannt wird, auf, eine Lösung für dieses Problem zu finden.

Herr Leitung war erst seit Beginn des Jahres 2004 in seiner Position und für die Entwicklung der entsprechenden Tochtergesellschaft verantwortlich. Auf Grund der schwerwiegenden Probleme beschloss Herr Leitung, eine Unternehmensberatung zur Überwindung der Ergebnis- und Liquiditätskrise hinzuzuziehen. Im Sommer 2004 wurde eine Unternehmensberatung mit der Erstellung eines Restrukturierungskonzeptes beauftragt. Im Verlauf der Restrukturierung wurde jedoch deutlich, dass das Unternehmen ein Problem in der Logistik hat und mit sehr hohen Beständen arbeitete.

„Unser Projekt kam zustande, da das Unternehmen zu dem Zeitpunkt eine sehr hohe Kapitalbindung in Form von hohen Beständen hatte. Das Thema ‚Bestände' ist gleich Logistik und damit war es fast schon zwingend, dass sich das Kundenunternehmen zu diesem Thema mit einem Logistik- oder Operationsspezialisten unterhält." (Berater)

Vor diesem Hintergrund wurde die Entscheidung getroffen, für die Probleme im Logistikbereich eine weitere Unternehmensberatung, die sich auf diese Themen spezialisiert hat, einzusetzen.

Ausgangssituation und Aufgabenstellung des Projektes

Im Oktober 2004 kam es zu einem Treffen zwischen Herrn Leitung und dem Partner einer Unternehmensberatung, die auf logistische Fragestellungen spezialisiert ist. Die handelnden Personen kannten sich bereits persönlich, weil sie in der Vergangenheit im Rahmen von anderen Beratungsprojekten zusammengearbeitet hatten. Das Beratungsunternehmen wurde aufgefordert, ein Angebot zu erstellen, in dem dargestellt werden sollte, wie sie das Problem

---

[59] CEO – Chief Executive Officer.

in der Logistik angehen würde und wie viel diese Unterstützung kosten würde. Das Angebot sah vor, dass im Rahmen einer fünfwöchigen Analyse ein Konzept zur zukünftigen Ausrichtung der Logistik erstellt wird und mögliche Kostensenkungen grob abgeschätzt werden. Zunächst beauftragte das Kundenunternehmen die Unternehmensberatung mit der Erstellung dieses Konzeptes.

„Wir haben uns das Thema ‚Bestände' angeschaut und haben ein neues Logistikkonzept entworfen. Wir haben abgeschätzt, wie viel Leute man wirklich braucht, wie viel eine Umstellung kosten wird, wie hoch die Bestandsprognose für die einzelnen Monate ist, und haben die groben Handlungsfelder identifiziert, die angegangen werden müssen." (Berater)

Auf Grund seiner angespannten Liquiditätssituation forderte der Kunde von Anfang an, dass ein variables Honorar abhängig vom Projekterfolg zum Einsatz kommen sollte. Das Beratungsunternehmen hielt den Einsatz eines variablen Honorars in der ersten Phase weder für sinnvoll noch für möglich, da das Ziel dieser Phase die Erstellung eines Konzeptes und nicht die Erreichung bestimmter Ziele war. Diese Meinungsverschiedenheit wurde beigelegt, indem sich die beiden Vertragsparteien darauf einigten, dass, falls das Beratungsunternehmen mit der Umsetzung des Konzeptes beauftragt wird, rückwirkend ein variabler Honoraranteil für diese erste Phase eingebunden werden würde.

„Wir hatten dann folgende kaufmännische Variante vereinbart. Für die ersten fünf Wochen stellten wir sozusagen rückwirkend einen variablen Anteil in Aussicht für den Fall, dass wir den Folgeauftrag zur Umsetzung des Konzeptes bekommen würden. Angenommen, der Kunde hätte nach fünf Wochen gesagt, dass die Ziele zu gering sind oder er aus anderen Gründen nicht mit uns weiterarbeiten will, dann hätten wir 100 Prozent des normalen Honorars für diese ersten fünf Wochen bekommen." (Berater)

Es ist hervorzuheben, dass eine derartige Vertragsform dazu führt, dass der Kunde ebenfalls ein gewisses Interesse entwickelt, weiter mit dem Berater zusammenzuarbeiten, weil er ansonsten die erbrachte Leistung der ersten fünf Wochen unabhängig vom Erfolg vergüten müsste. Nach Abschluss dieser ersten Phase Ende Dezember 2004 präsentierte das Beratungsunternehmen das erarbeitete Konzept und wurde im Folgenden von dem Kunden mit der Umsetzung des Konzeptes beauftragt.

Dieser zweite Beratungsauftrag war auf eine Dauer von neun Monaten ausgelegt und begann im Januar 2005. Zu diesem Zeitpunkt war die Position des Logistikleiters beim Kundenunternehmen unbesetzt. Infolgedessen sollte als Übergangslösung ein Berater diese Funktion übernehmen. Zudem sollte ein Team von vier bis sechs Beratern die Umsetzung des Konzeptes zur Optimierung der Logistik unterstützen. Die beiden Vertragsparteien einigten sich darauf, dass die Höhe des Beratungshonorars abhängig vom Projekterfolg zu berechnen sei.

Regelung der Erfolgsmessung

Im Rahmen der Konzepterstellung waren drei inhaltliche Schwerpunkte des Logistikkonzeptes festgelegt worden, die im Folgenden als Basis für die Erfolgsmessung dienen sollten. Die Vertragsparteien vereinbarten, dass der Erfolg des Projektes anhand der Kriterien „Mitarbeiterentwicklung", „Bestandsentwicklung" und „Sonderfrachtkosten" bestimmt werden sollte.

„Die drei Ziele ‚Anzahl der Mitarbeiter', ‚Sonderfrachtkosten' und ‚Bestände' sind hochgradig quantifizierbar. Köpfe kann man zählen, Frachtkosten und Bestände kann man ablesen, daher haben wir uns einverstanden erklärt, das Erfolgshonorar auf Basis dieser drei Kriterien zu vereinbaren. Die Zielwerte für diese drei Kriterien wurden für jeden einzelnen Monat zu Beginn festgelegt. Im Verlauf des Projektes sind den Zielwerten dann monatlich die Istwerte gegenüber gestellt worden. Die Höhe des variablen Honoraranspruchs wurde linear analog zu dem Zielerreichungsgrad der einzelnen Kriterien berechnet." (Berater)

Die Auswahl der Kriterien für die Erfolgsmessung führte zu keinerlei Diskussionen. Beide Parteien waren sich einig, dass die Umsetzung des Logistikkonzeptes anhand dieser Kriterien adäquat gemessen werden könne. Es stellte sich lediglich die Frage, wie sich diese Kriterien ohne ein Beratungsprojekt entwickeln würden und wie hoch, abgeleitet von dieser Erwartung, die Zielwerte der einzelnen Kriterien sein sollten. Letztlich konnten sich die Vertragsparteien an dieser Stelle ebenfalls einigen und legten über die komplette Vertragslaufzeit von neun Monaten monatliche Zielwerte für jedes Kriterium fest. Eine begleitende Erfolgsmessung sollte durch die monatliche Gegenüberstellung der Istzahlen mit den vereinbarten Zielwerten sichergestellt werden. Die Berechnung des variablen Honorars sollte alle drei Monate am Ende jedes Quartals erfolgen.

„Die Umsetzung des Konzeptes hatte im Januar 2005 angefangen und sollte bis Ende September 2005 gehen. Es wurden Meilensteine für das Ende jedes Quartals festgelegt, die als Messpunkte dienen sollten. Anhand dieser Meilensteine Ende Quartal 1, Quartal 2 und Quartal 3 sollte der Fortschritt und der Erfolg bestimmt werden. Abhängig von den ermittelten Werte ergab sich die Höhe des zu zahlenden Honorars." (Berater)

Letztlich wurde im Vertrag festgehalten, dass die Bestandsentwicklung mit 40 Prozent und die Entwicklung der Mitarbeiter und der Sonderfrachtkosten mit jeweils 30 Prozent in die Erfolgsmessung einfließen sollten. Die Berechnung des variablen Honoraranteils würde linear zu dem Zielerreichungsgrad der gewichteten Kriterien erfolgen.

Obwohl sich die beiden Vertragsparteien schnell einig waren, wie der Erfolg im Rahmen dieses Projektes bestimmt werden sollte, hatten unterschiedliche Motive dazu geführt, dass sie beide dieser vertraglichen Vereinbarung zustimmten. Das Kundenunternehmen wollte sicherstellen, dass nur im Erfolgsfalle, wenn auch wirklich Liquidität generiert wurde, das vollständige Honorar zu zahlen sei.

„Der Kunde wollte gleich von Anfang an, dass wir auf Basis eines variablen Honorars arbeiten, da er sich in einer schwierigen Liquiditätssituation befand." (Berater)

Das Beratungsunternehmen hatte angeboten, auf Basis eines variablen Vergütungsmodells zu arbeiten, um dem Kunden zu signalisieren, dass es bereit ist, sich im hohen Maße für das Projekt zu engagieren.

"Wir bieten auch heute noch bewusst Vergütungsmodelle mit erfolgsorientierten Komponenten an, da wir dadurch im Projekt viel glaubwürdiger auftreten können, weil wir mit eigenem Geld involviert sind, und dies war auch damals das erklärte Ziel." (Berater)

In Bezug auf die Frage, ob es weitere Erwägungen gab, zusätzlich auch weiche Kriterien in die Vertragsvereinbarung zur Erfolgsmessung aufzunehmen, stellt der Berater ganz klar fest, dass er nicht bereit ist, den Erfolg seiner Arbeit auf Basis von nicht quantifizierbaren Kriterien bewerten zu lassen.

"Das Unternehmen brauchte dringend ein besseres Ergebnis und liquide Mittel für die nächsten Bankengespräche und deswegen war es auch ganz klar, dass es um diese harten Ziele gehen musste und um nichts anderes. Es war völlig unerheblich, ob man sich mag oder gut miteinander auskommt, es war nur eines wichtig, diese Ziele zu erreichen. Wir würden ein Kriterium, das einfach nur ‚Zufriedenheit des Kunden' heißt, nicht akzeptieren, da der Kunde nachher einfach sagen könnte, dass er nicht zufrieden ist, nur um Honorarkosten zu sparen." (Berater)

Es bleibt somit festzuhalten, dass die Vertragsparteien sich auf eine Erfolgsmessung einigten, die auf drei Istzahlen beruhte, die am Ende jeden Monats aus dem Datenverarbeitungssystem des Kunden ablesbar waren, und dass die Berechnung des variablen Honoraranteils am Ende jedes Quartals erfolgen sollte.

Projektverlauf

Nach Vertragsabschluss nahm das Beratungsunternehmen mit einer Teamstärke von sieben Beratern im Januar 2005 die Umsetzung des Konzeptes in Angriff. Ein Berater übernahm die unbesetzte Position des Logistikleiters und wurde gleichzeitig als Projektleiter des Beratungsprojektes eingesetzt. Die übrigen sechs Berater unterstützten die operative Umsetzung des Konzeptes. In den ersten sechs Monaten des Projektes, also von Januar bis Juni, lief das Projekt planmäßig und die monatlichen Zielwerte wurden jeweils erreicht. Der Projektfortschritt wurde in monatlich stattfindenden Lenkungsausschusssitzungen, an denen sowohl die Geschäftsführung des Kundenunternehmens als auch der CEO des Mutterkonzerns teilnahmen, verfolgt und kontrolliert.

"In diesen ersten sechs Monaten sind die Bestände von 26 Millionen Euro auf 22 Millionen Euro reduziert worden. Für den Kunden sind somit zunächst 4 Millionen Euro Liquidität generiert worden. Der Anzahl der Mitarbeiter und die Sonderfrachtkosten sind ebenfalls gesunken." (Berater)

Im Rahmen der quartalsweisen Ermittlung des variablen Honoraranteils wurde Ende Juni eine Übererfüllung der Ziele festgestellt, das heißt, zu diesem Zeitpunkt lag das Beratungshonorar sogar noch über dem Erwartungswert von 100 Prozent, der bei normaler Zielerfüllung fällig wird. Bis zu diesem Zeitpunkt war der Kunde mit dem Berater sehr zufrieden und die Zusammenarbeit zwischen Beratern und Kunden funktionierte auch auf einer persönlichen Ebene sehr gut.

„Das war wie immer, wenn die Dinge gut laufen und alles funktioniert, dann ist auch die Zusammenarbeit gut und alle mögen sich." (Berater)

Trotz dieser positiven Projektentwicklung bis Ende Juni ist anzumerken, dass sich das Unternehmen weiterhin in einer außerordentlich schwierigen Situation befand. Das Kundenunternehmen, insbesondere die betrachtete Tochtergesellschaft, stand letztlich während des gesamten Projektes kurz vor der Insolvenz und die Atmosphäre im Unternehmen war durch einen ständigen Druck von oben und eine große Unsicherheit unter den Mitarbeitern geprägt. Alle Unternehmensbereiche hatten massive Probleme und es wurde an zahlreichen Stellen gleichzeitig versucht, etwas zu verbessern. Diese schwere Krise des Unternehmens führte dazu, dass die Mitarbeiter ständig neue Aufgabenstellungen bekamen und diese bewältigen mussten, was letztlich in einer vollständigen Überforderung der Kundenmitarbeiter resultierte.

„Das Managementteam des Kunden hatte nie den Kopf frei, sondern war im Halbstundenrhythmus immer wieder mit völlig neuen Themen beschäftigt und war damit einfach hoffnungslos überfordert." (Berater)

Neben der schwierigen wirtschaftlichen Situation und den zahlreichen Problemen in allen Bereichen hatte das Unternehmen damit zu kämpfen, dass über die Hälfte des Managementteams und die gesamte oberste Führungsebene erst seit weniger als zwei Monaten für das Unternehmen arbeiteten. Einige Managementpositionen waren zudem gänzlich unbesetzt. Diese personelle Situation kam zustande, weil im Rahmen der Restrukturierung ein Großteil des Managements ausgetauscht worden war und gleichzeitig zahlreiche Leistungsträger das Unternehmen bereits freiwillig verlassen hatten, als die wirtschaftliche Situation schwierig wurde. Neben den anderen existierenden Schwierigkeiten führte diese schwache personelle Besetzung zu einer weiteren Verunsicherung der Mitarbeiter und einer Verschlechterung der Unternehmenssituation, weil die neuen Mitarbeiter das Unternehmen und die Prozesse nicht gut genug kannten. Sie hatten somit weder die Erfahrung, wie die Probleme angegangen werden könnten, noch wussten sie, wie die konkrete Lösung auszusehen hätte.

„Man hatte also lauter neue Leute, die zwar den Auftrag bekamen, gewisse Dinge zu verändern, aber gar nicht wussten, wie sie das im Detail machen sollten, da sie die Organisation nicht gut genug kannten. Im Zweifel kann ein Unternehmen es verkraften, wenn zwei oder drei neue Leute in einem Organigramm vorhanden sind, wenn aber zehn oder fünfzehn Leute neu sind, dann darf das Unternehmen sich nicht gleichzeitig in einer Krise befinden." (Berater)

Im Juli 2005 konnte dann kein weiterer Bestandsabbau mehr erzielt werden und die vereinbarten Erfolgskriterien stagnierten. Folglich wurde der Abstand zwischen den monatlich gesetzten Zielen und den Istzahlen immer größer. Insbesondere die Entwicklung der Bestände wurde auf Grund der angespannten Liquiditätssituation als sehr kritisch eingestuft und stand daher im Fokus des Interesses. Zunächst war nicht ganz klar, wo das Problem lag und warum die Bestände nicht weiter reduziert werden konnten. Das Beratungsunternehmen kam nach weiteren Analysen im Verlauf des Julis zu dem Schluss, dass die Bestände nicht weiter reduziert werden können, solange die Probleme im Produktions- und Qualitätsbereich nicht gelöst sind.

„In dieser Phase haben wir zunächst auch etwas Zeit gebraucht, um selber zu erkennen, dass wir den Fehler unseres Lebens machen, wenn wir noch härter auf die Verbesserung der Logistikkennzahlen bestehen. Es war an dieser Stelle falsch, an einer Verbesserung der Logistik zu arbeiten, denn es wurde offenkundig, dass die operativen Prozesse, also die Produktion, die Anlagen, die Maschinen etc. zu diesem Zeitpunkt eine dermaßen hohe Störanfälligkeit aufwiesen, dass man überhaupt keine niedrigen Bestände haben konnte. Man musste ständig auf kaputte Maschinen, entsprechende Rüstzeiten und sonstige Probleme reagieren. Eine vernünftige ‚Null-Fehler-Produktion' ist aber die Voraussetzung für niedrige Bestände." (Berater)

Das Beratungsunternehmen kommunizierte diese Sichtweise im Rahmen einer Zwischenberichtspräsentation Ende Juli 2005 an die Geschäftsleitung des Kundenunternehmens. Die Probleme wurden lediglich aufgezeigt, ohne Schuldzuweisungen in Richtung anderer Bereiche zu machen oder Verantwortliche zu benennen. Dennoch gestaltete sich die Zusammenarbeit zwischen den Beratern und den Kundenmitarbeitern ab diesem Zeitpunkt schwierig.

Der Geschäftsführer des Kundenunternehmens war auf Grund der stagnierenden Entwicklung der Kennzahlen nicht mehr mit der Arbeit des Beratungsunternehmens zufrieden und sah die Verantwortung für diese Entwicklung bei den Beratern. Das Beratungsunternehmen kam im Laufe des August somit zunehmend in die Situation, sich für die bisherige Arbeit rechtfertigen zu müssen. Es ist hervorzuheben, dass der Auftraggeber, der in diesem Falle Herr Leitung war, ebenfalls Rechenschaft für diese Entwicklung vor dem CEO des Mutterkonzerns ablegen musste. Diese Konstellation führte dazu, dass Herr Leitung Ende August dem Beratungsunternehmen fristlos kündigte.

„Es ist dann zu einer Situation gekommen, bei der die Geschäftsleitung des Kundenunternehmens sich überlegen musste, was sie nun macht. Die Frage war letztendlich, ob sie dem Zuarbeiter oder ob sie sich selber kündigen. In diesem Zusammenhang hat man sich dann völlig richtigerweise, weil etwas anderes würde ich auch nicht machen, dafür entschieden, ein Bauernopfer zu bringen und das Beratungsunternehmen fristlos zu entlassen. Das Wort ‚Bauernopfer' ist an dieser Stelle auch mehrmals hinter verschlossenen Türen gefallen, da die politische Situation gegenüber der Muttergesellschaft diese Vorgehensweise erforderte. Das ist ein ganz professioneller Sachverhalt und egal, aus welcher Richtung ich die Situation betrachte, teile ich an der Stelle die Vorgehensweise der Geschäftsleitung." (Berater)

Interessanterweise enthielt der Beratungsvertrag eine Klausel, in der die Modalitäten für die Berechnung des Honorars im Falle einer außerordentlichen einseitigen Kündigung festgelegt waren. Alle Verträge des Beratungsunternehmens, in denen ein variabler Honoraranteil festgeschrieben ist, enthalten standardmäßig diese außerordentliche Kündigungsklausel. Das Beratungsunternehmen vertritt die Meinung, dass wenn in einem Vertrag ein variables Honorarmodell enthalten ist, es auch die Möglichkeit bekommen muss, bis zum Ende des Projektes maßgeblich auf die Erreichung der Ziele Einfluss zu nehmen und daran mitzuarbeiten. Im Falle einer Entlassung oder einer Vertragskündigung ist diese Einflussnahme nicht mehr gegeben.

„Aus diesem Grund steht in all unseren Verträgen immer drin, dass der Kunde generell zum jeweiligen Monatsende mit fünf Tagen Vorlauf das Recht hat, den Vertrag außerordentlich zu kündigen. In diesem Falle muss der Kunde allerdings das bis zu diesem Zeitpunkt aufgelaufene Honorar im Sinne von 100 Prozent unseres normalen Honorars zahlen und der Vertrag enthält somit keinen variablen Anteil mehr. Diese außerordentlichen Kündigungsmodalitäten enthalten explizit alle unsere Verträge. Wir bieten sie standardmäßig an, weil der Kunde den Berater sowieso entlässt, wenn er das möchte, und es dann in diesen Fällen wenigstens eine klare Regelung hinsichtlich des Honorars gibt." (Berater)

Diese Kündigungsklausel hatte für die Höhe des Honorars bei diesem Projekt letztendlich die Konsequenz, dass es für das Kundenunternehmen gleich teuer war, die Berater im September ihre Arbeit fortsetzen zu lassen oder sie im August fristlos zu entlassen. Zum Zeitpunkt der Kündigung hatte das Kundenunternehmen bereits die vollständige Honorarrechnung, also sowohl den fixen als auch den variablen Anteil, bis Ende Juni bezahlt. Der fixe Honoraranteil für die Monate Juli und August war ebenfalls bezahlt. Das heißt, bei einer Weiterbeschäftigung bis Ende September wäre lediglich noch der fixe Honoraranteil für den Monat September zu bezahlen gewesen, da auf Grund der Verfehlung der Ziele nicht zu erwarten war, dass ein weiterer Anteil des variablen Honorars fällig werden würde. Die fristlose Kündigung im August bedeutete hingegen, dass für die Monat Juli und August ein Honoraranteil nachbezahlt werden musste, da das Beratungsunternehmen auf Grund der außerordentlichen Kündigungsklausel den Anspruch auf 100 Prozent des bis zu diesem Zeitpunkt normalerweise aufgelaufenen Honorars hatte. Obwohl es aus finanziellen Gesichtspunkten keinen Unterschied machte, den Berater zu entlassen oder weiterzubeschäftigen, entschied sich Herr Leitung dazu, den Beratungsauftrag per Ende August außerordentlich zu kündigen.

„Letztendlich wäre es für den Kunden gleich teuer gewesen, wenn wir den September noch für ihn gearbeitet hätten, da wir den variablen Anteil ja nicht bekommen hätten und er uns auf Grund der frühzeitigen außerordentlichen Kündigung bis Ende August somit 100 Prozent von unserem normalen Honorar bezahlen musste. Trotzdem entließ uns die Geschäftsleitung des Kunden aus politischen Gründen fristlos." (Berater)

Nach der Kündigung des Vertrages wurde das Beratungsunternehmen nichtsdestotrotz gebeten, im Rahmen einer Lenkungsausschusssitzung vor der Geschäftsleitung des Kundenunternehmens und dem CEO des Mutterkonzerns seine inhaltliche Sichtweise darzulegen. Daraufhin präsentierte das bereits entlassene Beratungsunternehmen in sehr deutlichen Worten, wo die Probleme des Kundenunternehmens lagen und wer in welchen Abteilungen dafür verantwortlich war.

„Zu diesem Zeitpunkt haben wir sehr klare Worte für die Situation gefunden und nichts beschönigt. Wir haben ganz klar gesagt, dass massive Defizite in den Kernunternehmensprozessen festzustellen sind." (Berater)

In dieser Sitzung räumte die Geschäftsführung des Kundenunternehmens vor dem CEO des Mutterkonzerns ein, dass sie die inhaltliche Sichtweise des Beratungsunternehmens teilten und die Probleme vorwiegend in anderen Bereichen und nicht in der Logistik zu finden wären. Dem Berater war es an dieser Stelle sehr wichtig, dass alle Beteiligten erkannten und akzeptierten, dass das Beratungsunternehmen seine Arbeit nach bestem Wissen und Gewissen gemacht hatte. Das Beratungsunternehmen war nicht dazu bereit, die Verantwortung für Missstände in anderen Bereichen zu übernehmen, die nichts mit seinem Beratungsauftrag und seiner Aufgabenstellung zu tun hatten.

„Wir haben dann gesagt, wir akzeptieren aus den gegebenen Umständen heraus, dass unser Auftrag fristlos beendet wurde, wir akzeptieren aber nicht, dass die Qualität unserer Arbeit in Frage gestellt wird, wenn die Probleme an völlig anderen Stellen liegen und nicht in der Logistik." (Berater)

Das Beratungsunternehmen beendete seine Arbeit bei dem Kundenunternehmen auf Grund der eben geschilderten Vorkommnisse somit abweichend vom ursprünglichen Vertragsverhältnis Ende August.

Finale Erfolgsmessung

Da das Beratungsprojekt vorzeitig Ende August von Seiten des Kunden abgebrochen wurde, kam es letztlich zu keiner finalen Erfolgsmessung. Es bleibt hervorzuheben, dass die Frage, wie die Erfolgsmessung erfolgen und wer sie durchführen sollte, im Verlauf des gesamten Projektes nie zu Diskussionen führte, da der Erfolg anhand von Istzahlen bestimmt wurde.

„Es gab nie Diskussionen darüber, wer die Erfolgsmessung durchführen würde, da die KPIs einfach aus der Controlling-Abteilung kamen. Es handelte sich um Istzahlen, die einfach aus dem System kamen, somit gab es hier keine Diskussionen und auch keine Ermessensspielräume. Die Bestände und die Sonderfrachtkosten sind entweder da oder nicht und den aktuellen Stand der Mitarbeiter kann ich auch nachzählen, also wird einfach abgelesen und dann abgerechnet." (Berater)

Die Unstimmigkeiten entstanden somit nicht darüber, wie der Erfolg gemessen werden sollte, sondern darüber, wer für die entsprechende Entwicklung der Istzahlen verantwortlich war. Die Frage war also, ob das Beratungsunternehmen dafür verantwortlich war bzw. dafür verantwortlich gemacht werden konnte, dass sich die Bestände nicht wie prognostiziert reduzieren ließen.

„Am Ende kann man nur noch darüber diskutieren, wer dafür verantwortlich ist, dass die Bestände vorhanden sind. Letztendlich geht es um die Interpretation der Zahlen und die Erklärungen, die ihnen zugrunde liegen, darüber wurde diskutiert." (Berater)

Vor diesem Hintergrund fanden am Ende des Projektes Gespräche darüber statt, wie viel das Kundenunternehmen dem Berater letztlich auf Grund des frühzeitigen Abbruchs des Beratungsprojektes noch an Honorar zu zahlen habe. Das Beratungsunternehmen erhob gemäß der vertraglichen Vereinbarung einen Honoraranspruch in Höhe von 100 Prozent des bis Ende August aufgelaufenen normalen Honorars. Die wirtschaftliche Situation des Kundenunternehmens hatte sich zu diesem Zeitpunkt weiter verschlechtert und spitzte sich zunehmend zu. Der Kunde erklärte sich infolgedessen zunächst nicht dazu bereit, weitere Honorarzahlungen zu leisten, und drohte stattdessen sogar mit Schadensersatzansprüchen, da die vereinbarten Ziele nicht erreicht worden waren.

Das Beratungsunternehmen ließ die Rechtslage von seinen Anwälten prüfen und diese kamen eindeutig zu dem Schluss, dass der Kunde keinen Anspruch auf Schadenersatz hatte, da im Vertrag bereits eindeutig geregelt war, was passieren würde, wenn die Ziele nicht erreicht würden. In diesem Fall würde der Berater lediglich ein geringeres Honorar bekommen, es würden jedoch keine Schadensersatzansprüche entstehen. Auf Grund der unterschiedlichen Positionen kam es zu intensiven Diskussionen und Verhandlungen zwischen den beiden Vertragsparteien, die fast vor Gericht geendet hätten.

„In so einer Situation kann man sich beliebig schlimme Szenarien ausmalen. Tatsache ist nur, dass das Unternehmen ‚kratzen und beißen' musste, weil es ihm so schlecht ging. Deswegen wurden wir genötigt, uns zu überlegen, was man dem Kunden an der Stelle finanziell noch zumuten kann und wie wir vernünftig aus der Sache rauskommen, ohne auf unser vertragliches Recht zu pochen. [...] In solchen Situationen muss man dann wirklich schauen, wie man damit umgeht. An dieser Stelle hat die Berechnungslogik und die Metrik, die man ursprünglich vereinbart hat, gar nichts mehr mit der weiteren Vorgehensweise zu tun, da setzt man sich dann im kleinen Kreis zusammen und schaut, wie man mit dieser Situation umgeht und verhandelt. In diesem Falle wurde dann versucht, einen Honorarbetrag zu finden, den der Kunde gegenüber seinem Mutterkonzern noch vertreten konnte und den ich gegenüber meinen anderen Gesellschaftern vertreten konnte. Falls man an der Stelle keine Einigung findet, dann sieht man sich tatsächlich vor Gericht wieder." (Berater)

Letztlich konnten sich die Geschäftsführung des Kundenunternehmens und der Partner des Beratungsunternehmens doch auf eine noch zu zahlende Honorarsumme einigen. Die wirtschaftliche Talfahrt des Unternehmens konnte jedoch auch nach der Entlassung des Beratungsunternehmens in den nächsten Monaten nicht gestoppt werden. Infolgedessen hat der Mutterkonzern ein paar Monate später die gesamte Geschäftsführung des Kundenunternehmens ausgetauscht.

Bemerkenswert ist, dass die beteiligten Personen bis heute in Kontakt zueinander stehen, obwohl die Geschäftsführung des Kundenunternehmens den Berater vorzeitig entlassen und somit offiziell ein Zeichen für seine Unzufriedenheit gesetzt hat. Die harten Verhandlungen, die am Ende des Projektes stattgefunden haben, hatten keine Auswirkungen auf die persönlichen Beziehungen zwischen den handelnden Personen.

„Um es anders zu formulieren, wir stehen heute noch in Kontakt mit allen drei ehemaligen Geschäftsführern des damaligen Kundenunternehmens und machen auch immer wieder Projekte miteinander. Sie wussten also die Qualität unserer Arbeit zu schätzen. Es hat natürlich ein paar Jahre gedauert, bis die ehemaligen Geschäftsführer in anderen Positionen wieder irgendwo aufgetaucht sind, aber wir arbeiten heute wieder mit ihnen zusammen. Wir sind damals auf einer persönlichen Ebene auch in Frieden auseinander gegangen, aber die Kommunikation mit dem Kunden hat zu der Zeit des Projektes letztendlich auch auf zwei Ebenen stattgefunden." (Berater)

Anhand dieser Fallstudie wird deutlich, dass die Frage nach der Erfolgsmessung von Beratungsprojekten und der Einsatz von Erfolgshonoraren durch zahlreiche Faktoren auf sehr unterschiedlichen Ebenen beeinflusst werden kann. Diese Faktoren können erhebliche Auswirkungen auf die Handlungen der einzelnen Personen und auf die Zusammenarbeit zwischen Beratern und Kunden haben.

4.6.2 Fallanalyse

Analyse der Ausgangssituation und der Aufgabenstellung des Projektes

Die Kontaktaufnahme ist auf die Initiative des Kunden zurückzuführen. Der Auftraggeber und der Partner der Unternehmensberatung kannten sich bereits vor diesem Beratungsprojekt persönlich. Im Rahmen der Auftragsvergabe fanden lediglich Gespräche mit dem betreffenden Beratungsunternehmen statt und der Kunde holte keine weiteren Angebote von anderen Beratern ein. Insofern kam keine Wettbewerbssituation mit anderen Beratungsunternehmen zustande. Die Aufnahme einer erfolgsabhängigen Vergütung in den Vertrag erfolgte auf den expliziten Wunsch des Kunden.

In diesem Fall ist das rückwirkende Konstrukt, wie das Erfolgshonorar in den ersten Vertrag aufgenommen wurde, besonders zu beachten. Letztlich wurden die im Rahmen der Konzeptphase generierten Erkenntnisse genutzt, um geeignete Messkriterien festzulegen, die im Anschluss rückwirkend in die erste Beauftragung eingeflossen sind. Diese Vorgehensweise hatte den Vorteil, dass zunächst für fünf Wochen mit voller Kraft an der Erstellung des Konzeptes gearbeitet wurde, ohne parallel Ressourcen auf Berater- und Kundenseite durch Verhandlungen über mögliche Messkriterien zu binden. Die Aufgabenstellung für das weitere Beratungsprojekt wurde in der Konzeptphase eindeutig festgelegt.

Analyse der Regelung der Erfolgsmessung

Die Erfolgsmessung ist in diesem Projekt anhand der drei Messkriterien „Bestandsentwicklung", „Entwicklung Mitarbeiter" und „Sonderfrachtkosten" erfolgt. Die drei eingesetzten Kriterien eigneten sich in diesem Fall sehr gut zur Messung des Erfolges, da die Ziele des Projektes die Einführung eines neuen Logistikkonzeptes und Kostensenkungen im Logistikbereich waren. Alle drei Kriterien wurden gemäß der in Kapitel 3.2 vorgestellten Einteilung zur Bestimmung der ergebnisbezogenen Zielerreichung eingesetzt. Die Diskussionen, die im Zuge der Vertragsverhandlungen stattfanden, beschäftigten sich mit der Frage, ab welcher Ausprägung der einzelnen Kriterien von Erfolg gesprochen werden könne und in welcher Höhe die Zielwerte festgelegt werden sollten. Hervorzuheben ist, dass die in dieser Fallstudie getroffene Regelung keine Ermessensspielräume zuließ, da die Erfolgsmessung auf der Gegenüberstellung der Istzahlen und der Zielwerte beruhte. Die erreichten Istwerte konnten weder von Kunden- noch von Beraterseite beeinflusst werden, sondern wurden direkt von den Systemen generiert.

Der Einsatz des Erfolgshonorars hatte keinen direkten Einfluss auf die Arbeitsweise im Verlauf des Projektes, sondern wurde von Seiten des Auftraggebers als Versicherung gegenüber Misserfolgen eingesetzt und sollte sicherstellen, dass nur im Erfolgsfall das volle Honorar bezahlt werden muss. Von Beraterseite wurde das Erfolgshonorar als Signal der Leistungsbereitschaft eingesetzt.

Analyse des Projektverlaufs

In den ersten sechs Monaten zeichnete sich die Zusammenarbeit zwischen Beratern und Kunden durch ein gutes Verhältnis zueinander und die Erzielung von inhaltlichen Fortschritten aus. Nachdem aber ab Juli keine weiteren inhaltlichen Fortschritte erzielt werden konnten, hatte dies sehr schnell negative Auswirkungen auf die persönliche Dimension der Kunden-Berater-Beziehung.

Besonders hervorzuheben ist allerdings, dass das Beratungsprojekt durch zahlreiche projektexterne Faktoren massiv beeinflusst wurde. Die schwache wirtschaftliche Entwicklung des Unternehmens und die mangelnde personelle Besetzung hatten einen negativen Einfluss auf das Beratungsprojekt. Letztlich hat die politische Situation zwischen dem Kundenunternehmen und dem Mutterkonzern zu der vorzeitigen Kündigung des Beratervertrages geführt. Es ist daher festzuhalten, dass die Entscheidung, das Beratungsunternehmen zu entlassen, auf politische Motive des Kunden zurückzuführen ist, jedoch nicht viel mit der inhaltlichen Arbeit der Berater zu tun hatte. Diese Sichtweise wird durch die Tatsache untermauert, dass die damaligen Auftraggeber heutzutage wieder Projekte mit dem Beratungsunternehmen durchführen und man insofern daraus schließen kann, dass sie die inhaltliche Arbeit des Beratungsunternehmens positiv gesehen haben. Zudem machen die auf unterschiedlichen Ebenen geführten Diskussionen deutlich, dass die Geschäftsführung des Kunden und der Partner des

Beratungsunternehmens sich auf persönlicher Ebene über den gesamten Projektverlauf respektierten.

Kritisch zu diskutieren ist die Frage, ob das Beratungsunternehmen früher hätte erkennen müssen, dass die Probleme nicht in der Logistik, sondern in anderen Bereichen lagen und somit das Beratungsunternehmen für die negative Entwicklung verantwortlich ist bzw. gemacht werden kann. Diese Frage muss jedoch eindeutig mit „nein" beantwortet werden, weil von dem Berater nicht erwartet werden kann, dass er die übergreifenden Probleme eines Unternehmens erkennt, wenn er mit der Analyse eines speziellen Bereichs beauftragt wurde. Zudem entbindet der Einsatz eines Beraters das Management nicht von der Verantwortung, und die Steuerung des Beraters ist eindeutig Aufgabe des Kundenunternehmens (vgl. S. 32, 72). Anders stellt sich die Situation selbstverständlich dar, falls der Berater sich frühzeitig der Probleme des Kundenunternehmens bewusst gewesen wäre und den Kunden nicht darauf aufmerksam gemacht hätte, weil er in diesem Falle gegen die ethischen Grundsätze gehandelt hätte (vgl. S. 40).

Analyse der finalen Erfolgsmessung

Auf Grund des Projektabbruchs und der frühzeitigen Entlassung des Beratungsunternehmens wurde keine finale Erfolgsmessung durchgeführt. Die Ermittlung der Kennzahlen war allerdings zu jedem Zeitpunkt unstrittig, da die Erfolgsmessung anhand von Istzahlen durchgeführt wurde. Darüber hinaus ist hervorzuheben, dass im Vertrag sogar die Eventualität einer vorzeitigen Kündigung eindeutig geregelt war, aber dennoch sämtliche vertraglichen Regelungen nicht verhindern konnten, dass es nach Abbruch des Projektes zu erheblichen Unstimmigkeiten kam.

Die am Ende des Projektes stattfindenden Diskussionen über die Höhe des Erfolgshonorars fanden somit völlig losgelöst von jeglicher Erfolgsmessung des Projektes oder von sonstigen vertraglichen Vereinbarungen statt. Die Härte der Diskussion kann nur durch die extrem schlechte wirtschaftliche Situation des Unternehmens und den politischen Druck, der auf den Geschäftsführern des Kunden lastete, erklärt werden. Lediglich der Umstand, dass die handelnden Personen auf persönlicher Ebene eine gemeinsame Kommunikationsbasis fanden, bewahrte die beiden Vertragsparteien davor, sich gerichtlich auseinanderzusetzen.

Zusammenfassung Einzelfallanalyse

Diese Fallstudie macht deutlich, dass die wirtschaftliche Entwicklung des Kundenunternehmens und der politische Druck, der auf den handelnden Personen lastet, einen immensen Einfluss auf ein Beratungsprojekt haben. Außerdem kann der Einsatz eines Erfolgshonorars zu erheblichen Diskussionen zwischen den Vertragsparteien führen, selbst wenn die Erfolgsmessung völlig unstrittig ist und die Möglichkeit der vorzeitigen Kündigung vertraglich geregelt ist.

4.7 Fallstudie 6

Die Besonderheit dieser Fallstudie liegt darin, dass drei Vertragsparteien, zwei Kundenunternehmen und das Beratungsunternehmen, an dem Projekt beteiligt waren.[60] Bei den Kundenunternehmen handelt es sich um zwei Handelsunternehmen, die durch die Gründung einer gemeinsamen Einkaufskooperation das Ziel verfolgten, Synergieeffekte im Einkauf zu realisieren. Zunächst wird ein kurzer Überblick über die Rahmenbedingungen der Einkaufskooperation gegeben und anschließend wird auf die Funktion des Beraters, die Inhalte des Beratungsprojektes und die Erfolgsmessung näher eingegangen.

Bei den Handelsunternehmen handelt es sich um zwei deutschlandweit tätige Handelsketten, die sich auf den Non-Food-Sortimentsbereich fokussiert haben. Beide Unternehmen verfügen über ein großes Filialnetz in Deutschland, das sich jeweils durch einen starken regionalen Schwerpunkt auszeichnet. Der Kunde der Handelsunternehmen ist der Endverbraucher, der in die Filialen geht und dort die entsprechenden Produkte erwirbt. Da Handelsunternehmen, wie der Name schon sagt, nur handeln und keine Ware produzieren, stellt der Einkauf eine der wichtigsten strategischen Funktionen bei derartigen Unternehmen dar. Der Einkauf legt im Rahmen der Sortimentsstrategie fest, welche Produkte eingekauft werden, und definiert somit die strategische Ausrichtung des Unternehmens. Die Professionalität und die Leistung des Einkaufs entscheiden daher bei Handelsunternehmen oftmals über die Geschäftsentwicklung des gesamten Unternehmens. Der Einkauf des Sortiments, das aus einzelnen Warengruppen besteht, wird in beiden Unternehmen über die Zentrale gesteuert. Abhängig von der Komplexität und der Größe der einzelnen Warengruppen betreut ein Einkäufer eine oder mehrere Warengruppen. Aus organisatorischer Sichtweise kann man somit festhalten, dass der Einkauf in beiden Unternehmen zentral aufgestellt und entlang der einzelnen Warengruppen organisiert ist.

Die wirtschaftliche Situation in Deutschland war in den Jahren 2000 bis 2004 durch ein anhaltendes schwieriges Konsumklima geprägt. Die Konsumzurückhaltung der Endverbraucher machte sich insbesondere im Einzelhandel in Form einer stagnierenden Umsatzentwicklung bemerkbar. Gleichzeitig trug der Ausbau der Verkaufsflächen dazu bei, dass sich die Situation weiter verschlechterte und sich die Marktteilnehmer einem aggressiven Preiswettbewerb bei gleichzeitig steigenden Qualitätsansprüchen der Kunden ausgesetzt sahen. Als Reaktion auf die schlechte Branchenentwicklung konnte eine zunehmende Konzentration und Volumenbündelung der Wettbewerber beobachtet werden. Die Einkaufskosten rückten immer mehr in

---

[60] Diese Fallstudie basiert auf zwei vollständig transkribierten Interviews, den vertraglichen Unterlagen sowie den entsprechenden Projektunterlagen. Es wurde zum einen ein Interview mit dem Projektleiter des Kunden B, der gleichzeitig der Einkaufsleiter war, geführt und zum anderen ein Interview mit dem Projektleiter des Beratungsunternehmens. Ausgewählte Projektunterlagen wurden im Rahmen der Fallstudie ebenfalls berücksichtigt.

Fallstudie 6 175

den Blickwinkel der Handelsunternehmen. Infolgedessen gewann auch das Thema „Import" an Bedeutung, weil die günstigere Importware es den Anbietern ermöglichte, preisaggressive Aktionen mit Qualität und Kompetenz zu kombinieren. Die Handelsunternehmen wurden zunehmend sowohl von Seiten der Kunden als auch von Seiten der Lieferanten unter Druck gesetzt.

4.7.1 Fallbeschreibung

In der oben beschriebenen Situation befanden sich auch die in dieser Fallstudie betrachteten Handelsunternehmen im Sommer 2004. Die Verantwortlichen in beiden Unternehmen fingen an, sich Gedanken darüber zu machen, wie sie sich dieser negativen Entwicklung entziehen und eine positive Geschäftsentwicklung herbeiführen könnten.

„*Wir haben gemerkt, dass sich die Marktsituation verändert und der Druck in der Branche zunimmt. Wir haben auf Grund der Konzentrationsprozesse im Handel reagieren müssen und haben uns Gedanken darüber gemacht, wie wir weitere Synergieeffekte realisieren könnten.*"
(Kunde)

Im Zuge dieser Überlegung fanden erste Gespräche über eine mögliche Einkaufskooperation zwischen den Handelsunternehmen A und B statt. Die unterschiedliche geographische Ausrichtung der beiden Unternehmen war die Voraussetzung dafür, dass überhaupt über eine Kooperation zwischen den beiden Unternehmen nachgedacht werden konnte, weil die Partner nahezu an keinem Standort in direkter Konkurrenz zueinander standen und somit beide von der Einkaufskooperation profitieren konnten. Zudem waren beide Unternehmen in Familienbesitz und konnten unabhängig von dem Einfluss des Kapitalmarktes oder sonstigen finanzierenden Institutionen agieren. Bei dem Unternehmen A nahm der Eigentümer selbst die Funktion des Geschäftsführers wahr und bei dem Unternehmen B hatte die Eigentümerfamilie ein externes Managementteam eingesetzt, das die Aufgabe der Geschäftsführung übernahm.

Zunächst wurde ein Projekt durchgeführt, das sich mit der Frage beschäftigte, wie eine mögliche Kooperation der beiden Unternehmen im Bereich Import aussehen könnte. Dieses erste Projekt fand ohne die Unterstützung von Beratern statt. Es zeigte sich schnell, dass eine gemeinsame Abwicklung des Imports aus Nicht-EU-Ländern sehr kompliziert ist und es zahlreiche rechtliche und haftungstechnische Fragen gab, die zuerst zu lösen waren. Infolgedessen kamen die Verantwortlichen zu dem Schluss, dass man im ersten Schritt die einfacheren Themen angehen und sich Gedanken darüber machen sollte, wie man Synergieeffekte bei den bestehenden deutschen und europäischen Lieferanten erzielen könnte. Im zweiten Schritt sollten dann die komplexeren Importfragestellungen angegangen werden.

„*Man hatte damals festgestellt, dass die Zusammenarbeit bei dem Thema ‚Import' extrem kompliziert ist und bei bestehenden Lieferanten deutlich einfacher ist. Man beschloss dann erst mal, die kleineren Vorteile bei den bestehenden Lieferanten zu nutzen und erst später in die schwierigeren, aber wesentlich lukrativeren Importthemen einzusteigen.*" *(Kunde)*

Bei der gemeinsamen Arbeit zu dem Thema „Import" machten die beiden Unternehmen die Erfahrung, dass eine neutrale Unterstützung bei Meinungsverschiedenheiten hilfreich wäre, was dazu führte, dass für die weitere Zusammenarbeit ein Beratungsunternehmen hinzugezogen wurde. Das Handelsunternehmen A hatte bereits gute Erfahrungen mit dem entsprechenden Beratungsunternehmen gemacht, insofern wurde auf einen langwierigen Auswahlprozess verzichtet.

„Durch diese erste Zusammenarbeit zu dem Thema ‚Import' hatte man die Erkenntnis gewonnen, dass es teilweise doch sehr schwierig werden kann, wenn es um den Austausch von internen Daten geht. Man hatte erkannt, dass man in diesen kritischen Phasen einen Moderator braucht, der dann den beiden Kooperationspartnern hilft, Meinungsverschiedenheiten beizulegen." (Kunde)

Zunächst hatten sich die Unternehmen darauf verständigt, dass die beiden Einkaufsleiter mit Unterstützung eines Beraters ein Konzept erstellen sollten, in dem dargestellt werden sollte, wie die Einkaufskooperation und die Einsparpotenziale aussehen könnten. Nachdem das Konzept erarbeitet und den Geschäftsführern vorgestellt wurde, waren alle Beteiligten prinzipiell der Meinung, dass die Umsetzung dieses Konzeptes für beide Unternehmen zu Einsparungen führen würde und von einem Berater begleitet werden sollte, der im Falle von Streitigkeiten zwischen den Kooperationspartnern eingreifen sollte.

„Die beiden Einkaufsleiter waren davon überzeugt, dass es eine gute Sache wäre, diese Einkaufskooperation einzugehen. Wir haben uns dann gemeinsam überlegt, wie man das Ganze angehen könnte. Die Einkaufsleiter waren auch davon überzeugt, dass sie uns als Moderator bzw. Konzeptunterstützer in dieser Phase brauchen würden." (Berater)

Infolgedessen stand die Frage im Raum, wie viel die Beauftragung des Beratungsunternehmens kosten würde. Der Betrag, den das Beratungsnehmen für die Begleitung des Projektes verlangte, wurde sowohl von Seiten des Unternehmens A als auch von Seiten des Unternehmens B als zu hoch angesehen. Beide Kundenunternehmen forderten daraufhin, dass ein Zusammenhang zwischen dem Erfolg der Einkaufskooperation und der Höhe des Beratungshonorars hergestellt werden müsse, ansonsten seien sie nicht bereit, das Beratungsprojekt durchzuführen.

„Damals wurde dann gesagt, dass man das Ganze bleiben lässt und gleich wieder aufhört, wenn man diese Summe zahlen muss. Wenn man allerdings davon ausgeht, dass alle Potenziale, die wir damals aufgezeigt haben, auch wirklich realisiert werden, dann mag die Höhe des Beratungshonorars sogar noch durch die realisierte Einsparung gerechtfertigt sein. Somit wollte man dann eine Abhängigkeit zwischen der Höhe der Einsparung und dem Beratungshonorar schaffen. Wenn große Teile dieser angestrebten Potenziale realisiert werden, ist man auch bereit dafür zu zahlen. Man ist aber nicht bereit, für den Fall, dass diese Potenziale nicht realisiert werden können, so stark in Vorleistung zu treten." (Kunde)

Auf Grund dieser Situation wurde eine erfolgsorientierte Komponente in den Vertrag aufgenommen, wohingegen die bisherige Arbeit auf Basis eines Pauschalhonorars vergütet worden war. Das Beratungsunternehmen wurde somit unter Einsatz einer erfolgsorientierten Vergütung beauftragt, die Umsetzung des Konzeptes zu begleiten. Nach Beschreibung der allgemeinen Rahmenbedingungen wird im Folgenden die Aufgabenstellung dieses Projektes näher beschrieben.

Ausgangssituation und Aufgabenstellung des Projektes

Im Rahmen der Konzepterstellung sind Einsparpotenziale für die einzelnen Warengruppen ermittelt worden. Die Abschätzung von möglichen Einsparungen basierte auf Preisvergleichen für identische oder vergleichbare Artikel. Folgende Abbildung stellt beispielhaft die Berechnungslogik des Einsparpotenzials dar, das in Form von sogenannten „Einmal-Werbekostenzuschüssen" (WKZ) zurückgefordert werden sollte. Im Folgenden werden die Einmal-WKZ auch als „Rückvergütung" oder „rückwirkende Einmalzahlung" bezeichnet.

Bezeichnung	HANDELSUNTERNEHMEN A			HANDELSUNTERNEHMEN B			DIFFERENZ	
	Preis [EUR]	Menge [Stück/Jahr]	EK-Volumen [EUR/Jahr]	Preis [EUR]	Menge [Stück/Jahr]	EK-Volumen [EUR/Jahr]	Δ Preis [%]	Geforderte Rückvergütung [EUR/Jahr]
Artikel 100	5,00	1.000	5.000	4,00	900	3.600	20%	...
....	1,00	...	...	0,92	...	...	8%	...
Artikel 199	2,00	...	...	1,40	...	...	30%	...
Σ Lieferant 1	–	–	1.000.000	–	–	800.000	15%	150.000
Artikel 200	1,20	...	...	1,00	...	...	17%	...
....	2,30	...	...	2,10	...	...	9%	...
Artikel 299	0,80	...	...	0,70	...	...	13%	...
Σ Lieferant 2	–	–	2.000.000	–	–	3.000.000	15%	300.000
...	...	...	...	...	...	...	...	...
Σ Lieferanten	–	–	–	–	–	–	–	1.000.000

EK-Volumen = Einkaufsvolumen

Abb. 32: Fallstudie 6: Beispiel Berechnung der Rückvergütung
Quelle: Projektunterlagen

Zur Ermittlung der Höhe der geforderten Rückvergütung wurde zunächst verglichen, welchen Preis die Handelsunternehmen A und B beispielsweise jeweils für den Artikel 100 bezahlten. In diesem Fall beträgt die Preisdifferenz 20 Prozent, das bedeutet, dass das Handelsunternehmen A 20 Prozent mehr für den gleichen Artikel bezahlt als das Handelsunternehmen B. Auf Basis der betrachteten Artikel und der ermittelten Preisdifferenzen wurde abgeschätzt, wie hoch der durchschnittliche Preisunterschied über alle Artikel hinweg zwischen den beiden Kooperationspartnern beim Lieferanten 1 war, was in diesem Falle eine durchschnittliche

Preisdifferenz in Höhe von 15 Prozent ergab. Anhand des Einkaufsvolumens des Partners, der bisher den höheren Preis zahlte, wurde berechnet, wie viel er pro Jahr in der Vergangenheit zu viel bezahlt hatte. In diesem Beispiel ergibt sich daher eine geforderte Rückvergütung in Höhe von 150.000 Euro pro Jahr gegenüber Lieferant 1. Als Mindestziel für die Lieferantenverhandlungen wurde eine Rückvergütung für die letzten zwei Jahre angestrebt. Die Verhandlungsbasis gegenüber Lieferant 1 beläuft sich bei diesem Beispiel somit auf 300.000 Euro.

Das mögliche Einsparpotenzial wurde anhand dieser Logik berechnet, sofern die beiden Kundenunternehmen ihre Waren von dem gleichen Lieferanten bezogen. Die erste grobe Abschätzung ergab ein Einsparpotenzial in Höhe von 16 bis 20 Millionen Euro, das über die Forderung von Rückvergütungen erzielt werden sollte. Darüber hinaus würde in Zukunft auch dadurch eine Einsparung erzielt werden, dass der Partner, der bisher den höheren Preis bezahlte, in Zukunft ebenfalls den günstigeren Preis zahlen würde. In Abhängigkeit von der Verhandlungsposition könnte unter Umständen auf Grund der zukünftigen Volumenbündelung eine weitere Preisreduktion erzielt werden.

„Die Höhe der zu erwartenden Rückvergütungen leitete sich durch ein Modell ab, in dem erst einmal festgestellt wurde, wer eigentlich den günstigeren Preis hat. Die Ermittlung der zu erwartenden Rückvergütung geschah zunächst unabhängig von der Frage, wie diese Rückvergütung dann ausgeschüttet würde. Wenn wir beispielsweise einen Preisunterschied in der Größenordnung von zehn Prozent festgestellt haben, dann konnten wir mit Hilfe des Modells abschätzen, wie hoch die Rückvergütung sein würde. Zusätzlich gab es aber auch den Effekt, dass das Handelsunternehmen, das bisher den höheren Preis gezahlt hat, in Zukunft auch deutlich niedrigere Einstandspreise bekommt. Also würde sowohl eine Rückvergütung als auch ein niedriger Preis für das Handelsunternehmen, das bisher den höheren Preis gehabt hat, erzielt." (Kunde)

Zusammenfassend lässt sich festhalten, dass die mögliche Einsparung sich sowohl aus einer rückwirkenden Einmalzahlung, der sogenannten „Rückvergütung", als auch der zukünftigen Einsparung, die auf Grund eines günstigeren Preises erzielt werden kann, zusammensetzt. Zudem ist hervorzuheben, dass die Lieferanten grundsätzlich bereit sind, Forderungen nach Rückzahlungen zu akzeptieren, da sie die Bedrohung, den Kunden dauerhaft zu verlieren, oftmals als schwerwiegender einstufen als den Verlust, der durch die einmalige Zahlung einer bestimmten Summe entsteht.

Die wesentlichen Spielregeln in Bezug auf die Struktur der gemeinsamen Einkaufskooperation, die Verrechnung von Einsparpotenzialen sowie die nächsten Schritte des Projektes waren bereits im Grobkonzept festgelegt worden. Die beiden Unternehmen strebten die Gründung einer gemeinsamen Gesellschaft an, über die in Zukunft der Einkauf für beide Unternehmen abgewickelt werden und die künftig auch als Vertragspartner gegenüber den Lieferanten auftreten sollte. Zudem einigten sich die beiden Partner auf folgende Regelung hinsichtlich der Aufteilung der Einsparung:

„Diese Rückvergütung ist durch zwei geteilt worden, weil der eine Partner ohne den anderen nicht an dieses Geld gekommen wäre. Der eine hätte ohne die Offenlegung der Einkaufspreise des anderen nicht gewusst, dass er eigentlich zu viel bezahlt hat." (Berater)

Zur Erreichung des identifizierten Einsparpotenzials in Höhe von 16 bis 20 Millionen Euro wurde das Beratungsprojekt in zwei Phasen, die jeweils sechs Wochen dauern sollten, aufgeteilt. In der ersten Phase sollten im kleinen Kreise das Konzept und das weitere Vorgehen detailliert und in einem gemeinsamen Aktionsplan festgehalten werden. Lediglich die beiden Einkaufsleiter sowie ein Berater waren in diese Projektphase involviert. In der zweiten Phase sollten dann die einzelnen Facheinkäufer der beiden Handelsunternehmen im Rahmen von Workshops eingebunden werden und die Verhandlungen mit den Lieferanten vorbereiten sowie, wenn möglich, bereits die ersten Verhandlungen durchführen. In dieser Phase sollte zusätzlich ein zweiter Berater zur Unterstützung hinzugezogen werden.

Während dieser zwölf Wochen, die von Mitte September bis Mitte Dezember 2004 dauerten, sollten die Berater die Aufgabe des Projektmanagements übernehmen und waren somit für die Organisation, die Vorbereitung und die Moderation der Workshops sowie für die Berechnung und die Verfolgung der erzielten Einsparpotenziale zuständig. Ferner sollte der Projektleiter des Beratungsunternehmens bei Unstimmigkeiten in Bezug auf das weitere Vorgehen oder die Aufteilung der erzielten Einsparung zwischen den beiden Partnern die Schiedsrichter- und Moderationsfunktion übernehmen. Außerdem sollten die beiden Geschäftsführungen im Rahmen von Lenkungsausschusssitzungen in regelmäßigen Abständen über den Projektverlauf informiert und das weitere Vorgehen abgestimmt werden. Nach Ablauf dieser zwölf Wochen sollten die Berater das Projektmanagement in die Hände des Kunden übergeben und für weitere zwei Monate bis Ende Februar 2005 den Mitarbeitern des Kunden bei Bedarf als Coach zur Verfügung stehen.

Es bleibt somit festzuhalten, dass die Aufgabe des Beraters insbesondere in der Steuerung des Projektes und der Koordination der einzelnen Aufgaben bestand. Im Falle von Schwierigkeiten sollte der Berater intervenierend eingreifen und dadurch dazu beitragen, dass die gemeinsame Einkaufskooperation zu einem Erfolg werden würde.

Regelung der Erfolgsmessung

Das Beratungsunternehmen hatte auf Wunsch des Kunden in den Vertragsverhandlungen angeboten, einen Zusammenhang zwischen der Höhe des Beratungshonorars und dem Erfolg des Projektes herzustellen. Infolgedessen wurde vereinbart, dass ein Teil des Honorars variabel gestaltet wurde und die Höhe dieser variablen Vergütung abhängig von der erzielten Einsparung war.

Beide Unternehmen befanden sich zu Beginn des Projektes in einer nicht zufriedenstellenden wirtschaftlichen Lage. Daher waren sich die beiden Unternehmen schnell einig, dass die

Einsparungen möglichst schnell im laufenden Geschäftsjahr 2004/2005 realisiert werden sollten, um eine kurzfristige Verbesserung der Ergebnissituation zu erreichen. Das Ende des Geschäftsjahres beider Unternehmen wurde somit als Messzeitpunkt festgelegt.

„Das geschah vor dem Hintergrund, dass beide Handelsunternehmen relativ schnell Einsparungen erreichen mussten, um ein akzeptables Ergebnis für das laufende Geschäftsjahr ausweisen zu können [...] Es war klar, dass die Ergebnisse schnell realisiert werden mussten, und somit hat man festgelegt, dass der Erfolg dann auch zügig gemessen werden sollte." (Kunde)

Vor dem Hintergrund, dass beide Unternehmen kurzfristig an Einsparungen interessiert waren, wurde die Einsparung als das realisierte Rückvergütungsvolumen definiert. Im Sinne der Erfolgsmessung spielte daher die künftige Einsparung keine Rolle, die unter Umständen auf Grund der Übernahme des günstigeren Preises durch einen der beiden Partner realisiert werden könnte. Es wurde vertraglich vereinbart, dass die variable Vergütung in Abhängigkeit von der Höhe des bis zum 28. Februar 2005 realisierten Rückvergütungsvolumens anhand eines prozentualen Anteils berechnet werden sollte. Ferner sollte die Höhe des Erfolgshonorars von allen Vertragsparteien gemeinsam bestimmt und den beiden Handelsunternehmen je zur Hälfte in Rechnung gestellt werden. Das Honorar sollte unmittelbar nach Ende des Geschäftsjahres am 28. Februar 2005 fällig werden.

In dem ersten Konzept war grob abgeschätzt worden, dass durch die Gründung einer Einkaufskooperation ein Einsparpotenzial in Höhe von 16 bis 20 Millionen Euro realisiert werden kann. Auf Basis dieser Abschätzung einigten sich die Vertragsparteien auf folgende Staffelung zur Berechnung des Erfolgshonorars:

$\geq$ 20 Mio. EUR	1,75% Erfolgshonorar
$\geq$ 16 Mio. EUR	1,00% Erfolgshonorar
$\geq$ 12 Mio. EUR	0,50% Erfolgshonorar

Das Beratungsunternehmen erklärte sich zwar bereit, eine erfolgsorientierte Komponente in den Vertrag aufzunehmen, aber die Berater vertraten nichtsdestotrotz die Meinung, dass eine solche Regelung keinerlei Einfluss auf ihre Arbeitsweise habe, weil kein direkter Zusammenhang zwischen dem Einsatz eines Erfolgshonorars und der individuellen Vergütung bestehe.

„[...] der einzelne Berater profitiert ja nicht direkt von einer erfolgsabhängigen Vergütung. Der einzelne Berater macht auch unabhängig von der Honorarvereinbarung des einzelnen Projektes einen guten Job, dazu sind wir auch durch unseren Berufsethos und unsere Selbstwahrnehmung verpflichtet." (Berater)

Der Kunde äußert sich diesbezüglich etwas anders und gibt zu bedenken, dass der Berater zumindest einen gestiegenen Stundenaufwand im Verlauf des Projektes akzeptierte, ohne weitere Forderungen hinsichtlich des Beratungshonorars zu stellen, weil der Berater ebenfalls erkannte, dass die erfolgsorientierte Komponente des Honorars wahrscheinlich über den ursprünglichen Erwartungen liegen würde.

„Weiß ich nicht, da müssen Sie die Beraterseite fragen, ob die Berater sich auf Grund der Vereinbarung mehr oder weniger angestrengt haben. Ich glaube allerdings, dass diese Vereinbarung im Hintergrund schon eine Rolle gespielt hat. Im Laufe des Projektes ist der Stundenaufwand angestiegen und der höhere Einsatz wurde von der Beraterseite toleriert, weil der Berater auch mitbekommen hat, dass die Einkunftsmöglichkeiten größer wurden, als vielleicht am Anfang gedacht. Hätte man diese Komponente nicht gehabt, dann hätte der Berater vielleicht zwischendurch mal gesagt, dass wir mehr alleine machen müssen." (Kunde)

Zusammenfassend lässt sich feststellen, dass die vertragliche Vereinbarung der Erfolgsmessung sich ausschließlich auf die realisierte Einsparung zum Geschäftsjahresende 2004/2005 bezog und mögliche künftige Einsparungen in keiner Weise berücksichtigte. Infolgedessen spielte die Frage, wie eine künftige Einsparung berechnet werden könne, eine untergeordnete Rolle, da sie für die Erfolgsmessung im Sinne des Vertrages nicht relevant war.

Projektverlauf

Nach Vertragsabschluss Ende September 2004 begannen die Einkaufsleiter der beiden Unternehmen und der Berater das Konzept zu detaillieren. In dieser ersten Phase, die bis Ende Oktober dauerte, wurde das Projekt lediglich von einem Berater unterstützt. Während der Erstellung des Grobkonzeptes hatten die beiden Einkaufsleiter und der Berater die Erkenntnis gewonnen, dass eine Kooperation im Einkauf mehr bedeutet als die einfache Zusammenlegung der Funktion „Einkauf". Eine Kooperation setzt die Definition einer gemeinsamen Sortimentsstrategie voraus.

„Die Aufgabenstellung war zunächst relativ unklar. Damals hat man einfach gesagt, dass wir die Einkaufsvolumen zusammenlegen, da die Sortimente sowieso gleich sind. Erst dann hat man festgestellt, dass die Philosophie zu den Eigenmarken und zur Sortimentsstrategie sehr unterschiedlich ist und es eigentlich keinen klassischen Einkauf gibt. Der Einkauf erfüllt auch weitere Aufgaben und legt letztendlich die Sortimentsstrategie fest." (Kunde)

Diese Erkenntnis führte dazu, dass alle Warengruppen zunächst hinsichtlich der Unterschiede in der Sortimentsstrategie und des daraus resultierenden Handlungsbedarfs analysiert wurden. Es wurden beispielsweise Unterschiede in Bezug auf die Frage festgestellt, ob man direkt bei den Herstellern einkauft oder die Ware über einen Händler bezieht sowie ob man Wert darauf legt, die bekannten Marken zu führen oder nicht etc.

Nach Abschluss der Analyse der einzelnen Warengruppen musste zunächst festgelegt werden, wie die Vergleichbarkeit der Warengruppen hergestellt werden kann, weil die Unternehmen über eine unterschiedliche Einteilung der Warengruppen verfügten. Es wurden sogenannte „Konsolidierungswarengruppen" eingeführt, denen jeweils die einzelnen Warengruppen der beiden Unternehmen zugeordnet wurden. Diese Vorgehensweise stellte sicher, dass die Konsolidierungswarengruppen vergleichbar waren, welche dann abhängig von der Komplexität und vom notwendigen Handlungsbedarf in drei Kategorien eingeteilt wurden.

Die erste Kategorie beinhaltete alle Warengruppen, bei denen die Sortimentsstrategie der beiden Partner weitestgehend identisch war. Die Handelsunternehmen bezogen die Artikel bereits von demselben Lieferanten und das Warenangebot war nahezu identisch. Es war somit zu erwarten, dass eine Kooperation im Einkauf bei diesen Warengruppen schnell umgesetzt werden konnte, da eine gemeinsame Sortimentsstrategie im Wesentlichen bereits vorhanden war.

In der zweiten Kategorie waren die Unterschiede des Sortiments bereits größer. Es wurde größtenteils mit unterschiedlichen Lieferanten zusammengearbeitet und folglich existierten Unterschiede hinsichtlich des Warenangebots sowie der eingesetzten Logistiklösungen. Eine Kooperation in dieser Kategorie setzte voraus, dass sich die beiden Partner zuerst auf eine gemeinsame Sortimentsstrategie einigen. Die Realisierung von Einsparungen konnte in dieser zweiten Kategorie somit nicht kurzfristig angestrebt werden.

Der dritten Kategorie wurden alle Warengruppen zugeordnet, die nicht nur über eine unterschiedliche Sortimentsstrategie verfügten, sondern darüber hinaus noch unterschiedliche Konzepte hinsichtlich des Imports, insbesondere der Risikostrategie und der Lagerlogistik, verfolgten. Da bereits beim ersten Versuch der Zusammenarbeit zum Thema „Import" die Erfahrung gemacht wurde, dass eine Kooperation im Import äußerst kompliziert ist, wurde erwartet, dass Einsparungen bei diesen Warengruppen erst mittelfristig realisiert werden können.

Die Komplexität der Zusammenarbeit stieg von Kategorie 1 bis zur Kategorie 3 kontinuierlich an. Es wurde davon ausgegangen, dass bei den Warengruppen der Kategorie 1 die Einsparungen im laufenden Geschäftsjahr realisiert werden können und bei den Warengruppen der Kategorie 2 und 3 zunächst eine gemeinsame Sortimentsstrategie bzw. ein umfassendes Konzept erarbeiten werden müsste. Es war daher nicht zu erwarten, dass bei den Kategorien 2 und 3 kurzfristig Einsparungen realisiert werden können. Da beide Handelsunternehmen an der Erzielung von kurzfristigen Einsparungen interessiert waren, wurde der Fokus des Projektes auf die Warengruppen der Kategorie 1 gelegt.

Im Rahmen des Grobkonzeptes war abgeschätzt worden, wie hoch die zu erwartenden Einsparungen in den einzelnen Warengruppen sind. Im Folgenden wurden die Warengruppen der Kategorie 1 in der Reihenfolge der zu erwartenden Einsparung bearbeitet. Zunächst wurde für die beiden Warengruppen mit dem höchsten Einsparpotenzial jeweils ein Sortimentteam gebildet, das aus den zuständigen Einkäufern des Unternehmens A und B bestand. Diese ersten beiden Sortimentteams wurden als „Pilotteams" bezeichnet. Die Sortimentteams hatten die Aufgabe, die Verhandlungen mit den Lieferanten vorzubereiten, die Verhandlungsziele festzulegen und anschließend die Verhandlungen durchzuführen. Im Verlauf des Projektes wurden sukzessive für alle Warengruppen Sortimentteams gebildet, die sich abhängig von der Einstufung der Warengruppe in eine der drei oben beschriebenen Kategorien mit unterschiedlichen Themen beschäftigten. Soweit die beiden Partner innerhalb einer Warengruppe einige Artikel von demselben Lieferanten bezogen, wurden allerdings unabhängig von der Einstufung der Warengruppe in jedem Falle Verhandlungen mit dem entsprechenden Lieferanten geführt.

Folgende Abbildung stellt schematisch die Projektorganisation dar:

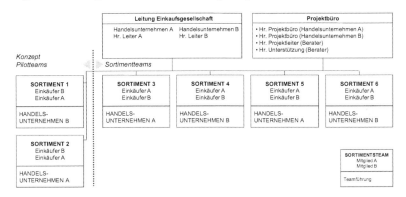

Abb. 33: Fallstudie 6: Projektorganisation
Quelle: Projektunterlagen

Nachdem die Detaillierung des Konzeptes Ende Oktober abgeschlossen und das weitere Vorgehen im Detail festgelegt war, wurde ein zweiter Berater zur Unterstützung hinzugezogen. In der zweiten Phase hatten die Berater die Aufgabe, durch eine entsprechende Datenerfassung, -auswertung und -aufarbeitung die Einkäufer bei der Vorbereitung der einzelnen Verhandlungen zu unterstützen. Der Einfluss auf die einzelnen Verhandlungen und deren Ergebnisse von Seiten der Berater war allerdings äußerst gering.

„Der Berater hatte letztlich wenig Einfluss auf die wirklichen Verhandlungen, da diese von den einzelnen Einkäufern geführt wurden. Der Berater war im Endeffekt dafür zuständig, dass die Einkäufer die entsprechenden Informationen erhielten, und der Berater konnte dann gegebenenfalls nochmal kontrollieren, ob die Dinge mit großer Hebelwirkung auch angegangen worden sind. Wenn einer der beiden Partner aber nicht bereit war, den Lieferanten zu wechseln, dann konnte der Berater auch nichts tun. In solchen Fällen behielten dann beide Partner ihre Lieferanten mit der Konsequenz, dass an dieser Stelle keine Einsparungen realisiert werden konnten." (Kunde)

Nach Abschluss der Verhandlungen hielten die Berater die entsprechenden Ergebnisse fest und stellten somit sicher, dass man zu jedem Zeitpunkt einen Überblick über den aktuellen Stand der erzielten Einsparungen hatte. Der Erfolg wurde somit parallel zum Projektfortschritt festgehalten. Die Berechnung der Einsparung wurde im Falle von Unstimmigkeiten zunächst innerhalb der Sortimentteams diskutiert. Falls keine Einigung erzielte werden konnte, wurden die unterschiedlichen Sichtweisen im Rahmen des wöchentlichen Status-Meetings mit den beiden Einkaufsleitern besprochen. Das wöchentliche Status-Meeting diente dazu sicherzustellen, dass eine enge Abstimmung zwischen den beiden Einkaufsleitern erfolgte, sowie dazu, dass der Berater im Falle von auftretenden Schwierigkeiten zeitnah eingreifen und Lösungsvorschläge anbieten konnte. Im Zuge der Ermittlung der Einsparung und insbesondere hinsichtlich der Aufteilung der Einsparung zwischen den beiden Partnern kam es immer wieder zu Diskussionen.

„Natürlich gab es immer wieder Diskussionen und Termine, bei denen man diese Berechnungen dann besprechen musste. Es gab immer wieder neue Fragestellungen, weil die Themen sehr unterschiedlich waren. Wir hatten ein Grundmodell, wie die Einsparungen berechnet werden konnten, aber die Projekte waren teilweise sehr unterschiedlich und somit kamen auch immer wieder neue Fragestellungen auf. Man hat dann auf Basis des Grundmodells versucht, diese neue Fragestellungen zu beantworten und das Grundmodell darauf zu übertragen. Das funktionierte häufig und ab zu ergaben sich eben Situationen, bei denen das nicht funktionierte. Dann musste man halt noch mal neu darüber nachdenken. Es gab beispielsweise die Argumentation, dass durch den Lieferantenwechsel zwar Einsparungen erzielt wurden, aber gleichzeitig auch Umbaukosten anfielen. Es gab auch Kostenkomponenten, die die Erträge teilweise wieder geschmälert haben." (Kunde)

Es ist hervorzuheben, dass die Zusammenarbeit der beiden Einkaufsleiter zum einen durch ein pragmatisches Vorgehen und eine flexible Handhabung der einzelnen Fragestellungen geprägt war und zum anderen durch einen vertrauensvollen Umgang miteinander. Im Falle von Unstimmigkeiten hatte der Berater die Aufgabe, Lösungsvorschläge zu machen und zur Beilegung der strittigen Punkte beizutragen.

„Der Berater hat entweder neue Vorschläge gemacht, wie eine Lösung aussehen könnte und wie die Vorteile aufgeteilt werden könnten, oder er hat die Lösungsansätze, die von der einen oder der anderen Seite gemacht wurden, aufgenommen und bewertet. Der Berater hat an der Stelle die Aufgabe gehabt, die Spannung etwas rauszunehmen und zwischen den beiden Parteien zu moderieren." (Kunde)

Seit Beginn des Projektes waren sich die beiden Einkaufsleiter darüber im Klaren, dass die Einkaufskooperation von zahlreichen Mitarbeitern sehr kritisch gesehen wurde. Infolgedessen spielte der Faktor Zeit eine wichtige Rolle für den Erfolg der Kooperation.

„Hinsichtlich einer Zusammenarbeit im Einkauf mit dem Handelsunternehmen A gab es genauso viele Befürworter wie Skeptiker. Der Einkaufsleiter des Handelsunternehmens A und ich waren uns relativ schnell einig, dass die Skeptiker immer mehr würden, wenn wir jetzt erst ein Jahr darüber sprechen, wie wir zusammenarbeiten wollen, um dann irgendwann mal irgendwelche Vorteile vorweisen zu können. Wir haben in dieser Situation also relativ schnell Erfolge gebraucht, um den Skeptikern entgegentreten zu können. Um den Prozess in Gang zu

bringen, haben wir daher zunächst die einfachen Lieferanten, dann die schwierigeren Lieferanten und erst dann den gemeinsamen Import betrachtet." (Kunde)

Diese Ausgangslage trug dazu bei, dass insbesondere zu Beginn des Projektes beide Einkaufsleiter das gemeinsame Ziel hatten, schnell Erfolge zu erzielen. Beide Einkaufsleiter hatten den Willen, eine erfolgreiche Kooperation aufzubauen. Unstimmigkeiten über Detailfragen traten somit in den Hintergrund.

„Mit einer ganzen Reihe von Erfolgen wurde es natürlich immer schwieriger, die ganze Kooperation wegen gewisser Unstimmigkeiten bei einigen Warengruppen in Frage zu stellen. Am Anfang, als man erst drei Projekte gemacht hatte, also drei Warengruppen harmonisiert hatte, und noch fünf oder zehn Projekte vor sich hatte, da war das natürlich noch etwas anders. Es gab immer wieder Unstimmigkeiten, aber im Grund war der Geist, die Kooperation nicht scheitern zu lassen, schon da. Man wollte die Einsparung zwar schnellstmöglich realisieren, aber gleichzeitig hat man auch darauf geachtet, dass die Unstimmigkeiten bei der Betrachtung einzelner Warengruppen nicht dazu führen, dass man sich völlig entzweit. [...] Über bestimmte Kleinigkeiten wurde dann nicht so lange diskutiert, sondern es war beiden Partnern wichtiger, das Projekt zeitnah und zügig voranzutreiben." (Kunde)

Im Verlauf des Projektes zeichnete sich ab, dass die ursprünglich abgeschätzte Einsparung in Höhe von 16-20 Millionen Euro bis zum Geschäftsjahresende nicht nur erreicht, sondern sogar übertroffen werden konnte. Über alle Warengruppen hinweg wurden bis zum 28. Februar 2005 Rückvergütungen in Höhe von 22,8 Millionen Euro erzielt.

Zusammenfassend kann festgestellt werden, dass im Rahmen dieses Projektes sowohl operative Aufgaben wie die Durchführung der tatsächlichen Lieferantenverhandlungen erledigt als auch zahlreiche konzeptionelle Fragen wie die Festlegung einer Sortimentsstrategie, die Gründung einer gemeinsamen Gesellschaft etc. beantwortet werden mussten. Die Zusammenarbeit der Vertragsparteien war weitestgehend durch ein harmonisches Verhältnis zueinander gekennzeichnet.

Finale Erfolgsmessung

Die finale Erfolgsmessung erfolgte, wie vertraglich vereinbart, am Ende des Geschäftsjahres zum 28. Februar 2005. Da die Vereinbarung sich ausschließlich auf das bereits bezahlte Rückvergütungsvolumen bezog, gab es keinen Spielraum für Diskussionen über die Höhe der erzielten Einsparung. Die Einsparung, anhand derer der Erfolg des Projektes bewertet werden sollte, war bereits realisiert und die beiden Handelsunternehmen hatten das Geld bereits von den Lieferanten bekommen. Die Frage, wie viel der Berater zum Erfolg des Projektes beigetragen hat, wurde weder im Rahmen der finalen Erfolgsmessung noch sonst zu einem Zeitpunkt des Projektes diskutiert. Alle Vertragsparteien sahen die erreichte Einsparung als gemeinsamen Erfolg des Projektes an, ohne zu differenzieren, wie hoch der Beitrag und was die Rolle des Einzelnen zum Projekterfolg war. Auf Grund der wirtschaftlichen Situation und des Interesses der beiden Handelsunternehmen, die Einsparungen möglichst schnell zu realisieren, wurde die Angemessenheit des Zeitpunktes der Erfolgsmessung ebenfalls nicht diskutiert, zumal es seit Beginn des Projektes das erklärte Ziel war, die Einsparungen bis Ende des Geschäftsjahres 2004/2005 zu realisieren.

Im Zuge der finalen Erfolgsmessung gab es allerdings eine Diskussion darüber, wie mit den Kosten, die auf Grund der Anpassung der Sortimente entstanden waren, umgegangen werden sollte. Der Kunde A vertrat die Meinung, dass diese Kosten gegen die Einsparung aufgerechnet werden müssten und somit die erzielte Einsparung schmälern würden.

„Es ging zum Beispiel darum, dass teilweise durch die Harmonisierung der Sortimente auch Kosten angefallen sind, da zum Beispiel Regale angepasst bzw. umgebaut werden mussten. Der Kunde A hat dann versucht, diese Umbaukosten gegen die erzielte Einsparung aufzurechnen." (Berater)

Die Konsequenz dieser Vorgehensweise wäre gewesen, dass die Einsparung niedriger ausgefallen wäre und somit ein niedrigerer Prozentsatz zur Berechnung des Erfolgshonorars hätte herangezogen werden müssen. Neben der Diskussion über die Umbaukosten vertrat der Kunde A zudem die Meinung, dass die Berechnung des Erfolgshonorars jeweils mit dem niedrigeren Prozentsatz bis zu der jeweiligen Betragsgrenze erfolgen sollte und erst bei Überschreitung dieser Grenze die nächst höhere Prozentzahl für den Einsparungsbetrag, der oberhalb der Betragsgrenze liegt, angewendet werden sollte. Der Berater war allerdings der Meinung, dass die vertragliche Vereinbarung anders zu verstehen sei und bei Erreichung der entsprechenden Staffelgrenze die Berechnung des Erfolgshonorars anhand des höheren Prozentsatzes über den gesamten Einsparungsbetrag erfolgen sollte.

„Bei der prozentualen Staffelung gab es eine Diskussion darüber, ob sich die jeweilige Prozentzahl auf die gesamte Summe der Einsparung bezieht oder ob man zunächst mit der niedrigeren Prozentzahl rechnen muss und erst bei Überschreitung der nächsten ‚Einsparungsgrenze' die höhere Prozentzahl anwenden darf." (Berater)

Es ist hervorzuheben, dass sämtliche Diskussionen, die im Rahmen der Erfolgsmessung und der Ermittlung des Erfolgshonorars zwischen Berater und Kunden stattfanden, mit dem Kunden A geführt wurden. Letztendlich hat Kunde B sogar dazu beigetragen, dass eine Einigung zwischen Berater und Kunden A zustande kam. Kunde B hat Kunden A davon überzeugt, dass das Projekt sehr erfolgreich war und daher die gesamte Summe des Erfolgshonorars zu zahlen sei.

„Diese Diskussionen sind dann letztendlich durch den Kunden B gestoppt worden, der die Auffassung vertrat, dass alles seine Richtigkeit hat und somit das Honorar in seiner gesamten Summe bezahlt werden sollte." (Kunde)

Das Projekt wurde am 28. Februar 2005 abgeschlossen und als Basis für die Berechnung des Erfolgshonorars wurde eine Einsparung in Höhe von 22,8 Millionen Euro zugrunde gelegt. Wie vertraglich festgelegt, erfolgte die Berechnung des Erfolgshonorars bei einer Einsparung von über 20 Millionen Euro mit einem Wert von 1,75 Prozent. Das Erfolgshonorar für dieses Beratungsprojekt belief sich somit auf knapp 400.000 Euro.

Die im Rahmen dieses Projektes vereinbarte Regelung bringt allerdings eine inhaltliche Gefahr für die Beraterseite mit sich. Es besteht eine wechselseitige Abhängigkeit zwischen der Höhe der Rückvergütung und der Höhe des künftigen Preises. Ein Lieferant ist in der Regel nicht bereit, eine hohe Rückvergütung zu bezahlen und gleichzeitig einen niedrigeren Preis für die Zukunft anzubieten.

„Entweder man konzentriert sich darauf, eine möglichst hohe Rückvergütung für die Vergangenheit zu bekommen, oder auf zukünftig günstigere Preise. Das ist immer ein gewisser Interessenkonflikt, der Lieferant ist entweder dazu bereit, dem Kunden, also den Kooperationspartnern, gute Preise für die Zukunft zu geben, die wirken sich dann allerdings auch erst in der Zukunft aus, oder er ist bereit, dem aus der Vergangenheit schlechter gestellten Kooperationspartner, der die schlechteren Preise verhandelt hatte, eine einmalige hohe Rückvergütungszahlung zu geben. Normalerweise ist der Lieferant nicht bereit, beides zu tun, wobei das natürlich von der Verhandlungsposition abhängig ist." (Berater)

Da das Erfolgshonorar vollständig von der Höhe der Rückvergütungen abhing, wäre es theoretisch möglich gewesen, dass die Einkäufer günstigere Preise für die Zukunft verhandeln und vollständig auf die Rückvergütung verzichten. Auf Grund der wirtschaftlichen Situation der beiden Handelsunternehmen bestand jedoch auf beiden Seiten ein großes Interesse daran, möglichst schnell Einsparungen zu erzielen, und infolgedessen hielt sich das Risiko dieser theoretischen Möglichkeit für das Beratungsunternehmen in Grenzen.

„Das heißt, den Einkaufsleitern war bewusst, dass das Erfolgshonorar vollständig an die rückwirkenden Zahlungen gekoppelt war. Aber diese Regelung spielte keine Rolle, da den einzelnen Einkäufern, die verhandelt haben, dies nicht so bewusst war. Zudem waren die Einkäufer in ihren eigenen Verträgen sehr stark bzw. nur auf die Erzielung von Einmalzahlungen incentiviert. Dazu kommt noch, dass die beiden Unternehmen zu dem damaligen Zeitpunkt auf Grund ihrer Ergebnissituation insbesondere an einmaligen Rückvergütungen interessiert waren. Durch die Einmalzahlungen konnten relativ kurzfristig gute Ergebnisse erzielt werden." (Berater)

Die Einkaufsleiter hatten die Ziele, die im Beratungsauftrag festgeschrieben waren, als interne Ziele übernommen und somit war sichergestellt, dass alle Projektbeteiligten die gleichen Ziele verfolgten und keine Interessenkonflikte aufkommen ließen.

„Die Ziele, die im Beratungsauftrag festgelegt sind, also die Fokussierung auf die erzielten Rückvergütungen, haben wir auch intern als die Ziele für die Einkäufer übernommen. Die Ziele des Beraters waren somit die gleichen wie die der internen Mitarbeiter. Wenn ich das geändert oder das nicht gemacht hätte, dann hätte es schwierig werden können. Im Bezug auf das Honorar hätte dann der Berater das Risiko getragen." (Kunde)

Der Kunde war grundsätzlich mit dieser vertraglichen Vereinbarung zufrieden und sieht nachträglich keinen Verbesserungsbedarf. Er gibt jedoch zu bedenken, dass man die künftigen Preise ebenfalls hätte berücksichtigen müssen, wenn das Projekt länger gedauert hätte.

„Wenn man noch länger an dem Thema gearbeitet hätte und dabei denke ich auch gerade an das Thema ‚Import', hätte man mit Sicherheit die Modalität noch etwas ändern und mehr Wert auf die zukünftigen Preise legen müssen." (Kunde)

Der Berater ist an dieser Stelle kritischer und sieht mehr Veränderungsbedarf. Wenn der Berater dieses Projekt erneut machen würde, dann würde er die zukünftige Preiseinsparung direkt am Anfang mit in die Vereinbarung aufnehmen. Darüber hinaus merkt der Berater an, dass diese vertragliche Vereinbarung noch einige definitorische Schwächen enthielt.

„Man kann in der Definition der Berechnungsbasis noch genauer sein, indem man die Rückvergütungen genauer definiert, in dem Sinne, was unter den rückwirkenden Einmalzahlungen zu verstehen ist, und festlegt, wie z.B. mit Umbaukosten umgegangen wird. Dadurch kann man sich ein paar Diskussionen am Ende ersparen. Bei der prozentualen Staffelung sollte man auch sehr genau sein. Da sollte man genau festlegen, von wo bis wo welche Prozentzahl angewendet wird und, wenn dieser Betrag überschritten wird, welche Prozentzahl dann angewendet wird. Man sollte sehr genau festlegen, wie die prozentuale Staffelung anzuwenden ist und wie die Berechnung des Honorars erfolgt." (Berater)

Trotz dieser Anmerkungen des Kunden und des Beraters lässt sich abschließend feststellen, dass die Erfolgsmessung in diesem Beratungsprojekt, da sich diese auf die realisierte Einsparung bezog, wenig Spielraum für Diskussionen offen ließ und es am Ende des Projektes auf Wirken des Kunden B zu einer relativ reibungslosen Einigung der Vertragsparteien kam.

4.7.2 Fallanalyse

Analyse der Ausgangssituation und der Aufgabenstellung des Projektes

Die beiden Handelsunternehmen entschlossen sich auf Grund ihrer bisherigen Erfahrungen, die sie in der gemeinsamen Zusammenarbeit gemacht hatten, einen Berater als Moderator einzusetzen und den Kontakt mit einem Beratungsunternehmen aufzunehmen. Es entstand keine wirkliche Wettbewerbssituation im Rahmen der Beraterauswahl, da auf ein Beratungsunternehmen zurückgegriffen wurde, mit dem eines der beiden Handelsunternehmen bereits gute Erfahrungen gemacht hatte. Das Erfolgshonorar wurde auf explizite Anforderung der beiden Geschäftsführungen in den Beratervertrag aufgenommen und diente dem Zweck, die Höhe des Honorars im Falle des Misslingens der Kooperation zu reduzieren. Die Aufgabenstellung des Projektes wurde in dem ersten Konzept grob beschrieben. Es ist allerdings festzustellen, dass zum Zeitpunkt der Beauftragung des Beraters die Aufgabenstellung nicht detailliert festgelegt war. Die Detaillierung des weiteren Vorgehens und damit der Aufgabenstellung erfolgte erst in den ersten sechs Wochen des Projektes.

Analyse der Regelung der Erfolgsmessung

Die Erfolgsmessung sollte anhand eines einzigen Kriteriums erfolgen, nämlich der bis zum Ende des Projektes realisierten Einsparung, und beruhte somit auf Istzahlen. Vor dem Hintergrund der Zielsetzung, dass möglichst schnell Einsparungen realisiert werden sollten, ist dieses Messkriterium gut geeignet, den Erfolg des Projektes darzustellen. Die Betragsgrenzen der Staffelung wurden unter Verwendung der Berechnungslogik ausgehandelt, die eingesetzt wurde, um die Höhe des möglichen Einsparpotenzials zu bestimmen. Allerdings ist anzumerken, dass der zweite Aspekt, der in den Verhandlungen mit den Lieferanten eine Rolle spielte, der künftige Preis, in der Erfolgsmessung nicht berücksichtigt wurde. Diese Art der Erfolgsmessung ist als eine Form der ergebnisbezogenen Zielerreichung einzustufen.

Der Einfluss des Erfolgshonorars auf die Arbeitsweise wird ebenso wie in den Fallstudien 1 und 2 von dem Berater und dem Kunden unterschiedlich eingestuft, was sich wiederum durch die verschiedenen hierarchischen Ebenen erklären lässt. Die Aussage des Kunden, dass der Berater im Verlauf des Projektes einen angestiegenen Zeitaufwand akzeptierte, lässt sich ebenfalls durch die differenzierte Betrachtung der hierarchischen Ebenen erklären. Der Zeitaufwand im Sinne von eingesetzten Arbeitstagen, die die Berater für die unterschiedlichen Projekte aufwenden, wird in einem Beratungsunternehmen in der Regel von dem zuständigen Partner gesteuert. Insofern ist es nachvollziehbar, dass der Partner des Beratungsunternehmens es in diesem Fall zuließ, dass der Zeitaufwand im Sinne von Arbeitstagen anstieg, da die Verdienstmöglichkeit ebenfalls angestiegen war. Allerdings hatte diese zusätzlich eingesetzte Zeit keine Auswirkung auf die individuelle Arbeitsweise des einzelnen Beraters. Aus der individuellen Sicht arbeitete der Berater lediglich einen Arbeitstag mehr für das entsprechende Projekt und setzte somit seine verfügbare Zeit anders ein.

Analyse des Projektverlaufs

Bei dieser Fallstudie gibt es zwei Besonderheiten. Erstens war die Aufgabenstellung zu Beginn des Projektes nur grob beschrieben und das weitere Vorgehen musste im Detail erst festgelegt werden. Insofern ging der Berater mit der Akzeptanz eines Erfolgshonorars bei diesem Projekt ein hohes Risiko hinsichtlich seiner Bezahlung ein. Zu Beginn des Projektes wäre es jederzeit möglich gewesen, dass die beiden Kundenunternehmen die weitere Zusammenarbeit abbrechen. Diese Konstellation lässt darauf schließen, dass der Berater im Rahmen der Erstellung des groben Konzeptes und der weiteren Vertragsverhandlungen zu dem Schluss kam, dass beide Kunden ein großes Interesse an der Realisierung der Kooperation hatten und eine gewisse Kompromissbereitschaft auf beiden Seiten vorhanden war. Diese Einschätzung des Beraters bestätigte sich im Projektverlauf.

Zweitens arbeitete der Berater mit zwei Kundenunternehmen zusammen. Die Rolle des Beraters wurde per Projektauftrag als Moderator zwischen den beiden Vertragsparteien festgelegt. Die Tatsache, dass der Berater von beiden Seiten als Moderator akzeptiert wurde, lässt den

Schluss zu, dass die beiden Einkaufsleiter und der Berater bereits zu Projektbeginn ein gutes Verhältnis zueinander aufgebaut hatten.

Unter inhaltlichen Gesichtspunkten entwickelte sich das Beratungsprojekt sehr gut und die ursprünglich angestrebten Einsparungen konnten letztlich sogar übertroffen werden. Die gute inhaltliche Entwicklung des Projektes hatte wiederum positiven Einfluss auf das persönliche Verhältnis der drei Hauptakteure, der beiden Einkaufsleiter und des Beraters, und förderte das gegenseitige Vertrauen. Zudem war nach der Erzielung der ersten großen Erfolge der Fortbestand der Kooperation nicht mehr existenzbedrohend gefährdet.

Analyse der finalen Erfolgsmessung

Die formale Erfolgsmessung wurde wie vertraglich vereinbart am Ende des Geschäftsjahres durchgeführt. Mögliche Evaluationshindernisse wie die Separierung des Beraterbeitrages oder die Festlegung des Zeitpunktes der Erfolgsmessung verursachten in diesem Projekt keine Schwierigkeiten.

Die Diskussionen, die am Ende des Projektes hinsichtlich der Höhe des Erfolgshonorars auftraten, sind letztlich darauf zurückzuführen, dass das gesamte Projekt sich durch eine pragmatische zielorientierte Vorgehensweise auszeichnete. Zu Gunsten des inhaltlichen Projektfortschritts sind zu Beginn nicht alle Fragen hinsichtlich der Berechnung des Erfolgshonorars bis ins letzte Detail vertraglich geregelt worden. Während des Projektverlaufs sind Diskussionen über die Berechnungen in ihrer Priorität ebenfalls hinter die inhaltlichen Fragestellungen gestellt worden. Diese Vorgehensweise wurde insbesondere von dem Einkaufsleiter des Unternehmens B honoriert, der am Ende des Projektes maßgeblich dazu beitrug, dass das Beratungsunternehmen ohne weitere Diskussionen bezahlt wurde. Das Verhalten des Kunden A legt nahe, dass er zudem das Motiv verfolgte, die Beratungskosten für das Projekt zu senken, weil jeglicher Vertragsinhalt, der nicht eindeutig geregelt war, zu Diskussionen führte.

Zusammenfassung Einzelfallanalyse

In diesem Fall ist zu beobachten, dass der Erfolg des Projektes im Wesentlichen auf das gegenseitige Vertrauen der handelnden Personen und den fairen Umgang miteinander zurückzuführen ist. Für alle Beteiligten stand der erfolgreiche Aufbau der Kooperation während des gesamten Projektverlaufs im Vordergrund und sowohl Unstimmigkeiten auf Kundenseite als auch Risiken hinsichtlich der Höhe des Erfolgshonorars sind in den Hintergrund getreten. Das eingesetzte Messkriterium eignete sich gut, um den Erfolg der vereinbarten Zielsetzung zu bestimmen. Es gab keinen Ermessensspielraum hinsichtlich der Höhe der erzielten Einsparung, da der Erfolg des Projektes anhand von Istzahlen bestimmt wurde. Lediglich die Auslegung der Zahlen führte am Ende zu einigen Unstimmigkeiten. Insgesamt ist das Projekt sehr erfolgreich verlaufen.

Allerdings ist ebenfalls hervorzuheben, dass der Berater mit der Akzeptanz dieser vertraglichen Vereinbarung erhebliche Risiken einging. Letztlich hat insbesondere der erfolgreiche Projektverlauf dazu beigetragen, dass sich alle Vertragsparteien einig wurden. Bei einem negativen Projektverlauf hätte der Berater das volle Risiko hinsichtlich des Erfolgshonorars tragen müssen und hätte zudem keine Möglichkeit gehabt, direkt auf den Projektverlauf einzuwirken.

4.8 Fallstudienübergreifende Analyse und Zusammenfassung der Erkenntnisse

Nachdem in den vorangegangenen Abschnitten die einzelnen Fallstudien detailliert beschrieben wurden und im Anschluss eine Analyse der einzelnen Fälle erfolgt ist, werden nun die Fallstudien unter Verwendung der in Kapitel 4.1.1 vorgestellten Struktur einander gegenübergestellt, um die Gemeinsamkeiten und Besonderheiten in den einzelnen Kategorien herauszuarbeiten und daraus Erkenntnisse abzuleiten.

Analyse der Ausgangssituation und der Aufgabenstellung des Projektes

In der nachfolgenden Abbildung sind die einzelnen Fallstudien anhand der Kriterien „Kontaktaufnahme", „Wettbewerbssituation" und „Erfolgshonorar" gegenübergestellt:

Fallstudien	1	2	3	4	5	6
Kontaktaufnahme						
• Durch Kunde (K)			K	K	K	K
• Durch Berater (B)						
• Laufendes Projekt vorhanden (P)	P	P				
• Bereits bestehender Kontakt (Alt)	Alt	Alt			Alt	Alt
• Erstkontakt (Neu)			Neu	Neu		Neu
Wettbewerbssituation						
• Andere Konkurrenten (AK)		AK	AK	AK		
• Alleiniger Anbieter (AA)	AA				AA	AA
Erfolgshonorar						
• Kundenanforderung (KA)	KA	KA	KA		KA	KA
• Beratervorschlag (BV)				BV		
• Voraussetzung für Beauftragung						
– Ja	Ja	Ja	Ja		Ja	Ja
– Nein				Nein		
• Entscheidend für Beraterauswahl						
– Ja						
– Nein	Nein	Nein	Nein	Nein	Nein	Nein

Abb. 34: Analyse der Ausgangssituation des Projektes
Quelle: eigene Abbildung

Bei einem Vergleich der einzelnen Fallstudien kann man feststellen, dass weder ein Zusammenhang zwischen der Kontaktaufnahme noch der Wettbewerbssituation mit dem Einsatz eines Erfolgshonorars hergestellt werden kann.

Es spielte bei den betrachteten Fällen keine Rolle, ob der Kontakt zwischen Berater und Kunden auf die Initiative des Kunden zurückging, ob es sich um einen bereits existierenden Kontakt oder ob es sich um die erste Zusammenarbeit zwischen Berater und Kunden handelte. Es zeigt sich lediglich, unabhängig von der Aufnahme eines Erfolgshonorars, dass in der Mehrzahl der Fälle die Kontaktaufnahme auf die Initiative des Kunden zurückzuführen war. In zwei Fällen kamen die ersten Gespräche über ein mögliches Beratungsprojekt zustande, weil das betreffende Beratungsunternehmen zu dem Zeitpunkt bereits mit der Durchführung eines anderen Beratungsprojektes von dem Kunden beauftragt worden war. In keinem der Fälle ist die Kontaktaufnahme durch den Berater erfolgt. Infolgedessen kann man davon ausgehen, dass in allen Fällen bei Kontaktaufnahmen bereits ein gewisses Problembewusstsein und eine Vorstellung über die zu bearbeitende Aufgabenstellung auf Kundenseite vorhanden war (vgl. S. 68).

Interessanterweise kann auch kein unmittelbarer Zusammenhang zwischen der Wettbewerbssituation und der Aufnahme eines Erfolgshonorars festgestellt werden. Diese Tatsache ist deswegen erstaunlich, weil den Erfolgshonoraren oftmals die Eigenschaft zugeschrieben wird, als Verkaufsargument zu dienen (vgl. S. 53). Die untersuchten Fälle zeigen, dass alle Beratungsunternehmen unabhängig davon, ob sie im Wettbewerb mit anderen Konkurrenten standen oder nicht, bereit waren, der Forderung nach einem Erfolgshonorar nachzukommen, wenn der Kunde sie aussprach.

In fünf von sechs Fällen wurde ein Erfolgshonorar in den Beratungsvertrag aufgenommen, weil es vom Kunden gefordert wurde. In Fallstudie 5 führten die schwierige wirtschaftliche Situation und die Liquiditätsengpässe des Kunden dazu, dass ein Erfolgshonorar in den Vertrag aufgenommen wurde. In Fallstudie 2 und 6 forderte die Kundenseite den Einsatz eines Erfolgshonorars, weil zu Beginn des Projektes erhebliche Unsicherheit bestand, ob die Projektziele überhaupt erreicht werden können, und der Kunde somit durch den Einsatz eines Erfolgshonorars das Ziel verfolgte, sein Risiko in Bezug auf die Höhe des Beraterhonorars zu reduzieren. Der Auftraggeber in Fallstudie 1 forderte den Einsatz eines Erfolgshonorars, da er die Auffassung vertrat, dass das Beratungsunternehmen analog zu seinen Mitarbeitern leistungsabhängig vergütet werden sollte.

Lediglich in einem Fall bot ein Beratungsunternehmen von seiner Seite an, ein Erfolgshonorar in den Vertrag aufzunehmen. Diese Beobachtung wurde auch im Rahmen der Expertengespräche bestätigt.

„Das Thema ‚erfolgsorientierte Vergütung' wird normalerweise eher von Kundenseite angesprochen. Es gibt wenig Berater, die eine erfolgsorientierte Vergütung von vornherein anbieten oder ansprechen, wenn der Kunde dies nicht macht." (Eva Manger-Wiemann)[61]

---

[61] Frau Eva Manger-Wiemann ist Partnerin in der Meta-Beratung Cardea AG und unterstützt seit Jahren international tätige Kunden bei der Suche und Evaluation von externen Beratern.

Betrachtet man den Einsatz eines Erfolgshonorars hinsichtlich seiner Bedeutung für die Beauftragung und die Beraterauswahl, lässt sich feststellen, dass die Bereitschaft, auf Basis eines Erfolgshonorars zu arbeiten, zwar eine Voraussetzung für die mögliche Beauftragung darstellen kann, jedoch in keinem der Fälle entscheidend für die Beraterauswahl war. Vergleicht man die drei Fälle, in denen es zu einer Konkurrenzsituation zwischen verschiedenen Beratungsunternehmen kam, wird deutlich, dass die Beraterauswahl nichts mit dem Angebot eines Erfolgshonorars zu tun hatte. In den Fallstudien 2 und 3 waren jeweils alle Beratungsunternehmen bereit, die Kundenanforderung nach einem Erfolgshonorar zu erfüllen, und in der Fallstudie 4 war die Beraterauswahl bereits abgeschlossen, bevor es zur Aufnahme eines Erfolgshonorars in den Vertrag kam.

Die eben dargestellten Ausführungen lassen hinsichtlich der Bedeutung des Erfolgshonorars in der ersten Phase des Beratungsprozesses folgende Schlüsse zu:

Erkenntnis 1
Der Einsatz von Erfolgshonoraren kommt meist auf Grund einer Kundenanforderung zustande und ist auf die wirtschaftliche Situation des Kundenunternehmens, die Unsicherheit über die Zielerreichung oder die Forderung nach einer leistungsabhängigen Vergütung zurückzuführen. Unabhängig von der Wettbewerbssituation, in der sich das Beratungsunternehmen befindet, und den Motiven des Kunden wird die Forderung nach der Aufnahme eines Erfolgshonorars von Seiten des Beratungsunternehmens erfüllt.

Erkenntnis 2
Die Bereitschaft eines Beratungsunternehmens, auf Basis eines Erfolgshonorars zu arbeiten, stellt lediglich die Voraussetzung für die Auftragsvergabe dar, sie ist allerdings nicht entscheidend für die Auswahl eines Beraters.

Analyse der Regelung der Erfolgsmessung

In allen Fallstudien wurde die Regelung der Erfolgsmessung in mehreren Gesprächen zwischen Berater und Kunden ausgehandelt. Zunächst wurde oftmals von Beraterseite ein Vorschlag gemacht, wie die Erfolgsmessung erfolgen könnte, der im Folgenden von den beiden Parteien diskutiert wurde. Die verhandelnden Personen hatten im Verlauf des Verhandlungsprozesses erheblichen Einfluss darauf, wie die Erfolgsmessung erfolgen wird. Insofern kann man zwar davon sprechen, dass die beiden Vertragsparteien sich intersubjektiv auf eine systematische Vorgehensweise bei der Erfolgsmessung einigen, allerdings kann auf Grund des Einflusses der handelnden Personen nicht von einer objektiven Erfolgsmessung die Rede sein.

Nachfolgende Abbildung stellt zusammenfassend dar, wie die Operationalisierung der Erfolgsmessung in den einzelnen Fallstudien erfolgt ist und welcher Messmethodik die eingesetzten Kriterien im Einzelnen zuzuordnen sind.

Fallstudien	1	2	3	4	5	6
Erfolgsmessung						
• Anzahl der Messkriterien	• 2	• 1	• 2	• 1	• 3	• 1
• Kriterien der Erfolgsmessung	• Zufriedenheit • Umsetzungsgrad	• Kosteneinsparung	• Zufriedenheit • Ertragssteigerungsziel	• Kosteneinsparung	• Bestände • Anzahl der Mitarbeiter • Sonderfrachtkosten	• Höhe der Rückvergütung
Einordnung der Messmethodik						
• Zufriedenheit	X		X			
• Ergebnisbezogene Zielerreichung	X	X	X	X	X	X
• Prozessbezogene Zielerreichung						
• Kosten-Nutzen-Verhältnis						

Abb. 35: Analyse der Operationalisierung der Erfolgsmessung
Quelle: eigene Abbildung

Die Betrachtung der Fallstudien zeigt, dass hinsichtlich der Frage, wie die Operationalisierung der Erfolgsmessung erfolgen kann, im Rahmen des Verhandlungsprozesses immer drei Punkte zu klären gewesen sind. Zunächst mussten sich die beiden Parteien darauf verständigen, welche Kriterien vor dem Hintergrund der Zielsetzung des betreffenden Projektes geeignet sind, um den Erfolg zu bestimmen.

Nachdem man sich auf mögliche Kriterien geeinigt hatte, hat der Partner des Beratungsunternehmens normalerweise hinterfragt, inwieweit er und seine Berater das entsprechende Kriterium im Verlauf der Projektarbeit beeinflussen können. Es zeigte sich, dass die Berater in der Regel nicht bereit sind, Kriterien zur Erfolgsmessung zu akzeptieren, auf die sie keinen Einfluss haben.

In den betrachteten Fallstudien gibt es allerdings auch Beispiele, bei denen die Berater Kriterien akzeptierten, auf die sie letztlich formal keinen Einfluss hatten. In Fallstudie 1 war der Berater weder davon überzeugt, dass die ausgewählten Kriterien, nämlich „Umsetzungsgrad" und „Zufriedenheit", wirklich zur Erfolgsmessung geeignet sind, noch konnte er mit der Akzeptanz des Kriteriums „Zufriedenheit" sicherstellen, dass er einen tatsächlichen Einfluss auf die Erfolgsmessung hat. Allerdings stimmte der Berater in diesem Falle der Regelung zu, da er den Auftraggeber bereits gut kannte und sich somit aus seiner Sicht sicher war, die entsprechenden Ergebnisse zu erreichen und auch die Zufriedenheit des Auftraggebers herstellen zu können. Insofern hat in dieser Fallstudie die konkrete Ausgestaltung der Vereinbarung eine untergeordnete Rolle gespielt. Der Berater ist auf Grund des existierenden Vertrauensverhältnisses einfach dem Wunsch des Kunden nach Aufnahme eines Erfolgshonorars nachgekommen.

Ähnliches ist in Fallstudie 6 zu beobachten. Der Partner des Beratungsunternehmens hat einem Bewertungskriterium zugestimmt, auf das er und seine Berater keinen direkten Einfluss hatten. Der Berater akzeptierte diese Vereinbarung, da er zum einen davon überzeugt war, dass die handelnden Personen alles versuchen würden, um die vereinbarten Ziele zu erreichen, und zum anderen, dass man auf Grund des aufgebauten Vertrauensverhältnisses fair miteinander umgehen würde.

In den Fallstudien 1 und 6 wird deutlich, dass die Beraterseite diese vermeintlich geringe Einflussnahme auf die Erfolgskriterien akzeptierte, weil die handelnden Partner jeweils zu der Einschätzung kamen, dass aus ihrer Sicht eine ausreichende Einflussnahme auf die Ergebnisse vorhanden war und die Auftraggeber im Zweifelsfall auch bereit waren, fair mit ihnen umzugehen.

In der Fallstudie 3 stellt sich die Situation anders dar, da in diesem Falle das Hauptmotiv des Partners darin lag, den Auftrag zu bekommen. Infolgedessen hat der Berater dem Kriterium „Zufriedenheit" zugestimmt, ohne zu wissen, ob sein Auftraggeber fair handeln würde, da er ihn vor diesem Projekt nicht kannte. Dennoch zeigt sich auch in diesem Fall, dass die Einflussnahme auf die Kriterien eine wichtige Rolle im Rahmen der Verhandlungen spielte und letztlich dazu führte, dass das dritte Kriterium, die „Zielerreichung der Ertragssteigerung im Jahr 2005", auf Grund der nicht vorhandenen Einflussnahme des Beraters nicht in die Vereinbarung aufgenommen wurde.

Zusammenfassend kann man somit feststellen, dass in allen Fallstudien, nachdem geeignete Kriterien zur Bestimmung des Erfolges gefunden wurden, der Partner des Beratungsunternehmens sich immer die Frage stellte, ob er und seine Berater ausreichenden Einfluss auf die Veränderung dieser Kriterien haben. Der Berater wird nur Kriterien zustimmen, für die er diese Frage der Einflussnahme mit „Ja" beantworten kann. Die endgültigen Kriterien der Erfolgsmessung müssen somit zum einen die Anforderung erfüllen, dass sie geeignet sind, um den Erfolg des Projektes zu bestimmen, und zum anderen, dass der Berater aus seiner Sicht ausreichend Einfluss auf sie hat (vgl. S. 129 f., 142, 168).

Nachdem sich die beiden Vertragsparteien auf Kriterien geeinigt haben, müssen sie sich im dritten und letzten Schritt darauf verständigen, ab welcher Ausprägung des Kriteriums von „Erfolg" gesprochen werden kann. Nur wenn sich die Vertragsparteien in diesen drei Punkten einig werden, kann ein Erfolgshonorar zum Einsatz kommen. In einem der Expertengespräche werden diese drei Punkte ebenfalls als die Schwierigkeiten auf dem Weg zur Operationalisierung der Erfolgsmessung genannt:

„Wenn man den Umsatz steigern oder den Deckungsbeitrag erhöhen will, gibt es die erste Diskussion darüber, anhand welcher Kriterien diese Veränderung gemessen werden kann. Die zweite Diskussion mit dem Kunden geht darum, welchen Einfluss der Berater tatsächlich auf die Erreichung dieser Ziele hat, und die dritte Diskussion dreht sich um die Frage, ab welcher Ausprägung des Kriteriums man von Erfolg spricht. Zusammenfassend heißt das,

zunächst wird über die Kriterien, dann über den Einfluss und abschließend über die Ausprägungen der Kriterien diskutiert. Wenn in diesen drei Punkten eine Einigung zwischen Kunden und Berater erreicht wird, dann kann eine erfolgsorientierte Vereinbarung getroffen werden." (Experte 3)

Beim Vergleich der einzelnen Fallstudien wird deutlich, dass im Zuge dieser Verhandlungsprozesse und der Akzeptanz der jeweiligen Kriterien unterschiedliche Faktoren eine Rolle spielen. In den Fallstudien 1, 2 und 6 ist zu beobachten, dass ein persönliches Vertrauensverhältnis zwischen Auftraggeber und Partner bestand. In den Fallstudien 1 und 2 kannte der jeweilige Partner auf Grund des laufenden Projektes das Kundenunternehmen sehr gut und konnte sowohl das Verhalten als auch die Situation des Kunden sowie die Aufgabenstellung des neuen Projektes gut einschätzen. In Fallstudie 6 hat sich im Laufe der Erstellung des groben Konzeptes ebenfalls ein Vertrauensverhältnis zwischen den handelnden Personen aufgebaut und der Berater hat im Rahmen dieser ersten Zusammenarbeit ebenfalls einen guten Einblick in die Situation des Kundenunternehmens erlangt. In allen drei Fällen ist festzustellen, dass sich die vertragliche Regelung durch einen geringen Detaillierungsgrad auszeichnete, entweder wie in den Fällen 1 und 2 in Bezug auf die Erfolgsmessung oder wie in Fall 6 hinsichtlich der weiteren Vorgehensweise. Der Vertrag in Fallstudie 3 kennzeichnet sich ebenfalls durch einen geringen Detaillierungsgrad aus, allerdings ist in diesem Fall zu beachten, dass der Partner im Wesentlichen das Motiv verfolgte, diesen Beratungsauftrag unbedingt zu bekommen. Fallstudie 5 ist vor dem Hintergrund zu betrachten, dass das Kundenunternehmen sich in einer Restrukturierung befand und mit Liquiditätsengpässen zu kämpfen hatte. Insofern bestand der Partner auf Grund der schwierigen wirtschaftlichen Lage in diesem Fall auf einer expliziten Regelung der Erfolgsmessung und war nicht bereit, sich auf einen geringen Detaillierungsgrad des Vertrages einzulassen, obwohl sich die handelnden Personen ebenfalls vor Projektbeginn kannten. Infolgedessen kann festgehalten werden, dass das persönliche Verhältnis zwischen den handelnden Personen, die Kenntnis des Beraters über das Kundenunternehmen, die Motive des Beraters und die wirtschaftliche Situation des Kunden einen Einfluss auf den Detaillierungsgrad des Vertrages und die eingesetzten Kriterien haben. Die eben beschriebenen Unterschiede und Besonderheiten der einzelnen Fallstudien und die Auswirkungen auf die Vertragsgestaltung sind in Abbildung 36 zusammengefasst.

Die Betrachtung der eingesetzten Messkriterien macht deutlich, dass in allen Fällen die Erfolgsmessung anhand einiger weniger Kriterien erfolgt ist. In Fallstudie 5 kam mit drei Kriterien die höchste Anzahl von Messkriterien zum Einsatz. Der Einsatz von mehreren Kriterien würde dazu führen, dass die entsprechenden Kriterien gemessen und verfolgt werden müssten, was abhängig von der Anzahl der Kriterien letztlich zu einem erheblichen Messaufwand führen könnte. Die Bedeutung des Aufwands ist im Zuge der Erfolgsmessung nicht zu unterschätzen und kann im Extremfall, wie von Eva Manger-Wiemann berichtet, sogar dazu führen, dass vollständig auf die Erfolgsmessung verzichtet wird.

"Wenn ich die Projekte betrachte, von denen ich weiß, dass eine Erfolgsmessung und unter Umständen sogar eine erfolgsorientierte Vergütung vereinbart wurde, dann weiß ich, dass am Ende teilweise gesagt wurde, dass es zu aufwendig ist, den Erfolg nachzuhalten. Im Grunde genommen wird es dann einfach zu teuer und man meidet die Erfolgsmessung." (Eva Manger-Wiemann)

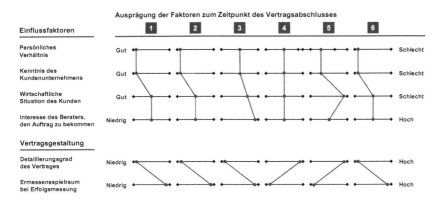

Abb. 36: Einflussfaktoren der Vertragsgestaltung
Quelle: eigene Abbildung

Neben der geringen Anzahl von eingesetzten Messkriterien lässt sich der Abbildung 35 entnehmen, dass in allen Fällen die Erfolgsmessung entweder durch eine Zufriedenheitsabfrage, durch die Ermittlung der ergebnisbezogenen Zielerreichung oder eine Kombination der beiden Möglichkeiten erfolgt ist. Im Gegensatz zu den in Kapitel 3.2. dargestellten Möglichkeiten der Operationalisierung der Erfolgsmessung spielt in der Praxis weder die Ermittlung der prozessbezogenen Zielerreichung noch die Bestimmung eines Kosten-Nutzen-Verhältnisses eine Rolle bei der Erfolgsmessung.

In allen sechs Fallstudien wurden Kriterien eingesetzt, die den Erfolg des Projektes anhand der ergebnisbezogenen Zielerreichung bestimmen. In fünf Fällen eignen sich die eingesetzten Kriterien eindeutig dazu, die jeweiligen Ziele des Projektes zu messen. Lediglich in Fallstudie 1 ist der Zusammenhang zwischen dem erreichten Umsetzungsgrad und dem Erfolg des Projektes kritisch zu sehen. Es ist durchaus vorstellbar, dass die Integration des Wohnungsunternehmens C nicht erfolgreich abgeschlossen worden wäre, obwohl 80 Prozent der definierten Maßnahmen umgesetzt worden wären. Allerdings ist dieser nicht zwingend bestehende Zusammenhang, wie bereits erwähnt, darauf zurückzuführen, dass das Beratungsunternehmen in diesem Fall der Kundenanforderung nach Aufnahme eines Erfolgshonorars nachgekommen ist.

In zwei Fällen wurde zudem eine Zufriedenheitsabfrage des Kunden zur Bestimmung des Erfolges vereinbart. Betrachtet man diese beiden Fällen näher, wird deutlich, dass die Aufgabenstellungen dieser Fälle komplexer und umfassender waren als bei den anderen vier Beratungsprojekten. In beiden Fällen wurden im Rahmen des Beratungsprojektes Fragestellungen behandelt, die das gesamte Unternehmen betrafen und Auswirkungen in allen Bereichen hatten. Insofern kann man daraus schließen, dass die Zufriedenheitsabfrage in diesen beiden Fällen auf Grund der hohen Komplexität der Aufgabenstellung als Substitut zur Erfolgsmessung herangezogen wurde. Der Einsatz eines umfassenden Kriterienkatalogs, der zur Messung der Veränderungen im gesamten Unternehmen notwendig gewesen wäre, hätte zu einem immensen Mess- und Reportingaufwand geführt. Diese Vorgehensweise stellt somit durchaus eine pragmatische Möglichkeit dar, den Erfolg zu bestimmen. Allerdings ist in beiden Fällen zu kritisieren, dass lediglich die Zufriedenheit einer einzelnen Person abgefragt wurde und es sich daher um eine subjektive Bewertung einer Einzelperson handelte. Die Gefahr, die diese Vereinbarung mit sich bringt, wird in Fallstudie 3 deutlich, bei der die Nicht-Zufriedenheit einer Person dazu führte, dass das Beratungsunternehmen 50 Prozent des Erfolgshonorars nicht erhielt. Im Zuge der Expertengespräche wurde der mögliche Einsatz einer Zufriedenheitsabfrage ebenfalls als Substitut für komplizierte umfassende Vereinbarungen der Erfolgsmessung gesehen.

„Man fragt an verschiedenen relevanten Stellen in der Organisation die Zufriedenheit dieser Leute mit der Projektarbeit ab, und zwar sowohl mit den Inhalten als auch mit dem persönlichen Auftritt der Berater sowie vielleicht noch ein oder zwei zusätzliche Kriterien. Anhand dieses Zufriedenheitsindex wird dann der ‚Erfolg' oder ‚Nicht-Erfolg' des Projektes bestimmt. Eine Zufriedenheitsabfrage kann als echtes Substitut zu anderen, teilweise wahnsinnig komplizierten Kriterienrastern dienen." (Experte 3)

Fasst man die Ergebnisse der fallübergreifenden Analyse hinsichtlich der Operationalisierung der Erfolgsmessung zusammen, lassen sich daraus folgende Erkenntnisse ableiten:

Erkenntnis 3
Eine objektive Messung des Beratungserfolges ist nicht möglich, allerdings kann ein systematisches Vorgehen bei der Erfolgsmessung vereinbart werden.

Erkenntnis 4
Der Einsatz eines Erfolgshonorars setzt voraus, dass die beiden Vertragsparteien sich in folgenden drei Punkten einigen können:
1. Die ausgewählten Kriterien eignen sich, um den Erfolg des Projektes zu bestimmen.
2. Der Berater hat aus seiner Sicht ausreichend Einfluss auf die ausgewählten Kriterien.
3. Die beiden Vertragsparteien stimmen darin überein, ab welcher Ausprägung der ausgewählten Kriterien von Erfolg gesprochen wird.

Erkenntnis 5
Das persönliche Verhältnis zwischen Auftraggeber und Partner, die Kenntnis des Partners über das Kundenunternehmen, die Motive des Partners und die wirtschaftliche Situation des Kundenunternehmens haben einen Einfluss auf den Detaillierungsgrad des Vertrages und die akzeptierten Kriterien.

Erkenntnis 6
In der Praxis erfolgt die Erfolgsmessung anhand einiger weniger ausgewählter Kriterien, da der Messaufwand mit einer steigenden Anzahl von Kriterien zunimmt.

Erkenntnis 7
Die Erfolgsmessung erfolgt entweder durch Messung der ergebnisbezogenen Zielerreichung, die Abfrage der Zufriedenheit oder eine Kombination dieser beiden Möglichkeiten. In der Praxis wird die Ermittlung der prozessbezogenen Zielerreichung oder eines Kosten-Nutzen-Verhältnisses nicht zur Erfolgsmessung eingesetzt.

Erkenntnis 8
Bei komplexen Aufgabenstellungen kann die Zufriedenheitsabfrage als Substitut der Erfolgsmessung fungieren und wird anstelle eines umfassenden Kriterienkatalogs eingesetzt, um den Messaufwand zu begrenzen.

Nachdem die gewonnenen Erkenntnisse hinsichtlich der Operationalisierung der Erfolgsmessung dargestellt wurden, wird im Folgenden auf die Funktionen und den Einfluss des Erfolgshonorars auf die Arbeitsweise eingegangen. Die Fallstudien zeigen, dass die Sichtweisen von Kunden und Beratern sich unter diesen beiden Aspekten deutlich unterscheiden.

Der Kunde setzt das Erfolgshonorar dazu ein, sich gegen Misserfolge zu versichern, und in diesem Sinne erfüllt der Einsatz eines Erfolgshonorars die Funktion einer Risikoversicherung. Dieses Verständnis wird insbesondere in den Fallstudien 2, 5 und 6 in den Vordergrund gestellt. Zudem vertreten in den Fallstudien 1, 2 und 6 die Kunden die Meinung, dass das Erfolgshonorar Einfluss auf die Leistung des Beraters habe und somit eine Motivationsfunktion erfülle.

Aus Beratersicht dient das Erfolgshonorar im Wesentlichen als Verkaufsargument und wird im Rahmen des Akquisitionsprozesses eingesetzt, um die Leistungsbereitschaft des Beratungsunternehmens zu demonstrieren. Allerdings stellt das Erfolgshonorar auf Ebene des einzelnen Beraters[62] keinen Leistungsanreiz dar, da der individuelle Verdienst nicht von der Höhe des Erfolgshonorars beeinflusst wird. Infolgedessen erfüllt das Erfolgshonorar keine Motivationsfunktion für den einzelnen Berater. Diese Erkenntnis konnte im Zuge der Expertengespräche bestätigt werden.

---

[62] Lediglich die Partner, die üblicherweise Anteilseigner am Beratungsunternehmen sind, profitieren finanziell bei der erfolgreichen Durchführung eines Projektes mit erfolgsabhängiger Vergütung.

"Es gibt keine Verbindung zwischen dem Einsatz eines Erfolgshonorars und der individuellen Vergütung eines Beraters. Dieser Leistungsanreiz der Berater ist nicht gegeben. Die Variabilität des Honorars betrifft letztlich nur die Partnerebene und wird im positiven wie im negativen Sinne auf Partnerebene absorbiert und spiegelt sich letztlich in der Akquisitionsleistung der einzelnen Partner wider." (Experte 3)

Weder die Kundenseite noch die Beraterseite ist in den betrachteten Fallstudien näher darauf eingegangen, dass der Einsatz eines Erfolgshonorars dazu führt, dass die Aufgabenstellung im Rahmen des Verhandlungsprozesses detailliert herausgearbeitet wird und somit zu Projektbeginn eindeutig beschrieben ist. Diese klare Festlegung der Aufgabenstellung hat in der Regel positive Auswirkungen auf die Projektarbeit und den inhaltlichen Fortschritt, weil es zu weniger Abstimmungsproblemen zwischen Beratern und Kundenmitarbeitern kommt. Allerdings ist davon auszugehen, dass dieser Aspekt von beiden Vertragsparteien als zweitrangig eingestuft wird, weil er im Rahmen der Interviews nicht besonders hervorgehoben wurde.

Die im Rahmen dieser Arbeit gewonnenen Erkenntnisse hinsichtlich der unterschiedlichen Sichtweisen von Kunden und Beratern in Bezug auf die Funktionen des Erfolgshonorars werden im Folgenden zusammengefasst:

Erkenntnis 9

Das Erfolgshonorar erfüllt aus Kunden- und Beratersicht unterschiedliche Funktionen. Aus Kundensicht dient der Einsatz eines Erfolgshonorars als Risikoversicherung und zur Motivation des Beraters. Aus Beratersicht wird im Rahmen der Akquisitionsphase mit Hilfe des Erfolgshonorars die Leistungsbereitschaft demonstriert und somit dient es als Verkaufsargument. Auf Ebene des einzelnen Beraters erfüllt das Erfolgshonorar keine Motivationsfunktion.

Nach Darstellung der Erkenntnisse, die aus der Analyse der Regelung der Erfolgsmessung gewonnen werden konnten, wird nun auf die Erkenntnisse, die entlang des Projektverlaufs gewonnen werden konnten, eingegangen.

Analyse des Projektverlaufs

Betrachtet man den Verlauf der Projekte näher und vergleicht die einzelnen Fallstudien, wird deutlich, dass es in allen Fallstudien einen Zusammenhang zwischen dem inhaltlichen Fortschritt eines Projektes und der persönlichen Beziehung zwischen den handelnden Personen gibt. Im Folgenden wird, falls es auf Grund der Spezifika der Projekte notwendig ist, auf die unterschiedlichen hierarchischen Ebenen der persönlichen Beziehung zwischen Kunden und Berater eingegangen.

In den Fallstudien 1 und 6 verlief das Beratungsprojekt sowohl auf persönlicher als auch auf inhaltlicher Ebene sehr gut. In beiden Fällen ist zu beobachten, dass die vertragliche Regelung relativ undetailliert erfolgt ist, was darauf zurückzuführen ist, dass die Vertragsparteien sich bereits kannten und sich ein Vertrauensverhältnis aufgebaut hatte. Auf Grund des hervorragenden Projektverlaufs kann somit daraus geschlossen werden, dass Vertrauen die Basis jeder erfolgreichen Zusammenarbeit zwischen Kunden und Beratern ist.

In Fallstudie 2 zeigte sich, dass trotz inhaltlicher Unsicherheiten zu Beginn des Projektes die Zusammenarbeit zwischen Berater und Kunden über den gesamten Verlauf hervorragend war und sich die Projektbeteiligten auf persönlicher Ebene sehr gut verstanden. Ähnliches ist in Fallstudie 4 zu beobachten. In diesem Falle ist sogar, trotz einer Verschiebung der inhaltlichen Aufgabenstellung, keine Vertragsanpassung der erfolgsabhängigen Vergütung von Seiten des Beraters gefordert worden, was als Ausdruck eines Vertrauensverhältnisses der beteiligten Personen zu werten ist. Hinsichtlich des inhaltlichen Fortschritts hatte das Projekt allerdings mit einigen Schwierigkeiten zu kämpfen. In den Fallstudien 2 und 4 ist zu beobachten, dass die gute persönliche Beziehung zwischen den Projektbeteiligten dazu beitrug, die inhaltlichen Schwierigkeiten zu meistern.

Die Beratungsprojekte der Fallstudien 1, 2, 4 und 6 konnten alle durchgeführt werden, ohne dass massive Einflüsse oder Eingriffe von außen stattfanden. In den Fallstudien 3 und 5 stellt sich die Situation anders dar.

Das gesamte Beratungsprojekt in Fallstudie 3 war durch die negative Entwicklung der wirtschaftlichen Situation des Kundenunternehmens und den zunehmenden externen Druck von Seiten des Aufsichtsrates und der finanzierenden Banken geprägt. Über den gesamten Projektverlauf hinweg konnte keine gute Kunden-Berater-Beziehung aufgebaut werden, was zum einen auf die langwierigen Verhandlungen über die Erfolgsmessung und zum anderen auf das schwierige persönliche Verhältnis der beiden Projektleiter zurückzuführen ist. In Fallstudie 5 hat nach einer anfänglich guten Zusammenarbeit und der Erzielung einiger Projekterfolge die schwierige wirtschaftliche Lage des Kundenunternehmens und der dadurch entstehende Druck auf die Geschäftsführer letztlich zur Entlassung des Beratungsunternehmens geführt. Trotz aller Vorkommnisse sind die Geschäftsführer des Kunden und der Partner des Beratungsunternehmens mit gegenseitigem Respekt voreinander auseinandergegangen.

In beiden Fällen wird deutlich, dass die wirtschaftliche Entwicklung des Unternehmens massiven Einfluss auf das Beratungsprojekt hatte. Zudem ist zu beobachten, dass der Druck, den die handelnden Personen des Kunden direkt erfahren, unabhängig davon, ob das Beratungsprojekt wirklich etwas damit zu tun hat, an die Berater weitergegeben wird.

Darüber hinaus ist festzuhalten, dass in allen betrachteten Fällen während des Projektes Messinstrumentarien gemeinsam von Kundenmitarbeitern und Beratern etabliert wurden, anhand derer die ergebnisbezogene Zielerreichung ermittelt werden konnte. Im Projektverlauf wurde dieses Instrumentarium dann dazu eingesetzt, den Projektfortschritt zu kontrollieren, und diente somit zur begleitenden Erfassung des Erfolges.

Anhand der Analyse der Fallstudien lassen sich somit folgende Erkenntnisse über das Zusammenspiel der inhaltlichen und persönlichen Ebene der Kunden-Berater-Beziehung und des externen Einflusses auf den Projektverlauf ableiten:

Erkenntnis 10
Gegenseitiges Vertrauen zwischen Beratern und Kunden ist die Basis für eine erfolgreiche Zusammenarbeit in einem Beratungsprojekt.

Erkenntnis 11
Eine gute persönliche Beziehung zwischen Berater und Kunden ist die Voraussetzung dafür, dass auch inhaltliche Schwierigkeiten während des Beratungsprojektes gemeistert werden können.

Erkenntnis 12
Die wirtschaftliche Entwicklung des Kundenunternehmens während des Beratungsprojektes hat einen entscheidenden Einfluss auf den Verlauf des Projektes.

Erkenntnis 13
Externer Druck, den die handelnden Personen auf Kundenseite erfahren, wird unabhängig von dem Zusammenhang mit dem Beratungsprojekt an die handelnden Personen auf Beraterseite weitergegeben.

Erkenntnis 14
Während des Projektverlaufs werden von Kundenmitarbeitern und Beratern gemeinschaftlich geeignete Messinstrumente zur Bestimmung der ergebnisbezogenen Zielerreichung etabliert.

Nach der Betrachtung des Projektverlaufs wird im Anschluss auf die finale Erfolgsmessung sowie den Umgang mit den Evaluationshindernissen eingegangen.

Analyse der finalen Erfolgsmessung

Die Analyse der finalen Erfolgsmessung zeigt, dass in vier der sechs Fallstudien am Ende des Projektes eine formale Erfolgsmessung stattgefunden hat. In diesen Fällen wurde die Erfolgsmessung anhand des gemeinsam etablierten Messinstrumentariums und der vereinbarten Berechnungssystematik durchgeführt. Es ist hervorzuheben, dass hinsichtlich der Erfolgsmessung und der erzielten Ergebnisse des Projektes zu einem entsprechenden Messzeitpunkt in allen Fällen Einigkeit zwischen den beiden Vertragsparteien bestand. In der Fallstudie 5 wurde auf Grund des Projektabbruchs keine finale Erfolgsmessung durchgeführt und in Fallstudie 1 verzichtete letzlich der Kunde auf eine formale Erfolgsmessung. Allerdings ist in diesen beiden Fallstudien ebenfalls festzustellen, dass sich die Vertragsparteien im Projektverlauf darüber einig waren, wie die Erfolgsmessung und die Ermittlung der entsprechenden Kriterien erfolgen sollte und eine projektbegleitende Erfolgskontrolle stattgefunden hat. Infolgedessen kann der Schluss gezogen werden, dass hinsichtlich der Ergebnisse der Erfolgsmessung keine Unstimmigkeiten zwischen Berater und Kunden bestanden.

Zudem macht die Betrachtung des Umgangs mit den einzelnen Evaluationshindernissen deutlich, dass diese in der Regel überwunden werden konnten. Folgende Abbildung fasst die Analyse der Evaluationshindernisse zusammen:

Fallstudien	1	2	3	4	5	6
Weitere Evaluationshindernisse						
• Separierung der Beraterleistung						
– Ja						
– Nein	Nein	Nein	Nein	Nein	Nein	Nein
• Durchführung der Erfolgsmessung						
– Separat (S)						
– Gemeinsam (G)	G	G	G	G	G	G
• Festlegung des Zeitpunkts der Erfolgsmessung						
– Problematisch (P)		P				
– Unproblematisch (U)	U		U	U	U	U
• Veränderung der Zielsetzung im Projektverlauf						
– Ja			Ja	Ja		
– Nein	Nein	Nein			Nein	Nein

Abb. 37: Analyse der weiteren Evaluationshindernisse
Quelle: eigene Abbildung

Es ist eindeutig festzustellen, dass in allen Fallstudien weder die Separierung der Beraterleistung noch die Frage, wer die Erfolgsmessung durchführt, ein Hindernis dargestellt hat. In keinem der Fälle hat eine Separierung der Beraterleistung stattgefunden. Es zeigt sich, dass die erzielten Ergebnissen in allen Fallstudien als eine Gemeinschaftsleistung angesehen wurden, und insofern stellt die Separierung der Beraterleistung in der Praxis kein Hindernis der Erfolgsmessung dar. Ähnlich verhält es sich mit der Durchführung der Erfolgsmessung, die in allen betrachteten Projekten immer gemeinschaftlich erfolgt ist. Es wurde während des Projektes gemeinsam ein Messinstrumentarium etabliert, mit dessen Hilfe am Ende des Projektes der Erfolg anhand der vereinbarten Kriterien ermittelt wurde.

Bei fünf von sechs Fällen wurden sich die Vertragsparteien auch über den geeigneten Zeitpunkt der Erfolgsmessung einig. Lediglich in Fallstudie 2 führte die Frage nach dem geeigneten Messzeitpunkt zu Unstimmigkeiten, die allerdings erst nach Abschluss des Projektes bemerkt wurden. Bei näherer Betrachtung wird jedoch deutlich, dass die Diskussionen letztlich entstanden, weil kein gemeinsames Verständnis in Bezug auf das eingesetzte Messkriterium vorhanden war. Der Unterschied bestand darin, dass der Kunde die Auffassung vertrat, dass der Erfolg anhand der realisierten Einsparung gemessen wird, wohingegen der Berater den Erfolg durch die geplante Einsparung messen wollte. Diese unterschiedlichen Auffassungen wurden lediglich anhand der Frage nach dem geeigneten Messzeitpunkt offenkundig und werden daher nicht als zeitliche Problematik eingestuft, sondern stellen ein Problem der Operationalisierung der Erfolgsmessung dar. In der Regel stellt die Festlegung eines geeigneten

Zeitpunkts somit kein Evaluationshindernis für die beiden Vertragsparteien dar. Experte 2 sieht in der Festlegung des Messzeitpunktes ebenfalls keine Schwierigkeit:

"Im Einzelfall kann rational begründet werden, wann die Erfolgsmessung stattfinden soll." (Experte 3)

In zwei Fällen konnte eine sich verändernde Zielsetzung während des Projektes beobachtet werden. Fallstudie 3 kann in diesem Zusammenhang als Ausnahmefall betrachtet werden, da die Vereinbarung der Erfolgsmessung zum Zeitpunkt des Projektbeginns nicht final ausgehandelt war und die sich verändernde Zielsetzung im Zuge des Aushandlungsprozesses der Erfolgsmessung berücksichtigt wurde. Es stellte sich somit nicht die Frage, welche Auswirkungen die Veränderung der Zielsetzung auf die Erfolgsmessung hatte, da sie bereits berücksichtigt wurde. Es ist jedoch zu betonen, dass der vernünftige Einsatz eines Erfolgshonorars voraussetzt, dass die Kriterien der Erfolgsmessung zu Projektbeginn eindeutig festgelegt sind. Diesbezüglich äußerte sich einer der Experten wie folgt:

„Bei dem Einsatz von Erfolgshonoraren ist es auf jeden Fall wichtig, dass man von vornherein mit dem Kunden darüber spricht und vorher auch festlegt, wie die Erfolgsmessung stattfinden soll. Wenn man mitten im Projekt ist und sich schon gewisse Ergebnisse zeigen, dann sollte man nicht mehr unbedingt über eine Erfolgsmessung sprechen. Wenn der Kunde es in solchen Fällen darauf anlegt, die Kosten für das Honorar zu sparen, dann ist einer Manipulation natürlich Tür und Tor geöffnet." (Experte 2)

In Fallstudie 4 konnte ebenfalls eine Veränderung der Zielsetzung im Projektverlauf beobachtet werden, allerdings stellte sich im Gegensatz zur Fallstudie 3 die Situation anders dar. Im Rahmen des Projektes wurde auf eine explizite Anpassung der vertraglichen Regelung verzichtet, was am Ende in Diskussionen zwischen Berater und Kunden über die Höhe des Erfolgshonorars resultierte. Bei einer sich verändernden Zielsetzung sollte daher unbedingt die Regelung der Erfolgsmessung überprüft und ggf. angepasst werden, um Unstimmigkeiten am Ende des Projektes zu verhindern. Diese Notwendigkeit wurde im Rahmen der Expertengespräche bestätigt:

„Wenn sich die Projektinhalte und die Ziele verändern, muss eine Anpassung erfolgen, sonst kann man die Erfolgsmessung ab dem Zeitpunkt, an dem sich die Aufgabenstellung verändert hat, nicht mehr durchführen." (Eva Manger-Wiemann)

Es konnte somit beobachtet werden, dass alle weiteren Evaluationshindernisse neben der Operationalisierung der Erfolgsmessung in der Praxis schnell überwunden werden können. Die im Rahmen dieser Arbeit abgeleiteten Erkenntnisse hinsichtlich der finalen Erfolgsmessung und des Umgangs mit den Evaluationshindernissen sind nachfolgend zusammengefasst:

Erkenntnis 15
Die Ergebnisse der finalen Erfolgsmessung werden sowohl von Seiten des Beraters als auch des Kunden anerkannt.

Erkenntnis 16
Die Separierung der Beraterleistung stellt in der Praxis kein Evaluationshindernis dar. Das Ergebnis des Projektes wird immer als gemeinsame Leistung von Berater und Kunden angesehen und daher erfolgt keine Separierung der Beraterleistung.

Erkenntnis 17
Die Erfolgsmessung wird anhand eines gemeinsam etablierten Messinstrumentariums und der vereinbarten Berechnungslogik unter Einbeziehung beider Vertragsparteien durchgeführt.

Erkenntnis 18
Die Festlegung eines Zeitpunktes stellt für das einzelne Beratungsprojekt kein Evaluationshindernis dar und Kunde und Berater werden sich in der Regel in Abhängigkeit von der Fragestellung schnell über den geeigneten Zeitpunkt der finalen Erfolgsmessung einig.

Trotz dieser Einigkeit zwischen Beratern und Kunden hinsichtlich der Erfolgsmessung und der relativ unproblematischen Überwindung der Evaluationshindernisse ist in vier der sechs Fallstudien zu beobachten, dass es zu Diskussionen über die Höhe des Erfolgshonorars kam. Folgende Abbildung stellt zusammenfassend dar, wie der Erfolg der Projekte laut Erfolgsmessung einzustufen war und ob es zu Diskussionen über die Höhe des Erfolgshonorars kam:

Fallstudien	1	2	3	4	5	6
• Einigkeit über Ergebnisse des Erfolges zu einem bestimmten Messzeitpunkt						
– Ja	Ja	Ja	Ja	Ja	Ja	Ja
– Nein						
• Laut Erfolgsmessung 100% erfolgreich						
– Ja	Ja	Ja[1]		Ja[1]		Ja
– Nein		Nein[2]	Nein	Nein[2]	Nein	
• Diskussionen über die Höhe des Erfolgshonorars						
– Ja		Ja		Ja	Ja	Ja
– Nein	Nein		Nein			

1) Sichtweise des Berater 2) Sichtweise des Kunden

Abb. 38: Analyse des Zusammenhangs zwischen Erfolgsmessung und Erfolgshonorar
Quelle: eigene Abbildung

Lediglich in den Fallstudien 1 und 3 kam es zu keiner Diskussion über das Erfolgshonorar. In Fallstudie 1 haben der hervorragende Projektverlauf, die entsprechenden Ergebnisse sowie das faire Verhalten des Kunden dazu geführt, dass das Erfolgshonorar in voller Höhe ausbezahlt wurde. In Fallstudie 3 hat das Beratungsunternehmen einfach die Bewertung des Kunden in der Zufriedenheitsabfrage akzeptiert und daher kam es zu keiner Diskussion.

In den Fallstudien 2 und 4 sind die Diskussionen zwischen Auftraggeber und Berater auf Grund unklarer vertraglicher Regelungen zustande gekommen. In Fallstudie 2 war es im Vertrag nicht eindeutig geregelt, ob die Erfolgsmessung anhand der geplanten oder realisierten Einsparungen erfolgen sollte. In Fallstudie 4 haben die Veränderung der Zielsetzung und die Angabe der zu erzielenden Einsparung in einem absoluten Betrag sowie in einem prozentualen Wert zu den Unstimmigkeiten geführt. In Fallstudie 5 haben der externe Druck, der auf die Geschäftsführung des Kunden ausgeübt wurde, sowie die schlechte wirtschaftliche Situation des Unternehmens dazu geführt, dass es, obwohl es eine vertraglichen Regelung in Bezug auf eine vorzeitige Kündigung gab, zu harten Diskussionen über das zu bezahlende Honorar zwischen Auftraggeber und Berater kam. In diesem Fall haben die Diskussionen über die Höhe des Honorars am Ende sogar völlig losgelöst von der vertraglichen Regelung und den Ergebnissen der Erfolgsmessung stattgefunden. Der Kunde verfolgte das Ziel, die Beratungskosten möglichst gering zu halten. In Fallstudie 6 sind die Diskussionen darauf zurückzuführen, dass der Vertrag nicht detailliert geregelt war. Allerdings liegt in diesem Fall auch nahe zu vermuten, dass der Kunde A das Motiv verfolgt hat, die Kosten für das Beratungsprojekt zu reduzieren.

Die Diskussionen zwischen Auftraggeber und Berater entstehen somit im Zuge der Interpretation der Ergebnisse der Erfolgsmessung und sind auf unklare vertragliche Regelungen, die wirtschaftliche Situation des Kundenunternehmens, den externen Druck auf die Auftraggeber oder den Versuch, die Kosten des Beratungsprojektes zu senken, zurückzuführen.

Die Ermittlung des Erfolgshonorars basiert in allen Fällen auf einem zweistufigen Vorgehen. Im ersten Schritt wird die Erfolgsmessung anhand der vereinbarten Kriterien durchgeführt. Im zweiten Schritt werden die Ergebnisse von den beiden Vertragsparteien interpretiert. Die Unstimmigkeiten zwischen Auftraggeber und Partner des Beratungsunternehmens sind in allen Fällen in der zweiten Stufe dieser Vorgehensweise aufgetreten. Letztlich geht es immer um die Frage, wer für die Erzielung der Ergebnisse, insbesondere im negativen Falle, verantwortlich ist. Die fallübergreifende Betrachtung führt somit zu dem Schluss, dass es keinen zwingenden Zusammenhang zwischen den Ergebnissen der Erfolgsmessung und der Höhe des Erfolgshonorars gibt.

Da die Diskussionen über die Höhe des Erfolgshonorars sowohl vor dem Hintergrund des inhaltlichen Projektverlaufs als auch vor dem Hintergrund des persönlichen Verhältnisses zwischen Auftraggeber und Partner stattfinden, wird in Abbildung 39 der Verlauf der persönlichen und der inhaltlichen Dimensionen während des Projektes zusammengefasst.

Der Verlauf der einzelnen Dimensionen wird parallel zum Beratungsprozess dargestellt und es erfolgt jeweils eine Einstufung anhand einer Skala von „gut" bis „schlecht". Die persönliche Dimension stellt das Verhältnis zwischen dem Auftraggeber des Kundenunternehmens und dem Partner des Beratungsunternehmens dar. Die inhaltliche Dimension beschreibt den Projektfortschritt gemäß der vereinbarten Kriterien der ergebnisbezogenen Zielerreichung.

Die Betrachtung der Fallstudien 1 und 6 lässt keinen Schluss auf das Zusammenspiel der inhaltlichen und persönlichen Dimension zu, da sich beide Dimensionen über den gesamten Projektverlauf parallel entwickelt haben. In Fallstudie 2 hat sich der Auftraggeber dazu entschlossen, die volle Summe des Erfolgshonorars zu bezahlen, obwohl die inhaltlichen Projektziele, wenn man die tatsächlich realisierte Einsparung heranzieht, nicht vollständig erfüllt wurden. Dieses Verhalten lässt sich nur durch das gute persönliche Verhältnis und die allgemeine Geschäftsbeziehung erklären. In Fallstudie 3 zeigte sich hingegen, dass der Kunde, obwohl formal die Projektziele erreicht wurden, auf Grund der schlechten Entwicklung der persönlichen Dimension seine Unzufriedenheit im Rahmen der Abfrage ausdrückte. In Fallstudie 4 führte das gute persönliche Verhältnis zwischen den Vertragsparteien dazu, dass es nahezu zur vollständigen Auszahlung des Erfolgshonorars gekommen ist, obwohl es auf Grund der veränderten Zielsetzung letztlich keine vertragliche Grundlage dafür gab. Der gegenseitige Respekt und die persönliche Wertschätzung der handelnden Personen bewahrten in Fallstudie 5 die Vertragsparteien davor, sich vor Gericht wiederzusehen.

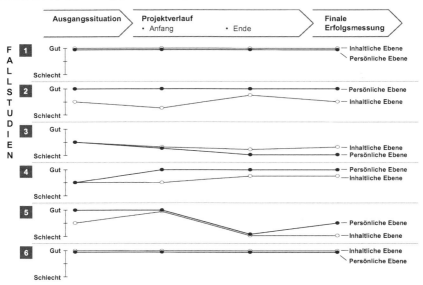

Abb. 39: Überblick Entwicklung der persönlichen und inhaltlichen Dimension während des Projektverlaufs
Quelle: eigene Abbildung

Es ist somit zu beobachten, dass die Auszahlung des Erfolgshonorars maßgeblich durch das persönliche Verhältnis zwischen Auftraggeber und Partner beeinflusst wurde. Es ist daher festzuhalten, dass sowohl im positiven wie auch im negativen Fall letztlich die persönliche Dimension entscheidend für die Festlegung der Höhe des Erfolgshonorars ist und einen stärkeren Einfluss als die inhaltliche Ebene hat.

Die gewonnenen Erkenntnisse hinsichtlich des Zusammenhangs zwischen Erfolgsmessung und Erfolgshonorar, der Einflussfaktoren auf die Erfolgsmessung sowie der persönlichen und inhaltlichen Dimension sind wie folgt:

Erkenntnis 19
Die Höhe des Erfolgshonorars steht nicht notwendigerweise in direktem Zusammenhang mit den Ergebnissen der Erfolgsmessung.

Erkenntnis 20
Die Diskussionen, die bei dem Einsatz eines Erfolgshonorars aufkommen, entstehen im Zuge der Interpretation der Ergebnisse der Erfolgsmessung und sind auf unklare vertragliche Regelungen, die wirtschaftliche Situation des Kundenunternehmens, den externen Druck auf den Auftraggeber oder den Versuch, die Kosten des Beratungsprojektes zu senken, zurückzuführen.

Erkenntnis 21
Bei Unstimmigkeiten zwischen Berater und Kunden hat das persönliche Verhältnis zwischen Auftraggeber und Partner des Beratungsunternehmens einen stärkeren Einfluss auf die Höhe des Erfolgshonorars als die inhaltlichen Ergebnisse des Projektes. Das persönliche Verhältnis entscheidet letztlich darüber, wie und ob die beiden Vertragsparteien ihre Unstimmigkeiten beilegen.

5 DISKUSSION DER ERKENNTNISSE UND ABLEITUNG VON SCHLUSSFOLGERUNGEN

Nach Darstellung der aus den Fallstudien gewonnenen Erkenntnisse wird im folgenden Kapitel darauf eingegangen, wie diese Erkenntnisse vor dem Hintergrund des in Kapitel 3.5 vorgestellten theoretischen Bezugsrahmens zu bewerten sind. Das Ziel der folgenden Ausführungen ist die Strukturierung der bisherigen Erkenntnisse und die Ableitung von Thesen in Bezug auf den Einsatz von Erfolgshonoraren sowie von Gestaltungsempfehlungen für die Erfolgsmessung von Beratungsprojekten. Abschließend wird darauf eingegangen, wie die gewonnenen Erkenntnisse in den aktuellen Stand der Beratungsforschung einzuordnen sind und inwieweit die Erkenntnisse anderer Beiträge bestätigt bzw. nicht bestätigt werden können.

5.1 Weiterentwicklung des Bezugsrahmens

Die Erkenntnisse 1, 2 sowie 9 beziehen sich auf die Bedeutung des Erfolgshonorars bei der Auftragsvergabe und die Funktionen, die ein Erfolgshonorar im Verlauf eines Beratungsprojektes aus Kunden- und Beratersicht erfüllen kann.

In Kapitel 2.5.3 wurden die einzelnen Funktionen des Erfolgshonorars aus theoretischer Sicht vorgestellt und daher werden sie an dieser Stelle nur kurz rekapituliert. Aus Kundensicht kann das Erfolgshonorar eine Risikoversicherungsfunktion erfüllen und zur Motivation des Beraters beitragen. Von Seite des Beratungsunternehmens kann es als Verkaufsargument eingesetzt werden, indem es die Leistungsbereitschaft des Beraters demonstriert. Zudem dient der Einsatz eines Erfolgshonorars dazu, dass im Rahmen des Verhandlungsprozesses die gemeinsame Ausrichtung der Interessen erfolgt (vgl. S. 54). Führt man die gewonnenen Erkenntnisse und damit die unterschiedlichen Sichtweisen von Beratern und Kunden zusammen, kann entgegen den bisherigen theoretischen Erkenntnissen dem Erfolgshonorar lediglich eine Risikoversicherungsfunktion und eine Verkaufsfunktion zugesprochen werden. Obwohl aus Kundensicht das Erfolgshonorar auch eine Motivationsfunktion erfüllt, kann diese Sichtweise nicht bestätigt werden, da keine Auswirkungen des Erfolgshonorars auf die Arbeitsweise der Berater festgestellt werden konnten. Der Aspekt der gemeinsamen Ausrichtung der Interessen wurde weder von Kunden- noch von Beraterseite explizit erwähnt und spielt somit eine untergeordnete Rolle.

Betrachtet man die Motive des Kunden, die zur Aufnahme eines Erfolgshonorars geführt haben, kann man feststellen, dass der Einsatz eines Erfolgshonorars entweder auf Grund der schwierigen wirtschaftlichen Situation des Kundenunternehmens, der Unsicherheit über die

Zielerreichung oder der Forderung nach einem Zusammenhang zwischen erbrachter Leistung und Bezahlung zustande kam.

Vereint man die Erkenntnisse über die Funktionen eines Erfolgshonorars mit den Motiven des Kunden, dann lassen sich hinsichtlich der Aufnahme eines Erfolgshonorars folgende Thesen ableiten:

THESE 1

Je schlechter die wirtschaftliche Situation des Unternehmens ist, desto eher fordert der Kunde zur Risikoabsicherung die Aufnahme eines Erfolgshonorars in den Beratervertrag.

THESE 2

Je schwieriger es aus Kundensicht ist, die Ziele des Projektauftrages zu erfüllen, umso eher verlangt der Kunde zur Risikoabsicherung den Einsatz eines Erfolgshonorars.

Es konnte kein direkter Zusammenhang zwischen der Vergabe eines Beratungsauftrages und der Bereitschaft des Beratungsunternehmens, ein Erfolgshonorar zu akzeptieren, festgestellt werden. Allerdings ist die Verkaufsfunktion nicht zu verneinen, weil der Einsatz eines Erfolgshonorars oftmals die Voraussetzung für die Vertragsvergabe ist und insofern das Beratungsunternehmen, das diese Bedingung nicht akzeptiert, aus dem Auswahlprozess ausgeschlossen wird.

Die Erkenntnisse 3 bis 5 fassen die Ergebnisse der Fallstudienanalyse hinsichtlich der Vorgehensweise bei der Festlegung der Erfolgsmessung zusammen. Es wurde festgestellt, dass die vertragliche Regelung der Erfolgsmessung im Zuge eines Prozesses zwischen den Vertragsparteien ausgehandelt wird. Das persönliche Verhältnis zwischen Auftraggeber und Partner, die Kenntnis des Beraters über das Kundenunternehmen, die Motive des Beraters und die wirtschaftliche Situation des Kundenunternehmens haben Einfluss auf den Detaillierungsgrad des Vertrages und die vereinbarten Kriterien. Ordnet man diese Einflussfaktoren der Vertragsgestaltung den einzelnen Elementen des theoretischen Bezugsrahmens zu, lässt sich festhalten, dass das persönliche Verhältnis und die Kenntnis des Beraters über das Kundenunternehmen der Kunden-Berater-Beziehung zuzuordnen sind und die wirtschaftliche Situation des Kundenunternehmens sowie die Motive des Beraters dem Interaktionshintergrund entstammen. Das Interesse des Beraters, den Auftrag zu bekommen, ist als eine beraterspezifische Determinante und die wirtschaftliche Situation des Kunden als eine kundenspezifische Determinante des Interaktionshintergrunds anzusehen (vgl. S. 77 f.). Die Beratungsumwelt hatte in keiner der Fallstudien einen direkten Einfluss auf die Vertragsgestaltung. Stellt man einen Zusammenhang zwischen diesen Faktoren her, lassen sich folgende Thesen hinsichtlich der Vertragsgestaltung ableiten:

THESE 3

Je besser das persönliche Vertrauensverhältnis der handelnden Personen und die Kenntnis des Beraters über das Kundenunternehmen sind, desto eher ist der Berater bereit, einen geringen Detaillierungsgrad des Vertrages und schlecht messbare Kriterien der Erfolgsmessung zu akzeptieren.

THESE 4

Je höher das Interesse des Beraters ist, den Auftrag zu bekommen, desto eher verzichtet er auf eine detaillierte Ausgestaltung des Vertrages und ist bereit, schlecht messbaren Kriterien der Erfolgsmessung zuzustimmen.

THESE 5

Je schlechter die wirtschaftliche Situation des Kundenunternehmens ist, desto eher ist der Berater daran interessiert, einen hohen Detaillierungsgrad des Vertrages und gut messbare Kriterien der Erfolgsmessung zu vereinbaren.

Die Erkenntnisse 19 bis 21 gehen auf den Zusammenhang zwischen Erfolgshonorar und Erfolgsmessung ein. Die bisherigen theoretischen Ausführungen gehen davon aus, dass ein zwingender Zusammenhang zwischen Erfolgsmessung und der Bestimmung des Erfolgshonorars besteht (vgl. S. 3, 21 f.). Die empirischen Untersuchungen haben allerdings gezeigt, dass diese Annahme nicht bestätigt werden kann. Vielmehr werden die Erfolgsmessung und das Erfolgshonorar in einem zweistufigen Vorgehen ermittelt, indem die Festlegung des Erfolgshonorars unabhängig von der Erfolgsmessung erfolgen kann.

Diese Erkenntnis führt dazu, dass eine differenzierte Betrachtung der hierarchischen Ebenen, der jeweiligen Aufgaben der einzelnen Personen sowie der Interaktion zwischen den Akteuren entlang des Beratungsprozesses notwendig wird. Soweit erforderlich, werden die in Kapitel 3.3 vorgestellten Inhalte des Beratungsprozesses sowie die in Kapitel 3.4.3 dargestellten Zusammenhänge der Kunden-Berater-Beziehung rekapituliert.

Im Rahmen der Fallstudien wurde deutlich, dass sich die Beteiligungsintensität der Projektteilnehmer in den unterschiedlichen Phasen des Beratungsprozesses verändert. In der ersten Phase, in der die Akquisition und die Festlegung der Aufgabenstellung erfolgen, findet die Interaktion der beiden Vertragsparteien im Wesentlichen zwischen dem Auftraggeber und dem Partner des Beratungsunternehmens statt. Abhängig von der Wettbewerbssituation führt der Auftraggeber in dieser ersten Phase auch Gespräche mit mehreren Partnern von verschiedenen Beratungsunternehmen. Nachdem der Auftraggeber sich für ein Beratungsunternehmen entschieden hat, legt er gemeinsam mit dem Partner des Beratungsunternehmens die zu bearbeitende Aufgabenstellung fest. Es werden die einzelnen Vertragsinhalte ausgehandelt sowie die Konditionen des Erfolgshonorars und die Kriterien der Erfolgsmessung festgelegt. Möglicherweise sind die beiden potenziellen Projektleiter von Kunden- und Beraterseite teilweise ebenfalls in diese Phase involviert und haben somit einen gewissen Einfluss auf die Aufgabenstellung und anhand welcher Kriterien die Erfolgsmessung erfolgen soll. Nachdem Auftraggeber und Partner sich einig geworden sind und den Vertrag unterschrieben haben, beginnt die nächste Phase des Beratungsprozesses.

In dieser Phase des Beratungsprozesses beginnt die operative Arbeit des Projektes. Die Beteiligungsintensität der einzelnen Personen am Beratungsprozess verändert sich deutlich. Auftraggeber und Partner übernehmen eine passivere Rolle und werden in der Regel über den Projektfortschritt im Rahmen von Lenkungsausschusssitzungen informiert, die gleichzeitig auch zur Kontrolle des Projektes dienen. Die Projektleiter auf Kunden- und Beraterseite übernehmen die zentrale Rolle im Rahmen des Beratungsprozesses und sind gemeinsam für die Organisation und Planung des Projektes verantwortlich. Zudem werden Berater, die bis zu diesem Zeitpunkt noch gar nicht in das Projektgeschehen involviert waren, mit der Durchführung der operativen Arbeiten beauftragt. Den ausführenden Beratern werden auf Kundenseite jeweils Ansprechpartner zugeteilt, mit denen sie gemeinsam die Aufgabenstellung des Projektes bearbeiten und die entsprechenden Arbeiten erledigen. Ausführende Berater und Kundenmitarbeiter sind somit auch dafür zuständig, die zwischen Auftraggeber und Partner vereinbarte Erfolgsmessung operativ umzusetzen und ein geeignetes Messinstrumentarium aufzubauen. In Abhängigkeit von dem weiteren Projektverlauf und der jeweiligen Aufgabenstellung beginnt gegebenenfalls im nächsten Schritt die dritte Phase des Beratungsprojektes. Entscheidend für den Zusammenhang zwischen Erfolgshonorar und Erfolgsmessung ist allerdings nur, dass die Beteiligungsintensität der einzelnen Personen in der dritten Phase des Beratungsprozesses im Vergleich zu der zweiten Phase unverändert bleibt. Unabhängig davon, ob das Projekt nach der zweiten oder nach der dritten Phase endet, wird die Erfolgsmessung gemeinsam von den operativen Projektmitarbeitern und den ausführenden Beratern durchgeführt. Da die Projektleiter die Gesamtverantwortung für das Projekt tragen, kontrollieren sie in regelmäßigen Abständen die bisher erreichten Ergebnisse und den Status der begleitenden Erfolgsmessung. Zusammenfassend lässt sich somit festhalten, dass die Erfolgsmessung auf operativer Ebene durchgeführt wird und von den Projektleitern kontrolliert wird.

Nach Abschluss des Projektes ändert sich die Beteiligungsintensität der einzelnen Akteure am Beratungsprozess erneut. Die Ergebnisse der Erfolgsmessung werden abschließend von den ausführenden Beratern und den operativen Projektmitarbeitern des Kunden gemeinsam ermittelt und den Projektleitern sowie dem Auftraggeber und dem Partner mitgeteilt. Falls die Erfolgsmessung für einen späteren Zeitpunkt vereinbart ist, wird der Erfolg entweder anhand des gemeinsam etablierten Messinstrumentariums zu dem vereinbarten Zeitpunkt von den Mitarbeitern des Kunden ermittelt oder der zuständige ausführende Berater und der entsprechende Kundenmitarbeiter treffen sich zum Messzeitpunkt, um gemeinsam die Erfolgsmessung durchzuführen. Nach der Ermittlung und der Übergabe der Ergebnisse der finalen Erfolgsmessung ist das Beratungsprojekt und die Arbeit vor Ort für die ausführenden Berater

Weiterentwicklung des Bezugsrahmens 213

beendet. Abhängig von den Ergebnissen der finalen Erfolgsmessung wird die Höhe des zu zahlenden Erfolgshonorars von Auftraggeber und Partner bestimmt. Die Erkenntnisse der Fallstudien haben gezeigt, dass, nachdem die finalen Ergebnisse der Erfolgsmessung an den Auftraggeber und den Partner übergeben worden sind, Verhandlungen über die Höhe des Erfolgshonorars beginnen können. Infolgedessen ist eine Erweiterung der bisherigen Betrachtungsweise und somit eine Weiterentwicklung des theoretischen Bezugsrahmens notwendig.

Folgende Abbildung fasst die Ausführungen zusammen und bildet den Beratungsprozess unter Beachtung der einzelnen hierarchischen Ebenen und der entsprechenden Beteiligungsintensität der Personen ab:

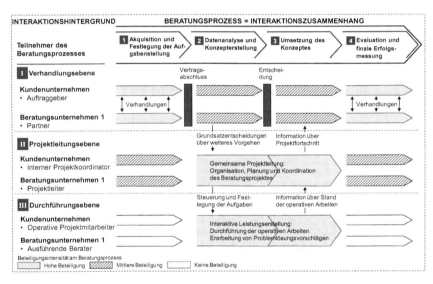

Abb. 40: Weiterentwicklung des theoretischen Bezugsrahmens
Quelle: eigene Abbildung

Es ist somit festzuhalten, dass die Erfolgsmessung und die Bestimmung des Erfolgshonorars auf unterschiedlichen hierarchischen Ebenen und von unterschiedlichen Personen durchgeführt werden. Die Erfolgsmessung erfolgt auf der Durchführungsebene und wird auf der Projektleitungsebene kontrolliert. Die Höhe des Erfolgshonorars wird auf Verhandlungsebene festgelegt. Die unterschiedlichen hierarchischen Ebenen erklären, warum kein zwingender Zusammenhang zwischen den Ergebnissen der Erfolgsmessung und der Höhe des Erfolgshonorars besteht.

In Erkenntnis 20 ist festgehalten, dass die möglicherweise aufkommenden Diskussionen zwischen Auftraggeber und Partner auf folgende vier Gründe zurückzuführen sind: unklare vertragliche Regelungen, die wirtschaftliche Situation des Kundenunternehmens, externer

Druck, der auf den Auftraggeber ausgeübt wird, oder der Versuch, die Beratungskosten zu senken. Alle vier Faktoren sind gemäß des in Kapitel 3.5 vorgestellten Bezugsrahmens dem Interaktionshintergrund zuzuordnen. Die Motive des Kunden, die sich in dem Versuch ausdrücken, die Beratungskosten zu senken, die wirtschaftliche Situation des Kundenunternehmens und der externe Druck, der auf den Auftraggeber ausgeübt wird, sind als klientenspezifische Determinanten einzustufen. Die vertragliche Regelung ist der unmittelbaren Beratungsumwelt zuzuordnen (vgl. S. 77 f., 91).

Hinsichtlich der Beilegung der Unstimmigkeiten zwischen Auftraggeber und Partner hat die Analyse der Fallstudien gezeigt, dass das persönliche Verhältnis der handelnden Personen einen massiven Einfluss darauf hat, wie und ob die beiden Vertragsparteien ihre Unstimmigkeiten beilegen können. Der Zusammenhang zwischen den einzelnen Gründen und den möglicherweise aufkommenden Diskussionen sowie die Bedeutung des persönlichen Verhältnisses der handelnden Personen führt zu folgenden Thesen:

THESE 6

Je unklarer die Berechnung des Erfolgshonorars im Vertrag geregelt ist, desto eher kommt es zu Diskussionen zwischen Auftraggeber und Partner im Zuge der Interpretation der Ergebnisse der Erfolgsmessung.

THESE 7

Je schwieriger die wirtschaftliche Lage des Kundenunternehmens ist, desto höher ist die Wahrscheinlichkeit, dass der Kunde versucht, die Beratungskosten zu senken, und dass es im Zuge der Interpretation der Ergebnisse der Erfolgsmessung zu Diskussionen zwischen Auftraggeber und Partner kommt.

THESE 8

Je größer der externe Druck ist, der auf den Auftraggeber ausgeübt wird, desto eher kommt es bei der Interpretation der Ergebnisse der Erfolgsmessung zu Diskussionen zwischen Auftraggeber und Partner.

THESE 9

Je besser das persönliche Verhältnis zwischen Auftraggeber und Partner ist, desto höher ist die Wahrscheinlichkeit, dass die beiden Vertragsparteien zu einer schnellen und gütlichen Einigung über die Höhe des Erfolgshonorars kommen.

Alle gewonnenen Erkenntnisse, die sich mit dem Einsatz von Erfolgshonoraren und deren Auswirkungen beschäftigen, sind in den bisherigen Ausführungen berücksichtigt. Da das Erfolgshonorar in der ersten Phase des Beratungsprozesses ausgehandelt wird und seine Höhe in der letzten Phase bestimmt wird, beziehen sich folglich alle abgeleiteten Thesen auf eine dieser beiden Phasen. Im Zuge der tatsächlichen Durchführung des Projektes und damit in der zweiten und dritten Phase des Beratungsprozesses spielt das Erfolgshonorar keine Rolle, da es keine Auswirkungen auf die Projektleitungs- und Durchführungsebene hat.

Die Erkenntnisse 10 bis 12 beziehen sich auf den Projektverlauf und die Zusammenarbeit zwischen Beratern und Kundenmitarbeitern. Vor dem Hintergrund der im Rahmen der vorliegenden Arbeit untersuchten Fragestellung wurde der Projektverlauf dahingehend untersucht, inwieweit es Faktoren gibt, die Einfluss auf die Erfolgsmessung und die Ermittlung des Erfolgshonorars haben. Es konnte allerdings festgestellt werden, dass in der zweiten und dritten Phase des Beratungsprozesses und damit im Projektverlauf die Erfolgsmessung und das Erfolgshonorar eine untergeordnete Rolle spielen und es in diesen Phasen keine wesentlichen Einflussfaktoren gibt. Nachdem einmal vereinbart wurde, wie die Erfolgsmessung durchgeführt werden soll, wurde der Erfolg gemäß der Vereinbarung ermittelt. In keinem der betrachteten Fälle konnte eine Anpassung der Regelung der Erfolgsmessung beobachtet werden, jedoch ist ebenfalls festzuhalten, dass in zwei Fällen zum Zeitpunkt des Vertragsabschlusses die Erfolgsmessung noch nicht final geregelt war. Die Erkenntnisse in Bezug auf die Erfolgsmessung von Beratungsprojekten werden im nächsten Abschnitt zunächst in Form von an die Praxis gerichteten Gestaltungsempfehlungen zusammengefasst und im Anschluss vor dem theoretischen Hintergrund näher beleuchtet.

5.2 Ableitung von Gestaltungsempfehlungen für die Erfolgsmessung

In Kapitel 3.2 wurde auf die Herausforderungen, die bei der Erfolgsmessung von Beratungsprojekten überwunden werden müssen, eingegangen. Es wurde dargestellt, dass zum einen eine Lösung für die Evaluationshindernisse gefunden und zum anderen die Frage, wie die Operationalisierung der Erfolgsmessung stattfinden kann, beantwortet werden muss.

Es wurden verschiedene Möglichkeiten der Operationalisierung der Erfolgsmessung dargestellt. Aus theoretischer Sicht kann der Erfolg eines Beratungsprojektes durch die Abfrage der Zufriedenheit des Kunden und des Beraters, die Messung der Zielerreichung sowie die Ermittlung des Kosten-Nutzen-Verhältnisses erfolgen. Zudem lässt sich die Messung der Zielerreichung in eine ergebnisbezogene Zielerreichung und eine prozessbezogene Zielerreichung unterteilen. Die Erkenntnisse 6 bis 8 machen deutlich, dass in der Praxis deutlich weniger Möglichkeiten zur Operationalisierung der Erfolgsmessung eingesetzt werden. Der Erfolg wird nur anhand der ergebnisbezogenen Zielerreichung, der Zufriedenheitsabfrage des Kunden oder einer Kombination beider Möglichkeiten bestimmt.

Es stellt sich somit die Frage, wieso die anderen theoretischen Möglichkeiten keine Berücksichtigung bei der Erfolgsmessung finden. Die prozessbezogene Zielerreichung dient zur Beurteilung des Beratungsprozesses und soll ermitteln, inwieweit der Ablauf des Projektes effektiv ist (vgl. S. 44). Bei allen betrachteten Fallstudien wurde eine Kombination aus Pauschalhonorar und Erfolgshonorar eingesetzt. Infolge des Einsatzes eines Pauschalhonorars wurde das zeitliche Risiko bereits von den Beratungsunternehmen getragen und eine Erfolgsmessung anhand der prozessbezogenen Zielerreichung war in allen Verträgen somit implizit enthalten (vgl. S. 50 f.). Da in allen Fällen die Beauftragung des Beratungsunternehmens auf Basis einer Kombination aus Pauschalhonorar und Erfolgshonorar erfolgt ist, kann davon ausgegangen werden, dass sich der Einsatz von Pauschalhonoraren für die Vergabe von Beratungsaufträgen heutzutage eingebürgert hat und das Beratungsunternehmen immer das zeitliche Risiko trägt. Zudem ist hervorzuheben, dass die Beurteilung des Erfolgs anhand einer prozessbezogenen Zielerreichung keinen Schluss auf die Qualität der erbrachten Beraterleistung ermöglicht, sondern lediglich Aufschluss darüber gibt, ob alle Termine, Meilensteine etc. eingehalten wurden.

Obwohl die Ermittlung des Kosten-Nutzen-Verhältnisses sicherlich dazu dienen könnte, den Erfolg eines Beratungsprojektes zu beurteilen, hat sich gezeigt, dass diese Möglichkeit in keinem der Fälle Beachtung fand. Bei der Ermittlung des Nutzens eines Beratungsprojektes müssen alle Herausforderungen, die mit der Operationalisierung der Erfolgsmessung verbunden sind, gemeistert werden und darüber hinaus muss noch die Frage nach der monetären Bewertung beantwortet werden. Die Problematik bei der Bestimmung der Kosten eines Beratungsprojektes liegt insbesondere darin, die Kosten für die eingesetzte Arbeitszeit der Kundenmitarbeiter zu beurteilen (vgl. S. 25). Aufgrund dessen, dass in der Praxis lediglich einige wenige Kriterien zur Erfolgsmessung eingesetzt werden, und den eben geschilderten Schwierigkeiten kann man schließen, dass die Erfolgsmessung anhand eines Kosten-Nutzen-Verhältnisses in der Praxis als zu aufwendig erachtet wird.

Hinsichtlich des Einsatzes einer Zufriedenheitsabfrage hat sich gezeigt, dass diese Möglichkeit lediglich in zwei Fällen zum Einsatz kam und bei komplexen Fragestellungen angewendet wurde. Zudem ist zu beachten, dass nur die Zufriedenheit des Kunden abgefragt wurde, die Beratermeinung aber keine Rolle spielte. Es ist nachvollziehbar, dass die Abfrage der Beraterzufriedenheit bei der Erfolgsmessung von Einzelfällen nicht berücksichtigt wird, da es um die Frage geht, wie viel Honorar der Kunde für die erbrachte Beraterleistung bezahlen muss. Darüber hinaus speist sich die Beraterzufriedenheit aus dem langfristigen Potenzial, Einkünfte zu generieren, und ist somit nicht zur Beurteilung einzelner Projekte geeignet (vgl. S. 46 f.). Der Einsatz der Zufriedenheitsabfrage des Kunden zur Erfolgsmessung ist für das Beratungsunternehmen mit einigen Risiken verbunden, da vorab nicht sichergestellt werden kann, inwieweit die Kundenmitarbeiter eine faire Beurteilung abgeben werden. Dieses Risiko kann jedoch durch die Durchführung mehrerer Kundenabfragen auf unterschiedlichen hierarchischen Ebenen zumindest reduziert werden. Zudem ist zu beachten, dass die Zufriedenheit der Kundenmitarbeiter für die erfolgreiche Umsetzung eines Konzeptes eine erhebliche Bedeutung hat (vgl. S. 45). Infolgedessen sollte trotz aller Risiken, die ein Beratungsunternehmen bei Akzeptanz einer Zufriedenheitsabfrage auf sich nimmt, diese Möglichkeit der Erfolgsmessung ebenfalls eingesetzt werden. Die Abfrage der Zufriedenheit des Kunden ist derart zu gestalten, dass sie dem Vorwurf der selbstwertdienlichen Attribution entgegentreten kann, und daher sollten auch Nicht-Projektbeteiligte befragt werden (vgl. S. 65). Neben der Abfrage der Zufriedenheit mit den erzielten Ergebnissen sollten die persönlichen Fähigkeiten des Beraters ebenfalls bewertet werden, da sie einen erheblichen Einfluss auf den Erfolg eines Projektes haben (vgl. S. 33 f.). Insofern kann festgehalten werden, dass die Abfrage der Zufriedenheit sowohl Projektbeteiligte als auch Nicht-Projektbeteiligte mit einschließen sollte und inhaltliche sowie persönliche Aspekte Berücksichtigung finden sollten.

In allen Fallstudien kam eine Form der ergebnisbezogenen Erfolgsmessung zum Einsatz. Allerdings ist nicht zu leugnen, dass in einigen Fällen[63] der Einsatz einer ergebnisbezogenen Erfolgsmessung mit der Schwierigkeit zu kämpfen hatte, geeignete Kriterien der Erfolgsmessung für die entsprechende Aufgabenstellung zu finden. Dennoch hat sich gezeigt, dass im Einzelfall geeignete Kriterien gefunden werden konnten, sobald die Aufgabenstellung des Projektes eindeutig definiert und ausreichend detailliert war.

Letztlich gibt es zwei Möglichkeiten, wie dieser Detaillierungsgrad, der benötigt wird, um geeignete Messkriterien zu finden, erreicht werden kann. Entweder führt das Kundenunternehmen die Detaillierung der Aufgabenstellung selbst durch und beauftragt erst im Anschluss ein Beratungsunternehmen oder das Beratungsunternehmen wird zunächst auf Basis eines Pauschalhonorars mit der Detaillierung der Aufgabenstellung beauftragt und im Anschluss wird eine Erfolgsmessung in die Vertragsvereinbarung aufgenommen. In jedem Falle ist zu betonen, dass klare Verhältnisse hinsichtlich der Honorarvereinbarung herrschen sollten, weil ansonsten die Gefahr besteht, dass während des bereits laufenden Beratungsprojektes erhebliche Ressourcen für die Festlegung der Erfolgsmessung und die Detaillierung der vertraglichen Vereinbarung aufgewendet werden und eben diese Ressourcen somit nicht für die inhaltliche Projektarbeit zur Verfügung stehen.

Auf Grund des positiven Zusammenhangs zwischen Messaufwand und Anzahl der eingesetzten Kriterien ist ebenfalls zu beobachten, dass in allen Fällen eine geringe Anzahl von Kriterien eingesetzt wurde. Dieser Umstand ist darauf zurückzuführen, dass das Kundenunternehmen sich zwischen den Kosten, die es für die Erfolgsmessung in Kauf nimmt, und der Genauigkeit der Erfolgsmessung entscheiden muss. Infolgedessen wurde in allen Fällen auf eine differenzierte Erfolgsmessung mit Hilfe von zahlreichen Kriterien verzichtet und es wurden übergeordnete, pragmatische Kriterien ausgewählt.

In Zusammenhang mit der Messbarkeit der Kriterien und dem Detaillierungsgrad der Aufgabenstellung muss sich die vorliegende Arbeit mit der Frage auseinandersetzen, inwieweit strategische Projekte berücksichtigt wurden. Die Betrachtung von Projekten, die sich mit der Gründung einer Einkaufskooperation oder der Integration eines Unternehmens in einen beste-

---

[63] Beispielsweise Fallstudie 1 und 3.

henden Konzern beschäftigen, sind jedoch durchaus als strategische Fragestellungen einzustufen, da sie einen massiven Einfluss auf die Geschäftätigkeiten des bisherigen Unternehmens haben. Zudem ist es beispielsweise durchaus denkbar, dass bei Image- oder Marketingprojekten die Entwicklung der Markenbekanntheit durch Marktforschungsinstitute verfolgt wird. Allerdings entstehen dadurch nicht unerhebliche Kosten. Letztlich lassen sich nahezu alle Fragestellungen auf geeignete Kriterien der Erfolgsmessung detaillieren, jedoch wird vor dem Hintergrund der Kosten der Erfolgsmessung oftmals darauf verzichtet. Die bisherigen Ausführungen lassen sich somit in folgenden Gestaltungsempfehlungen zusammenfassen:

Gestaltungsempfehlung 1:

Die Erfolgsmessung sollte anhand einer Kombination aus ergebnisbezogener Zielerreichung und Zufriedenheitsabfrage des Kunden erfolgen. Die prozessbezogene Zielerreichung sollte durch den Einsatz eines Pauschalhonorars sichergestellt werden. Zudem ist zu empfehlen, dass die Effizienz des Beratungsprozesses anhand vorab definierter Meilensteine kontrolliert wird.

Gestaltungsempfehlung 2:

Nach Abschluss des Beratungsprojektes sollten mehrere Kundenmitarbeiter auf unterschiedlichen hierarchischen Ebenen zu ihrer Zufriedenheit befragt werden. Bei der Auswahl der Kundenmitarbeiter, die befragt werden, sollte beachtet werden, dass sowohl Projektbeteiligte als auch Nicht-Projektbeteiligte mit einbezogen werden und inhaltliche sowie persönliche Aspekte beurteilt werden.

Gestaltungsempfehlung 3:

Die Ermittlung der ergebnisbezogenen Zielerreichung sollte anhand weniger Kriterien erfolgen, die vor dem Hintergrund der Zielsetzung des Projektes von beiden Parteien als geeignet eingestuft werden. Die Festlegung der Kriterien sollte zum Zeitpunkt der Arbeitsaufnahme der Berater abschließend erfolgt sein.

Im Zuge der Operationalisierung der Erfolgsmessung sind darüber hinaus weitere Herausforderungen zu meistern. Die Fragen nach der Separierung der Beraterleistung, der Festlegung des geeigneten Zeitpunkts der Erfolgsmessung, dem Umgang mit einer sich möglicherweise verändernden Zielsetzung und der Durchführung der Erfolgsmessung müssen beantwortet werden (vgl. S. 64 ff.). Die Erkenntnisse 14 und 16 bis 18 machen deutlich, dass in der Praxis keine großen Probleme durch diese theoretischen Evaluationshindernisse entstehen.

In keinem der betrachteten Fälle erfolgte eine separate Ermittlung oder Bewertung der Leistung des Beraters. Vor dem Hintergrund, dass die Beraterleistung im Rahmen eines interaktiven Prozesses zwischen Berater und Kunden entsteht, ist diese Vorgehensweise als sinnvoll einzustufen (vgl. S. 30). Zudem ist zu beachten, dass das Ergebnis des Beratungsprojektes normalerweise sowohl im negativen wie im positiven Fall von weiteren Einflussfaktoren beeinflusst wird und in der Praxis keine Separierung von allen Faktoren durchgeführt werden kann bzw. falls, dies möglich ist, mit einem erheblichen Aufwand verbunden wäre. Es ist somit festzuhalten, dass das Ergebnis des Beratungsprojektes als Ganzes bewertet werden sollte und eine Separierung der Beraterleistung zum einen nur schwerlich möglich ist und zum anderen auf Grund der gemeinschaftlichen Erbringung der Arbeit auch nicht als sinnvoll angesehen werden kann.

Die Festlegung eines geeigneten Zeitpunkts der finalen Erfolgsmessung stellte entgegen der theoretischen Bedenken in den betrachteten Fällen ebenfalls kein Hindernis dar (vgl. S. 65). Der Messzeitpunkt steht oft in engem Zusammenhang mit den ausgewählten Kriterien, was sich anhand der Diskussionen über die ausreichende Einflussnahme des Beraters auf die Zielerreichung und die unterschiedlichen Auffassungen über geplante oder realisierte Ergebnisse zeigte. Somit ist zu empfehlen, dass die Frage nach dem geeigneten Zeitpunkt explizit diskutiert und der Messzeitpunkt im Rahmen der Vertragsverhandlungen gemeinsam in Abhängigkeit von der Fragestellung festgelegt werden sollte.

Etwas schwieriger stellt sich die Situation dar, wenn sich die Zielsetzung im Projektverlauf ändert. Es besteht die Gefahr, dass die Veränderung der Zielsetzung von keiner der beiden Parteien zur Sprache gebracht und in Folge die ursprünglich vereinbarte Erfolgsmessung in dieser Form nicht mehr durchgeführt werden kann oder nicht mehr für die Ermittlung des Erfolges geeignet ist. Zudem kann es passieren, dass die Zielsetzung sich im Zuge eines schleichenden Prozesses ändert und daher nicht von einem konkreten Zeitpunkt gesprochen werden kann, zu dem die Veränderung erfolgt ist. In jedem Fall ist beiden Vertragsparteien unabhängig davon, ob die bestehende Regelung der Erfolgsmessung zu ihrem Vorteil oder Nachteil wäre, zu empfehlen, eine mögliche Anpassung der Erfolgsmessung explizit anzusprechen, sobald eine Veränderung der Zielsetzung vermutet oder bemerkt wird. Dieses Verhalten ist aus zwei Gründen zu empfehlen. Zum einen trägt in diesem Falle eine Diskussion über die Erfolgsmessung dazu bei, dass beide Parteien erneut ein gemeinsames Verständnis darüber entwickeln, was die Aufgabenstellung des Projektes nach der Veränderung ist, und zum anderen wird dadurch die Durchführung einer Erfolgsmessung ermöglicht. Vor dem Hintergrund einer „ergebnisoffenen Beratung" ist die Veränderung der Zielsetzung im Rahmen eines Projektes durchaus möglich (vgl. S. 30). Infolgedessen sollte auch eine außerordentliche Kündigungsklausel in den Vertrag aufgenommen werden, die festlegt, zu welchen Konditionen ein Abbruch des Projektes durchgeführt werden kann und wie die bis zu diesem Zeitpunkt des Projektes erbrachte Beraterleistung vergütet wird. Hinsichtlich des notwendigen Detaillierungsgrades der vertraglichen Vereinbarung und der damit verbundenen Signalwirkung in Bezug auf das bestehende Vertrauen in den Vertragspartner unterscheiden sich die Meinungen in der Literatur deutlich (vgl. S. 56). Die Aufnahme einer außerordentlichen Kündigungsklausel in den Vertrag sollte jedoch durchaus im Interesse des Kundenunternehmens liegen, weil dadurch weitestgehend sichergestellt werden kann, dass der Berater, falls er eine Veränderung der Zielsetzung bemerkt, diese auch direkt anspricht, was wiederum im Sinne einer zielorientierten Vorgehensweise wünschenswert ist.

Hinsichtlich der Durchführung der Erfolgsmessung hat sich in allen Fällen gezeigt, dass die Erfolgsmessung gemeinschaftlich erfolgt ist. Vorab oder im Verlauf des Projektes wurde von Kundenmitarbeitern und Beratern eine Berechnungslogik festgelegt, die im Rahmen des Aufbaus eines geeigneten Messinstrumentariums berücksichtigt und somit festgehalten wurde. Es ist zu empfehlen, dass diese Berechnungslogik sowie das Messinstrumentarium möglichst zu Beginn des Projektes gemeinsam von beiden Vertragsparteien festgelegt und ausgearbeitet werden, damit weitestgehend ausgeschlossen werden kann, dass die ersten Projektergebnisse die Erfolgsmessung beeinflussen. Zudem bringt diese Vorgehensweise den Vorteil mit sich, dass der Projektfortschritt während des Beratungsprozesses begleitend anhand der Erfolgsmessung kontrolliert werden kann. In diesem Zusammenhang ist beobachtet worden, dass die Gefahr besteht, dass bei einer positiven Projektentwicklung die Erfolgsmessung vernachlässigt wird; daher ist dringend zu empfehlen, dass die Kontrolle des Projektfortschritts und die begleitende Erfolgsmessung unabhängig von der Entwicklung des Projektes gewissenhaft durchgeführt wird.

Die Ausführungen hinsichtlich des Umgangs mit den Evaluationshindernissen sind in folgenden Gestaltungsempfehlungen zusammengefasst:

Gestaltungsempfehlung 4

Das Ergebnis eines Beratungsprojektes sollte als Ganzes gemessen werden und auf eine Separierung der Beraterleistung sollte verzichtet werden.

Gestaltungsempfehlung 5

Der Zeitpunkt der finalen Erfolgsmessung sollte im Rahmen der Vertragsverhandlungen explizit diskutiert werden. Nachdem die beiden Vertragsparteien in Abhängigkeit von der Fragestellung eine Einigung erzielt haben, sollte der Messzeitpunkt unmissverständlich festgehalten werden.

Gestaltungsempfehlung 6

Falls sich die Zielsetzung eines Beratungsprojektes verändert, muss die vertragliche Vereinbarung der Erfolgsmessung überprüft und, falls notwendig, angepasst werden. Die Aufnahme einer außerordentlichen Kündigungsklausel ist ebenfalls empfehlenswert.

Gestaltungsempfehlung 7

Die Erfolgsmessung sollte anhand einer von Kundenmitarbeitern und Beratern gemeinsam vereinbarten Berechnungslogik und unter Einsatz eines von beiden Seiten als geeignet eingestuften Messinstrumentariums erfolgen. Die Festlegung der Berechnungslogik und des Messinstrumentariums sollte möglichst zu Beginn des Projektes erfolgen und es sollte unabhängig von der Projektentwicklung eine begleitende Erfolgsmessung durchgeführt werden.

Auf Grund der Vielzahl von möglichen Fragestellungen, die im Rahmen eines Beratungsprojektes bearbeitet werden können, ist nicht davon auszugehen, dass es ein Patentrezept zur Erfolgsmessung von Beratungsprojekten und den damit verbundenen Schwierigkeiten gibt. Allerdings wurde im Rahmen dieser Arbeit gezeigt, dass eine Erfolgsmessung von Beratungsprojekten möglich ist und in der Praxis erfolgt. Die abgeleiteten Gestaltungsempfehlungen sollen dazu beitragen, auf die Schwierigkeiten, die im Rahmen der Erfolgsmessung auftreten können, aufmerksam zu machen und mögliche Lösungswege aufzuzeigen.

5.3 Einordnung der Erkenntnisse in den Stand der Beratungsforschung

In Kapitel 2.1 wurden der derzeitige Stand der Beratungsforschung dargestellt und die wesentlichen Beiträge, die sich mit der Bewertung von einzelnen Beratungsleistungen beschäftigen, vorgestellt. Im folgenden Abschnitt werden die im Rahmen dieser Untersuchung gewonnenen Erkenntnisse mit den Erkenntnissen der vorgestellten Beiträge verglichen. Zunächst erfolgt die Betrachtung der wissenschaftlichen Ansätze zur Bewertung von Beratungsleistungen, bevor im Anschluss auf die praktischen Beiträge eingegangen wird.

Die wesentlichen Erkenntnisse des Beitrags von Swartz und Lippitt sind, dass Beratungsleistungen bewertet werden können und dies anhand eines Evaluationsprozesses erfolgen muss. In ihren Worten drückt sich das wie folgt aus:

> *„The dynamics of the consultation process are complex and difficult to study. Can such a process be evaluated? Yes, it can ... if the client and consultant build an appropriate evaluation approach into the overall consulting plan. This implies that evaluation and measurement plans must be part of the consulting contract-setting process – and it must!."*
> *(Swartz & Lippitt 1975: 309)*

Beide Punkte können auf Basis dieser Arbeit bestätigt werden. In den betrachteten Fallstudien hat sich gezeigt, dass die Erfolgsmessung von Beratungsleistungen möglich ist und die Evaluationshindernisse überwunden werden können. Zudem wurde auch deutlich, dass die Bewertung von Beratungsleistungen entlang des Beratungsprozesses erfolgt.

Die Erkenntnisse von Klein hingegen konnten nicht vollumfänglich bestätigt werden. Die Messung des Beratungserfolgs mit Hilfe von Zufriedenheitsabfragen wird in seinem Beitrag auf Basis folgender Argumentation als ungeeignet eingestuft.

> *„Unabhängig davon, ob sich ein Urteil über die Zufriedenheit auf quantitative Fakten stützt, etwa eingetretene Kostensenkungen oder Ertragsverbesserungen, stellen Zufriedenheitsäußerungen jedoch subjektive Urteile dar, die von den tatsächlichen Gegebenheiten abweichen. [...] Neben den genannten Argumenten ist zu bedenken, dass die Messung der*

Zufriedenheit mit der Beratungsleistung in starkem Maße von der Person abhängt, die ein solches Urteil abgibt." (Klein 1978: 107)

Im Rahmen dieser Untersuchung hat sich gezeigt, dass die Zufriedenheitsabfrage unter bestimmten Voraussetzungen, die in Gestaltungsempfehlung 2 zusammengefasst sind, durchaus zur Erfolgsmessung eingesetzt werden kann. Im Zuge der Operationalisierung der Erfolgsmessung zeigte sich in den Fallstudien, dass neben der Zufriedenheitsabfrage lediglich die ergebnisbezogene Zielerreichung eingesetzt wird. Die prozessbezogene Zielerreichung wurde allerdings in allen Fällen durch den kombinierten Einsatz von Pauschal- und Erfolgshonoraren sichergestellt. Es zeigte sich, dass in der Praxis auf Grund des erheblichen Messaufwands die Dimension „Effizienz" nicht zur Erfolgsmessung verwendet wird, obwohl sie sich aus theoretischer Sicht durchaus dafür eignet (vgl. S. 198 f., 216 f.).

Zusammenfassend kann festgehalten werden, dass die gewonnenen Erkenntnisse weitgehend im Einklang mit den Erkenntnisse von Klein stehen und sein Konzept der Erfolgsmessung anhand den Dimensionen „Effektivität" und „Effizienz" unterstützen. Allerdings können seine Aussagen hinsichtlich der Zufriedenheitsabfrage nicht geteilt werden, da sich gezeigt hat, dass unter gewissen Bedingungen ihr Einsatz zur Bewertung von Beratungsleistungen möglich ist.

Im Zentrum der Beiträge von Hoffmann, Gable und Effenberger steht die Frage nach dem Einfluss einzelner Variablen auf den Beratungserfolg und nicht die Frage, wie Beratungserfolg gemessen werden kann. Insofern haben diese sogenannten „Erfolgsfaktorenmodelle" einen anderen Forschungsschwerpunkt als die vorliegende Arbeit, daher wird im Folgenden lediglich auf einzelne Aspekte dieser Ansätze eingegangen.

Die zentrale Erkenntnis der Arbeit von Hoffmann ist, dass der Erfolg des Beratungsprojektes im Wesentlichen von den Kunden und nicht von den Beratern abhängt (vgl. Hoffmann 1991: 285). Im Zuge der vorliegenden Arbeit wurde festgestellt, dass gegenseitiges Vertrauen und eine gute persönliche Beziehung zwischen Berater und Kunden sehr wichtig für eine erfolgreiche Projektarbeit sind (vgl. S. 207 f.). Allerdings kann auf Grund des anders gelagerten Forschungsschwerpunktes keine Aussage dazu getroffen werden, ob die Berater oder die Kunden den zentralen Einfluss auf den Beratungserfolg haben. Es kann lediglich festgehalten werden, dass die gewonnenen Erkenntnisse nicht im Widerspruch zu der zentralen Erkenntnis von Hoffmann stehen.

Laut der Untersuchung von Gable sind die Beraterempfehlung, das Kundenverständnis und die Beraterleistung die drei wesentlichen Bereiche, die für den Erfolg eines Projektes verantwortlich sind (vgl. Gable 1996: 1192). Die Erfolgsmessung in den drei benannten Bereichen wird mittels einer Zufriedenheitsabfrage und der Bewertung der prozessbezogenen Zielerreichung durchgeführt. In der vorliegenden Untersuchung zeigte sich, dass in allen Fallstudien eine Form der ergebnisbezogenen Zielerreichung zur Erfolgsmessung und in keinem Fall die prozessbezogene Zielerreichung explizit zur Messung des Beratungserfolges eingesetzt wurde (vgl. S. 194, 216 f.). Insofern ist die Erfolgsmessung, wie sie in dem Beitrag von Gable durchgeführt wird, nicht mit den Erkenntnissen dieser Arbeit in Einklang zu bringen. Grundsätzlich lässt sich zwar sagen, dass eine Kombination aus Zufriedenheitsabfrage und Bewertung der Zielerreichung durchaus geeignet ist, den Beratungserfolg zu bestimmen, allerdings ist der Fokus unbedingt auf die ergebnisbezogene Zielerreichung zu legen (vgl. S. 218).

Wie in Kapitel 2.1.1 ausgeführt, hat Effenberger in seinem Beitrag die Frage nach der Erfolgsmessung nicht beantwortet. Er hat dem Kunden die Einstufung in erfolgreiche bzw. nicht erfolgreiche Projekte überlassen (vgl. S. 16 f.). Er hat lediglich festgestellt, dass der ökonomische Erfolg bei Strategieprojekten schwer nachzuweisen ist (vgl. Fritz & Effenberger 1998: 117). Dieser Aussage ist im Allgemeinen nichts entgegenzusetzen, allerdings wurden im Rahmen dieser Arbeit Mittel und Wege aufgezeigt, wie der Erfolg von Strategieprojekten im Einzelfall nachweisbar ist. Da der Beitrag von Effenberger keinen Erkenntnisfortschritt hinsichtlich der Frage der Erfolgsmessung zu verzeichnen hat, wird an dieser Stelle nicht weiter darauf eingegangen.

Ernst widmet ihre Arbeit der Fragestellung, wie die Evaluation von Beratungsleistungen zustande kommt. Sie stellt fest, dass die Evaluation von Beratungsleistungen kaum möglich und von den Beteiligten nicht erwünscht ist. Zudem hält sie fest, dass es keine objektive, technisch-rationale Evaluation, die unabhängig von den Beteiligten durchgeführt wird, gibt (vgl. Ernst 2002: 207 f.). In einem späteren Beitrag zur Bewertung von Beratungsleistungen äußert sie sich folgendermaßen:

„Ansätze zur Evaluation von Beratungsprojekten gibt es, wie wir gesehen haben, sowohl für die Stichproben von Unternehmen als auch für einzelne Beratungsprojekte, aber kein Ansatz ist in der Lage, die Evaluationshindernisse in einer Weise zu überwinden, die zu akzeptablen Ergebnissen führt." (Ernst & Kieser 2005: 327)

Allerdings räumt Ernst ein, dass zunächst der Einsatz von Evaluationsverfahren im Vordergrund steht und deren Qualität von nachgelagerter Bedeutung ist.

„Ob die Evaluationsverfahren, [...], welche in diesen Abteilungen zur Anwendung kommen, ein hohes Maß an Validität und Zuverlässigkeit aufweisen – nach unseren obigen Ausführungen ist dies generell nicht anzunehmen –, ist zweitrangig. Sie erfüllen ihren Zweck, nämlich die Kontrolle des Beratungsbudgets und der einzelnen Projekte." (Ernst & Kieser 2005: 330)

Die im Rahmen der vorliegenden Untersuchung gewonnenen Erkenntnisse können die Ergebnisse von Ernst nur teilweise bestätigen. In allen Fallstudien konnten geeignete Kriterien zur Erfolgsmessung gefunden werden und eine Erfolgsmessung war möglich. Insofern kann die Aussage, dass eine Erfolgsmessung kaum möglich und von den Beteiligten nicht erwünscht ist, nicht bestätigt werden.

Es hat sich gezeigt, dass eine objektive Erfolgsmessung nicht möglich ist. Dies wird allerdings immer der Fall sein, solange die entsprechenden Vereinbarungen von Personen ausgehandelt werden. Es wurde jedoch dargelegt, wie die Vertragsparteien sich auf eine systematische Vorgehensweise bei der Messung des Beratungserfolges verständigt haben und wie die angesprochenen „Evaluationshindernisse" in der Praxis überwunden werden konnten (vgl. S. 194 ff.). Zusammenfassend kann festgehalten werden, dass die Erkenntnisse der vorliegenden Arbeit hinsichtlich des Überwindens der Evaluationshindernisse und des Vorhandenseins von Evaluationsverfahren im Gegensatz zu den Ergebnissen von Ernst stehen.

Die folgenden Abschnitte sind den praktischen Ansätzen zur Bewertung von Beratungsleistungen gewidmet. In Kapitel 2.1.2 wurde bereits dargelegt, dass es sich bei den Werken von Bennett und Kubr um praktische Handbücher, die keine spezifischen Aussagen zur Bewertung von Beratungsleistungen beinhalten, handelt. Infolgedessen wird in diesem Abschnitt darauf verzichtet, näher auf die beiden Werke einzugehen. Darüber hinaus erfolgt die Betrachtung der Ansätze von Phillips und der Cardea AG & Pepper GmH parallel, da die vorliegenden Erkenntnisse dieser Arbeit auf beide Ansätze gleichermaßen zutreffen.

Der zentrale Punkt beider Ansätze stellt die Ermittlung eines monetären Kosten-Nutzen-Verhältnisses dar, das in die Dimension der Effizienz einzuordnen ist. Dieses Verhältnis hat die Aufgabe, die Beratungsleistung zu beurteilen. Es werden jeweils einige Ausgestaltungsmöglichkeiten aufgezeigt, die sowohl die Aufnahme einer prozessbezogenen als auch einer ergebnisbezogenen Zielerreichung zur Bewertung der Beratungsleistung zulassen. Der Einsatz einer Zufriedenheitsabfrage zur Bestimmung des Beratungserfolges wird als eine weitere Möglichkeit dargestellt. Es lässt sich somit festhalten, dass in beiden Ansätzen alle Möglichkeiten der Erfolgsmessung eingebunden werden. Diese Vorgehensweise steht jedoch in klarem Gegensatz zu den in dieser Arbeit gewonnenen Erkenntnissen.

Die Ermittlung eines Kosten-Nutzen Verhältnisses konnte auf Grund des enormen Messaufwands in keiner der betrachteten Fallstudien beobachtet werden. Zudem habe die Erkenntnisse gezeigt, dass in der Praxis der Einsatz von einigen wenigen Kriterien als praktikabel angesehen wird (vgl. S. 194, 217 ff.). Abschließend lässt sich somit festhalten, dass sowohl der Einsatz der Consultant's Scorecard als auch die Ermittlung des „Return on Consulting" nur bedingt zur Messung des Beratungserfolges geeignet ist.

Die vorliegende Arbeit hat anhand von sechs Fallstudien aufgezeigt, dass der Erfolg von Beratungsprojekten gemessen werden kann. Darüber hinaus wurden aus den gewonnenen Erkenntnissen Thesen für den Einsatz von Erfolgshonoraren sowie Gestaltungsempfehlungen für die Erfolgsmessung abgeleitet. Abschließend werden im folgenden Kapitel die wesentlichen Schlussfolgerungen zusammengefasst und ein Ausblick auf mögliche künftige Forschungsvorhaben gegeben.

6 ZUSAMMENFASSUNG UND AUSBLICK

Die forschungsleitende Frage dieser Arbeit, wie der Erfolg von Beratungsprojekten gemessen werden kann, wurde anhand der Betrachtung von Beratungsprojekten untersucht, bei denen Erfolgshonorare zum Einsatz kamen. Dieser Ansatz wurde gewählt, damit sichergestellt ist, dass in den betrachteten Fällen eine Erfolgsmessung bis zum Ende des Projektes durchgeführt wurde und somit die auftretenden Schwierigkeiten untersucht werden konnten. Es wurde festgestellt, dass eine objektive Erfolgsmessung nicht möglich ist, da die Erfolgsmessung von Personen ausgehandelt wird und diese Personen somit Einfluss auf die Vereinbarung der Erfolgsmessung nehmen. Die beiden Vertragsparteien haben sich allerdings jeweils auf eine gemeinsame Vorgehensweise geeinigt und insofern kann von einer „systematischen Erfolgsmessung" gesprochen werden.

Im Zuge der Untersuchung wurde deutlich, dass zwischen Erfolgsmessung und Erfolgshonorar kein zwingender Zusammenhang besteht, da die Erfolgsmessung und die Bestimmung des Erfolgshonorars auf unterschiedlichen hierarchischen Ebenen erfolgen. Der Erfolg wird üblicherweise auf Projektleitungs- oder Durchführungsebene ermittelt, wohingegen das Erfolgshonorar auf Verhandlungsebene festgelegt wird. Zudem verfolgen die beiden Vertragsparteien gegensätzliche Interessen, wenn es um die Ermittlung der Höhe des Honorars geht. Der Auftraggeber kann unter Umständen nach Abschluss des Projektes versuchen, das Erfolgshonorar möglichst gering zu halten, um Kosten zu sparen. Der Berater ist selbstverständlich daran interessiert, das vollständige Honorar ausbezahlt zu bekommen. In Kapitel 5.1 wurden die Motive, die zur Aufnahme eines Erfolgshonorars in den Vertrag führen, die einzelnen Einflussfaktoren sowie deren Auswirkungen auf die Vertragsgestaltung und die Höhe des Erfolgshonorars dargestellt. Auf Grund des fehlenden zwingenden Zusammenhangs zwischen Erfolgsmessung und Erfolgshonorar und den damit einhergehenden Diskussionen wird empfohlen, auf den Einsatz von Erfolgshonoraren zu verzichten.

Es ist zu erwarten, dass diese Empfehlung vor dem Hintergrund des in den letzten Jahren erfolgten Anstiegs des Einsatzes von Erfolgshonoraren[64] auf Kritik stoßen wird. Höchstwahrscheinlich wird sich diese Kritik dahingehend aussprechen, dass die Aufforderung zu einem Verzicht auf Erfolgshonorare mit einem Verzicht auf Verantwortungsübernahme durch die Berater gleichzusetzen sei. Diese Argumentation kann allerdings nicht geteilt werden, da sich im Rahmen der vorliegenden Arbeit gezeigt hat, dass unabhängig von dem Erfolg des Beratungsprojektes in fast allen Fällen nach Abschluss des Projektes über die Höhe des Erfolgshonorars diskutiert wurde. Die Empfehlung, auf den Einsatz von Erfolgshonoraren zu verzichten, ist somit lediglich darauf zurückzuführen, dass auf Grund der unterschiedlichen hierar-

---

[64] Siehe Seite 3 f.

chischen Ebenen und der gegensätzlichen Interessen der beiden Vertragsparteien im Zuge der Interpretation der Ergebnisse und der monetären Bewertung der Leistung zahlreiche Diskussionen entstehen. Unabhängig von dem Einsatz eines Erfolgshonorars sollte dennoch in jedem Beratungsprojekt eine Erfolgsmessung durchgeführt werden, um eine zielorientierte Vorgehensweise sicherzustellen und eine kontinuierliche Kontrolle zu gewährleisten.

Es hat sich gezeigt, dass ein Zusammenhang zwischen dem Detaillierungsgrad der Aufgabenstellung des Projektes und der Möglichkeit der Durchführung einer Erfolgsmessung besteht. Letztlich kann bei ausreichendem Detaillierungsgrad für jede Fragestellung eine Erfolgsmessung durchgeführt werden, allerdings steigt bei zunehmender Detaillierung der Messaufwand erheblich. Infolgedessen trifft das Kundenunternehmen eine Entscheidung zwischen dem Aufwand, den es bereit ist für die Erfolgsmessung hinzunehmen, und dem daraus erwarteten Nutzen. Falls das Kundenunternehmen zu dem Schluss kommt, dass der Aufwand der Erfolgsmessung in keinem Verhältnis zu dem Nutzen steht, wird auf eine Erfolgsmessung von Beratungsprojekten verzichtet.

In dieser Arbeit hat sich gezeigt, dass es auf Grund der unterschiedlichen Fragestellungen der Beratungsprojekte, der zahlreichen Einflussfaktoren sowie der unterschiedlichen Konstellationen der Kunden-Berater-Beziehung kein Patentrezept zur Durchführung einer Erfolgsmessung gibt. Da die Durchführung einer Erfolgsmessung bei Beratungsprojekten somit nicht als „exakte Wissenschaft" bezeichnet werden kann, wurden in Kapitel 5.2 an die Praxis gerichtete Gestaltungsempfehlungen abgeleitet. Diese Gestaltungsempfehlungen dienen dazu, Schwierigkeiten bei der Erfolgsmessung hervorzuheben und eine Hilfestellung bei der Durchführung einer Erfolgsmessung bei Beratungsprojekten zu geben.

Es konnte gezeigt werden, dass, nachdem die Vertragsparteien sich darauf geeinigt haben, wie die Erfolgsmessung durchgeführt wird, keine größeren Schwierigkeiten bei der tatsächlichen Bestimmung der Ergebnisse aufgetreten sind. Im Verlauf der Projekte haben keine Faktoren zu einer Veränderung der Vereinbarung der Erfolgsmessung geführt, sondern die Erfolgsmessung wurde gemäß der ursprünglichen Vereinbarung durchgeführt und die vereinbarte systematische Vorgehensweise wurde eingehalten.

Zusammenfassend wird der kombinierte Einsatz von Erfolgsmessung und Erfolgshonoraren nicht als empfehlenswert angesehen, jedoch ist die Durchführung einer Erfolgsmessung von Beratungsprojekten in jedem Fall als sinnvoll und wünschenswert einzustufen.

Es ist allerdings hervorzuheben, dass die konsequente Durchführung einer Erfolgsmessung ohne irgendeine monetäre Verbindung zum Honorar von beiden Vertragsparteien ein hohes Maß an Disziplin erfordert. Dies ist insbesondere dann der Fall, wenn beide Parteien das Gefühl haben, dass das Projekt erfolgreich verläuft, und daher die Erfolgsmessung möglicherweise als unnötig betrachtet wird. In solchen Fällen liegt es in der Verantwortung des

Kunden, dafür Sorge zu tragen, dass eine Erfolgsmessung auch ohne Einsatz eines Erfolgshonorars konsequent durchgeführt wird.

Da, wie gezeigt wurde, der Einsatz eines Erfolgshonorars meist auf den expliziten Wunsch des Kunden zurückgeht, kann man davon ausgehen, dass Erfolgshonorare trotz des nicht zwingend bestehenden Zusammenhangs zur Erfolgsmessung und den damit einhergehenden Schwierigkeiten auch weiterhin zum Einsatz kommen werden. In diesen Fällen ist zumindest darauf hinzuweisen, dass eine Kündigungsklausel in den Vertrag aufgenommen werden sollte, um im Falle von Streitigkeiten einen gewissen rechtlichen Rahmen abzustecken. Zudem sollte unbedingt vor Beginn der eigentlichen Projektarbeit festgelegt werden, wie der Erfolg gemessen werden soll, um zu verhindern, dass die ersten Erkenntnisse des Projektes Einfluss auf die gewählten Kriterien und insbesondere deren Ausprägungen haben. Im Falle einer Veränderung der Aufgabenstellung oder der Zielsetzung des Projektes ist zu überprüfen, ob eine Anpassung der vereinbarten Regelung der Erfolgsmessung notwendig ist.

In den letzten Jahren hat sich gezeigt, dass der Einsatz von Erfolgshonoraren stetig zugenommen hat (vgl. S. 4). Es wird interessant sein zu beobachten, inwieweit sich dieser Trend fortsetzt und welche Motive hinter dieser Entwicklung stecken. In dieser Arbeit wurde aufgezeigt, dass das Erfolgshonorar eine Risikoversicherungs- und eine Verkaufsfunktion erfüllt. Diese Erkenntnis könnte in künftigen wissenschaftlichen Arbeiten im Rahmen einer großzahligen Untersuchung verifiziert werden.

In Bezug auf die Erfolgsmessung wurde aufgezeigt, dass die Frage, ob eine Erfolgsmessung durchgeführt wird oder nicht, letztlich vom Aufwand, der dafür eingesetzt werden muss, und dem entstehenden Nutzen abhängt. Insofern wäre es interessant zu untersuchen, welchen Aufwand der Kunde bereit ist, für die Durchführung einer Erfolgsmessung zu betreiben. Nachdem in dieser Arbeit dargestellt wurde, wie die Erfolgsmessung von Beratungsprojekten erfolgen kann, sollte im nächsten Schritt untersucht werden, wo und bei welchen Projekten eine Erfolgsmessung vorzugsweise zum Einsatz kommt. Zudem stellt sich die Frage, inwieweit es unter Umständen zielführend ist, die bei einem Beratungsprojekt eingesetzte Logik der Erfolgsmessung an die in einem Unternehmen vorhandene Logik der Berechnung des variablen Gehaltsteils der Mitarbeiter anzulehnen.

Fasst man diese Gedanken zusammen, ergeben sich folgende Fragestellungen, die im Rahmen von künftigen Arbeiten untersucht werden könnten:

- Wie viel ist der Kunde bereit, für die Durchführung einer Erfolgsmessung auszugeben?
- Inwieweit variiert die Ausgabebereitschaft des Kunden für die Erfolgsmessung mit der Größe des Beratungsprojektes?
- Gibt es Unterschiede bei der Erfolgsmessung von Beratungsprojekten zwischen großen und kleinen Unternehmen?

- Gibt es spezifische Fragestellungen, bei denen meistens bzw. fast nie eine Erfolgsmessung zum Einsatz kommt?
- Gibt es eine Möglichkeit, die Erfolgsmessung an die interne Bonussystematik des Kundenunternehmens anzulehnen?

Zudem ist in weiteren Forschungsbemühungen zu beachten, dass die Betrachtung des Themas „Unternehmensberatung" mit einem differenzierten Blick erfolgen muss. Die Weiterentwicklung des im Rahmen dieser Arbeit eingesetzten Bezugsrahmens macht deutlich, dass insbesondere die Tatsache, dass unterschiedliche Personen in verschiedenen Phasen des Beratungsprozesses beteiligt sind, in künftigen Untersuchungen Beachtung finden sollte.

Anhang

Interviewleitfaden Berater

Interviewte Person
Name:
Beratungsunternehmen:
Position des Beraters zum Zeitpunkt des Projektes :
Beratungsfall
Beratungsprojekt:
Branche:
Beratungsdauer des konkreten Beratungsprojektes:
Interview
Datum:
Ort:
Dauer:

Einführung

Vorstellung
Ziel der Untersuchung: Wie kann der Erfolg bei Beratungsprojekten gemessen werden? Zu diesem Zwecke erfolgt die Betrachtung von Projekten bei denen Erfolgshonorare zum Einsatz kamen.
Ziel des Interviews: Die Betrachtung des oben benannten Projektes bei dem ein Erfolgshonorar bzw. eine erfolgsabhängige Komponente Bestand der vertraglichen Vereinbarung war, um Erkenntnisse über die mögliche Erfolgsmessung bei Beratungsprojekten zu gewinnen.
Hinweis auf konkreten Beratungsfall bei Beantwortung der Fragen
Ablauf der Befragung: Chronologisches Vorgehen, sprich der Ablauf des Interviews orientiert sich an dem zeitlichen Ablauf des Beratungsprozess.
Die Ergebnisse dieses Interviews werden anonymisiert
Besteht Einverständnis mit einer Tonbandaufzeichnung

Anbahnung / Akquisitionsphase

1. Wie erfolgte der erste Kontakt mit dem Kunden?
   Ausschreibung, persönlicher Kontakt, Erstprojekt

2. Hat der Kunde in dieser Phase auch mit anderen Beratungsunternehmen über das Beratungsprojekte und eine mögliche Beauftragung gesprochen?

Problemdiagnose / Vertragsabschluss

3. Wie wurde vorgegangen um die Aufgabenstellung des Projektes weiter zu präzisieren?

4. Inwieweit deckte sich die Aufgabenvorstellung des Kunden mit Ihrer Vorstellung?

5. Wie kam es dazu, dass eine erfolgsorientierte Komponenten in den Vertrag auf genommen wurde?

6. Was für eine Rolle spielte die erfolgsorientierte Komponenten bei der letztendlichen Entscheidung des Kunden mit Ihnen zusammenzuarbeiten?

7. Was für ein Zweck wurde mit der erfolgsorientierten Komponente verfolgt?
   Risikominimierung seitens des Kunden
   Reduzierung des vereinbarten Preises
   Gleichrichtung der Interessen
   Demonstration der Leistungsbereitschaft seitens des Beraters

8. Wie lautet die vertragliche Vereinbarung der Erfolgsmessung?
   Wie sollte die Erfolgsmessung stattfinden?
   Wer sollte die Erfolgsmessung durchführen?
   Wie sollte das Ende des Beratungsprojektes festgestellt werden?
   Wann sollte die finale Erfolgsmessung stattfinden?

9. Wie eng war der Zusammenhang zwischen Projektinhalt und Erfolgsmessung?

10. Wie verliefen die weiteren Vertragsverhandlungen?
    Was für eine Rolle spielte die erfolgsorientierte Komponente dabei?
    Festlegen Zeitraum / Dauer des Projekts
    Festlegen Kapazität / Teamzusammensetzung
    ......

Problemlösung / Konzepterstellung

11. Inwieweit waren die Personen mit denen die vertragliche Regelung vereinbart wurden in die Projektarbeit involviert?

12. Gab es Veränderungen bei der Aufgabenstellung nach Aufnahme der Arbeit vor Ort?

13. Welche Rolle spielte die erfolgsorientierte Komponente bei der Zusammenarbeit mit dem Kunden? Hatten Sie einen Einfluss auf diese Zusammenarbeit?

14. Wie war das Verhältnis zum Kunden?

15. War der Kunde mit dem erarbeiteten Konzept zufrieden?

Implementierung / Realisierung des Konzeptes

16. Welche Rolle übernahmen Sie bei der Implementierung?

17. Welche Rolle übernahm der Kunde bei der Implementierung?

18. Gab es während der Implementierung eine begleitende Erfolgsmessung?

19. Wann galt die Implementierung als abgeschlossen?

Evaluation / Erfolgsmessung / Bestimmung des Honorars

20. Wie wurde der Erfolg des Projektes abschließend ermittelt?

21. Wer führte die Erfolgsmessung durch?

22. Wie wurde der Zeitpunkt der Erfolgsmessung festgelegt?

23. Gab es von Berater- und Kundenseite unterschiedliche Auffassungen über die Erfolgsmessung? Falls ja, wie wurde ein gemeinsamer Weg gefunden?

24. Wich die Erfolgsmessung von der ursprünglichen vertraglichen Vereinbarung ab?
    Falls ja, inwieweit wich die Erfolgsmessung ab?
    Was führte zu dieser Abweichung?

25. Gab es Uneinigkeiten zwischen Berater und Kunden hinsichtlich der Ermittlung des Erfolges und der Berechnung des Honorars?
    Falls ja, worüber herrschte keine Einigkeit?
    Wurden diese unterschiedlichen Auffassungen letztlich beseitigt?
    Falls ja, wie wurden Sie beseitigt?

26. Wenn Sie dieses Projekt erneut machen wurden, was wurden Sie bei der Erfolgsmessung anders machen?
    Warum würden Sie es anders machen?
    Wie würden Sie es heute machen?

27. Würden Sie erneut mit einer erfolgsabhängigen Komponente arbeiten?
    Falls ja, warum?
    Was waren die Vorteile dieser Vertragsform?

    Falls nein, warum?
    Was waren die Nachteile dieser Vertragsform?

28. Wie ist aktuell der Kontakt zu diesem Kunden?
Gibt es aktuell Aufträge bei diesem Kunden?
Gibt es die Aussicht auf einen Folgeauftrag?

Vielen Dank für Ihre Zeit und das Gespräch.
Abschließend habe ich noch ein paar allgemeine Fragen.

Allgemeine Fragen

Wie häufig treffen Sie Vereinbarungen bei denen Erfolgshonorare zum Einsatz kommen bzw. bei denen es einer erfolgsorientierte Komponente gibt? (Schätzung in %)

Wie hoch ist der maximale Anteil des Honorars der auf einer erfolgsorientierten Bezahlung beruht? (Schätzung in %)

Bieten Sie auch Projekte an, die zu 100% auf Basis einer erfolgsorientierten Bezahlung arbeiten?

Anhang

Interviewleitfaden Kunde

Interviewte Person
Name:
Kundenunternehmen:
Position des Kunden innerhalb des Unternehmens zum Zeitpunkt des Projektes :
Beratungsfall
Beratungsprojekt:
Branche:
Beratungsdauer des konkreten Beratungsprojektes:
Interview
Datum:
Ort:
Dauer:

Einführung

Vorstellung
Ziel der Untersuchung: Wie kann der Erfolg bei Beratungsprojekten gemessen werden? Zu diesem Zwecke erfolgt die Betrachtung von Projekten bei denen Erfolgshonorare zum Einsatz kamen.
Ziel des Interviews: Die Betrachtung des oben benannten Projektes bei dem ein Erfolgshonorar bzw. eine erfolgsabhängige Komponente Bestand der vertraglichen Vereinbarung war, um Erkenntnisse über die mögliche Erfolgsmessung bei Beratungsprojekten zu gewinnen.
Hinweis auf konkreten Beratungsfall bei Beantwortung der Fragen
Ablauf der Befragung: Chronologisches Vorgehen, sprich der Ablauf des Interviews orientiert sich an dem zeitlichen Ablauf des Beratungsprozess. Falls es Fragen gibt, die Sie nicht beantworten wollen oder können, können wir jederzeit die Frage überspringen und zur nächsten Frage übergehen.
Die Ergebnisse dieses Interviews werden anonymisiert
Besteht Einverständnis mit einer Tonbandaufzeichnung

Anbahnung / Akquisitionsphase

1. Warum haben Sie sich entschlossen ein Beratungsunternehmen zu beauftragen?
2. Wie war zu diesem Zeitpunkt ihre wirtschaftliche Situation? / Was war der Inhalt des Beratungsprojektes?
3. Wie erfolgte der erste Kontakt mit dem Beratungsunternehmen?
4. Haben Sie mit mehreren Beratungsunternahmen über die Aufgabenstellung und eine mögliche Beauftragung gesprochen? / Gab es eine Ausschreibung?

Problemdiagnose / Vertragsabschluss

5. Wie konkrete war Ihre Vorstellung über die Aufgabenstellung des Projektes vor der Beauftragung?
6. Deckte sich diese Vorstellung der Aufgabenstellung mit der Sichtweise des Beraters?
7. Wie kam es dazu, dass eine erfolgsorientierte Komponenten in den Vertrag auf genommen wurde?
8. Was für eine Rolle spielte das Angebot einer erfolgsorientierten Komponente bei der Auftragsvergabe?
9. Wäre das Projekt auch ohne diese Komponente zustande gekommen? (Frage nach Zweck)
10. Wie lautet die vertragliche Vereinbarung der Erfolgsmessung? (Wie/Wer/Wann)
11. Würden noch andere Optionen der Erfolgsmessung diskutiert, wenn ja welche?
12. Wie verliefen die weiteren Vertragsverhandlungen?
    Was für eine Rolle spielte die erfolgsorientierte Komponente dabei?
    Festlegen Zeitraum / Dauer des Projekts
    Festlegen Kapazität / Teamzusammensetzung
    ......

Problemlösung / Konzepterstellung

13. Gab es Veränderungen bei der Aufgabenstellung nach Aufnahme der Arbeit durch die Berater vor Ort? (Auswirkungen auf die Erfolgsmessung)
14. Hat die erfolgsorientierte Komponente einen Einfluss auf die Zusammenarbeit mit dem Berater gehabt?
15. Waren Sie mit dem erarbeiteten Konzept zufrieden?

Implementierung / Realisierung des Konzeptes

16. Welche Rolle übernahmen Sie bei der Implementierung?
17. Welche Rolle übernahm der Berater bei der Implementierung?
18. Gab es eine begleitende Erfolgsmessung?
    Falls ja, wer hat Sie durchgeführt und was würde gemessen?
    Wie oft fanden diese Messungen statt?
19. Wann galt die Implementierung als abgeschlossen?
    Wer bestimmte diesen Zeitpunkt?
    Wie war Ihr Einfluss auf diesen Zeitpunkt?
    War dieser Zeitpunkt mit dem Ende des Beratungsprojekts gleichzusetzen?

Evaluation / Erfolgsmessung / Bestimmung des Honorars

20. Wie wurde der Erfolg des Projektes abschließend ermittelt?
21. Wich die Erfolgsmessung von der ursprünglichen vertraglichen Vereinbarung ab?
22. Gab es Uneinigkeiten zwischen Berater und Kunden hinsichtlich der Ermittlung des Erfolges und der Berechnung des Honorars?
23. Wenn Sie dieses Projekt erneut machen wurden, was wurden Sie bei der Erfolgsmessung anders machen?
24. Würden Sie erneut mit einer erfolgsabhängigen Komponente arbeiten?
25. Wie ist aktuell der Kontakt zu diesem Beratungsunternehmen?

Vielen Dank für Ihre Zeit und das Gespräch.
Abschließend habe ich noch ein paar allgemeine Fragen.

Allgemeine Fragen

Wie häufig treffen Sie Vereinbarungen bei denen Erfolgshonorare zum Einsatz kommen bzw. bei denen es einer erfolgsorientierte Komponente gibt? (Schätzung in %)

Interviewleitfaden Allgemein

Interviewte Person
Name:
Unternehmen:
Position der interviewten Person
Interview
Datum:
Ort:
Dauer:

Einführung

Vorstellung
Ziel der Untersuchung: Wie kann der Erfolg bei Beratungsprojekten gemessen werden? Zu diesem Zwecke erfolgt die Betrachtung von Projekten bei denen Erfolgshonorare zum Einsatz kamen.
Ziel des Interviews: Abfrage von Erfahrungen mit dem Einsatz von Erfolgshonoraren und möglichen Wegen den Erfolg von Beratungsprojekten zu messen.
Ablauf der Befragung: Chronologisches Vorgehen, sprich der Ablauf des Interviews orientiert sich an dem zeitlichen Ablauf des Beratungsprozess. Falls es Fragen gibt, die Sie nicht beantworten wollen oder können, können wir jederzeit die Frage überspringen und zur nächsten Frage übergehen.
Die Ergebnisse dieses Interviews werden anonymisiert
Besteht Einverständnis mit einer Tonbandaufzeichnung

Anbahnung / Akquisitionsphase

1. Welches Rolle spielt aus Ihrer Sicht die Bereitschaft von Beratungsunternehmen mit Erfolgshonoraren oder erfolgsorientierten Komponenten zu arbeiten bei der Vergabe von Beratungsprojekten?
2. Wer (Berater oder Kunden) spricht diese Möglichkeit normalerweise zuerst an?

Problemdiagnose / Vertragsabschluss

3. Was für Regelung der Erfolgsmessung kennen Sie?
4. Wie lauten beispielhaft mögliche vertragliche Vereinbarungen von Erfolgshonoraren bzw. erfolgsorientierten Komponenten?

Wie sollte die Erfolgsmessung stattfinden?
Wer sollte die Erfolgsmessung durchführen?
Wie sollte das Ende des Beratungsprojektes festgestellt werden?
Wann sollte die finale Erfolgsmessung stattfinden?

5. Welche Regelung wird am häufigsten angewendet?

6. Was sind die Voraussetzungen auf Kundenseite, dass solche Regelungen angewendet werden können?

7. Wie eng ist erfahrungsgemäß der Zusammenhang zwischen Projektinhalt und Erfolgsmessung?

Problemlösung / Konzepterstellung

8. Wie wird damit umgegangen wenn sich im Verlauf des Projektes eine Veränderung der Aufgabenstellung ergibt?

9. Falls es notwendig ist, wie wird die ursprüngliche Vereinbarung angepasst?

10. Welche Schwierigkeiten können dabei auftreten?

11. Wie werden diese Schwierigkeiten gemeistert?

12. Wie läuft der Kommunikationsprozess zwischen Berater und Kunde im Rahmen der Anpassung der vertraglichen Vereinbarung ab?

Implementierung / Realisierung des Konzeptes

13. Welche Rolle spielen die Berater bei der Realisierung des Konzeptes (bei Projekten bei denen Erfolgshonorare eingesetzt werden)?

14. Findet normalerweise eine begleitende Erfolgsmessung statt?
Falls ja, wie kann diese gestaltet sein?

15. Wann galt die Implementierung als abgeschlossen?
Wer bestimmte diesen Zeitpunkt?
Wie können Regelungen aussehen, die diesen Zeitpunkt bestimmen?
War dieser Zeitpunkt mit dem Ende des Beratungsprojekts gleichzusetzen?

Evaluation / Erfolgsmessung / Bestimmung des Honorars

16. Wie kann die abschließende Ermittlung des Erfolgs aussehen?

17. Wie oft weicht die abschließende Erfolgsermittlung von der ursprünglichen vertraglichen Vereinbarung ab?

18. Was sind aus Ihrer Sicht die Gründe für diese Abweichung?
19. Wie wird damit umgegangen wenn sich Berater und Kunden am Ende nicht einig sind wie die Ermittlung des Erfolges und der Berechnung des Honorars erfolgen soll?
20. Wie wird dieser Konflikt gelöst?
21. Welche weiteren Schwierigkeiten können bei dem Einsatz von Erfolgshonoraren oder erfolgsorientierten Komponenten bei Beratungsprojekten auftreten?
22. Wie ist Ihre Erfahrung im Bezug auf den Zusammenhang der Zufriedenheit des Kunden und dem Einsatz von Erfolgshonoraren?
    Positive vs. negative Auswirkung
    Erfolgshonorare als Signal Verantwortung zu übernehmen

Vielen Dank für Ihre Zeit und das Gespräch.
Abschließend habe ich noch ein paar allgemeine Fragen.

Allgemeine Fragen

Wie häufig treffen Sie Vereinbarungen bei denen Erfolgshonorare zum Einsatz kommen bzw. bei denen es einer erfolgsorientierte Komponente gibt? (Schätzung in %)

Wie hoch ist der maximale Anteil des Honorars der auf einer erfolgsorientierten Bezahlung beruht? (Schätzung in %)

Bieten Sie auch Projekte an bzw. kennen Sie Projekte, die zu 100% auf einer erfolgsorientierten Bezahlung basieren?

Literaturverzeichnis

Abrahamson, E. (1996): Management Fashion, in: Academy of Management Review, 21(1), S. 254-285.

Althaus, S. (1994): Unternehmensberatung - Gestaltungsvorschläge zur Steigerung der Effizienz des Beratungsprozesses, St. Gallen 1994.

BDU (2002): Facts & Figures zum Beratermarkt 2002, Bonn 2002.

BDU (2004): Facts & Figures zum Beratermarkt 2004, Bonn 2004.

BDU (2007a): Facts & Figures zum Beratermarkt 2006/2007, Bonn 2007.

BDU (2007b): Die Gründerelite setzt Maßstäbe für Qualität, Bonn 2007.

BDU (2007c): Grundsätze des Bundesverbandes Deutscher Unternehmensberater BDU e.V. für den Beruf "Unternehmensberater", Bonn 2007.

BDU (2008): Facts & Figures zum Beratermarkt 2007/2008, Bonn 2008.

Becker, U./Schade, C. (1995): Betriebsformen der Unternehmensberatung - Eine Erklärung auf der Basis der Netzwerktheorie und der Neuen Institutionslehre, in: Zeitschrift für betriebswirtschaftliche Forschung, 47(4), S. 327-354.

Bennett, R. (1990): Choosing and Using Management Consultants, London 1990.

Bortz, J./Döring, N. (2006): Forschungsmethoden und Evaluation für Human- und Sozialwissenschaftler, 4. Aufl., Heidelberg 2006.

Byrne, J. A. (2002, 8. Juli): Inside McKinsey: It's the world's most prestigious consulting firm, Business Week, 8. Juli 2002, S. 54-62.

Cardea AG/Pepper GmbH (2007): RoC Return on Consulting - Nachweis des Wertschöpfungsbeitrags von Beratereinsätzen, München et al. 2007.

Caroli, T. S. (2005): Managementberatung und Führungsrationalität - Ein akteurstheoretischer Ansatz, Wiesbaden 2005.

Caulkin, S. (1997): The great consultancy cop-out, in: Management Today, March, S. 32-37.

Clark, A. W. (1976): Experimenting with organizational life: the action research approach, New York et al. 1976.

Clark, T./Salaman, G. (1998): Creating the 'Right' Impression: Towards a Dramaturgy of Management Consultancy, in: The Service Industries Journal, 18(1), S. 18-38.

Dahl, E. (1967): Die Unternehmensberatung: Eine Untersuchung über ausgewählte Aspekte betratender Tätigkeiten in der BRD, in: König, R. /Scheuch, E. K. (Hrsg.): Kölner Beiträge zur Sozialforschung und angewandten Soziologie, Meisenheim am Glan 1967.

Dawes, P. L./Dowling, G. R./Patterson, P. G. (1992): Criteria Used to Select Management Consultants, in: Industrial Marketing Management, 21(3), S. 187-193.

Deelmann, T./Petmecky, A. (2004): Beratermanagement - Objektive Optimierung des Beratereinsatzes bei der Deutschen Telekom, in: Treichler, C./Wiemann, E. /Morawetz, M. (Hrsg.): Corporate Governance und Managementberatung - Strategien und Lösungsansätze für den professionellen Beratereinsatz in der Praxis, Wiesbaden 2004, S. 177-201.

Dichtl, M. (1998): Standardisierung von Beratungsleistungen, Wiesbaden 1998.

Diekmann, A. (2007): Empirische Sozialforschung - Grundlagen, Methoden, Anwendungen, 18. Aufl., Reinbeck bei Hamburg 2007.

Dowling, G. R. (1986): Managing Your Corporate Images, in: Industrial Marketing Management, 15(2), S. 109-115.

Dyer Jr, W. G./Wilkins, A. L. (1991): Better stories, not better constructs, to generate better theory: A rejoinder to Eisenhardt, in: Academy of Management Review, 16(3), S. 613-619.

Effenberger, J. (1998): Erfolgsfaktoren der Strategieberatung - Die Analyse einer Leistung von Unternehmensberatern aus Klientensicht, Stuttgart 1998.

Eisenhardt, K. M. (1989): Building Theories from Case Study Research, in: Academy of Management Review, 14(4), S. 532-550.

Eisenhardt, K. M. (1991): Better stories and better constructs: The case for rigor and comparative logic, in: Academy of Management Review, 16(3), S. 620-627.

Eisenhardt, K. M./Graebner, M. E. (2007): Theory building from cases: Opportunities and challenges, in: Academy of Management Journal, 50(1), S. 25-32.

Elfgen, R. (1985): Dokumentation deutsch- und englisch sprachiger Literatur zur Unternehmensberatung, Stuttgart 1985.

Elfgen, R. (1991): Systemische und kognitionstheoretische Perspektiven der Unternehmensberatung, in: Hofmann, M. (Hrsg.): Theorie und Praxis der Unternehmensberatung: Bestandsaufnahme und Entwicklungsperspektiven, Heidelberg 1991, S. 281-308.

Elfgen, R./Klaile, B. (1987): Unternehmensberatung: Angebot, Nachfrage, Zusammenarbeit, Stuttgart 1987.

Ernst, B. (2002): Die Evaluation von Beratungsleistungen - Prozesse der Wahrnehmung und Bewertung, Wiesbaden 2002.

Ernst, B./Kieser, A. (2005): Wissen Manager, ob Beratung ihr Geld wert ist?, in: Seidl, D./Kirsch, W. /Linder, M. (Hrsg.): Grenzen der Strategieberatung - Eine Gegenüberstellung der Perspektive von Wissenschaft, Beratung und Klienten, Bern 2005, S. 313-340.

Eschbach, T. H. (1984): Der Ausgleich funktionaler Defizite des wirtschaftlichen Systems durch die Unternehmensberatung - Eine soziologische Analyse, Frankfurt am Main et al. 1984.

Exner, A./Königswieser, R./Titscher, S. (1987): Unternehmensberatung - systemisch: Theoretische Annahmen und Interventionen im Vergleich zu anderen Ansätzen, in: Die Betriebswirtschaft, 47(3), S. 265-284.

Fink, D. (2004): Managementberatung und Corporate Governance - von Methoden, Vertrauen und vergessenen Werten, in: Treichler, C./Wiemann, E. /Morawetz, M. (Hrsg.): Corporate Governance und Managementberatung - Strategien und Lösungsansätze für den professionellen Beratereinsatz in der Praxis, Wiesbaden 2004, S. 101-109.

Fink, D./Knoblach, B. (2003): Die großen Management Consultants: Ihre Geschichte, ihre Konzepte, ihre Strategien, München 2003.

Fink, D./Knoblach, B. (2007), Management Consulting 2007: Trends und Kompetenzen in der Managementberatung. Bonn.

Fleischmann, P. (1984): Prozessorientierte Beratung im strategischen Management, München 1984.

Flick, U. (2006): Qualitative Sozialforschung - Eine Einführung, 4. Aufl., Reinbek bei Hamburg 2006.

Foddy, W. (1994): Constructing questions for interviews and questionnaires - Theory and practice in social research, Cambridge et al. 1994.

Frese. (1980): Projektorganisation, in: Grochla, E. (Hrsg.): Handwörterbuch der Organisation, Stuttgart 1980, S. 1960-1974.

Fritz, W./Effenberger, J. (1998): Strategische Unternehmensberatung - Verlauf und Erfolg von Projekten der Strategieberatung, in: Die Betriebswirtschaft, 58(1), S. 103-118.

Gable, G. G. (1996): A Multidimensional Model of Client Success When Engaging External Consultants, in: Management Science, 42(8), S. 1175-1198.

Glaser, B. G./Strauss, A. L. (1967): The Discovery of Grounded Theory - Strategies for Qualitative Research, Chicago et al. 1967.

Gläser, J./Laudel, G. (2006): Experteninterviews und qualitative Inhaltsanalyse, Wiesbaden 2006.

Golden, B. R. (1992): Research notes: The past is the past - Or is it? The use of retrospective accounts as indicators of past strategy, in: Academy of Management Journal, 35(4), S. 848-860.

Göschl, P./Erdmann, I. (2004): Strukturierter Einsatz von Management- und Organisationsberatern bei der Münchner Rück, in: Treichler, C./Wiemann, E. /Morawetz, M. (Hrsg.): Corporate Governance und Managementberatung - Strategien und Lösungsansätze für den professionellen Beratereinsatz in der Praxis, Wiesbaden 2004, S. 157-176.

Grabatin, G. (1981): Effizienz von Organisationen, Berlin et al. 1981.

Greiner, L. E./Metzger, R. (1983): Consulting to management, Englewood Cliffs 1983.

Grün, O. (1984): Die Gestaltung des Berater-Einsatzes durch den Mandanten, in: Zeitschrift für Führung und Organisation, 53(1), S. 13-20.

Grün, O. (1990): Von der Berater- zur Konsultationsforschung, in: Bleicher, K. /Gomez, P. (Hrsg.): Zukunftsperspektiven der Organisation: Festschrift zum 65. Geburtstag von Prof. Dr. Robert Staerkle, Bern 1990, S. 115-134.

Gzuk, R. (1975): Messung der Effizienz von Entscheidungen - Beitrag zu einer Methodologie der Erfolgsfeststellung betriebswirtschaftlicher Entscheidungen, Tübingen 1975.

Hafner, K./Reineke, R.-D./Dresselhaus, D. (1988): Unternehmensführung und Unternehmensberatung - Bestandsaufnahme und Entwicklungsperspektiven 1988, Münster.

Hammerschmidt, J. (1965): Die unabhängige Wirtschaftsberatung in Deutschland - Stand und Ausbaumöglichkeiten unter Berücksichtigung ausländischer Erfahrungen, Erlangen et al. 1965.

Herp, T. (2006): Entwicklung der Strategieberatung, in: Sommerlatte, T./Mirow, M./Niedereichholz, C. et al. (Hrsg.): Handbuch der Unternehmensberatung: Organisationen führen und entwickeln, Berlin 2006, Teil B 3120, S. 1-13.

Heuermann, R./Herrmann, F. (2003): Unternehmensberatung - Anatomie und Perspektiven einer Dienstleistungselite, München 2003.

Hirn, W./Student, D. (2001, 01.07): Gewinner ohne Glanz - Unternehmer benoten Unternehmensberater, Manager Magazin, 31, S. 49-61.

Hoffmann-Riem, C. (1980): Die Sozialforschung einer interpretativen Soziologie, in: Kölner Zeitschrift für Soziologie und Sozialpsychologie, 32, S. 339-372.

Hoffmann, W. H. (1991): Faktoren erfolgreicher Unternehmensberatung, Wiesbaden 1991.

Hossenfelder, J. (2006): Milliarden-Markt - Einkauf von Beratung wird professioneller, Produktion - Die Zeitung für die deutsche Industrie, 06.07.2006.

Jenkis, H. (1973): Ursprung und Entwicklung der gemeinnützigen Wohnungswirtschaft, Hamburg 1973.

Kaplan, R. S./Norton, D. P. (1996): The balanced scorecard translating strategy into action, Boston 1996.

Literaturverzeichnis

Kass, K. P./Schade, C. (1995): Unternehmensberater im Wettbewerb - Eine empirische Untersuchung aus der Perspektive der Neuen Institutionslehre, in: Zeitschrift für Betriebswirtschaft, 65(10), S. 1067-1089.

Kienbaum, G. (1980): Organisation der Beratungsbetriebe, in: Grochla, E. (Hrsg.): Handwörterbuch der Organisation, 2. Aufl., Stuttgart 1980, S. 307-315.

Kienbaum, G./Meissner, D. (1979): Zur Problematik des Effizienznachweisen von Beratung - Ansätze im Beratungsprozeß, in: Betriebswirtschaftliche Forschung und Praxis, 31(2), S. 109-116.

Kieser, A. (1998): Unternehmensberater - Händler in Problemen, Praktiken und Sinn, in: Glaser, H./Schröder, E. F. /von Werder, A. (Hrsg.): Organisation im Wandel der Märkte: Erich Frese zum 60. Geburtstag, Wiesbaden 1998, S. 191-225.

Kieser, A. (2002): Wissenschaft und Beratung, Heidelberg 2002.

Kieser, A./Kubicek, H. (1992): Organisation, 3. Aufl., New York 1992.

Kipping, M. (2002): Jenseits von Krise und Wachstum - Der Wandel im Markt für Unternehmensberatung, in: Zeitschrift für Führung und Organisation, 71(5), S. 269-276.

Kirsch, W. (1971): Entscheidungen in Organisationen, Wiesbaden 1971.

Kirsch, W. (1984): Bezugsrahmen, Modelle und explorative empirische Forschung, in: Kirsch, W. (Hrsg.): Wissenschaftliche Unternehmensführung oder Freiheit vor der Wissenschaft?, München 1984, S. 751-772.

Klein, H. (1974): Die Konsultation externer Berater, in: Klein, H. /Knorpp, J. (Hrsg.): Entscheidung unter Außeneinfluss, Tübingen 1974.

Klein, H. (1978): Zur Messung des Beratungserfolges, in: Zeitschrift für Organisation, 47(2), S. 105-110.

Kleining, G. (1982): Umriss zu einer Methodologie qualitativer Sozialforschung, in: Kölner Zeitschrift für Soziologie und Sozialpsychologie, 34, S. 224-253.

zu Knyphausen-Aufseß, D. (1995): Theorie der strategischen Unternehmensführung - State of the Art und neue Perspektiven, Wiesbaden 1995.

zu Knyphausen-Aufseß, D./Schweizer, L./Rajes, M. (2009): Beratungserfolg - eine Betrachtung des State of the Art der Ansätze zur Messung und Erklärung des Erfolges von Beratungsleistungen, in: Zeitschrift für Management, 4(1), S. 5-27.

Kolbeck, C. (2001): Zukunftsperspektiven des Beratungsmarktes - Eine Studie zur klassischen und systemischen Beratungsphilosophie, Wiesbaden 2001.

Köth, C.-P. (2006): Das Pfeifen im Walde, Automobil Industrie, 10/2006, S. 46-51.

Kralj, D. (2004): Vergütung von Beratungsdienstleistungen - Agencytheoretische und empirische Analyse, Wiesbaden 2004.

Krebs, D. (1980): Unternehmensberatung in der Bundesrepublik Deutschland, Bochum 1980.

Kubicek, H. (1975): Empirische Organisationsforschung - Konzeption und Methodik, Stuttgart 1975.

Kubr, M. (1996): Management Consulting: A guide to the profession, 3. ed., Geneva 1996.

Kühl, S./Strodtholz, P. (2002): Methoden der Organisationsforschung - ein Handbuch, Reinbek bei Hamburg 2002.

Lamnek, S. (2005): Qualitative Sozialforschung, 4. Aufl., Weinheim et al. 2005.

Langley, A. (1999): Strategies for theorizing from process data, in: Academy of Management Review, 24(4), S. 691-710.

Larew, J./Deprosse, H. (1997): Erfolgshonorare für Berater?, in: Harvard Business Manager(1), S. 107-113.

Lechner, C. et al. (2005): Berater unter Druck, in: Harvard Business Manager(8), S. 6-9.

Lippitt, G. L. (1972): Criteria for selecting, evaluating and developing consultants, in: Training and Development Journal, 26(8), S. 12-17.

Lippitt, R./Lippitt, G. (1975): Phases in the Consulting Process, in: Journal of European Training, 4(5), S. 263-273.

Lippitt, R./Lippitt, G. (1977): Der Beratungsprozess in der Praxis - Untersuchung zur Dynamik der Arbeitsbeziehung zwischen Klient und Berater, in: Sievers, B. (Hrsg.): Organisationsentwicklung als Problem, Stuttgart 1977, S. 93-115.

Lowinski, F. (2006): Consulting for equity - analysis of an innovatie compensation scheme in the consulting industry, Witten Herdecke 2006.

Lütge, F. (1949): Wohnungswirtschaft. Eine systematische Darstellung unter besonderer Berücksichtigung der deutschen Wohnungswirtschaft, 2. Aufl., Stuttgart 1949.

Lutz, F. (1981): Das Beratungsteam - Kritische Auseinandersetzung mit einem Organisationskonzept aus der Praxis der Unternehmensberatung Frankfurt am Main 1981.

Maister, D. H. (1993): Managing the professional service firm, New York 1993.

March, J. G./Sutton, R. I. (1997): Organizational Performance as a Dependent Variable, in: Organization Science, 8(6), S. 698-710.

Martin, A. (1989): Die empirische Forschung in der Betriebswirtschaftslehre, Stuttgart 1989.

McLachlin, R. D. (2000): Service quality in consulting: what is engagement success?, in: Managing Service Quality, 10(4), S. 239-247.

McMullan, E./Chrisman, J. J./Vesper, K. (2001): Some Problems in Using Subjective Measures of Effectiveness to Evaluate Entrepreneurial Assistance Programs, in: Entrepreneurship Theory and Practice, 26(1), S. 37-54.

Meffert, H. (1990): Unternehmensberatung und Unternehmensführung - Eine empirische Bestandsaufnahme, in: Die Betriebswirtschaft, 50(2), S. 181-197.

Meinefeld, W. (2000): Hypothesen und Vorwissen in der qualitativen Sozialforschung, in: Flick, U./von Kardoff, E. /Steinke, I. (Hrsg.): Qualitative Forschung - Ein Handbuch, Reinbek bei Hamburng 2000, S. 265-275.

Miles, M. B./Hubermann, M. A. (1994): Qualitative data analysis - an expanded sourcebook, 2. ed., Thousand Oaks et al. 1994.

Mohe, M. (2004): Stand und Entwicklungstendenzen der empirischen Beratungsforschung - Eine qualitative Meta-Analyse für den deutschsprachigen Raum, in: Die Betriebswirtschaft, 64(6), S. 693-713.

Morgan, G./Smircich, L. (1980): The Case for Qualitative Research, in: Academy of Management Review, 5(4), S. 491-500.

Nachum, L. (1999): Measurement of productivity of professional services - An illustration on Swedish management consulting firms, in: International Journal of Operations & Production Management, 19(9), S. 922-949.

Nicolai, A./Kieser, A. (2002): Trotz eklatanter Erfolgslosigkeit: Die Erfolgsfaktorenforschung weiter auf Erfolgskurs in: Die Betriebswirtschaft, 62(6), S. 579-596.

Niewiem, S./Richter, A. (2004): The changing balance of power in the consulting market, in: Business Strategy Review, 15(1), S. 8-13.

Nissen, V. (2007): Consulting Research - Unternehmensberatung aus wissenschaftlicher Perspektive, Wiesbaden 2007.

Patterson, P. G. (1995): Choice Criteria in Final Selection of a Management Consultancy Service, in: Journal of Professional Services Marketing, 11(2), S. 177-187.

Patterson, P. G./Johnson, L. W./Spreng, R. A. (1997): Modelling the Determinants of Customer Satifaction for Business-to-Business Professinal Services, in: Journal of the Academy of Marketing Science, 25(1), S. 4-17.

Pettigrew, A. M. (1990): Longitudinal field research on change: Theory and practice, in: Organization Science, 1(3), S. 267-292.

Phillips, J. J. (2000): The consultant's scorecard - tracking results and bottom-line impact of consulting projects, New York 2000.

Quiring, A. (1994): Die rechtliche Absicherung der Unternehmensberatung, Kissing 1994.

Quiring, A. (2007): Erfolgshonorar - eine Herausforderung für Berater und Kunden, in: Sommerlatte, T./Mirow, M./Niedereichholz, C. et al. (Hrsg.): Handbuch der Unternehmensberatung: Organisationen führen und entwickeln, Berlin 2007, Teil C 5130, S. 1-25.

Raffel, T. (2006): Unternehmensberater in der Politikberatung - Eine empirische Untersuchung zu Aktivitäten, Gründen und Folgen, Wiesbaden 2006.

Redley, R. (2006): Entwicklung und Struktur der Beraterbranche in Deutschland (aktualisierte Fassung), in: Sommerlatte, T./Mirow, M./Niedereichholz, C. et al. (Hrsg.): Handbuch der Unternehmensberatung: Organisationen führen und entwickeln, Berlin 2006, Teil A 1420, S. 1-13.

Richter, A. (2004): Auswahl von Beratern und Einkauf von Beratungsleistungen: Eine ökonomische Perspektive, in: Treichler, C./Wiemann, E. /Morawetz, M. (Hrsg.): Corporate Governance und Managementberatung - Strategien und Lösungsansätze für den professionellen Beratereinsatz in der Praxis, Wiesbaden 2004, S. 75-100.

Riemann, G./Frommer, J./Marotski, W. (2000): Anmerkungen und Überlegungen zur qualitativen Beratungsforschung - Eine Einführung in den Themenschwerpunkt dieses Heftes, in: Zeitschrift für qualitative Bildungs-, Beratungs- und Sozialforschung, 1(2), S. 217-225.

Robker, S. (2004): Strategischer Einkauf von Beratungsleistungen bei der Lufthansa, in: Treichler, C./Wiemann, E. /Morawetz, M. (Hrsg.): Corporate Governance und Managementberatung - Strategien und Lösungsansätze für den professionellen Beratereinsatz in der Praxis, Wiesbaden 2004, S. 147-156.

Roehl, H./Willke, H. (2001): Kopf oder Zahl!? - Zur Evaluation komplexer Transformationsprozesse, in: Organisationsentwicklung, 20(2), S. 24-33.

von Rosenstiel, L. (1991): Die sozio-kulturellen Rahmenbedingungen für Unternehmensberater, in: Hofmann, M./von Rosenstiel, L. /Zapotoczky, K. (Hrsg.): Management Consulting 4, Stuttgart et al. 1991, S. 167-278.

Rößl, D. (1990): Die Entwicklung eines Bezugsrahmens und seine Stellung im Forschungsprozeß, in: Journal für Betriebswirtschaft, 40(2), S. 99-110.

Saam, N. J. (2002): Prinzipale, Agenten und Macht: eine machttheoretische Erweiterung der Agenturtheorie und ihre Anwendung auf Interaktionsstrukturen in der Organisationsberatung, Tübingen 2002.

Schade, C. (1997): Marketing für Unternehmensberatung - Ein institutionenökonomischer Ansatz, 2. Aufl., Wiesbaden 1997.

Schanz, G. (1988): Methodologie für Betriebswirte, 2. Aufl., Stuttgart 1988.

Schein, E. H. (1978): The Role of the Consultant: Content Expert or Process Facilitator?, in: Personnel and Guidance Journal, 56(6), S. 339-343.

Schlaepfer, R. (2004): Prozesse, Panels und Profiteure: Einkauf externer Berater bei Zurich Financial Services, in: Treichler, C./Wiemann, E. /Morawetz, M. (Hrsg.): Corporate Governance und Managementberatung - Strategien und Lösungsansätze für den professionellen Beratereinsatz in der Praxis, Wiesbaden 2004, S. 203-219.

Schweizer, L./Rajes, M. (2006): Erfolgshonorare für Beratungsleistungen, in: Zeitschrift für Führung und Organisation, 75(6), S. 320-324.

Schweizer, L./Rajes, M./zu Knyphausen-Aufseß, D. (2009): Consulting success and contingent fees as important elements on the way to a theory of management consulting, in: International Journal of Services, Economics and Management 1(4), S. 393-413.

Schwenker, B. (2004): Wie sich Strategieberater auf die wandelnden Umfeldbedingungen ihrer Kunden einstellen, in: Treichler, C./Wiemann, E. /Morawetz, M. (Hrsg.): Corporate Governance und Managementberatung - Strategien und Lösungsansätze für den professionellen Beratereinsatz in der Praxis, Wiesbaden 2004, S. 221-235.

Selchert, M. (1997): Organisationsstrukturen und Professionalität - Formen und Funktionen professioneller In-house-Dienstleistungen, Hamburg 1997.

Shapiro, E. C./Eccles, R. G./Soske, T. L. (1993): Consulting: Has the Solution Become Part of the Problem?, in: Sloan Management Review, 34(4), S. 89-95.

Sharma, A. (1997): Professional as agent: knowledge asymmetry in agency exchange, in: Academy of Management Review, 22(3), S. 758-798.

Siggelkow, N. (2007): Persuasion with case studies, in: Academy of Management Journal, 50(1), S. 20-24.

Solomon, A. L. (1997): Do Consultants Really Add Value To Client Firms?, in: Business Horizons, 40(3), S. 67-72.

Sommerlatte, T. (2004): Auswahl von, Verhandlung mit und Einsatz von Beratern in: Sommerlatte, T./Mirow, M./Niedereichholz, C. et al. (Hrsg.): Handbuch der Unternehmensberatung: Organisationen führen und entwickeln, Berlin 2004, 5110, S. 1-19.

Stegemeyer, W. (2002): Der Vergleich von Abschlussprüfung und Unternehmensberatung aus der Perspektive der Agency- und der Signalling-Theorie, Marburg 2002.

Steuerberatungsgesetz (1961).

Steyrer, J. (1990): Nachfrageorientierte Klientypologie in der Unternehmensberatung - Ergebnisse einer empirischen Erhebung, in: Journal für Betriebswirtschaft, 40(3-4), S. 139-150.

Steyrer, J. (1991): "Unternehmensberatung" - Stand der deutschsprachigen Theorienbildung und empirischen Forschung, in: Hofmann, M. (Hrsg.): Theorie und Praxis der Unternehmensberatung: Bestandsaufnahme und Entwicklungsperspektiven, Heidelberg 1991, S. 1-44.

Stutz, H.-R. (1988): Management consulting: Organisationsstrukturen am Beispiel e. interaktiven Dienstleistung, Bern 1988.

Suddaby, R. (2006): From the editors: What grounded theory is not, in: Academy of Management Journal, 49(4), S. 633-642.

Swartz, D./Lippitt, G. (1975): Evaluating the Consulting Process, in: Journal of European Training, 4(5), S. 309-326.

Szyperski, N./Klaile, B. (1982): Dimensionen der Unternehmensberatung - Hilfen zur Strukturierung von Beratungsleistungen Köln 1982.

Treichler, C./Wiemann, E. (2004): Corporate Governance und Managementberatung, in: Treichler, C./Wiemann, E. /Morawetz, M. (Hrsg.): Corporate Governance und Managementberatung - Strategien und Lösungsansätze für den professionellen Beratereinsatz in der Praxis, Wiesbaden 2004, S. 15-58.

Turner, A. N. (1982): Consulting is more than giving advice, in: Harvard Business Review, 60(5), S. 120-129.

Ulrich, H. (1984): Die BWL als anwendungsorientierte Sozialwissenschaft, in: Ulrich, H./Thomas, D. /J.B, P. G. (Hrsg.): Management, Bern 1984, S. 168-199.

Vansina, L. S. (1971): Die Psychologie der Beratung, in: Gruppendynamik, 2(1), S. 12-21.

Vogelsang, G. (1992): Universalberatung - Konzeption und Methodik einer ganzheitlichen Unternehmensberatung, Köln 1992.

Voigt, D. (2004): Schlechterfüllung bei Unternehmensberatung - über die (Un)möglichkeit richterlicher Qualitätskontrolle, in: Deutsches Steuerrecht, 42(52), S. 2214-2217.

Walger, G. (1995): Idealtypen der Unternehmensberatung, in: Walger, G. (Hrsg.): Formen der Unternehmensberatung: systemische Unternehmensberatung, Organisationsentwicklung, Expertenberatung und gutachterliche Beratungstätigkeit in Theorie und Praxis, Köln 1995, S. 1-18.

Weickert, H.-G. (1979): Der Wirtschaftsprüfer als Berater der Unternehmensführung in: Peemöller, V. H. (Hrsg.): Führung in Organisationen: theoretische Ansätze, praktizierte Formen, internationale Entwicklungen, Berlin 1979, S. 261-274.

Whetten, D. A. (1989): What Constitutes a Theoretical Contribution?, in: Academy of Management Review, 14(4), S. 490-495.

Will, H./Winkeler, A./Kropp, A. (1987): Evaluation in der beruflichen Aus- und Weiterbildung - Konzepte und Strategien, Heidelberg 1987.

Wirtschaftsprüferordnung (1961).

Witte, E. (1968): Phasen-Theorem und Organisation komplexer Entscheidungsabläufe, in: Zeitschrift für betriebswirtschaftliche Forschung, 20, S. 625-647.

Wohlgemuth, A. C. (1991): Das Beratungskonzept der Organisationsentwicklung - Neue Form der Unternehmensberatung auf Grundlage des sozio-technischen Systemansatzes, 3. Aufl., Bern et al. 1991.

Yin, R. K. (2006): Case study research: design and methods, 3. ed., Thousand Oaks et al. 2006.

GABLER RESEARCH

„Schriften zum europäischen Management"
Herausgeber: Roland Berger Strategy Consultants –
Academic Network
lieferbare Titel (seit 1.1.2006)

Burkhard Schnorrenberg
Zur Preisbildung von Forwardkontrakten im Strommarkt

Leonid Jasvoin
Integration der Unsicherheitsaspekte in die Schedule-Optimierung

Gerd Sievers
Desinvestition von Unternehmensbeteiligungen in Krisensituationen

Carsten Herbes
Post-Merger-Integration bei europäisch-japanischen Unternehmenszusammenschlüssen

Nicholas Richter
Möglichkeiten und Grenzen des Distressed Debt Investing in Deutschland

Michael Zollenkop
Geschäftsmodellinnovation

Tobias Raffel
Unternehmensberater in der Politikberatung

Holger Buschmann
Erfolgreiches Turnaround-Management

Jonna Barth
Corporate Citizenship aus der Sicht der Landespolitik

Tobias Plate
Personalauswahl in Unternehmensberatungen

Andreas Schreiner
Equity Valuation Using Multiples

Oliver Conze
Kundenloyalität durch Kundenvorteile

Stefan Duderstadt
Wertorientierte Vertriebssteuerung durch ganzheitliches Vertriebscontrolling

Rembert Schulze Wehninck
Public Private Partnerships und Wettbewerb

Gerrit Karalus
Wachstumsstrategien in der Medienbranche

(Weitere Titel dieser Reihe finden Sie auf der folgenden Seite.)